Alfred Binder
Mythos Zen

Alfred Binder

Mythos Zen

Alibri Verlag
Aschaffenburg

2009

Alfred Binder studierte Philosophie und praktiziert seit dreißig Jahren Zen.

Alibri Verlag
www.alibri.de
Aschaffenburg
Mitglied in der Assoziation Linker Verlage (*aLiVe*)

1. Auflage 2009

Umschlaggestaltung: Claus Sterneck
Druck und Verarbeitung: GuS Druck, Stuttgart

ISBN 978-3-86569-057-9

Inhaltsverzeichnis

I. Das große Versprechen

„Der Trieb zum Mystischen kommt von der Unbefriedigtheit unserer Wünsche durch die Wissenschaft. Wir *fühlen,* daß selbst, wenn alle *möglichen* wissenschaftlichen Fragen beantwortet sind, unser Problem noch gar nicht berührt wird."[1]

Ludwig Wittgenstein. Tagebuch 25.5.1915

Der „eigentlich-ursprüngliche Mensch ist ein von Fesselungen befreiter Mensch, d.h. der Mensch des Nicht-Denkens und Nicht-Geistes".[2]

Kogaku Arifuku

Seit den 70er Jahren des vergangenen Jahrhunderts ist der Zen-Buddhismus neben dem Tibetischen Buddhismus die populärste östliche Religion in den westlichen Ländern. Nach der Zahl der Buchtitel à la *Zen und die Kunst ein Motorrad zu warten* zu urteilen, sind eine große Zahl der westlichen Menschen bemüht, alle Lebensbereiche mit dem Geist des Zen zu durchdringen. In seiner Wellnessform ist er zum Allgemeingut geworden: Wir sind zu kopflastig, achten zu wenig auf unsere Gefühle, handeln zu wenig aus dem Bauch heraus, lauten die gängigen Diagnosen über die psychische Verfassung von uns „modernen westlichen"' Menschen. Nicht wenigen, die sich mit östlichen Religionen beschäftigen, gilt Zen als die „erhabenste Lehre". Viele seiner Anhänger empfinden einen elitären Dünkel, glauben, Zen stehe über allen „gewöhnlichen" Religionen, Philosophien und sons-

---

[1] Zit. nach Geier, Manfred: Das Sprachspiel der Philosophen. Reinbek 1993, S. 159.

[2] Arifuku, Kogaku: Deutsche Philosophie und Zen-Buddhismus: komparative Studien. Berlin 1999, S. 69.

tigen Weltanschauungen. Sie sind überzeugt: Zen ist der Weisheit letzter Schluss. Es verspricht ja auch Außerordentliches, nämlich eine Erleuchtung, die den Menschen vollkommen verwandelt, den „Staub des Sozialen" (Zen-Meister Lutger Tenbreul) abfallen lässt und auch noch vollkommene Einsicht in die eigene Natur, wie in die des Universums, gewährt.

Nach dem Anspruch einiger ihrer Vertreter soll Zen weder eine Religion, noch eine Philosophie, sondern eine Lehre ohne Lehrinhalt sein. So meint einer ihrer erfolgreichsten Verkünder im Westen, Daisetz Taitaro Suzuki: „Weder hat Zen uns auf dem Wege intellektueller Analyse etwas zu lehren, noch enthält es irgendwelche feste Lehrmeinungen, die seine Anhänger annehmen müßten. ... Werde ich also gefragt, was Zen lehrt, so muss ich antworten, dass Zen nichts lehrt."[3]

Bisher wurde diese „außerordentliche Lehre", wie auch seine Praxis, noch nie einer genaueren kritischen Prüfung unterzogen. Das soll hier geschehen.

Was ist? Was tun?

Das Leben stellt eigentlich nur zwei Fragen, aber diese ziemlich häufig: *Was ist* und *was tun?* Weil wir selten genau wissen, was ist, wissen wir selten genau, was wir tun sollen; was ist, erfahren wir häufig erst, wenn wir etwas getan haben. Aber wenigstens sind diese Fragen asymmetrisch verteilt, wir müssen nicht immer haarklein analysieren, was ist, um zu wissen, was wir tun sollen. Umgekehrt gilt auch: Nicht jede Analyse des Ist zwingt uns zu einem Tun. Viele Analysen, vor allem philosophische, ziehen keine Konsequenzen für unser Handeln oder unsere Lebensweise nach sich. Aber um „unser Problem" zu lösen, was immer es sein mag, scheint es notwendig, das globale *Was ist* zu beantworten.

Zen-Meister Dogen soll behauptet haben, *solange wir das Sein nicht verstehen, sind wir nicht losgelöst.* Es entbehrt nicht der Logik, dauerhafte Losgelöstheit an das Verstehen des Ganzen zu knüpfen. Wie sollten wir auch losgelöst sein, wenn wir auf die so genannten ewigen Fragen (Woher, Wohin, Wozu) keine Antworten haben, zumindest keine, die über den Status bloßer Vermutungen hinausreichen? Erst wenn uns das Ganze durchsichtig wird, wenn wir um unsere Herkunft, unseren Platz und unsere Aufgabe wissen, scheinen wir wirklich einen Grund zur Los- oder Erlösung zu haben. Sicher müssen wir nicht jedes Detail des Ganzen kennen, aber

---

³ Suzuki, Daisetz Teitaro: Die große Befreiung. Frankfurt 1980, S. 36.

doch seine grundlegende Natur und Funktionsweise. Aus dem Munde eines Zen-Meisters können diese Worte nur bedeuten: Es ist möglich, das Sein zu verstehen und es ist gut eingerichtet.

Diese Worte sind also kein kleines Versprechen, auch wenn sie die Hürde zur Befreiung von der Daseinsschwere hoch legen – nicht weniger als das Sein, das Ganze, müssen wir verstehen –, aber wenn eine solche Befreiung möglich ist, dann muss Zen der Weisheit letzter Schluss sein.

Es gibt einiges, das uns löst, das Gelingen einer Aufgabe, Anerkennung, Alkohol, Drogen etc. Allerdings sind die durch diese Mittel hervorgerufenen „Erlösungen" nur von kurzer Dauer. Die Los- oder Erlösung durch das Verstehen des Ganzen müsste sich durch mindestens zwei zusätzliche Qualitäten auszeichnen: Sie sollte uns in den „Stand jenseits des Zweifels" versetzen – wie es von Meister Hakuin nach seinem „Großen Durchbruch" hieß – und sie sollte beständig, zumindest wesentlich beständiger sein als die gewöhnlichen Erlösungen, andernfalls wäre sie nicht der großen Mühe wert.

Mit *Was tun* fragen wir in der Regel, wie wir in einer bestimmten Situation reagieren, wie wir ein aktuelles Problem lösen sollen. Bei vielen Handlungsentscheidungen spielen grundsätzliche Lebenseinstellungen, Wert- und Zielvorstellungen eine Rolle, die wir als Antworten auf die *Was tun* oder *Wie leben* Fragen erhalten.

In keiner Zeit scheint es eine solche Fülle von Möglichkeiten und einen solchen Dschungel an Wegweisern gegeben zu haben wie in der heutigen, aber auch noch nie einen so großen Mangel an Orientierungskriterien. Ob dies wirklich eine neue Erscheinung ist, sei dahin gestellt, auf jeden Fall haben wir Menschen in der westlichen Welt die Qual der Wahl und werden in den unterschiedlichsten Lebensphasen mit Fragen folgender Art gequält: Nach welchen Werten soll ich mein Leben orientieren? Welche Ziele soll ich verfolgen? Warum eigentlich nicht nach so profanen Dingen wie Ruhm, Macht, Geld, Lust etc. streben, warum ethische Werte nicht dem Club der Moralisten überlassen? Oder gilt das Umgekehrte: Soll ich mein Handeln in erster Linie an moralischen Werten ausrichten, andere Güter, ob geistige oder materielle, als zweitrangig betrachten, wie dies alle Religionen und manche Philosophien fordern? Oder wäre es am sinnvollsten, sein Leben ganz in den Dienst einer besseren Gesellschaft zu stellen, in einer Arbeit aufzugehen, in der sich moralische, soziale und politische Überzeugungen vereinen? Vielleicht aber sind alle diese Werte und Ziele belanglos, zumindest zweitrangig, nur Ablenkungsmanöver, solange wir *unser Problem* nicht gelöst haben?

Können wir es vielleicht nur lösen, wenn wir uns auf die Suche nach dem Absoluten begeben, nach Gott, Geist, Buddhanatur, der Wahrheit, was immer diese Dinge sein mögen? Bedeutet nicht jede andere Lebensform gegenüber einer solchen Verpflichtung zum Absoluten eine Lächerlichkeit, ein sinnloses Werkeln in einem sinnlosen Getriebe? Aber vielleicht wäre es sogar am besten, überhaupt keine Ziele zu verfolgen und uns an keinerlei Werten zu orientieren: Vielleicht wäre es am besten, einfach alles zu nehmen wie es ist und kommt? „Der Mensch des Westens" muss heutzutage „ohne objektiv überzeugende absolute Werte leben" und soll „über das Meer des Nichts gehen, unbekümmert angesichts des Fehlens nachweislich sicherer Stützen". Dabei gab es Menschen, nämlich die des Zen, „die seit Jahrhunderten ihren Aufenthalt in der Leere genommen haben, sich darin zu Hause fühlen und ihre Freude darin finden lernten".[4] Das behauptete zumindest ein Professor der Philosophie namens Huston Smith im Vorwort eines modernen Klassikers der Zen-Literatur, in dem 1964 erschienenen *Die drei Pfeiler des Zen* von Philip Kapleau.

Warum man über Zen sprechen kann

Der Zen-Autor Jochen Adam meint, man kann über Zen sehr viel Falsches sagen.[5] Das ist sicher richtig, aber was ist der Grund? Als Antwort auf die beliebteste Frage der Zen-Literatur, *was ist Zen*, bietet uns der Zen-Autor Paul Reps eine leere Zeile[6]:

Müssen wir uns mit einer bedeutungsschweren leeren Zeile begnügen, weil sich Zen tatsächlich jeder Begrifflichkeit entzieht, dem vernünftigen Denken nur paradox, widersprüchlich, unlogisch erscheinen kann? Fällt bei Zen höchstes Wissen und Nichtwissen zusammen, da es die gewöhnliche Logik übersteigt, sogar Leben und Tod als Illusionen entlarvt? Bedeutet deshalb über Zen zu reden das gleiche, wie mit Blinden über Farben zu reden? Oder müssen wir uns mit einer leeren Zeile begnügen, weil Zen eigentlich gar nichts behauptet, tatsächlich eine Lehre ohne Lehrinhalt ist?

Wir begnügen uns selbstverständlich nicht mit leeren Zeilen. Wir meinen, einige der eben genannten Behauptungen sind falsch, die letztgenann-

---

4   Kapleau, Philip: Die drei Pfeiler des Zen. Bern/München 1984, S. 16.
5   Siehe Adam, Jochen: Ich und das Begehren in den Fluchten der Signifikanten.
     Oldenburg 2006.
6   Reps, Otto: Ohne Worte – Ohne Schweigen. Frankfurt 1976/2008, S. 207.

te Behauptung, Zen sei eine Lehre ohne Lehrinhalt, ist es ausdrücklich. Wir meinen auch, es liegt vor allem an den Vertretern des Zen selbst, dass soviel Falsches über diese Lehre gesagt wird. Viele ihrer Vertreter haben sich nicht nur missverständlich ausgedrückt, sie selbst haben Zen gründlich missverstanden, vielleicht handelt es sich bei Zen sogar um ein Selbstmissverständnis von Anfang an.

Die so genannten „vier Grundsätze" des Zen, welche bis in das 7. Jahrhundert zurückgehen sollen, scheinen auf den ersten Blick unserer Behauptung, Zen habe einen Lehrinhalt, zu widersprechen. Nach diesen Grundsätzen beansprucht Zen: 1. Eine Übertragung außerhalb der Schriften zu sein. 2. Kein Vertrauen gegenüber den Buchstaben zu hegen. 3. Unmittelbar auf den eigenen Geist zu verweisen und 4. die Erlangung der Buddhaschaft durch unmittelbare Schau in die eigene Natur zu ermöglichen.

Genauer betrachtet bedeuten diese Grundsätze aber keine Absage an eine Lehre, sondern dass den Schriften nicht zu trauen ist und etwas „außerhalb der Schriften" übermittelt wird. Dass es im Zen, wie auf vielen anderen Gebieten, um eine Veränderung des Menschen und den Erwerb von Erkenntnissen mittels einer physischen Praxis, hier des Sitzens in Zazen, geht, schließt nicht aus, dass eine solche Praxis über einen Lehrinhalt, etwa in Form einer Philosophie, verfügt.

Philosophie ist kein Sammelsurium wirklichkeitsfernen Wissens. Philosophie basiert auf Erfahrungen mit der Wirklichkeit und bezieht sich auf die Wirklichkeit. Das Wort *Philosophie* können wir in einem sehr engen Sinn, im Sinne einer wissenschaftlichen Disziplin für Spezialisten, aber auch in einem sehr weiten Sinn gebrauchen. Letzteres tun wir, wenn wir beispielsweise von der Lebensphilosophie eines Menschen oder der Philosophie eines Unternehmens sprechen. Schließlich können wir *Philosophie* auch als Synonym für *Weltbild* oder *Weltanschauung* verstehen.

Zen ist auf jeden Fall eine Philosophie im zuletzt genannten Sinn, eine buddhistisch geprägte Weltanschauung, und es verfügt auch über eine Philosophie im engen Sinn, eine für Spezialisten. Das umfangreiche Werk Meister Dogens ist eine Spezialisten-Philosophie, die niemand einigermaßen versteht, der nicht in buddhistischer Philosophie bewandert ist.

Wir sehen deshalb kein Problem, über eine Sache zu reflektieren, deren Anhänger sich mit Händen und Füßen gegen jede Reflexion (über sie) wehren, weil sie meinen, genau damit werde sie verfehlt. Sie glauben, es sei der spezielle Witz dieser Sache, dass sie sich jeder genaueren Bestimmung entzieht, es gelte nur das Wort: Tue es und du wirst es erfahren! Aber gilt das letztlich nicht für alles, was wir tun (und trotzdem müssen wir zuerst eine Menge Theorie lernen, bevor wir nach Noten spielen können)? Für eine genauere Prüfung des Zen sprechen schon zwei triviale Argumente:

1. Warum von vornherein auf eine Untersuchung verzichten? Ob sich Zen tatsächlich jedem begrifflichen Zugriff entzieht, wird sich eventuell bei dem Versuch, seine „inhaltslose Lehre" analysierend zu verstehen, zeigen.

2. Das Gebot der Vorsicht. Wie wir unseren Kindern beibringen, sie sollten keinem Unbekannten folgen, sollten wir selbst nicht blindlings einer Sache oder einem Ruf folgen. In der Regel haben wir für die Beschreitung eines Weges, dem Folgen eines Rufes, Gründe, Gründe die auf Überlegungen beruhen, wie gefühlsbetont und oberflächlich sie auch sein mögen. Eine Untersuchung des Weges kann uns helfen, diese Überlegungen genauer zu bedenken.

Bei einem Weg wie Zen genügt es nicht, ihn einmal oder hundertmal beschritten zu haben. Auch nach Jahren der Übung kann der Adept unsicher sein, ob er den richtigen Weg eingeschlagen hat, denn nicht selten zeigt sich seine Sinnhaltigkeit erst nach Jahrzehnten. Einen Weg wie Zen zu wählen ist vergleichbar mit der Wahl eines Berufes, man muss ihn nicht ein Leben lang ausüben, aber in der Regel wirkt sich eine solche Entscheidung auf Jahre der Lebenszeit aus. Glücklich kann sich nennen, wer einen falschen Weg ohne größere Schäden, vor allem ohne psychische, überstanden hat, trotzdem wird er die Jahre eines falschen Weges in erster Linie als verlorene betrachten.

Von der Herkunft des Zen

Jede so genannte Hochreligion durchlief ein Stadium der Scholastik, d.h. einen Versuch, durch eine systematische und umfassende Auslegung einer ursprünglich relativ einfachen Lehre möglichst viele Phänomene der Welt zu erklären und die Religion gegen Einwände abzusichern. Diese Versuche zogen notwendigerweise eine verwirrende Theorienvielfalt nach sich, was ihnen den sprichwörtlich gewordenen Vorwurf „spitzfindiger scholastischer Streitereien" eintrug und der Weltbild orientierenden Funktion der Gründerzeit zuwiderlief.

Scholastische Weltauslegungen sind eine Reaktion auf eine wachsende und damit komplexer werdende Gesellschaft, welche die Sicht und Deutung des Ganzen verändern. Je größer die Gesellschaft, desto umfangreicher, komplizierter und verwirrender werden die von ihr hervorgebrachten Deutungsversuche. Desorientierenden Deutungswucherungen kann durch eine Reduktion der Erklärungen begegnet werden, sie wirkt entlastend auf die psychische Überforderung der Deutungsvielfalt. Werden solche Reduktionen mit ethischen Werten und Handlungsrichtlinien verbunden, bedeutete das in früheren Zeitaltern manchmal die Geburtstunde einer neuen Religion, heute oftmals die einer Sekte oder einer sozialen bzw. politischen Bewegung.

Vereinfachungen von Weltbildern, im Christentum beispielsweise durch „Rückbesinnungen" auf ein imaginiertes „Urchristentum", im Buddhismus beispielsweise durch Zen, bergen natürlich die Gefahr, das Kind mit dem Bade auszuschütten. Eine verstümmelte Lehre, die nur noch für eine Minderheit praktikabel ist, kann auf wichtige Fragen einer größeren Gemeinschaft keine Antwort mehr geben. Religionsgemeinschaften mit schmalen Lehren ziehen sich deshalb häufig aus der Gesellschaft zurück.

Der Buddhismus entstand, nach Edward Conze,[7] als Reaktion auf technische Revolutionen in der Landwirtschaft der asiatischen Gesellschaften, welche Umwälzungen nach sich zogen, die das Selbstverständnis der städtischen Schichten des damaligen Indiens erschütterte. Auf diese Erschütterung des Selbstverständnisses und damit des Weltverständnisses antwortete der Buddhismus zuerst einmal mit einer radikalen Reduktion der verwirrenden Vielfalt der brahmanischen Götterwelten und Riten. Er startete sein Erlösungsprogramm mit der einfachen und augenfälligen Erkenntnis, dass Leben Leiden heißt. Die Genialität dieser Vereinfachung nötigt noch heute Bewunderung ab. Entsprechend setzte das Christentum dem verwirrenden Polytheismus des Römischen Reiches seinen (relativen) Monotheismus entgegen. Einen analogen Rhythmus zwischen Komplexität und Vereinfachung können wir auch in der Philosophie, wie in jedem anderen kulturellen Bereich, feststellen.

Die Mystik insgesamt, so auch Zen, gehört selbstverständlich auf die Reduktionsseite des Orientierungs- oder Deutungsspiels. Die Mystik will ja mit radikalen theoretischen und auch praktischen Vereinfachungen der desorientierenden Weltanschauungsvielfalt Herr werden. Zen ist unter dieser Perspektive eine Reaktion auf die verunsichernden gesellschaftlichen Umwälzungen im China des 6. und 7. Jahrhunderts., auf welche die drei vorherrschenden Weltanschauungen für einige soziale Schichten keine befriedigenden Antworten mehr gaben. Zen, chinesisch *Ch`an*, kann man als

---

[7] Siehe Conze, Edward: Eine kurze Geschichte des Buddhismus. Frankfurt 1984.

den Versuch verstehen, die Quintessenz des Konfuzianismus, des volks-
tümlichen Daoismus und des (gelehrten) Buddhismus zu vereinen, wobei
daoistisches und buddhistisches Gedankengut dominierten.

Der Zen-Buddhismus zählt zu den bekanntesten Unterschulen des
Mahayana-Buddhismus, welcher wiederum eine der zwei Hauptströmun-
gen des Buddhismus bildet. Dieser entwickelte sich ungefähr ab dem 5.
Jahrhundert v.u.Z. im Nordosten Indiens. Die Lebensdaten des Gründers
Gautama Buddha sind umstritten, es besteht aber kein Zweifel an seiner
historischen Existenz. Die älteste schriftliche Fixierung der buddhistischen
Lehre entstand in der Sprache Pali, im 1. Jahrhundert v.u.Z., auf Ceylon.

Die Anhänger, die sich ausschließlich auf den so genannten Pali-Kanon
berufen, nur seine Lehrreden (Pali: Suttas) als authentische Worte Buddhas
anerkennen, werden allgemein als Hinayana-Buddhisten bezeichnet. Der
Hinayana zerfällt wiederum in verschiedene Schulen, unter denen die The-
ravada-Schule die bekannteste wurde und oft mit dem Hinayana gleichgesetzt wird. Theravada bedeutet wörtlich „Lehre der Ordensälteren" und ist
heute in den Ländern Süd- und Südost-Asiens verbreitet, so in Sri-Lanka
(Ceylon), Burma, Thailand, Laos und Kambodscha. Kennzeichnend für
das Hinayana ist der Glaube, Erlösung sei nur durch eigene Anstrengung
möglich und Buddha blieb immer nur ein Mensch, obwohl er das Nirwana
schon zu Lebzeiten verwirklichte.

Die Bezeichnung Hinayana bedeutet „Kleines Fahrzeug" und stammt
von den Anhängern des Mahayana, die sich selbst „Grosses Fahrzeug"
nannten. Sie wollten damit sagen, sie böten im Gegensatz zum Hinayana
auf dem Weg zur Erlösung vielen Menschen Platz. Das Mahayana schuf
eigene Lehrreden in Sanskrit, die so genannten Sutren. Im Unterschied zum
Hinayana werden im Mahayana transzendente, in einem Jenseits weilen-
de Buddhas verehrt, an den „Erlösungsbeistand" höherer Wesen geglaubt
und „unter verschiedenen Bezeichnungen ein Absolutes"[8] anerkannt. Inzwischen sind einige Autoren der Meinung, dass sich der Mahayana nicht
erst einige Jahrhunderte nach Buddhas Tod entwickelte, wie lange angenommen wurde. Auch wenn die frühesten Mahayana- Sutren erst aus dem
1. Jahrhundert v.u.Z. stammen, soll die Spaltung des Buddhismus in zwei
große Richtungen schon nach dem Tod des Stifters im fünften Jahrhundert
eingesetzt haben.

Als dritte große Strömung des Buddhismus wird manchmal der Tant-
rismus oder Tantrayana genannt, der im 3. Jahrhundert u.Z. entstand und

---

[8]   Schumann, Hans Wolfgang: Handbuch Buddhismus. Kreuzlingen/München
      2000, S. 12.

dessen Anhänger an „Abkürzungswege zum Heil glauben",[9] die unter anderem auch in sexuellen Praktiken bestehen. Der tibetische Buddhismus ist eine Mischung aus Mahayana und Tantrayana.

Innerhalb des Mahayana entwickelten sich zwei große philosophische Schulen, in denen sich die für Zen entscheidenden Ideen finden: die Madhyamaka-Schule, die ihre zentrale *Lehre von der Leerheit* in den über 1.000 Prajnaparamitra-Sutren formulierte, und die Vijnana-Schule, die *Nur-Geist-* oder *Nur-Bewusstheits-Schule*, als deren wichtigste Sutren das Sandhinirmocana- (1./2. Jahrhundert u.Z.) und das Lankavatara-Sutra (4./5. Jahrhundert u.Z.) gelten.[10] *Leerheit* und *Nur-Bewusstheit* sind Bezeichnungen für das Absolute, welche das Mahayana lehrt.

Neuere Autoren sind der Ansicht, alle philosophischen buddhistischen Lehren seien sowohl im Hinayana wie im Mahayana enthalten, nur in dem Gewicht, welches sie den einzelnen zuschreiben, unterschieden sich die Schulen erheblich. Äußerlich unterscheiden sich auf jeden Fall ihre Lehrreden. Die *Suttas* des Pali-Kanons, welche eine wörtliche Wiedergabe der Reden des Buddhas sein sollen, „überschreiten selten" „die Sprechlänge von 20 Druckseiten", die Mahayana-*Sutras* „sind umfangreiche Bücher, ihre Sprache ist reines oder gemischtes Sanskrit, und der Buddha, der in ihnen spricht, ist nicht mehr der historisch-irdische Buddha Gautama, sondern der ins Überweltliche erhobene Buddha *Sakyamuni,* ʻDer Weise aus dem Sakya-Geschlechtʼ, dessen Hörerschaft nach Myriaden zählt."[11] Die Sutren des Mahayana zeichnen sich durch Zahlenpomp und sonstigen Formen von Maßlosigkeit aus, so in der Ausmalung fantastischer Lehrszenarien, in denen unzählige Wesen, einschließlich Götter, der Lehre Buddhas mit Dankbarkeit lauschen.

Wegen der genannten Unterschiede zwischen den Lehrreden des Mahayana und des Pali-Kanons darf man annehmen, dass wir im letzteren die Lehre des Gründers in authentischerer Weise vorliegen haben. Der Einfachheit halber gebrauchen wir die Begriffe *Frühbuddhismus, Theravada-Buddhismus, Hinayana* und *(Lehre nach dem) Pali-Kanon* synonym, obwohl wir uns bewusst sind, dass das nicht ganz korrekt ist.

Das chinesische Denken soll sich vom indischem weit stärker unterschieden haben als dieses vom abendländischen. Allgemein gilt das chinesische als konkret, bildhaft, diesseitig, auf die alltägliche Welt bezogen, das

---

[9] Ebenda, S. 12.
[10] Siehe ebenda, S. 203.
[11] Ebenda, S. 164.

indische Denken hingegen als abstrakt, metaphysisch[12] und auf absolute Erlösung konzentriert. Der mystische Zug des Zen ist demnach indischen, der antispekulative, die Betonung des Hier und Jetzt und der Diesseitigkeit chinesischen Ursprungs. So gesehen kann man Zen als Synthese des pragmatischen chinesischen Denkens (wenn`s geht, geht`s) und des spekulativen metaphysischen Denkens Indiens verstehen. Das Versprechen eines guten, friedlichen, diesseitigen Lebens und einer vollkommenen Erlösung in einer transzendenten Sphäre musste vor allem in Zeiten großer Unruhen, die das Leben des Einzelnen täglich gefährdeten, äußerst attraktiv wirken.

Erfüllung und Erleuchtung

Wie schon die alten Inder, glauben auch heute noch viele Menschen, man könne durch Versenkung in sich selbst Wissen über das Universum, ja sogar „Allwissenheit", erlangen. So setzte sich der Brahmane Parsva (ca. 900-700 v.u.Z.!) „viele Jahre lang ... Tag für Tag vor eine weiße Wand, um so ohne jegliche Fehlbeeinflussung erkennen zu können, von welcher Beschaffenheit das Weltall und die Lebewesen in ihm sind".[13]

Zen ist der Versuch, die Welt auf der Basis einer zeichenfreien Intuition zu erleben *und* zu verstehen. Nach Meister Zenkei Shibayama (20. Jahrhundert), wird die „grundlegende Wahrheit" durch das „Erlangen der Buddhaschaft" erreicht, welche die Natur ist, „mit der man ursprünglich geboren wird. Es ist die absolute Quelle des Seins."[14] Zen erhebt damit einen Wahrheitsanspruch, da es nicht mehr und nicht weniger behauptet, als dass es durch die Praxis des Zazen möglich sei die „wirkliche Wirklichkeit" zu erkennen. Die Mystik bezeichnet diese Wirklichkeit, je nach ihrer

---

[12]   Anmerkung: Der Begriff Metaphysik wird in der Philosophie, wie sollte es anders sein, nicht einheitlich verwandt. Wir gebrauchen ihn hier im Sinne von „die sinnliche Erfahrung spekulativ übersteigend", „unbegründete Behauptungen über eine jenseitige Welt aufstellen". Ein verwandter Begriff ist transzendent, ihn verwenden wir im Sinne von „sich auf das übernatürliche, jenseitige beziehend". Mit transzendenten Welten oder Sphären meinen wir also solche, die jenseits unserer gewöhnlichen, alltäglichen physikalischen Erfahrungswelt liegen sollen, wie Geisterwelten, das Nirwana oder der christliche Himmel.

[13]   Essler, Wilhelm K. / Mamat, Ulrich: Die Philosophie des Buddhismus. Darmstadt 2006, S. 15.

[14]   Shibayama, Zenkei Roshi: Zen in Gleichnis und Bild. Bern/München/Wien 2000, S. 25.

kulturellen und geografischen Herkunft, als *Gott (Allah), Brahman, Geist, Seinsgrund, Leere, Nichts oder eben Buddhanatur.*

Dass der nicht unbescheidene Anspruch, die wirkliche Wirklichkeit, das Absolute erkennen zu können, vom Zen-Buddhismus noch heute erhoben wird, kann mit vielen Äußerungen belegt werden. So heißt es in einem Werbefaltblatt des „ZEN-DOJO Frankfurt/Main 'Shambhala' e.V." aus dem Jahre 2007: „Die wahre Revolution ist ins Innere unseres Geistes gerichtet, sie wird durch die ZEN-Praxis ausgelöst, tiefe Weisheit, deren Essenz wir nicht durch logische Gedanken erreichen können. ... ZEN bedeutet, die Essenz des Universums verstehen". Ebenfalls ganz unbescheiden erklärt der zeitgenössische japanische Philosoph Kogaku Arifuku: „Zazen ist der Weg zum wahren Selbst und zugleich der Weg des eigentlichen wahren Selbst",[15] und dieses sei „unveränderlich und unzerstört, mag die Welt in Stücke gehen ... Deshalb ist es Nicht-Geburt und Nicht-Sterben, weil es nicht auf die zeitlich-räumlichen Bedingungen beschränkbar ist."[16] Für Shibayama ist Zen nichts Geringeres als „der Weg der vollkommenen Selbstverwirklichung".[17] Beim großen „Durchbruch" erwacht der Mensch „zu neuem Leben als das Große Selbst des Nicht-Selbstseins".[18] Weil Zen auf der Erleuchtungserfahrung (*satori*) beruht, ebenso wie der Buddhismus, ist „Zen die Wahrheit oder das Absolute. Es ist nicht nur auf den Buddhismus beschränkt, sondern Grundlage aller Religionen und Philosophien."[19] (!)

Diese wenigen Aussagen über Sinn und Zweck des Zen zeigen, dass wir es bei ihm mit einer relativ reich bestückten Theorie oder Lehre zu tun haben, die, im Jargon der analytischen Philosophie gesprochen, einige steile Thesen beinhaltet.

Dass Zen keine Lehre sei und keinen Lehrinhalt habe, wie Daisetz T. Suzuki nicht müde wurde zu wiederholen, muss, wörtlich genommen, als Unsinn betrachtet werden. Vielleicht beruht die Behauptung der Inhaltslosigkeit nur auf einer unklaren Ausdrucksweise, vielleicht wollen die Vertreter dieser Behauptung nur sagen, worauf es bei Zen ankomme, sei nicht in Worte zu fassen, sei also auch nicht lehrstofftauglich, obwohl Zen eine Lehre und damit auch einen Lehrinhalt habe.

15   Arifuku, Kogaku: Deutsche Philosophie und Zen-Buddhismus: komparative Studien, S. 34..
16   Ebenda, S. 68.
17   Shibayama, Zenkei Roshi: Zen in Gleichnis und Bild, S. 30.
18   Ebenda, S. 30.
19   Ebenda, S. 16.

Ein solcher Fall wäre aber nichts Ungewöhnliches, niemand kann Schwimmen nur durch Hören der entsprechenden Theorie lernen, und durch sie auch nicht erfahren, wie es wirklich ist, wie es sich anfühlt, zu schwimmen. Wie die Erleuchtung ist, wie sie sich anfühlt, kann sicher auch nur wissen, wer sie erlebt. Aber muss das auch für die in der Erleuchtung enthaltene Erkenntnis gelten?

Vom Glück des Nicht-Wissens

„Der größte Witz im Universum ist, dass es nichts gibt, woran man sich halten könnte", meint der Zen-Meister Robert Aitken, und „wenn man diesen Witz verstanden hat", verfüge „man über die Freiheit aufzustehen, sobald der Wecker klingelt".[20] Aber man kann diesen Witz auch so verstehen: Im Grunde weiß Zen nichts, durch die Erleuchtung wird nichts erkannt, auch nicht so etwas wie die Buddha-Natur, das wahre Selbst oder der absolute Geist.

Die Unklarheit bezüglich des zen-buddhistischen Erkenntnisanspruchs drückt sich ungewollt auch im folgenden kleinen Detail aus: Im Rinzai, eine der zwei großen Schulen des Zen, wird die Erleuchtung *Kensho* genannt, was nach Hans Wolfgang Schumann „Seinsdurchschauung" bedeutet und damit den größtmöglichen Erkenntnisanspruch beinhaltet. Im Soto, der anderen großen Zen-Schule, heißt die Erleuchtung *Satori*, was lediglich „Erwachen" meint.[21]

Die Zwiespältigkeit des Zen zu der fundamentalen Frage, ob es einen Erkenntniswert besitzt, ist kein Zufall sondern bildet den virulenten Kern seines Weltbildes. Für den Anfänger klingen beide Alternativen attraktiv, obwohl er sich ihrer in der Regel höchstens dunkel bewusst sein wird: Erkenntnis und Nicht-Erkenntnis scheinen etwas mit einer wahren Sicht des Lebens oder des Ganzen zu tun zu haben. Nicht-Erkenntnis oder Nicht-Wissen erinnert an das sokratische „ich weiß, dass ich nichts weiß" und das verspricht trotz des Eingeständnisses der Unwissenheit, oder gerade deswegen, ein gelassenes, friedliches Leben. Die Alternative absolute Erkenntnis verspricht das Höchstmögliche: Großen Durchblick, Großes Wis-

---

[20]   Aitken, Robert: Zen als Lebenspraxis. München 1988, S. 151.
[21]   Schumann, Hans Wolfgang: Handbuch Buddhismus. Kreuzlingen/München 2000, S. 287.

sen, Absolute Weisheit plus Losgelöstheit und ewigen Frieden. Was für eine Religion hat mehr zu bieten?

Neben diesen Versprechen ist der Anti-Intellektualismus, welcher gerade auch die Intellektuellen fasziniert, ein weiterer Grund für die Anziehungskraft des Zen. Der Anti-Intellektualismus befreit von der Mühsal des Unterscheidens, der Differenzierungen, der ganzen Quälerei mit dem Denken und der Logik. „Logik ist die Hölle", klagte Bertrand Russell, und Wittgenstein fühlte sich zur Mystik auch „aus Denkfaulheit" hingezogen.

Schon der Dritte Patriarch des Zen, Sosan Zenji, (5. Jahrhundert u.Z.) meinte:

> „Die Last des Urteilensbringt Verdruß und Erschöpfung. Welcher Nutzen lässt sich ableiten aus Unterscheidungen und Trennungen?"[22]

Ein nicht minder wichtiger Grund für die Faszination des Zen liegt in der auf den ersten Blick Einfachheit der Methode. Sie besteht in nichts mehr, als mit verschränkten Beinen in aufrechter Haltung auf einem Kissen zu sitzen und auf den Atem oder ein Koan zu achten und – möglichst nicht zu denken.

Im folgenden Kapitel untersuchen wir die Frage, ob Zen letztlich der Weg eines wortwörtlichen „Nichtwissens" bedeutet, oder ob es einen epistemischen, d.h., einen Erkenntniswert, besitzt. Wenn ja, in dem absolut anspruchsvollen Sinn, dass es durch Zazen möglich ist, die Wahrheit über die Welt, das Ganze, die „letztgültige Realitätsstruktur" zu erkennen?

---

[22] Zit. nach Merzel, Dennis Genpo: Durchbruch zum Herzen des Zen. München 1994, S. 177.

II. Die Theorie

Die Philosophie des Zen

Erkenntnis, Wissen, Denken

> „Hör auf, zu reden und zu denken,
> dann gibt es nichts, was du nicht wissen kannst."[23]
>> Sosan Zenji, Dritter Patriarch des Zen
>> (5. Jahrhundert)

> „Seit dem Entstehen des Zen in China haben alle
> Meister ohne Ausnahme ihre Schüler aufgefordert,
> das Denken sofort beiseite zu lassen. Absolut kein
> Denken! Versuche nicht etwas zu verstehen, da
> es eigentlich nichts gibt, das verstanden werden
> könnte."[24]
>> Toshihiko Izutsu
>> (20. Jahrhundert)

Nach Daisetz Taitaro Suzuki soll „die Fähigkeit des Menschen zu denken,
… die fragwürdigste Sache [sein], die jemals erfunden worden ist – niemand weiß, von wem; vielleicht von einem höchst übelwollenden und
gleichzeitig höchst liebevollen Geist. Diese Fähigkeit wirkt in zwei gegen-
sätzlichen Richtungen, manchmal heilsam und günstig, aber viel häufiger

---

[23] Zit. nach ebenda, S. 176.

[24] Izutsu, Toshihiko: Philosophie des Zen-Buddhismus. Reinbek 1979, S. 103.

in unheilvoller Weise."[25] Für Yasutani Roshi, einem Lehrer Phillip Kapleaus, hat der Buddhismus „klar nachgewiesen, dass das unterscheidende, urteilende Denken an der Wurzel aller Verblendung sitzt". Vom „buddhistischen Standpunkt" aus sei es „ganz richtig" zu sagen: „Das Denken ist die Krankheit des menschlichen Geistes."[26]

Die Diskussion der Philosophie des Zen-Buddhismus, insbesondere der zentralen Behauptung, Erkenntnis sei ohne Denken möglich, ja eine solche würde erst zu einer wahren und selig machenden führen, verlangt wenigstens eine ungefähre Klärung solcher Begriffe wie Erkenntnis, Wahrheit und Denken. Begriffe, über die in der Philosophie gestritten wird, seitdem es so etwas wie Philosophie überhaupt gibt. Exakte, und vor allem unumstrittene, Bestimmungen dieser philosophischen Grundbegriffe sind bisher nicht gelungen. Vielleicht sind solche Bestimmungen prinzipiell unmöglich, aber wir glauben, sie sind es zumindest soweit, dass sie ein Urteil über die zentralen philosophischen Behauptungen des Zen zulassen.

Sprachliche Erkenntnis

Der Begriff Erkenntnis kann in zweifachem Sinne verstanden werden, er kann den *Prozess des Erkennens* meinen oder dessen Ergebnis, die erworbene Erkenntnis, das *Wissen*. Wir verwenden Erkenntnis, wo nicht ausdrücklich vermerkt, im zweiten Sinn, gebrauchen es also als gleichbedeutend mit Wissen.

In der Philosophie wird zwischen sprachlichem Wissen, kurz als „*Wissen, dass*" bezeichnet, und nichtsprachlichen Wissen, dem „*Wissen, wie*" unterschieden. Es handelt sich aber nicht bei jeder sprachlichen Äußerung um eine Wissens- oder Erkenntnisäußerung.

Erkenntnis, Wissen hat immer einen Inhalt. „Es ist unsinnig zu sagen, jemand verfüge über Wissen, aber dieses Wissen habe keinerlei Inhalt."[27] Der Inhalt des Wissens wird in Aussage- oder Urteilssätzen formuliert. Diese erkennt man daran, dass sie wahr oder falsch sein können. Die meisten Menschen denken bei dem Wort Urteil wohl als erstes an Gerichtsurteile und glauben, Urteile beinhalten immer eine aufwendige Beweisaufnahme und Beweisführung. Dem ist aber nicht so. Jeder Satz, der wahr oder falsch sein kann, ist ein Urteil. (Der vorhergehende Satz war gerade ein Urteil). Deshalb sind auch so einfache Sätze Urteile, wie, „*das Gras ist grün*",

25 Suzuki, Daisetz Teitaro. Wesen und Sinn des Buddhismus. Freiburg 1993, S. 22.

26 Kapleau, Philip: Die drei Pfeiler des Zen, S. 60.

27 Baumann, Peter: Erkenntnistheorie. Stuttgart 2002, S. 30.

„der Schnee ist weiß" und *„der Angeklagte ist schuldig".* Wenn diese Sätze wahr sind, dann stellen sie Wissen dar. Wer sprachliches Wissen oder Erkenntnis besitzt, weiß also wahre Sätze. Mit Urteilen, Aussagen oder Behauptungen meinen wir hier dasselbe: Sätze, die Wahrheit beanspruchen.

Die Eigenschaft, wahr oder falsch sein zu können, unterscheidet Aussage- oder Urteilssätze von anderen Sätzen, wie zum Beispiel von Befehls- oder Bittsätzen, denn diese sind nicht wahr oder falsch. Befehlssätze fordern zu Handlungen auf, die befolgt oder nicht befolgt werden können, Bitten werden erfüllt oder nicht erfüllt. Wenn ich meinen Tischnachbarn auffordere *„Reiche mir bitte das Salz!",* kann er meiner Bitte nachkommen oder auch nicht, aber meine Bitte kann nicht wahr oder falsch sein.

Wer einen Wissensanspruch erhebt, kann das so formulieren: „Ich weiß, dass *alles eins ist."* Oder: „Ich weiß, dass *die Natur des Lebens Leiden ist."* (Deshalb spricht man beim sprachlichen Wissen vom *„Wissen, dass".)* Wenn jemand sagt, „die Natur des Lebens ist Leiden", oder „alles ist eins", bedeuten diese Aussagen, er beansprucht zu wissen, dass es so ist, dass es sich so verhält. Wenn er seine Behauptung einschränkt, indem er zum Beispiel sagt, „ich glaube, die Natur des Lebens ist Leiden", oder „ich vermute, dass alles eins ist", beansprucht er natürlich nicht mehr, dass es sich bei einer Aussage um ein Wissen handelt, sondern eben um einen Glauben oder um eine Vermutung. Glaubenssätze sind Sätze, deren Inhalt jemand für wahr hält, die aber (noch) nicht als wahr erwiesen sind. Dasselbe gilt für Meinungen und Überzeugungen.

Die Philosophie beschäftigt sich überwiegend mit dieser sprachlichen Form des Wissens. Es ist genau die Form des Wissens, gegen das Zen und die verschiedenen Mystiken opponieren.

Nichtsprachliche Erkenntnis

Die nichtsprachliche Form des Wissens, kurz, *„Wissen, wie"* genannt, wird meist in praktisches Wissen und in Empfindungswissen unterteilt:

1. Praktisches Wissen („Wissen, wie man etwas tut"): Mit ihm ist ein Können, sind Fertigkeiten gemeint, zum Beispiel wissen, wie man Auto fährt, wie man jongliert, wie man meditiert. Das praktische Wissen schließt natürlich nicht aus, dass man es auch als ein sprachliches Wissen besitzt, dass man zum Beispiel erklären kann, wie man Auto fährt. Mit dem praktischen Wissen sind aber nur die Fertigkeiten gemeint, die man benötigt, um diese Tätigkeiten auszuüben. Jemand kann diese beherrschen, ohne sie formulieren zu können.

2. Empfindungswissen („Wissen, wie etwas ist"): Damit ist das Wissen gemeint, wie es ist, in einem bestimmten Zustand zu sein, bestimmte Empfindungen zu haben. Wissen, wie ein Wiener Schnitzel schmeckt, wie es ist, auf einer Bühne zu stehen, Rad zu fahren, in Zazen zu sitzen, zu hassen, zu lieben etc.

Plakativ gesagt: Daoismus und Zen opponieren gegen das *„Wissen, dass"* zugunsten des *„Wissens, wie"*, jenes soll verhindern, dass wir in diesem ganz und gar aufgehen. Daoismus und Zen empfehlen uns, statt Theorien über Gott und die Welt zu studieren, sollten wir uns im praktischen Wissen so lange üben, bis wir es unbewusst, natürlich, intuitiv beherrschen. Erst wenn wir ein Musikinstrument gut spielen, wenn es „wie von selbst läuft", können wir uns dem Spiel und der Musik ganz hingeben, können wir mit ihnen eins werden.

Inwieweit es sich bei der Erleuchtung um ein *„Wissen, dass"* handelt, um eines, das sich sprachlich formulieren lässt, ist unklar. Oft liest man, es sei unmöglich, die Erleuchtung in Worte zu kleiden, sie sprachlich zu formulieren. So meint die zeitgenössische taiwanesische Zen-Philosophin Yu-hui Chen, die Erleuchtung würde sich „völlig dem Zugriff des begrifflichen Denkens"[28] entziehen. Das würde bedeuten, wenn die Erleuchtung einen Erkenntniswert besitzt, erfahren wir etwas in den nichtsprachlichen Wissensformen, „wie man etwas tut" und „wie etwas ist, sich anfühlt". Ob es möglich ist, mit diesen Wissensformen etwas über die Natur des Universums, die letztgültige Wirklichkeit, zu erfahren, werden wir später diskutieren.

Was könnte es mit der Erleuchtung Besonderes auf sich haben, dass sie sich nicht oder nur schwer in Worte fassen lässt und trotzdem höchstmögliches Wissen darstellt?

Wahrheit

Wer einen Erkenntnisanspruch erhebt, erhebt notwendigerweise auch einen Wahrheitsanspruch. Was meinen wir, wenn wir sagen, etwas sei *wahr,* oder, das ist die *Wahrheit?* In der Zen-Literatur finden wir einen inflationären Gebrauch und einen recht sorglosen Umgang mit dem Wörtchen *wahr* und dem eindrucksvolleren Substantiv *Wahrheit.* So lesen wir von *wahren* Meistern, dem *wahren* Dharma, der *wahren* Wirklichkeit, dass „alle Erscheinungsformen des Universums ewige *Wahrheit* werden" und dass

---

[28]   Chen, Yu-hui: Absolutes Nichts und rhythmisches Sein. Frankfurt 1999, S. 136.

ein Koan kein Rätsel, sondern „ewige *Wahrheit*"[29] sei. Was hat es hier mit *wahr* und *Wahrheit* auf sich, was ist überhaupt *Wahrheit*?

Wahr kann auf zweifache Weise verwendet werden. Wie bei den eben zitierten Beispielen wird auch in der Umgangssprache *wahr* manchmal in einem übertragenen Sinn gebraucht, so wenn wir von einem „wahren Freund", einem „wahren Leben" oder einem „wahren Helden" sprechen. *Wahr* wird hier im bildlichen Sinn verwendet und steht für so verschiedene Eigenschaften wie *treu, zuverlässig, echt, eigentlich, tapfer.* Die Sprecher wollen mit der Verwendung von *wahr* auf eine besondere Qualität von etwas oder jemanden aufmerksam machen.

Von dieser bildlichen Verwendung ist die erkenntnistheoretische (epistemische) Verwendung von *wahr* zu unterscheiden, welche die Philosophie vor allem untersucht. Die philosophische Verwendung von *wahr* ist auch die im Alltag häufigste, so wenn wir sagen: Es ist wahr, dass ich gestern krank war; es ist wahr, dass die Eintracht schon wieder verloren hat.

Im philosophischen Sinn bedeutet *wahr* traditionellerweise, dass sich etwas so verhält, wie es eine Aussage behauptet, dass unsere Rede mit den Tatsachen übereinstimmt. Die Wahrheit existiert nicht wie ein Gegenstand, sie schwebt auch nicht irgendwo und irgendwie über uns. Mit *Wahrheit* oder *wahr* ist die Übereinstimmung von Urteilen mit der Wirklichkeit gemeint. Urteile ‚Behauptungen, Aussagen formulieren wir in der Regel mit Sätzen, deshalb ist der Ort der Wahrheit der Satz, oder wie Kant sagte, das Urteil. Der Satz „alles Leben ist Leiden" ist wahr, wenn alles Leben Leiden ist, der Satz „Schwefel ist gelb" ist wahr, wenn Schwefel gelb ist.

Wie sieht es nun mit den oben zitierten Wahrheitsbehauptungen der Zen-Literatur aus? Das Gegenteil von *wahr* ist *falsch,* und jede Aussage ist entweder wahr oder falsch, auch wenn die Wahrheit oder Falschheit vieler Aussagen nicht festgestellt werden kann. Ein Gegenstand oder eine Person können *in diesem Sinne* nicht wahr oder falsch sein, sie können unzählige andere Eigenschaften haben, aber nicht die, *wahr* oder *falsch* zu sein. So können „Erscheinungsformen des Universums" alles Mögliche sein und werden, wie groß, klein, schön oder hässlich, sich vielleicht sogar verwirklichen, aber sie können nicht wahr werden, und „ewig" anzufügen macht die Sache nicht besser. Die Wirklichkeit kann schön, angenehm, leidvoll etc. sein, aber nicht wahr oder falsch. Auch ein Meister kann nicht *wahr* sein, er kann nur eine wahre Lehre vertreten, diese gut unterrichten, ihr gemäß leben etc. Wie beim *wahrem Freund* fassen wir beim *wahren Meister* verschiedene Eigenschaften zusammen und gebrauchen das Wort *wahr* im

---

[29] Deshimaru, Taisen: Die Lehren des Meister Dogen. München 1991, S. 103.

übertragenen Sinn für die Summe dieser Eigenschaften. Das Dharma, als Lehre verstanden, kann allerdings wahr oder falsch sein. Eine Lehre besteht ja aus Aussagen über etwas, und diese sind entweder wahr oder falsch. Vielleicht hat Taisen Deshimaru bewusst den übertragenen Sinn von *wahr* gemeint und wollte damit ausdrücken, dass wir nur durch Zazen so etwas wie die endgültige Wahrheit über das Universum erfahren können. Wir könnten ihm aber auch ein unklares Denken attestieren oder gar die Absicht unterstellen, statt mit Argumenten mit gefühlsbetonten Worten überzeugen, statt den Verstand, die Emotionen ansprechen zu wollen. Wir meinen, auch wer das Denken als etwas Ungenügendes betrachtet, sollte versuchen, wenn er schon denkt, so genau wie möglich zu denken.

Wann verfügen wir über Wissen oder Erkenntnis?

Wer ein Urteil fällt, eine Behauptung aufstellt oder eine Aussage trifft, wie etwa die, *dass alles Leben Leiden ist*, besitzt damit noch keine Erkenntnis, kein Wissen. Damit eine Behauptung Wissen darstellt, muss sie zuerst einmal wahr sein. Es genügt natürlich nicht von der Wahrheit einer Behauptung überzeugt zu sein, denn man kann von allem möglichen überzeugt sein. Eine Behauptung muss auch *gerechtfertigt* werden, es müssen Gründe für ihre Wahrheit angegeben werden, die über jeden sinnvollen Zweifel erhaben sind. Diese Bedingung ist das größte Problem bei der Suche nach Erkenntnis, dem Erwerb von Wissen. Zu guter Letzt muss derjenige, der eine Wahrheitsbehauptung aufstellt, selbst von ihrer Wahrheit überzeugt sein, denn etwas als wahr zu behaupten und selbst nicht daran zu glauben, ist im erkenntnistheoretischen Sinn unsinnig. Aus diesen Gründen definierte die philosophische Tradition Wissen als eine *wahre, gerechtfertigte Überzeugung*.

Jemand besitzt also das Wissen, dass *alles Leben Leiden ist*, wenn diese Aussage wahr ist, wenn er gute Gründe für ihre Wahrheit angeben kann und wenn er selbst von dieser Aussage überzeugt ist.

Was ist Denken?

Die europäische philosophische Tradition unterschied lange zwischen Denken und Sprache, letztere betrachtete sie als unvollkommenen Ausdruck des ersteren. Im Gegensatz zur mystischen Tradition diskriminierte sie allerdings das Denken nicht, es galt ihr vielmehr „als die ausgezeichnete Fähigkeit des Menschen". Für den französischen Philosophen Blaise Pascal

(17. Jahrhundert) bildete es die „Grundlage der Moral" und in ihr lag für ihn die „ganze Würde des Menschen".[30] Unter Denken verstehen wir ein inneres Operieren mit Zeichen, wobei die häufigsten Zeichen die der Wortsprache sind. Auch die „altindischen Weisen" und Buddha sollen Denken als ein „inneres Sprechen"[31] verstanden haben. Günter Abel bestimmt es als einen „Organisationsprozess von Zeichen".[32]

Zeichen bezeichnen oder repräsentieren etwas, d.h. sie stehen in der Regel für etwas anderes als sie selbst, sie deuten auf etwas außerhalb von sich, einen Gegenstand, eine Person, einen Sachverhalt. Sie können Reales repräsentieren, wie Bäume, Tische oder Menschen, aber auch Fiktives, wie erfundene literarische Figuren, geflügelte Pferde etc.

Jeder gesprochene Satz ist eine Organisation aus Lautzeichen, jeder geschriebene eine Organisation aus Buchstabenzeichen. Es gibt Zeichen unterschiedlichster Art: Laut- und Buchstabenzeichen, mit denen wir Wörter und Sätze bilden, Zahlen, Bilder, Piktogramme; aber auch Gesten, Mimik und Tonfall sind Zeichen, auch sie beeinflussen die Bedeutung unserer Sätze. Im Grunde kann jedes Vorkommnis in der Welt als Zeichen benutzt werden, und alle Zeichen können wir als Bestandteil einer Sprache verstehen, die sich deshalb nicht allein aus Wortzeichen zusammensetzten muss.

Das Organisieren von Zeichen dient der „Bestimmung und Ordnung von Gegenständen".[33] Bestimmen und ordnen von Gegenständen heißt, sie zu klassifizieren, sie mittels Unterscheidungen einzuordnen. Zeichen klassifizieren Gegenstände, in dem sie diese automatisch einer Klasse oder Gruppe von Gegenständen zuordnen, ihnen dadurch auch Eigenschaften zu- oder absprechen. Das Wortzeichen *Rose* ordnet den Gegenstand, den wir mit *Rose* bezeichnen, eben der Gruppe der Rosen zu, und nicht der der Narzissen. Damit haben wir diesem Gegenstand automatisch bestimmte Eigenschaften zu- und abgesprochen, beispielsweise die typische Form und Farbe von Rosen zu haben und nicht die von Narzissen.

Der Wortsprache, auch natürliche Sprache genannt, kommt eine besondere Bedeutung zu: Die Wortsprache bildet eine Art Basiszeichenvokabular ohne das wir die meisten Sachverhalte nicht ausdrücken könnten. Schon der

---

30 Zit. nach Sandkühler, Hans Jörg (Hrsg.): Enzyklopädie Philosophie. 2 Bd. Hamburg 1999, Bd.1, S. 225.

31 Essler, Wilhelm K. / Mamat, Ulrich: Die Philosophie des Buddhismus, S. 50.

32 Abel, Günter: Zeichen der Wirklichkeit. Frankfurt 2004, S. 160.

33 Zit. nach Sandkühler, Hans Jörg (Hrsg.): Enzyklopädie Philosophie, Bd. 1, S. 225.

einfache Satz „diese Rose ist rot" ohne Wortsprache auszudrücken, würde
erhebliche Schwierigkeiten bereiten, denn wie sollten wir mit Hilfe von
Gesten verständlich machen, dass wir der Rose die Farbe rot zuschreiben?
Komplexe Gebärdensprachen sind nur auf der Grundlage der Wortsprache
verständlich.

Für Reinhard Margreiter ist Mystik ein „Rücknahme-Versuch von
Symbolisierung als solcher und im ganzen".[34] Wenn Symbole, Zeichen die
Wirklichkeit verschleiern, dann liegt es in der Logik der Sache, dass eine
denkfreie Erkenntnis eine absolut *zeichen-*, bzw. *symbolfreie* meint.

Überzeugungen, die jemand veranlassen, einen (zen-)mystischen Weg
einzuschlagen, könnten etwa folgende sein: Die Philosophen, und alle diejenigen, welche das Leben, die Welt, das Ganze mit Hilfe des Denkens verstehen wollen, sind wie Leute, die versuchen, ihren Hunger mit der Lektüre
von Kochbüchern zu stillen. Wir sollten versuchen, die Wirklichkeit direkt,
unvermittelt zu erfahren, ohne irgendetwas Hemmendes, Verschleierndes,
Verzerrendes zwischen uns und ihr. Zwischen uns und der wirklichen Wirklichkeit liegt, wie ein Nebelschleier, das Denken und die es übermittelnde
Sprache. Zen, die Mystik insgesamt, fordert uns auf, die Wirklichkeit ohne
den traumhaften Schleier des Denkens, der Sprache oder sonstiger Zeichen
und Symbole zu erfahren, denn Zeichen distanzieren, entfremden uns von
der Welt, sind nur unvollkommene Mittel der Verständigung. Dieser Glaube wird im Zen oft mit dem Bild ausgedrückt, das Ganze mit dem Denken
verstehen zu wollen, heißt soviel, wie den Mond mit dem Finger zu ver-
wechseln, der auf den Mond zeigt.

Analoges kann der christliche Mystiker dem Theologen vorwerfen: Du
spekulierst nur über Gott, hast aus ihm ein blutleeres, abstraktes Prinzip
gemacht! Ich will aber an kein theoretisches Konstrukt, kein Prinzip, keine
Idee glauben, ich will ihn erfahren, im Herzen spüren, er soll meine letzte
Zelle durchtränken! Allerdings: Für den Kirchenvater Augustinus ist der
Mensch seit dem Sündenfall zu der mühsamen Kunst des Zeichenlesens
verurteilt.

Der epistemische Kernglaube des Mystikers kann in dem Satz zusammengefasst werden: *Erfahre die Welt wie ein denkfreies Wesen und du er-
fährst sie, wie sie wirklich ist!*

Sehen wir uns näher an, wie nach der Philosophie des Zen, Zeichen,
insbesondere das Denken, wahre Erkenntnis verhindern soll und worin diese besteht.

---

[34] Margreiter, Reinhard: Erfahrung und Mystik. Berlin 1997, S. 548.

„Alles ist eins"

Die frohe Botschaft

> „Der Erhabene Weg ist nicht schwer
> für den, der frei von Vorlieben ist.
> Bist du ohne Liebe und Haß,
> wird alles klar und unverhüllt.
> Machst du jedoch nur die kleinste Unterscheidung,
> dann sind Himmel und Erde unendlich getrennt."[35]
>
> Sosan Zenji, Dritter Patriarch des Zen
> (5. Jahrhundert)

Fangen wir mit dem Ende an: Letztes Ziel und letzter Zweck des Zen ist die „Schau des eigenen Wesens und Buddha-Werdung".[36] Buddha-Werdung bedeutet Verwirklichung unserer eingeborenen Buddhanatur, die einen Schlüsselbegriff des Zen-Buddhismus darstellt. Wir können hier, statt von Buddha, auch von Geist sprechen, denn Buddhanatur meint nichts anderes als Geistnatur. Die Buddha- oder Geistnatur soll das „unendliche, kosmische Leben des eigentlich-ursprünglichen Selbst" sein. Das ursprüngliche Selbst des Menschen ist identisch mit dem ganzen Universum. Es beruht „auf der Un-Zweiheit von Mensch und Natur, von Selbst und *dharma* (Kosmos), von Subjekt und Objekt".[37] Ziel des Zen ist demnach das Erlangen von Un-Zweiheit, von Nondualität, von Ganzheit. Ganz sind wir, wenn wir zum ursprünglichen, aus Geistsubstanz bestehenden, Selbst erwacht sind.

Dies geschieht durch die Erleuchtung. Sie bedeutet „das Erwachen aus der 'traumhaften' Welterfahrung des 'Jedermann'". Die Welterfahrung des Jedermann „ist gekennzeichnet durch eine falsche Auffassung der Wirklichkeit, welche die Vergänglichkeit und Leere, d.h. die Substanzlosigkeit der Phänomene, nicht erkennt". Ebenso erfährt sich mit dieser Welterfahrung das Selbst fälschlicherweise als eigenständig und „als getrennt von den Objekten seiner Wahrnehmung".[38]

Nach dem wirkungsmächtigen 6. Patriarchen Hui-neng (638-713), ist der Buddhismus „die Lehre der Nicht-Zweiheit". Erwachen zur Nicht-

---

[35] Zit. nach Merzel, Dennis Genpo: Durchbruch zum Herzen des Zen. München 1994, S. 175.

[36] Schumacher, Stephen: Zen. München 2001, S. 102.

[37] Arifuku, Kogaku: Deutsche Philosophie und Zen-Buddhismus, S. 25.

[38] Schumacher, Stephen: Zen, S. 16.

Zweiheit, Nondualität, soll die grundlegende Erfahrung des Buddha sein und zusammenfallen mit der „Einsicht in das eigene Wesen".[39] Für Hui-neng weiß derjenige, der selbst den „ursprünglichen Geist erkennt und das ursprüngliche Wesen erblickt, [...], dass es keine Unterschiede gibt".[40] Auch moderne Zen-Meister, wie Taizan Maezumi (1931-1995), fassen Sinn und Zweck des Zen, wie des Buddhismus, mit dem Begriff des Eins-seins, der Nondualität (Sanskrit: *Advaita*), zusammen: „Erleuchtung ist die Erkenntnis der Harmonie und des Einseins von uns selbst und allen äu-ßeren Erscheinungen. Buddhismus ist der Weg zum Erwachen aus jenem Alptraum, in dem wir uns von allen abtrennen und uns damit alle mögli-chen Probleme und Schwierigkeiten aufladen."[41]

Nicht nur die Aussagen des Zen, die Aussagen vieler mystischer Rich-tungen gipfeln in der „schwer verständlichen" (Margreiter) Versicherung „Alles ist Eins". Sie bildet ihren Kern und ist zugleich ihr heikelster Punkt. Die mystische Rede lässt sich mit den drei folgenden Sätzen zusammen-fassen:

1. „Alles ist Eins".

2. „Alles ist Eins" kann nicht widerspruchsfrei beschrieben und nicht logisch bewiesen werden.

3. „Alles ist Eins" kann nur erfahren werden.

Während des Erleuchtungserlebnisses erfährt der Mystiker die Allein-heit als die wirkliche Verfassung der Welt, als „eine Einsicht in die 'Re-alität'", als „das Innewerden einer bislang verborgenen geheimnisvollen Ordnung der Wirklichkeit",[42] so Reinhard Margreiter. Häufig wird in der mystischen Literatur an der Stellung zur Alleinheits-Erfahrung der Un-terschied zwischen westlicher und östlicher Mystik festgemacht. Mit Ausnahme der gnostischen betone die westliche Mystik eine Diskrepanz zwischen dem Absoluten und dem Menschen, eine Diskrepanz, den die östliche Mystik verneint. Wahrscheinlich betonten diesen Unterschied we-niger die MystikerInnen als die orthodoxen Theologen, die Wächter der reinen kirchlichen Lehre, welche in der Einheitsbehauptung menschliche Überheblichkeit und Gotteslästerung am Werk sahen.

---

[39] Ebenda, S. 68.

[40] Zit. nach Chen, Yu-hui: Absolutes Nichts und rhythmisches Sein. Frankfurt 1999, S. 30.

[41] Maezumi, Taizan / Glassman, Bernard T.: Der verschleierte Mond der Erleuch-tung. Bern/München 1981, S. 20.

[42] Margreiter, Reinhard: Erfahrung und Mystik, S. 442.

Der „Zen-Lehrer" David Loy meint das *Alles-ist-Eins*, die *Nichtzwei-heit* oder *Nondualität*, sei der wichtigste Begriff des asiatischen Denkens, es soll aber auch keinen geben „der vieldeutiger wäre".[43] Sehen wir uns genauer an, was mit ihm gemeint sein könnte.

Was ist Dualismus?

> „Die Illusion des Verstandes hat diese Welt der
> Dualitäten ins Leben gerufen."[44]
>
> Daisetz Taitaro Suzuki
> (1870-1966)

Mit Dualismus, wörtlich Zweiheitslehre, wird in der westlichen philoso-phischen Tradition gewöhnlich eine der drei ontologischen[45] Grundposi-tionen bezeichnet: Idealismus, Materialismus und eben Dualismus. Letz-terer behauptet, das Ganze bestehe aus zwei Substanzen, nämlich Geist und Materie. Idealismus und Materialismus sind sogenannte monistische Theorien, sie meinen, es gibt nur eine Substanz, für den Idealismus gibt es nur Geist, für den Materialismus selbstverständlich nur Materie.

Die verschiedenen Mystiken, und mit ihnen Zen, sind in der Regel ide-alistisch, behaupten also, wie schon das Lankavatra-Sutra, alles ist Geist. Eine Ausnahme im asiatischen mystischen Denken bildet der Sankhya-Yo-ga, der einen extremen Dualismus von Geist und Materie vertritt.

Mit *Dualismus* können aber nicht nur Substanzunterschiede, sondern alle möglichen Unterschiede, Gegensätze oder Polaritäten gemeint sein, wie die von gut – böse, rein – unrein, lebendig – tot, Subjekt – Objekt usw. usf.

---

[43]   Loy, David: Nondualität. Frankfurt 1988, S. 31.

[44]   Suzuki, Daisetz Teitaro. Wesen und Sinn des Buddhismus. Freiburg 1993, S. 22.

[45]   Anmerkung: Ontologie bezeichnet die Lehre vom Sein bzw. Seienden. Berühmt ist die Definition des Philosophen Quine mittels einer Frage, demnach antwor-tet die Ontologie auf die Frage: *Was gibt es?* Die Ontologie untersucht also die Welt unter dem auf den ersten Blick seltsamen Blickwinkel, was existiert. Die Ontologie fragt auch, auf welche Weise etwas existiert und wie sich die existie-renden Dinge zueinander verhalten. Weisen des Existierens sind bsp. materiell, geistig, temporär oder ewig. Es existieren Pferde, aber es ist schwierig zu sagen ob, oder auf welche Weise, Zahlen existieren.

Die Dualität der Wahrnehmung und der Welt

Der gewöhnliche, unerleuchtete Mensch erlebt sich als ein Wesen inmitten einer außerhalb seines Körpers existierenden Welt, welche er mit Hilfe seiner Sinnesorgane wahrnimmt. Augen, Ohren, Nase, Zunge und Haut (Drucksinn) vermitteln ihm eine mit den verschiedensten Objekten bevölkerte Umwelt, die er als relativ getrennt und von sich unabhängig empfindet. Deshalb unterscheiden die „*dualen*" Philosophien, so David Loy, zwischen Wahrnehmer, Wahrgenommenem und Wahrnehmung (der Vorgang des Wahrnehmens), bzw. zwischen Erkennendem, Erkanntem und Erkenntnis (dem Vorgang des Erkennens).

Die Sinneswahrnehmungen werden in der Philosophie seit jeher eines grundsätzlichen Betrugs verdächtigt, und dies sowohl in den westlichen Philosophien wie in den „Erleuchtungsphilosophien" des Ostens. Die Welt scheint nämlich von den Sinnen geteilt zu werden, in eine der „Dinge an sich" und in eine von den Sinnen gewebte Erscheinung dieser Dinge. Sinnestäuschungen, wie der geknickte Stab im Wasser, waren wohl Anlass für diese Spekulation. Von der Antike bis heute vermuten philosophische Traditionen, die wahre Wirklichkeit liege hinter den sinnlichen Erscheinungen. Sie schieben sich zwischen uns und die Dinge an sich und wir können nie wissen, ob die Erscheinungen die Dinge wahrheitsgetreu wiedergeben, verfälschen, oder ob gar die Bühne hinter den Sinneserscheinungen leer ist, wie die philosophische Position des Phänomenalismus behauptet.

In der gewöhnlichen dualen Welterfahrung scheinen nicht nur die Objekte untereinander getrennt. Die mystische Philosophie meint, für den Einzelnen sei es besonders leidvoll, dass er sich selbst getrennt von den Objekten, dem Rest der Welt, empfindet. Dieser Trennung werden wir noch öfter unter dem Titel „Subjekt-Objekt-Trennung" begegnen.

Wie das Denken Dualismus erzeugt

Wie schon ausgeführt, waren für die westliche Tradition die Sinne Anlass, unsere Erfahrung der Welt in Frage zu stellen. Nach Loy waren für den Osten weniger die fünf physiologischen Sinne (Auge, Ohren etc.) und ihre undurchsichtige Realitätsvermittlung das Problem, sondern der Begriffe bildende Geist, also das Denken, welches als sechster Sinn betrachtet wurde und „vielleicht sogar noch mehr"[46] transzendiert (überschritten) werden muss als die physiologischen Sinne.

---

[46] Loy, David: Nondualität, S. 62.

Der Begriffe bildende Geist, d.h. sprachliche Konstruktionen, lassen uns die Welt als Ansammlung „diskreter materieller Objekte, die in Raum und Zeit in einem kausalen Austausch stehen", erscheinen. Diskrete, d.h. getrennte, unterscheidbare Objekte seien aber eine „Fiktion".[47] Die „ursprüngliche Wirklichkeit" ist nicht in Objekte gegliedert, dies geschieht erst durch das Repräsentationssystem Sprache. Mit ihr bestimmen wir, nach Loy, was als Wirklichkeit zählt.[48]

Die westlichen Philosophien nehmen zwar auch an, dass zwischen Wahrnehmung und Sprache ein enger Zusammenhang besteht, aber im Unterschied zu den „asiatischen Systemen" behaupten die westlichen Philosophien nicht, so Loy, „dass dieser Prozeß rückgängig gemacht"[49] werden kann. Nach Loy fußt das Programm Buddhas zur „Unterdrückung der Sinne" auf der sprachlichen Konzeption der Wahrnehmung, die den Ausweg zulässt, die Sprache „wieder zu 'verlernen'".[50] Ohne Sprache die Wirklichkeit wahrzunehmen, heißt, sie „ohne Gedankenkonstruktion", „roh", „rein" wahrzunehmen. In der indischen Philosophie wurde dieser Vorgang Nirvikalpa-Wahrnehmung genannt.

Bedeutet die rohe, reine Erfahrung der undifferenzierten Wirklichkeit die Erfahrung der Welt, wie sie wirklich ist? Oder nimmt sie ein sprachfrei Wahrnehmender vielleicht nur anders wahr? Sehen wir uns an, wie die Sprache, bzw. das Denken, nach Ansicht des Zen, Unterschiede erzeugen soll.

1. Das Denken führt zu falschen Theorien über die Welt. Die Zen-Autoren versichern uns, Zen verurteile das Denken nicht an sich, sondern nur das unterscheidende, dualistische. Dieses verleite uns dazu, falsche Gedanken und Theorien über die Wirklichkeit zu bilden. Das dualistische Denken scheidet nämlich „die Gegenstände des Denkens in zwei einander entgegengesetzte Kategorien [...]: Seiendes und Nichtseiendes, Erfolg und Mißerfolg, Leben und Tod, Erleuchtung und Wahn und so weiter. Das Problem bei einer solchen Art zu denken liegt darin, dass man, auch wenn Unterscheidungen üblicherweise getroffen werden, um sich für das eine oder das andere zu entscheiden, das eine nicht ohne das andere nicht haben kann."[51]

Auch nach dem „Zen-Lehrer" Stephen Schumacher spaltet das dualistische Denken die Wirklichkeit „in zwei entgegengesetzte Kategorien". Die

---

[47] Ebenda, S. 64.
[48] Siehe ebenda, S. 73.
[49] Ebenda, S. 65.
[50] Ebenda.
[51] Ebenda, S. 32.

fundamentalste dieser Spaltungen sei die in "'Subjekt' und 'Objekt', Ich und Andere(s)". Diese Grundspaltungen würden auf andere Wirklichkeitsbereiche projiziert, was weitere Gegensätze zur Folge habe, wie „innen/außen, angenehm/unangenehm, Seiendes und Nichtseiendes, Leben und Tod, Erleuchtung und Wahn, Gut und Böse".

Stephen Schumacher, wie auch viele Zen-Meister, sieht also in der „Subjekt-Objekt Spaltung", der Trennung in Ich und Andere(s), die Wurzel allen Übels. Die Bibel würde diese Spaltung der Wirklichkeit „als den 'Sündenfall' durch das Essen vom Baum des 'Wissens um Gut und Böse'", kennzeichnen. „Er führt aus dem Paradies, dem ursprünglichen glückseligen Zustand des Menschen."[52]

Aber nicht nur das dualistische Denken muss kritisiert werden, sondern alles begriffliche Denken. Yasutani Roshi (20. Jahrhundert) meint, „wir müssen unseren Geist von dem entleeren, was das Kegon-Sutra 'begriffliches Denken des Menschen' nennt".[53] (Was unter einem begrifflichen Denken zu verstehen ist, werden wir später erläutern.) Für Loy muss begriffliches Denken kritisiert werden, weil es „als Überdeckung ... die unmittelbare Erfahrung verzerrt". Die Überdeckung der Wirklichkeit durch dieses Denken soll der Grund dafür sein, dass „wir die Welt als dualistisch erfahren, als Ansammlung diskreter Objekte (einschließlich des Ich) ... , die in Raum und Zeit in einem kausalen Austausch stehen".[54]

Dualistisches und begriffliches Denken bedeuten auch „konzeptuelles" Denken und darunter ist ein zusammenhängendes und logisch fortschreitendes zu verstehen. Das Problem eines solchen Denkens liege darin, aus einer „Aufeinanderfolge verknüpfter Gedanken" zu bestehen, deshalb könnten solche nie für sich selbst stehen, „sondern ... nur unter Bezugnahme auf frühere Gedanken verstanden werden", „weil sie scheinbar durch diese 'verursacht' sind und ohne diese keinen Sinn haben".[55]

Mit dem Denken, beziehungsweise der Sprache, teilen wir also die Wirklichkeit und bilden falsche, weil verknüpfte, Gedanken über sie.

2. Das Denken verschleiert oder verdeckt die Wirklichkeit. Die Kritik Loys am begrifflichen Denken, es verzerre „als Überdeckung ... die unmittelbare Erfahrung", kann man auch im Sinne des Schleiermodells der Wahrnehmung verstehen. Das Denken oder die Sinne teilen nicht nur die Wirklichkeit in unzählige Objekte, sie ziehen so etwas wie einen Schleier

---

vor die wirkliche Wirklichkeit, sie erscheint wie im Traum. Folgende Zen-Geschichte illustriert diese Interpretation:

Ein hoher Amtsträger zitierte gegenüber dem Zen-Meister Nan Ch´üan (784-853) einmal folgende Worte: „Der Himmel und die Erde (das heißt das ganze Universum) kommen aus ein und derselben Wurzel wie mein eigenes Selbst, und alle Dinge sind eins mit mir." Er fügte hinzu: „Dies ist sehr schwer zu verstehen." Nan Ch´üan zeigte daraufhin mit dem Finger auf eine Blume, die im Hof blühte „und bemerkte: 'Gewöhnliche Leute sehen diese Blume wie in einem Traum.'" Der Zen-Philosoph Toshiki Izutsu (20. Jahrhundert) kommentiert die Äußerung Nan Ch´üans wie folgt: „Es ist, als hätte er gesagt: 'Schau diese Blume an, die im Hof blüht. Die Blume selbst drückt mit ihrer eigenen Existenz die Tatsache aus, dass alle Dinge völlig eins sind mit uns selbst in der grundlegenden Einheit der endgültigen Wirklichkeit. Die Wahrheit ist völlig enthüllt, ganz offenbar. (...) Leider besitzen jedoch gewöhnliche Menschen nicht die Augen, um die nackte Wirklichkeit zu sehen. Sie sehen alles durch einen Schleier.'"[56]

3. Das Denken verändert die Wirklichkeit. Manche Äußerungen der Zen-Autoren kann man auch so verstehen, dass das Denken nicht nur zu falschen Theorien über die Wirklichkeit führt oder ihre Wahrnehmung verschleiert, das Denken scheint sogar die Wirklichkeit selbst zu verändern.

Nach Izutsu soll Zen der Auffassung sein, dass der Betrachter den Zustand des Betrachteten beeinflusst, dass also ich, beim Betrachten eines Apfels, den Zustand dieses Apfels mitbestimme. Für Izutsu bestimmt der „Zustand, in dem sich das wahrnehmende Subjekt befindet, den Zustand oder die Natur des wahrgenommenen Objekts. Eine besondere existentielle Weise des Subjekts verwirklicht die ganze Welt in einer besonderen, diesem entsprechenden Form." Die Welt, die eine phänomenale sein soll, eine nur aus Sinneserscheinungen gewebte, „erhebt sich vor den Augen des Beobachters in Übereinstimmung mit seiner inneren Seinsweise. Kurzum, die Struktur des Subjekts bestimmt die Struktur der Welt der objektiven Dinge".[57] Konkret bedeute das, „die phänomenale Erscheinung des 'Apfels' als 'Apfel' hängt von einer gewissen positiven Haltung des Subjekts ab".[58]

Ähnliches finden wir bei Daisetz Taitaro Suzuki, „vom echten religiösen Standpunkt aus jedoch ist gerade die Welt der Sinne eine verstandeshafte oder begriffliche Rekonstruktion dessen, was dem Geist unmittelbar

---

[56] Izutsu, Toshihiko: Philosophie des Zen-Buddhismus, S. 17.
[57] Ebenda, S. 16.
[58] Ebenda, S. 29.

offenbar ist. ... wir können auch sagen, der Verstand hat die Sinnenwelt erdacht."[59] Wir sagten bewusst, ähnliches finden wir bei Suzuki, denn er scheint etwas Radikaleres als Loy und Izutsu zu behaupten: Das Subjekt *bestimmt* für Suzuki nicht nur die *Struktur* der sinnlichen Objekte, sondern es *erschafft* die Objekte, indem es sie erdenkt.

Zusammengefasst: Das Denken wird von der Zen-Philosophie als dualistisch, begrifflich und konzeptuell charakterisiert. Mit diesem Denken ordnen wir die Wirklichkeit falsch, schaffen Unterschiede, wo keine sind oder sein sollen, und verknüpfen diese auch noch zu Theorien, die selbstverständlich ganz und gar falsch sein müssen. Dieses Denken bewirkt außerdem die Illusion der Kausalität, den Eindruck als gäbe es Ursachen und Wirkungen. Zudem verschleiert, überdeckt und verändert dieses Denken die Wirklichkeit, indem es Objekte verfestigt und vielleicht sogar erzeugt.

Die Natur des nondualen Denkens

Wie wir schon bemerkten, verurteilt Zen das Denken nicht an sich, sondern nur das so genannte dualistische, begriffliche und konzeptuelle. Was sollen wir uns unter einem nichtbegrifflichen nondualen ganzheitlichen Denken vorstellen? Nach Loy sollen wir uns darunter eines vorstellen, bei dem der Denker nicht „von den gedachten Gedanken verschieden wäre". Der Sanskritbegriff für ein solches Denken sei *prajna*, Weisheit, „die mit der Erleuchtung auftritt oder in der diese Erleuchtung besteht". *Prajna*, die Weisheit „hat keinen objektiven Inhalt; sie wird vielmehr als ein Wissen beschrieben, in dem keine Unterscheidung zwischen dem Erkennenden, dem Erkannten und dem Akt des Erkennens besteht".[60] In der *prajna*-Erfahrung müsse man nicht „mühevoll die logischen Auswirkungen eines Gedankens auf einen anderen erschließen, in ihr erscheinen die Gedanken „wie Athene aus dem Haupt des Zeus entsprang".[61]

Im nondualistischen Denken denkt man auch nicht selbst, die Gedanken steigen unverursacht und ohne Träger auf und sie verschwinden folgenlos, weil der Denker nicht an ihnen haftet und sich weigert, sie „zu einer Aufeinanderfolge auf[zu]reihen".[62] Nicht verknüpftes Denken wird in der Mahayana-Literatur auch „ununterstütztes Denken" genannt, ein Gedanke ist ununterstützt, wenn er nicht so erfahren wird, als würde er in Abhängigkeit von etwas anderem entstehen.

---

[59]   Suzuki, Daisetz Teitaro: Wesen und Sinn des Buddhismus, S. 15f.
[60]   Ebenda, S. 200.
[61]   Loy, David: Nondualität. Frankfurt 1988, S. 216.
[62]   Hui-neng, zit. nach ebenda, S. 211.

Auch D. T. Suzuki charakterisiert nonduales Denken als „Unmittelbarkeit, das Unterlassen von Nachdenken, das Fehlen einer dazwischen-
tretenden Behauptung und das Vermeiden eines Fortschreitens von Prämissen zu Schlussfolgern".[63] Alles das wird bei der Meditation durch
das Loslassen von Gedanken gefördert, weil sie eine Unterbrechung der
„gewohnheitsmäßige[n] Aneinanderreihung von Gedanken"[64] bedeutet.
Für Mazu, dem Dharma-Enkel Hui-nengs, folgen die nondualen Gedanken aufeinander, „ohne miteinander verbunden zu sein. Jeder ist für sich
vollkommen still."[65] Es gibt zwar eine Bewegung des nondualen Denkens,
zugleich aber erscheinen dem Erfahrenden die Gedanken still und bewe-
gungslos. „Dieses Gewahren des Unwandelbaren" wird im Buddhismus
„als die Erkenntnis, dass der Gedanke *shunya* (leer) ist",[66] beschrieben.

Bei einem nondualen Denken sind also der Denker, der Gedanke und
das Denken nicht verschieden und die Gedanken bilden keinen logischen
Zusammenhang.

Die nonduale Wirklichkeit

> „Als wir noch nicht erwacht waren, war der Berg
> nur Berg und war der Fluss nur Fluss. Als wir aber
> durch die Übung beim einsichtigen Meister ein
> einziges Mal jäh erwachten, war der Berg nicht
> Berg, und war der Fluss nicht Fluss, war die Weide
> nicht grün und die Blume nicht rot. Schreiten wir
> aber weiter auf dem Wege des Aufganges und
> gelangen hier in 'den Grund und Ursprung', dann
> ist der Berg durchaus Berg, ist der Fluss durchaus
> Fluss, ist die Weide grün und die Blume rot. 'Das
> vollendete Erwachen ist gleich dem Noch-nicht-
> Erwachen', trotz des großen Wesensunterschiedes
> beider."[67]
>
> Der Ochs und sein Hirte.
> Eine altchinesische Zen-Geschichte.

Wie die Erzählung vom Ochsen und seinem Hirten zeigen soll, verändern
sich während der Übung des Nicht-Denkens die Objekte der Welt (oder

---

[63] Zit. nach ebenda, S. 215.
[64] Ebenda.
[65] Zit. nach ebenda, S. 212.
[66] Ebenda, S. 213.
[67] Zit. nach Han, Byung-Chul: Philosophie des Zen-Buddhismus. Stuttgart 2002,
      S. 94.

unsere Wahrnehmung von ihnen), sie fließen ineinander, verwandeln sich, verschwinden, tauchen wieder auf. In einem Stadium auf dem meditativen Weg scheint die ganze Welt in Weiß getaucht, was in den Illustrationen zu der Erzählung vom Ochs und Hirten manchmal mit einem leeren Blatt symbolisiert wird. In einem anderen Stadium, „wandern" oder „fließen" die Berge, und der Meditierende erlebt sich als Teil einer fließenden Umwelt.

Der zeitgenössische chinesische Philosoph Byung-Chul Han betont, wir sollten den von Meister Dogen benutzten Ausdruck „fließende Berge" nicht metaphorisch verstehen, er sei so wortwörtlich gemeint wie er dasteht. Die fließenden Berge seien aber keiner „magischen Wesensverwandlung" entsprungen, vielmehr antworte „diese fließende Rede ... auf die fließende Landschaft der Leere. Im Feld der Leere befreien sich die Dinge aus der Isolierzelle der Identität in eine All-Einheit, in die Freiheit und Ungezwungenheit einer wechselseitigen Durchdringung. Wie das alles durchdringende Weiß des Schnees, taucht es die Dinge in eine In-Differenz."[68]

Der ursprüngliche Zustand der reinen Empfindung, die Nirvikalpa-Wahrnehmung, ist, nach Izutsu, die „direkte Erfahrung der Wirklichkeit in ihrer Undifferenziertheit", „in der Zen-Terminologie oft als 'ursprüngliches Gesicht, das du vor der Geburt deiner Eltern hattest' wiedergegeben".[69]

Die Nirvikalpa-Wahrnehmung bedeutet das Ende von *dukkha*, dem Leiden, bedeutet also Nirwana. Die Welt des Leidens, *samsara*, ist nichts anderes als der Zustand der dualen Wahrnehmung, Nirwana folglich der Zustand der nondualen, der Nirvikalpa-Wahrnehmung. Sie ist die Realisierung der Buddha- oder „Selbst-Natur" und, nach Izutsu, der „Urgrund aller Phänomene", „der metaphysische Grund aller Dinge vor der Zweiteilung in Ich-Wesen und objektive Welt".[70]

Im nondualen Erfahrungsmodus gibt es kein *individuelles* Bewusstsein, kein Subjekt und auch kein ihm entsprechendes Objekt, keinen Erkennenden, kein Erkanntes und auch nicht den Erkenntnisvorgang. Für Izutsu lässt sich die Wahrnehmung eines gewöhnlichen Menschen mit den Worten ausdrücken, *ich sehe dies*. Bei der Wahrnehmung eines Erleuchteten kann weder von einem Ich, noch von einem Objekt der Wahrnehmung, noch von einem Vorgang des Sehens gesprochen werden. Die Wahrnehmung eines Erleuchteten muss mit einem einzigen Wort wiedergegeben werden, näm-

---

[68] Ebenda, S. 49.
[69] Izutsu, Toshihiko: Philosophie des Zen-Buddhismus, S. 102.
[70] Ebenda, S. 105.

lich: SEHEN![71] Statt SEHEN wäre es für Izutsu auch gerechtfertigt von Selbst-Natur, Buddha-Natur oder Geist zu sprechen.

Für Meister Zenkei Shibayana (20. Jahrhundert) ist die Wahrheit der „Geist", mit dem aber nicht „Denken und Fühlen", nicht die „Psychologie des Menschen", nicht „Bewusstsein und Seele im psychiatrischen Sinn" gemeint seien, vielmehr müssen alle diese Begriffe überstiegen werden, um den „Geist" zu erreichen, „der auch Buddha- oder absoluter Geist genannt wird, Geistigkeit oder Wahrheit".[72]

„Alles ist Geist" („Alles ist Traum")

> „Das Ausmaß des Geistes ist weit und groß wie der weite Himmel, ohne Grenzen. Der Geist ist ohne Eckig oder Rund (ohne jegliche Form), Groß oder Klein, Blau oder Gelb, Rot oder Weiß, Oben oder Unten, Lang oder Kurz, Zorn oder Freude, ohne Bejahung und Verneinung, ohne Gut und Schlecht, ohne Anfang und Ende."[73]
>
> Hui-neng, 6. Patriarch
> (6. Jahrhundert)

Für den zeitgenössischen Philosophen Kogaku Arifuku kann die Frage „*Was ist der Zen-Buddhismus?* durch die andere Frage *Was ist die Buddha-Natur?* ersetzt",[74] werden. Buddha-Natur ist für Arifuku der „wichtigste unter allen buddhistischen Begriffen", insbesondere für den Zen-Buddhismus. Sie ist nach Ansicht Meister Dogens „nicht etwas wie Ich bzw. Gemüt bzw. Seele",[75] sie ist weder wahrnehmbar noch erkennbar, das würde ihre Verendlichung bedeuten. *Buddha-Natur*, wir haben es schon mehrfach gesagt, ist ein anderes Wort für Geist. Folgt man Arifuku, ist also die Frage nach dem Zen-Buddhismus identisch mit der Frage nach der Natur oder dem Wesen des Geistes.

In der Antike verstand man unter Geist meist eine feinstoffliche Substanz, die sich vom grobstofflichen nicht prinzipiell unterscheidet. Aber schon für Hui-neng (6. Jahrhundert) war der Geist farblos, unbeweglich und unfassbar. In der europäischen Tradition wurde der Geist allmählich

---

[71]   Siehe ebenda, S. 25-27.

[72]   Shibayama, Zenkei Roshi: Zen in Gleichnis und Bild, S. 24.

[73]   Zit. nach Chen, Yu-hui: Absolutes Nichts und rhythmisches Sein, S. 31.

[74]   Arifuku, Kogaku: Deutsche Philosophie und Zen-Buddhismus, S. 17.

[75]   Ebenda, S. 25.

als etwas der Materie absolut Entgegengesetztes, nämlich als etwas immaterielles und unbegrenztes betrachtet. Die esoterische Philosophie behauptet, er sei unerschöpflicher energetischer Bewusstheitsstoff. Im allgemeinen Sprachgebrauch wird Geist heute meist mit dem individuellen Bewusstsein gleichgesetzt. Der *Geist* der Zen-Literatur entspricht wohl am ehesten dem esoterischen Geistbegriff. Zeitgenössische westliche Zen-Menschen, auch sogenannte Meister, haben kein Problem, den zen-buddhistischen Geist mit Gott gleichzusetzen, was natürlich einen unchristlichen Pantheismus (alles ist Gott) nach sich zieht.

Der „Geist" des Zen, die Buddha-Natur, soll nicht nur unfassbarer, unbeweglicher, farbloser, immaterieller und unbegrenzter Bewusstheits-Stoff sein, er soll auch rein sein, was bedeutet, in ihm sollen keine Dualitäten und damit kein Leid existieren. Er soll das sein, was unverschmutzt erkennt, wenn wir denkfrei die Welt betrachten. Unrein wird die Weltbetrachtung durch das Denken, obwohl das Denken selbst auch Geist ist (wir sprechen beim Denken ja auch von einer geistigen Tätigkeit). Zu guter Letzt soll der Geist alles sein, was existiert.

Die Vorstellung, *alles* ist ursprünglich leidfreier Geist, wirft natürlich die Frage auf, wie es zu Dualitäten (oder der Illusion von Dualitäten) und damit zu Leid kommen konnte. Diese Frage durchzieht die ganze Zen-Literatur. Wir werden sie später, unter dem Stichwort *Theodizee-Problem des Buddhismus*, noch erörtern.

Die Vorstellung eines ursprünglichen nondualen Geistes ruft auch nach einer Erklärung für die unbestreitbare Existenz der Welt der „zehntausende Dinge". Für Zen lautet die Antwort auf diese Frage: Alle Dinge bestehen aus demselben (Geist-)Stoff, der verschiedene Aggregatszustände annehmen kann, so wie Wasser die Aggregatszustände fest, flüssig und dampfförmig anzunehmen vermag. Diese Sicht würde es, nach Loy, erlauben, bei der zen-buddhistischen Ontologie nicht von Dualismus oder Pluralismus sprechen zu müssen.[76]

Im Abschnitt „Wie plausibel ist *reine Erkenntnis?*" gehen wir der Frage nach, wie es mit der denkfreien Erkenntnisfähigkeit dieses Geist-Stoffes bestellt sein könnte. Hier interessiert uns, was es bedeutet, wenn die ganze Welt auch noch in einem phänomenalistischen Sinn Geist sein soll, wie es der Mahayana und mit ihm Zen behaupten.

---

[76] Siehe Loy, David: Nondualität, S. 41-43.

Phänomenalismus

Die philosophische Position, welche behauptet, unsere alltägliche Welt sei ganz und gar eine Konstruktion des Geistes oder des Bewusstseins, wird Phänomenalismus genannt. Für den Phänomenalismus existiert keine von unserer Wahrnehmung unabhängige Außenwelt. Was der gewöhnliche Mensch Außenwelt nennt, ist nichts anderes als die *Wahrnehmung* des Menschen und diese ist ein Bündel von sinnlichen Eindrücken, welche vom Geist hervorgebracht werden. *Esse est percipi,* Sein ist Wahrnehmung, lautete die Losung des bekanntesten westlichen Phänomenalisten, des englischen Bischofs George Berkeley (1685-1753). Dazu passend die Worte des brahmanischen Philosophen Shankara: „Die Welt ist eine ununterbrochene Aufeinanderfolge von Wahrnehmungen Brahmans; daher ist sie in jeder Hinsicht nichts als Brahman."[77] Berkeley glaubte, die so genannten Sinneseindrücke und damit unsere ganze vorgefundene Welt werden permanent von Gott in unserem Geist geschaffen.

Für die Phänomenalisten ist ein Apfel, den wir essen, nur ein Phänomen, eine Erscheinung, welche sich in seiner Substanz von einem geträumten Apfel nicht unterscheidet. Die Erscheinung beruht nicht auf einem realen Apfel, nicht darauf, dass unser Auge einen Apfel wahrnimmt und das Gehirn aus diesen Daten einen Sinneseindruck konstruiert. Für den Phänomenalismus verbirgt sich hinter den Erscheinungen nichts. Die Erscheinungen bilden nicht die wirkliche Welt verzerrt nach, sie sind die wirkliche Welt. Samsara (die Welt des Traumes, der falschen Wahrnehmung) und Nirwana sollen auch in dem Sinne eins sein, dass es sich bei beiden um dieselbe Welt der flüchtigen Erscheinungen handelt, hinter der keine „Dinge an sich" existieren. Die nonduale Auffassung „vermeidet es, eine Wirklichkeit 'hinter' der Erscheinung [...] zu postulieren. Vielmehr ist die Wirklichkeit die Erscheinung selbst", so Loy.[78]

Auch eine der Hauptquellen des Zen, der Vijnanavada, die Nur-Bewusstheits-Schule des Mahayana-Buddhismus, vertrat eine phänomenalistische Sicht. Wie der Name vermuten lässt, lehrte die Nur-Bewusstheits-Schule, dass es nur Bewusstheit gibt, dass alles was existiert Bewusstheitsstoff ist. Auch für diese Schule war das, was wir Außenwelt nennen, nur ein Produkt der Sinneseindrücke und durch das subjektive Denken geschaffen. Das subjektive Denken selbst soll wiederum ein Produkt des einen großen Geistes sein. Mit dem subjektiven Denken ist das gewöhnliche dualisti-

---

[77] Ebenda, S. 62.
[78] Ebenda, S. 65.

sche (teilende) Denken jedes Einzelnen von uns gewöhnlichen Menschen gemeint.

Dass Zen dem phänomenalistischen Modell des Vijnana anhängt, bezeugen die schon zitierten Ausführungen Suzukis, Izutsus und Loys. Eine explizit phänomenalistische Position vertritt der zeitgenössische amerikanische Zen-Meister John Daido Loori, wenn er behauptet, dass der Buddhismus, Ich und die Erleuchtung leer seien, dass „nichts davon existiert, es sei denn kraft dessen, dass und wie wir selbst es erschaffen. Das ist es, was wir erkennen." Auf die Frage eines Schülers, ob „es also der Traum eines Traums in einem Traum" sei, antwortet Loori, „nun, es ist als sprächen wir in einem Traum von einem Traum. Du selbst bist der Herr und Meister. Du kannst schöne Träume haben, aber du kannst auch schlimme Träume haben."[79]

Alles ist Traum und der Stoff des Traumes ist ursprünglicher undifferenzierter Geist. Die Einzeldinge, obwohl illusionär, müssen demnach auch Geist sein, „Manifestation eines 'spirituellen' Ganzen",[80] „Manifestationen" des einen Geistes, der sie „als eine Art spiritueller Essenz durchdringt".[81]

„Alles ist leer"

Die Zen-Philosophie kann mit folgenden drei Behauptungen zusammengefasst werden:

1. Alles ist eins. 2. Alles ist Geist. 3. Alles ist leer.

Für den 6. Patriarchen Hui-neng soll die „Leerheit der Buddha-Natur" der zentrale Begriff des Zen-Buddhismus gewesen sein. „Das Reich aller Buddhas ist endlose Weite, leer wie der große Himmel. Das wunderbare Wesen des Universums ist ursprünglich Leere, ohne ein einziges Ding, das man ergreifen und festhalten könnte. Die wirkliche Leere des eigenen Wesens ist genauso."[82]

In der Zen-Literatur wird der Begriff der Leere meist mit dem der Substanzlosigkeit erklärt, der wiederum mit dem der Dharmas zusammenfällt. Dharmas gelten als die unterscheidbaren Grundelemente des Seienden, die in gegenseitiger Abhängigkeit und Durchdringung existieren, die aber keinen beständigen Kern, keine Substanz haben, sondern nur temporäre Konstellationen bilden. Dass alles leer ist, meint also, dass es keine ewig

[79] Loori, John Daido: Hat ein Hund Buddha-Natur? Frankfurt 1996, S. 289.
[80] Loy, David: Nondualität, S. 39.
[81] Ebenda, S. 41.
[82] Zit. nach Chen, Yu-hui: Absolutes Nichts und rhythmisches Sein, S. 31.

existierenden Entitäten gibt, dass alle Dharmas und alle Dharmabündel vergehen. Die Zen-Philosophie wirft der traditionellen westlichen Philosophie, insbesondere der aristotelischen, gerne vor, sie betreibe Substanz-Metaphysik, im Gegensatz zu einer Philosophie des *alles fließt*, wie sie der Buddhismus vertritt.

Aus der Ablehnung von ewig existierenden Einheiten ergibt sich natürlich auch, dass es kein ewig existierendes Ich, Selbst, oder Seele geben kann. Leerheit der Buddha-Natur bedeutet somit, die Welt ist leer von ewig existierenden Individuen. Neben der Vergänglichkeit und dem Leiden zählt im Buddhismus die Ich- oder Selbstlosigkeit zu den so genannten *Drei Daseinsmerkmalen*.

„Alles ist Ich?"

Nach dem Zen-Lehrer David Loy laufen die drei östlichen „Erleuchtungsphilosophien", der Buddhismus, der hinduistische Vedanta und der chinesische Daoismus auf dasselbe hinaus: die Erfahrung eines nondualen, ungeteilten Seins. Diese Erfahrung stelle jede der drei Philosophien anders dar, und diese verschiedenen Darstellungen erscheinen auf den ersten Blick widersprüchlich. Die „Auflösungen" dieser Widersprüche vollzieht der Autor durchweg mit einer „dialektischen" Denkbewegung. Sie soll zeigen, dass die sich widersprechenden extremen Behauptungen der verschiedenen Erleuchtungsphilosophien nur extreme Formulierungen derselben Wahrheit sind. Betrachtet man die Extreme aus einer höheren Perspektive, ergibt sich eine widerspruchsfreie Sicht. So seien die Behauptungen, es gibt nur Bewegung *und* nur Bewegungslosigkeit, verfließende Zeit *und* ewige Gegenwart, Ich *und* Ichlosigkeit keine Widersprüche, es komme nur auf die richtige Betrachtungsweise an.

Wir wollen uns hier die Behauptung ansehen, die vedantische Lehre vom Ich (Atman) und die buddhistische von der Ichlosigkeit (Anatma) liefen auf dasselbe hinaus. Die vedantische Lehre der Identität von Ich und All findet sich in vielen mystischen Strömungen, ihre Gleichsetzung mit der buddhistischen Ichlosigkeit berührt den Buddhismus in seinem Fundament. Die Diskussion der Identitätsthese lässt uns daher die Besonderheit des Buddhismus besser verstehen.

Die spezifische Lehre Buddhas, „sie findet sich nirgendwo anders",[83] war die Lehre, der Mensch habe kein Ich, kein Selbst oder keine Seele, die berühmte Anatma-Lehre. Im Zen gibt es eine Tendenz zu der von Buddha scharf kritisierten brahmanischen Selbst- oder Atma-Lehre zurückzukeh-

---

[83] Scheel, Theodor: Das Nichtselbst. Stammbach/Herrnschrot o.J., S. 5.

ren. So zitierten wir schon den Zen-Philosophen Kogaku Arifuku mit den Worten, die Buddha- oder Geistnatur muss als „unendliches, kosmisches Leben des eigentlich-ursprünglichen Selbst angesehen"[84] werden.

Für Loy laufen auch in diesem Punkt, die „zwei Hauptströmungen in der indischen Philosophie, von denen die eine ihren Ursprung in der Atma-Lehre der Upanischaden, die andere in der Anatma-Lehre des Buddhismus hat",[85] letztlich auf dasselbe hinaus: Das All-Selbst der brahmanischen Lehre bedeutet, „dass die Welt das Selbst ist", einfacher: dass ich alles bin. Die Rede vom buddhistischen Nicht-Selbst meint, „dass es kein Selbst gibt, sondern nur die Welt".[86]

Wenn es nur ein Selbst geben würde, wie die Atma-Lehre der Upanischaden behauptet, wenn es also „nur Eines gäbe und nichts außerhalb davon", so Loy „dann wäre dieses Eine sich nicht seiner selbst als Eines bewusst". Das Eine könnte nichts erfahren, deshalb besagt „zu gewahren, dass es nur eines gibt, ... letztlich, dass es zwei gibt: Das Eine und dasjenige, das sich des Einen als Einem bewusst ist."[87]

Nun soll die Übereinstimmung der Atma-Lehre mit dem buddhistischen Mahayana darin bestehen, „*dass man ein Selbst, das man niemals objektiv erfahren kann, weil es ... der Erfahrende ist, ebensogut als Shunya* (leer*) bezeichnen kann.*" Ins Nirwana einzugehen bedeute aber „auf nichts zusammenzuschrumpfen",[88] es „müsste als eine Auflösung erscheinen, wenn auch nicht als Auslöschung. Die Grenzen meines Ich, die mich von anderen unterscheiden, würden sich einfach auflösen, weil ich erkennen würde, dass 'mein Geist' nicht etwas von der Welt Getrenntes, sondern ein 'Brennpunkt' der Welt ist."[89]

Bringen wir diese Dialektik noch einmal auf den Punkt: Die vedantischen Upanischaden behaupten, *ich bin das All*, der Buddhismus behauptet, *kein Ich, nur All*. Die Überlegung der Upanischaden heißt, wenn sich mein Bewusstsein, mein Ich, unendlich ausweitet, umfasst es schließlich das All. Die Überlegung des Buddhismus lautet, wenn sich mein Ich-Bewusstsein „auflöst", bleibt nur das All übrig. In beiden Fällen, so Loy, haben wir schließlich dasselbe Resultat: Ein All aus Bewusstsein.

---

[84]   Arifuku, Kogaku: Deutsche Philosophie und Zen-Buddhismus, S. 25.
[85]   T.R.V. Murti zit. nach Loy, David: Nondualität, S. 293.
[86]   Ebenda, S. 304.
[87]   Ebenda, S. 306.
[88]   Ebenda, S. 307.
[89]   Ebenda, S. 309.

Arifuku stellt die vedantische Gleichung auf: Ich (oder Selbst) = Alles, wenn er behauptet, die zehntausend *dharmas* „und das Selbst sind nach dem buddhistischen Denken ursprünglich eins. Deshalb darf man nicht die *dharmas* außerhalb des Selbst suchen."[90]

Zwischenbilanz

Auf den allgemeinsten Nenner gebracht darf man wohl sagen: Für die Zen-Philosophie ist unsere gewöhnliche Wahrnehmung und die mit ihr verbundene Wirklichkeitsauffassung eine große Täuschung, in Wirklichkeit ist die Wirklichkeit ganz anders. Die Täuschung beruht vornehmlich auf dem begrifflichen, unterscheidenden Denken. Es ruft die Fiktion diskreter (=unterscheidbarer, getrennter) Objekte und der Kausalität hervor, und damit die Empfindung der Teilung einer an sich ungetrennten Wirklichkeit. Sie wird in Wahrnehmer, Wahrgenommenes und Wahrnehmung aufgesplittert, und deshalb erleben wir die Welt als leidvoll. Erkennen wir aber die wirkliche Wirklichkeit, erkennen wir, dass es keine diskreten Objekte, keine Kausalität, nichts von uns getrenntes gibt, dass alles nur flüchtige Manifestation eines einzigen All-Geistes ist. Diese Erkenntnis bedeutet das Ende des Leidens, bedeutet Nirwana. (Im Zen ist Nirwana die Seinsweise des Einsseins, im Frühbuddhismus die Seinsweise der Unabhängigkeit von der sinnlichen Welt.)

Bei dieser Charakterisierung haben wir die neuralgischen Punkte durch unbestimmte Formulierungen umschifft. So sagten wir, für die Zen-Philosophie beruhe die Täuschung „vornehmlich" auf dem begrifflichen Denken, denn es blieb bei den Ausführungen unserer Philosophen unklar, welche Rolle die Sinnesorgane bei dem Täuschungsmanöver spielen. Wir sagten auch, das begriffliche Denken rufe die „Empfindung" der Täuschung hervor, denn was dieses Denken genau bewirkt, blieb ebenfalls unklar. So wissen wir nicht, ob das Denken a) nur zu falschen Theorien über die Wirklichkeit führt, b) sie verdoppelt oder verschleiert, oder c) die gesamte wahrnehmbare Wirklichkeit nur ein Produkt unseres Denkens/Bewusstseins ist. Die unklaren Erklärungen der Dualität berechtigen zu dem Verdacht, dass sie die Zen-Philosophen selbst nicht verstehen.

Jemand wird sich nach der Lektüre dieser verwirrenden Ideen vielleicht fragen, ob es für einen Übenden nicht von sekundärer Bedeutung ist, auf welche Weise das Denken die Wirklichkeit verfälscht und wie diese in Wirklichkeit beschaffen ist. Aus der Sicht eines Übenden ist es doch nur

---

[90] Arifuku, Kogaku: Deutsche Philosophie und Zen-Buddhismus, S. 43.

wichtig, dass es überhaupt die Möglichkeit gibt, die „wirkliche Wirklichkeit" zu ergreifen!

Wir finden es auf jeden Fall höchst merkwürdig, dass Menschen, die uns suggerieren, sie hätten das Ganze durchschaut und dabei erkannt, dass unser Wirklichkeitsverständnis grundsätzlich falsch ist, uns nicht klar sagen können, was daran genau falsch sein soll, worin und wie wir gewöhnliche Menschen uns täuschen. Die Täuschung zu verstehen, würde uns sicher auch die Methoden besser beurteilen lassen, mit denen wir sie beheben sollen. Und zu guter Letzt: Solange Unklarheit über die Art und Weise der Täuschung besteht, solange besteht auch die Möglichkeit, dass wir überhaupt nicht getäuscht werden.

Kritik

Grundlegende Wahrnehmungstheorien

Wenn wir als Kennzeichen mystischer Weltanschauungen den Glauben verstehen, dass alles eins und alles Geist ist, dann ist die gerade dargestellte Philosophie nicht nur die Philosophie des Zen, sondern eben eine aller mystischen Weltanschauungen. Zen muss dann, auch wenn es manchmal dagegen Einspruch erhebt, der Mystik zugerechnet werden. Originär für die zen-buddhistische Variante der Mystik sind die Lehren von der Leerheit und dem Nicht-Ich. Wie wir gerade erörtert haben, werden diese Lehren, die im Grunde eine Lehre sind, von manchen zeitgenössischen Vertretern des Zen in dem Sinne relativiert, dass sie nur ein Ausdruck einer älteren, entgegengesetzten Wahrheit unter einer anderen Perspektive seien.

Bevor wir uns der Kritik der mystischen Philosophie zuwenden, wollen wir auf einen grundlegenden Unterschied zwischen westlichem und östlichem Skeptizismus hinweisen: Der westliche Skeptizismus bezichtigte vor allem die physiologischen Sinne, uns die wirkliche Welt vorzuenthalten, der östliche vor allem das Denken, den Begriffe bildenden, unterscheidenden Geist.

Ein möglicher Sinnesbetrug galt für viele westliche Philosophen letztendlich als nicht widerlegbar, was nicht unerheblich zum Zusammenbruch der antiken und der mittelalterlichen Philosophie beitrug. Vor allem wegen der Fragwürdigkeit der Sinneswahrnehmung durchzieht die westliche Philosophie seit ihren Anfängen ein starker erkenntnis-skeptischer Strom, gegen den die so genannte Schulphilosophie, die in den Universitäten gelehrte, bis heute ankämpft. Der Westen tendierte, grob gesprochen, eher zum Skeptizismus folgender Form: diese Welt *könnte* so etwas wie ein Traum (des Bewusstseins, Gottes) sein, wie sie wirklich ist können wir nicht wissen. Der Osten war und blieb überwiegend erlösungsorientiert (soteriologisch): die Welt, wie sie sich dem alltäglichen Blick bietet, ist ein Traum, es geht nur um die richtigen Techniken des Aufwachens.

Die Theorie-Fragmente der Zen-Philosophie, die man als Erläuterungen der fundamentalen mystisch-idealistischen These, „alles ist Geist, alles ist eins", verstehen kann, klingen für die Ohren des Autors nicht besonders plausibel. Wir müssen zugeben, die Nondualität haben wir nicht wirklich verstanden, aber auch nicht so richtig ihr Gegenteil, die Dualität. Das größte Problem bei der Beurteilung dieser Philosophie scheint uns aber keine das Denken übersteigende Erfahrung und/oder Wahrheit zu sein, sondern die uneindeutigen und ungereimten Erklärungen ihrer Vertreter.

Um mehr Licht in das Theorienwirrwarr zu bringen, ist es hilfreich, einen Blick auf die drei grundlegenden philosophischen Wahrnehmungstheorien zu werfen.

1. Direkter Realismus. Den direkten Realismus definieren wir wie folgt: Ein Subjekt nimmt etwas direkt wahr. Im Falle der visuellen Wahrnehmung: Ein Subjekt *sieht* einen Gegenstand direkt.

Jemand sieht einen Apfel direkt, heißt, er sieht den Apfel nicht über ein Bild, nicht über eine Erscheinung im Gehirn (wie es die zwei folgenden Wahrnehmungstheorien behaupten). Beim direkten Realismus, auch Commen-Sense- oder Alltagsrealismus genannt, sind die Sinnesorgane (Augen, Ohren usw.) und die Daten, die sie vom Gegenstand liefern, zwar Vermittler zwischen dem Subjekt und dem Gegenstand, es wird aber keine Erscheinung des Gegenstands im Gehirn des Subjekts erzeugt.

2. Indirekter Realismus. Definition: Ein Subjekt nimmt etwas mittels einer Erscheinung wahr. Im Falle der visuellen Wahrnehmung: Ein Subjekt *sieht* einen Gegenstand vermittelt durch eine visuelle Erscheinung des Gegenstandes. Jemand sieht einen Apfel vermittelt, *indirekt*, über ein dreidimensional wirkendes Bild des Apfels in seinem Gehirn. Dieses Bild speist sich aus Sinnesdaten, aus den Daten welche die Sinnesorgane von dem wirklichen Apfel außerhalb des Gehirns liefern. Weil aus ihnen das Gehirn ein Bild aufbaut, nennt man diese Wahrnehmungstheorie auch die „Kinoauffassung der Wahrnehmung". Wichtig ist: Wenn die Person nach dem Apfel greift, welchen sie nur über ein Gehirnbild wahrnimmt, greift sie trotzdem nach dem wirklichen Apfel, den Apfel, der das Bild des Apfels auslöste. Die Person fühlt, schmeckt und isst auch den wirklichen Apfel. Das dreidimensionale Bild ist so beschaffen, dass es den Apfel dort zeigt, wo der wirkliche Apfel ist. Diese Wahrnehmungstheorie vertritt unter anderem die so genannte Evolutionäre Erkenntnistheorie.

3. Phänomenalismus. Definition: Ein Subjekt nimmt eine Erscheinung wahr. In dieser Formel taucht kein die Erscheinung auslösender Gegenstand mehr auf. Was diese Erscheinung auslöst ist umstritten, für den christlichen Bischof Berkeley war es ein personaler Gott, für die „atheistischen" Mahayana-Jünger ist es ein großer Geist.

Einwände

Sehen wir uns nun die auf die Wahrnehmung bezogenen Täuschungsmöglichkeiten des Denkens vor dem Hintergrund der drei gerade erläuterten Wahrnehmungstheorien genauer an:

1. Unplausibilität einer Verschleierung der Wirklichkeit durch das Denken. Die Rede von einer Verschleierung der (wirklichen) Wirklichkeit durch das Denken wird an keiner Stelle der uns bekannten Zen-Literatur genauer erläutert, mehr als den Hinweis: Der gewöhnliche Mensch sieht die Welt wie im Traum, erfahren wir nicht. Ein Schleier wäre keine Verdoppelung, kein Abbild eines Gegenstandes, deshalb lässt sich das Schleiermodell am ehesten dem direkten Realismus zuordnen. Durch einen Schleier nehmen wir einen Gegenstand direkt wahr, wenn auch verschwommen.

Aber aus was soll dieser Schleier gewebt sein? Aus Gedanken? Aus Sinnesdaten? Gedanken sind vornehmlich stumme Sätze, dass sie einen Schleier bilden ist schwer vorstellbar. Dass Gedanken Sinnesdaten veranlassen, sich wie ein Schleier vor die Objekte zu ziehen, kommt eher in Betracht. Aber die wirklichen Objekte sollen, nach den Behauptungen der Zen-Philosophie, grenzenlos fließen, wieso bilden die Sinnesdaten einen Schleier, wenn durch sie diese Objekte eigentlich klarer, deutlicher gesehen werden? Durch einen Schleier wahrgenommen erscheinen sie nun statisch, isoliert, fest umrissen. Müsste es nicht umgekehrt sein, durch einen Schleier wahrgenommen müssten sie verschwommen, verzerrt, unscharf wirken?

2. Unplausibilität einer phänomenalen Verdoppelung der Wirklichkeit durch das Denken. Besonders Loys Ausführungen suggerieren, dass *das Denken* Erscheinungen der Dinge produziere, „gedanklich konstruierte Vorstellungen", welche die ursprünglichen fließenden Objekte verdecken. So behauptet er, im *nondualen* Erfahrungsmodus gibt es keinen Unterschied zwischen den Erscheinungen der Dinge und den Dingen an sich, und das muss man wohl so verstehen, dass es in der *dualen* Erfahrung diesen Unterschied gibt, also im Sinne der Verdoppelungsthese: Das Denken erzeugt eine phänomenale Verdoppelung des Objekts im Bewusstsein des Betrachters.

Hier stellt sich wieder die Frage, aus was die verdeckende Erscheinung des Apfels gewebt sein soll: Aus Gedanken oder aus Sinnesdaten, die über die Sinnesorgane dem Gehirn vermittelt werden? Eine aus Gedanken gewebte Erscheinung, wie beispielsweise ein Apfel, ist genauso schwer vorstellbar, wie ein aus Gedanken gewebter Schleier. Gedanken können uns, im Verein mit Wünschen oder Ängsten, veranlassen, Dinge falsch wahrzunehmen, sie falsch zu identifizieren, aber die falsche Wahrnehmung besteht nicht aus Gedanken. Wer große Angst vor Spinnen hat, wird in allem, was auch nur entfernt einer Spinne ähnelt, eine solche sehen. Manchmal sehen wir sogar Dinge, die es gar nicht gibt, wie bei der berühmten Fata Morgana, aber auch sie ist nicht aus Gedanken gewebt, sondern höchstens von ihnen veranlasst worden.

Eine Wahrnehmungstäuschung durch eine phänomenale Verdoppelung des wahrgenommenen Objekts, entspricht in seiner Struktur dem Wahrnehmungsmodell des indirekten Realismus, bei dem ja über „Erscheinungen" im Gehirn die Objekte der Außenwelt wahrgenommen werden. Zur Wahrnehmungsphilosophie des Zen gibt es aber einen erheblichen Unterschied: Beim indirekten Realismus ist unsere physiologische Organisation Grund für die phänomenale Verdoppelung der Außenwelt, ihrer Wahrnehmung als Bild im Gehirn, und nicht das Denken, wie Zen es für den gewöhnlichen Menschen behauptet. Die Daten der Außenwelt werden beim indirekten Realismus über die Sinnesorgane an das Gehirn geleitet und dieses konstruiert aus ihnen die erscheinenden Wahrnehmungen, gleichgültig ob wir denken oder nicht. Daher gilt diese Wahrnehmungstheorie auch für nichtbegriffliche Wesen wie den Tieren.

Loys „verdeckende Verdoppelungen" der Objekte durch das Denken hat die Merkwürdigkeit zur Folge, dass nach ihm der gewöhnliche Mensch nach dem Modell des indirekten Realismus wahrnimmt und der Erleuchtete nach dem Modell des direkten Realismus, denn da dieser nicht mehr begrifflich und damit dualistisch denkt, nimmt er auch nicht mehr dualistisch wahr. Aber welche Aufgabe haben dann seine Sinnesorgane?

Wenn der indirekte Realismus wahr ist, wie viele Gehirnforscher meinen, dann verhilft auch das Nicht-Denken zu keinem unmittelbaren Gewahren der Wirklichkeit, denn auch Erleuchtete sind wohl denselben physiologischen Gesetzen unterworfen wie Nichterleuchtete, d.h. auch Erleuchtete müssen die Dinge über Erscheinungen im Gehirn wahrnehmen. Wenn nicht, müsste es für die Wahrnehmung eines „vollerleuchteten" Meisters gleichgültig sein, ob er blind und/oder taub ist. Solches ist uns aber noch nicht zu Ohren gekommen.

Bis auf den zitierten Zweifel von Loy, ob wir es bei der nondualen Wahrnehmung noch mit einer Sinneswahrnehmung zu tun haben, bestreitet Zen nicht die Wahrnehmung durch die physiologischen Sinnesorgane. Es komme nur darauf an, die sie begleitenden gedanklichen Konstruktionen zu unterbinden. Der (westliche) Zweifel, der mit der Sinneswahrnehmung verbunden werden kann, wird dadurch nicht ausgeräumt, denn gleichgültig, ob wir die Welt mittels Gedankenkonstruktion oder ohne sie wahrnehmen, die Möglichkeit, dass uns die physiologischen Sinne täuschen, bleibt bestehen.

3. Unplausibilität einer Veränderung der Wirklichkeit durch das Denken. Als dritte Täuschungsmöglichkeit ergab sich die Möglichkeit, dass das Denken die ursprüngliche Wirklichkeit verändert, fließende grenzenlose Manifestationen in relativ feste und begrenzte Objekte verwandelt. Bei dieser Möglichkeit, wie bei der vorangehenden, unterstellt die Zen-Philosophie dem Denken eine ungeheuere, eine magisch dimensionierte Macht.

Das Denken verfügt entweder a) über die Macht, die gesamte Wirklichkeit verfälschend zu verdoppeln, eine komplette illusionäre Welt der Erscheinungen zu schaffen, hinter der die wirkliche Welt der Manifestationen fließt, oder b) es besitzt die Macht, eine flüchtige, fließende Manifestation, beispielsweise einen Berg, in ein Megatonnen schweres Gebilde zu verwandeln.

Wer dem Denken eine solche Macht zuschreibt, hat natürlich auch kein Problem, es als die letztendliche Ursache für alle Leiden dieser Welt verantwortlich zu machen. Auf die Frage, woher diese ungeheuere Macht des Denkens rührt, bleibt uns Zen allerdings eine Antwort schuldig.

Wir vermuten, die Vorstellung von der Macht des Denkens schöpfte Zen aus dem „schamanistischen Fundus".[91] Genauer, es übernahm vom Schamanismus die Vorstellung, Sprache verändere Wirklichkeit, wortwörtlich, ähnlich wie die Hände des Töpfers einen Klumpen Erde. Der Mensch des magischen Weltbildes glaubte, mit Worten könne man nicht nur im Sinne einer Stimmungs- oder Gefühlsänderung verzaubern, mit ihnen könne man wirklich zaubern, es beispielsweise regnen lassen, jemanden verhexen oder Geister zur Heilung eines Kranken bewegen.

---

[91]   Jullien, Francois: Der Weise hängt an keiner Idee. München 2001.

Nach Izutsu soll „die kleinste Bewegung von seiten des Subjekts notwendigerweise eine Veränderung auf der Seite des Objekts ... zur Folge"[92] haben, und die „Struktur" eines Objektes soll durch die Struktur des Subjekts, des Ich-Bewusstseins, bestimmt werden. Allerdings erfahren wir vom Autor nicht, was er mit Struktur meint, weder mit der Struktur des Subjekts, noch mit der des Objekts. Wir würden schon gerne wissen, was das Subjekt genau an einem Apfel bestimmt und wie es das anstellt. Bestimmt oder beeinflusst es seine Größe, Form, Farbe, Stofflichkeit und/oder seine molekulare Struktur, verursacht es gar die Existenz des Apfels? Irgendwie alles? Und das alles nur dadurch, dass das Subjekt *Apfel* denkt? „Die phänomenale Erscheinung des 'Apfels' als 'Apfel' hängt von einer gewissen positiven Haltung des Subjekts ab",[93] erläutert Izutsu. Heißt das, durch eine positive Haltung tritt der Apfel erst in Erscheinung? Oder wird er gar erst geschaffen? Oder bestimmt die positive Haltung „nur" sein Aussehen?

Gleichgültig, was Zen hier behauptet, dafür, dass es mit der Macht des Denkens über die Objektwelt nicht so weit her sein kann, wie es ihm Zen unterstellt, spricht allein schon die Konstanz der Erscheinungen. Die Erscheinung eines Apfels kümmert sich nämlich um kein Komma um unsere Begriffe. Würde begriffliches Denken immer Erscheinungen der wirklichen Dinge erzeugen oder ihr Erscheinungsbild (mit-)bestimmen, müsste sich das Erscheinungsbild der Dinge in all den Fällen ändern, in denen wir falsche Begriffe gebrauchen oder uns erst nach einiger Überlegung der richtige Name für einen Gegenstand einfällt. Dem ist aber nicht so, ein Gegenstand oder seine Erscheinung ändert sich nicht, gleichgültig wie lange wir nachsinnen mussten, bevor uns sein Name einfiel. Nicht einmal, wenn wir ihn völlig falsch bezeichneten und erst später auf unseren Irrtum aufmerksam wurden, ändert er sein Aussehen.

Zen würde wahrscheinlich dagegen halten, es genügt, dass wir überhaupt im Erfahrungsmodus des dualistischen Denkens sind, in ihm wird automatisch die wirkliche Wirklichkeit durch Erscheinungen verdeckt, auch wenn uns der richtige Begriff für einen Gegenstand gar nicht einfällt. Worin soll aber dann die Subtilität der Beziehung zwischen Subjekt und Objekt, zwischen Denken und Gegenstand, bestehen, die Izutsu behauptet? Sie soll ja so subtil sein, dass „die kleinste Bewegung von seiten des Subjekts notwendigerweise eine Veränderung auf der Seite des Objekts ... zur Folge"[94] hat?

---

[92] Izutsu, Toshihiko: Philosophie des Zen-Buddhismus. Reinbek 1979, S. 15.
[93] Ebenda, S. 29.
[94] Ebenda, S. 15.

Auch eine genauere Begriffstimmung eines Gegenstandes, eine genauere Unterscheidung hat keinen Einfluss auf seine Erscheinung. Wenn ich *Etwas* sehe, dies als *Pflanze* bestimme und schließlich als *Hortensie*, dann lässt sich das Erscheinungsbild dieses Gegenstandes nicht im Geringsten von meiner begrifflichen Bestimmungsarbeit beeindrucken, die Hortensie bleibt sich immer gleich.

Diese Konstanz der Erscheinung stimmt nicht mit einer Philosophie überein, die behauptet, das begriffliche Denken, die begriffliche Sprache, beeinflusse die Natur oder Struktur der Erscheinung oder gar der ursprünglichen Gegenstände.

Die Behauptung, Sprache bestimme, *„was als Wirklichkeit zählt"*,[95] darf nach unserer Ansicht nur als eine psychologische verstanden werden, nicht aber als eine epistemische. Die Rangliste unserer Wahrnehmungsobjekte wird sicher von unserer Psyche, d.h. von unseren Interessen, Wünschen und Ängsten, mitbestimmt, und sie ist selbstverständlich durch die Sprache geprägt: Die Sprache bestimmt mit, was für uns wichtig ist, und manchmal verhindert sie, dass wir bestimmte Dinge bewusst wahrnehmen. Die Sprache verhindert aber sicher nicht, dass wir Objekte in unserem Gesichtsfeld prinzipiell nicht wahrnehmen können.

Bei einem Wahrnehmungsirrtum, wie der Verwechslung eines Seiles mit einer Schlange, könnte das Denken für die falsche Erscheinung Schlange verantwortlich zu sein. Aber nicht einmal hier muss das Denken das falsche Erscheinungsbild auslösen, es kann auch die angeborene und nützliche Angst vor Schlangen sein, die den Gedanken „Hier ist eine Schlange!" hervorbringt.

Was veranlasst uns, unsere Überzeugung: *Hier ist eine Schlange*, aufzugeben? Kein Gedanke, sondern ein genaueres Betrachten dessen, was wir für eine Schlange halten. Wenn sich das als ein Seil entpuppt, werden wir die Überzeugung *Schlange* aufgeben. Das scheint doch wohl zu bedeuten: Denken bestimmt nicht die Art und Weise der Erscheinung eines Gegenstandes, sondern umgekehrt, der Gegenstand, oder seine Erscheinung, bestimmt unser Denken, unseren Begriff. Ausnahmen mag es geben, aber dass wir sie als solche erkennen, heißt, das Denken hat nicht die Macht, uns permanent an der Nase herumzuführen. Wenn unser Denken die „Natur" der Gegenstände *bestimmen* würde, dürfte es eine Verwechslung wie die eben erwähnte gar nicht geben, die „Schlange" dürfte sich nie als Seil herausstellen, denn wir bestimmen ja mit unserem Denken was etwas ist. Es könnte dann keine Täuschungen geben, alles müsste so sein, wie es

---

[95]   John Searle zit. nach Loy, David: Nondualität, S. 73.

unser Bewusstsein konstruiert, weil es keine andere Wirklichkeit als die des Bewusstseins gibt. Dass dem nicht so ist, können wir auch an dem Phänomen der optischen Täuschungen sehen: Obwohl wir wissen, ein Stock kann nicht von Wasser geknickt werden, sehen wir ihn im Wasser geknickt. Wäre die Behauptung des Phänomenalismus und des phänomenalistischen Zen wahr, unser Denken erzeugt oder beeinflusst die Wirklichkeit, dürften wir keinen geknickten Stab im Wasser sehen, wenn wir ihn als Gerade denken oder imaginieren.

4. Die Wahrnehmung nichtbegrifflicher Wesen widerspricht der Behauptung, die Sprache manipuliere die Wahrnehmung. In der neuzeitlichen westlichen Philosophie findet sich die schon erwähnte Vorstellung, dem Blick eines Wesens ohne begriffliche Sprache erscheine die Welt als chaotisches Einerlei. Nach Essler/Mamat treffen wir auf diese „Chaostheorie" schon im Pali-Kanon, dort wird nämlich das Gewoge Außenwelt dem Geist, durch die Sinne geformt und *die Begriffe gegliedert*, präsentiert.[96] Diese Vorstellung gilt inzwischen als nicht mehr haltbar. Gegenstandserfahrung ist nicht das Ergebnis eines Zusammenschlusses eines „chaotisch Mannigfaltigen, das uns die Sinne liefern, durch den ordnenden Verstand". Kant, der ebenfalls dieser Vorstellung anhing, soll dabei „unbesehen der atomistischen Assoziationspsychologie der Wahrnehmung [gefolgt sein], die seit dem Empirismus des 17. Jahrhunderts die philosophische Erkenntnistheorie prägte, aber dass sie längst durch die Gestaltpsychologie und dann durch die moderne Sinnesphysiologie empirisch widerlegt ist, hat sich noch nicht in allen Philosophischen Seminaren herumgesprochen".[97]

Die Vorstellung, ohne den ordnenden Verstand würden wir die Welt als ein chaotisch Mannigfaltiges wahrnehmen, ähnelt der Behauptung des Zen, ohne das begriffliche Denken (den ordnenden Verstand) würden wir eine Fließwelt, eine ursprüngliche Undifferenziertheit, wahrnehmen und diese sei die wirkliche Wirklichkeit.

Dass diese verwandten Vorstellungen so nicht stimmen können, zeigt schon ein Blick auf die Tierwelt. Tiere müssten nach diesen Theorien ein Chaos, oder, was ja kaum einen Unterschied macht, eine Fließ-Wirklichkeit wahrnehmen, da sie über keine begriffliche Sprache verfügen. Aber weder versinken sie in einem Chaos, noch ertrinken sie in einer Fließwirklichkeit. Tiere weichen Hindernissen präzise aus, fliehen nur von den Tieren, die ih-

---

[96]   Siehe Essler, Wilhelm K. / Mamat, Ulrich: Die Philosophie des Buddhismus, S. 141.

[97]   Schnädelbach, Herbert: Analytische und postanalytische Philosophie. Frankfurt 2004, S. 219.

nen gefährlich werden können und verfolgen nur diejenigen, die als Beute in Frage kommen. Adler stürzen sich zielgenau auf eine kleine Maus, Hunde schnappen akkurat nach dem Futter, das man ihnen zuwirft. Sollte ein Wesen erst durch die Sprachkonditionierung eine Welt der klaren Objekte wahrnehmen, wären das unerklärliche Phänomene.

Die Wahrnehmungsorganisation der Lebewesen ist Folge der evolutionären Anpassung an die Umweltbedingungen, die sich bei jedem Tier, auch der Mensch ist biologisch gesehen ein Tier, nach seinen jeweiligen Überlebensbedürfnissen gestaltete. Die verschiedenen Tierarten nehmen die Welt verschieden wahr, aber sie nehmen deswegen nicht verschiedene Welten oder Wirklichkeiten wahr, sie nehmen die eine Welt auf verschiedene Weisen wahr. Wäre es nicht sehr merkwürdig, wenn gerade das erfolgreichste Tier, der Mensch, die Welt grundlegend falsch wahrnehmen würde? Wieder müssen wir zu dem Schluss kommen, dass das Denken nicht den übergroßen Einfluss auf die Wahrnehmung der Wirklichkeit haben kann, wie es ihm die Mystik und mit ihr die Zen-Philosophie unterstellt.

5. Unmöglichkeit eines nichtbegrifflichen Denkens. Nach Loy erkannte der Buddhismus, dass unsere sprachliche Konditionierung wieder zurückgenommen, sogar die Sprache als Ganzes verlernt werden kann. Der Buddhismus lehne aber die Sprache nicht an sich ab, sondern nur die zusammenhängende begriffliche, denn sie sei wegen ihrer unterscheidenden Natur dasjenige, was die Täuschung und damit Leiden in die Welt bringt. Demnach müssen wir uns „nur" der begrifflichen Sprache entkonditionieren, um uns von dem Wahn unserer Alltagswahrnehmung zu befreien.

Wie sollen wir es deuten, dass alle Meister nach ihrer Erleuchtung die gleiche Sprache sprechen wie vorher, sich der gleichen Worte und Grammatik bedienen? Vielleicht verstehen sie nun manche Wörter anders als vorher, aber Bedeutungsveränderungen von Wörtern kommen auch bei gewöhnlichen Menschen vor. Jede Wissenschaft definiert allgemein gebrauchte Begriffe für ihren spezifischen Zweck, versteht deshalb manche anders als die Alltagssprache.

Es ist schwer vorstellbar, dass sich ein Mensch der begrifflichen Sprache bedient, ohne begrifflich zu denken, denn Denken ist vor allem ein stummes Sprechen. Wir sollten klären was eine begriffliche, bzw. eine nichtbegriffliche Sprache sein soll.

Zu diesem Zweck sei ein Exkurs gestattet: Was ist ein Begriff?

Umgangssprachlich ist uns ein Wort oder auch ein zusammengesetzter Ausdruck wie, „*der Begründer des Buddhismus*" dann ein Begriff, wenn wir wissen, was das Wort oder der Ausdruck, bedeutet. Das Wort *Koan* ist uns ein Begriff, wenn wir beispielsweise wissen, dass mit ihm eine paradoxe Aufgabenstellung im Zen-Buddhismus gemeint ist. Der Ausdruck *„der Begründer des Buddhismus"* ist uns ein Begriff, wenn wir beispielsweise wissen, dass es sich bei dem Begründer um einen Menschen namens Buddha handelte, der vor ca. 2.500 Jahren in Indien lebte.

Der Philosoph Arno Ros vertieft diesen umgangssprachlichen Begriff des Begriffs, wenn er meint, man sollte Begriffe nicht als besondere Worte verstehen, etwa als Prädikate, wie es oft in philosophischen Lehrbüchern zu lesen ist, sondern als die Unterscheidungsfähigkeit, die ein Individuum „sprachlich artikulieren und erläutern kann".[98] Begriffe sind für Ros „eine besonders differenzierte Form von Unterscheidungsfähigkeiten".[99]

Unterscheidungsfähigkeit besitzen auch Tiere, aber sie verfügen dann über keine Begriffe, wenn sie die Unterschiede nicht *sprachlich* artikulieren und *erläutern* können. Ob ein Papagei, der zu etwas Gelbem „gelb" krächzt, über den Begriff Gelb verfügt, können wir nicht daran erkennen, dass er zu allem, was gelb ist, „gelb" krächzt. Erst wenn uns der Papagei klar machen könnte, dass er weiß, es handelt sich bei „gelb" um eine Farbe, was einschließt, dass er auch weiß, was eine Farbe ist, würde er über den Begriff „gelb" verfügen.

Über einen Begriff verfügen, wissen was ein Wort bedeutet, meint also, wir könnten dieses Wort gegebenenfalls *sprachlich* erläutern, wir könnten verständlich machen, was es für einen Gegenstand, oder Sachverhalt, meint, und worin sich dieser von anderen unterscheidet. Die Behauptung der Zen-Philosophie, der Gebrauch von Begriffen ist dualistisch, oder unterscheidend, ist also ganz und gar richtig. Begriffliches Denken bedeutet nichts anderes als unterscheidend zu denken.

Was heißt es, über keinen Begriff zu verfügen?

Jemand kann ständig Worte im Mund führen, ohne dass er wirklich weiß, was sie bedeuten, ohne dass er uns bei Nachfrage Auskunft geben könnte, was er meint. Er lernte durch Nachahmung, sie an den richtigen Stellen eines Satzes und eines Gespräches einzufügen, deshalb fällt es nicht auf, dass er nicht (so recht) weiß, wovon er redet. Oft ist ihm selbst nicht bewusst, dass er die Bedeutung des von ihm gebrauchten Wortes nicht wirklich kennt, aber da es gut, d.h. beeindruckend, klingt, benutzt er es. Merken wir, dass er nicht weiß, was er meint, sagen wir „er spricht wie ein Papagei, er plappert nur nach".

[98] Ros, Arno: Materie und Geist. Paderborn 2005, S. 43.
[99] Ebenda, S. 50.

Es darf wohl zu recht vermutet werden, dass die in unserer Hinsicht so wichtigen Wörter wie „Geist" und „Bewusstsein" von den meisten Menschen benutzt werden, ohne dass sie mehr als eine dunkle Ahnung über ihre Bedeutung haben. Dass uns die Bedeutung vieler Wörter nicht wirklich klar ist, sie uns kein wirklicher Begriff sind, ist solange nicht besonders tragisch, solange wir mit ihnen keinen großartigen Erkenntnis- oder Erklärungsanspruch erheben, wenn wir beispielsweise auf solche keine die persönliche Existenz betreffenden Theorien und Forderungen aufstellen.

Arno Ros macht darauf aufmerksam, dass Begriffe nicht wahr oder falsch sein können, sondern angemessen, unangemessen oder leer. Leer sind sie, wenn das was sie meinen, nicht existiert. Existiert beispielsweise kein Gott oder kein Geist, sind diese Begriffe leer. Über nicht Existierendes lässt sich natürlich ohne weiteres sprechen und sogar die diffizilsten Theorien aufstellen.

Was soll nun ein begriffloses nicht-unterscheidendes Denken sein?

Loy führt als Beispiel für ein begriffsloses und ununterstütztes Denken das urplötzliche Auftauchen eines Gedankens an, der wie „Athene aus dem Haupt des Zeus" entspringt und nicht weiter verfolgt werden darf oder muss. Ein Beispiel für einen solchen Gedanken erwähnt Loy leider nicht, so dass wir nicht wissen, welche Form ein solcher begriffsloser Gedanke haben darf oder muss. Aber selbst wenn ein Gedanke nur aus einem Wort besteht, heißt das nicht, es handelt sich bei ihm um keinen Begriff. Mittels eines Gedankens wird auf jeden Fall etwas von etwas unterschieden, wäre das nicht der Fall, wüssten wir nicht, was der Gedanke meint, er wäre kein Gedanke, sondern ein sinnloses Zeichen. Wenn ein einzelnes Wort einen Gedanken ausdrücken soll, muss es sich bei ihm um einen so genannten Einwortsatz handeln, wie bei dem Wort „Feuer!", welches eine Abkürzung für den Satz sein kann „Hier brennt es!" Ein Gedanke kann nicht aus einem einzigen Wort bestehen, er muss Satzform haben, also mindestens ein Subjekt und ein Prädikat beinhalten, sonst würde er nichts aussagen, wäre also kein Gedanke.

Das Wort „Geist" bedeutet für sich genommen nichts, so wie kein Wort für sich genommen etwas bedeutet, auch wenn es für uns oft genügt, nur ein Wort zu hören, um zu wissen, was gemeint ist. Allerdings wissen wir das nur, wenn wir den Zusammenhang kennen, in dem dieses Wort gebraucht wird. Der Einwort-Gedanke „Geist!" kann beispielsweise die Abkürzung für den Satz sein „Alles ist Geist!". Würde jemanden wirklich nur das Wort allein in den Sinn kommen, ohne prädikative Ergänzung, die auch in einer bildlichen Vorstellung bestehen kann, würde er keinen Gedanken gehabt haben, würde er nicht wissen, was dieses Zeichen jetzt soll. Wer „Geist!" ruft, wird alle möglichen Assoziationen bei seinen Hörern wachrufen, aber er wird den spezifischen Gedanken, der ihm dieses Wort auslöste, und den er in Satzform dachte, höchstens zufällig vermitteln. Um selbst zu verstehen, was er mit dem Wort „Geist" meinte, muss er es von anderen Worten unterscheiden. Aber nicht nur beim Denken mit den Zeichen der Wortsprache, auch beim kombinieren wortfreier Zeichen, wie Gesten oder Piktogramme, treffen wir Unterscheidungen, was Zen ja verabscheut wie der Teufel das Weihwasser.

Das heißt nun nichts anderes, als dass ein begriffsloses Denken unmöglich ist. Es zu fordern, heißt ein bedeutungsloses, sinnloses Denken zu fordern, weil es auf eine Aneinanderreihung bedeutungsloser Zeichen hinauslaufen würde.

6. *Unzulänglichkeit eines „ununterstützten" Denkens.* Wie sinnvoll wäre das so genannte ununterstützte Denken? Unterscheidend und begrifflich, das mussten wir feststellen, ist ein Gedanke auf jeden Fall, fortgesetzt muss er aber tatsächlich nicht werden. Was würde es jedoch bedeuten, konsequent auf jede Aneinanderreihung von Gedanken zu verzichten? Welchen Sinn sollte ein solches Unterfangen haben? Bedeuten würde es, sich unendlich viele Erkenntnisse über die Welt zu versagen. Dazu gehören Erkenntnisse, die für unsere Vorfahren überlebenswichtig waren, denn schon unser alltäglicher Überlebenskampf verlangt die Aneinanderreihung von Gedanken, sogar ein so einfacher wie, „wo Rauch ist, ist auch Feuer" besteht aus aneinander gereihten schlussfolgernden Gedanken.

Sinnvoll kann eine Gedankenunterdrückung temporär und für einen speziellen Zweck sein, etwa wenn wir uns aus irgendeinem Grund ganz auf eine Tätigkeit konzentrieren müssen. Aber sie als ausgezeichnetes Mittel der Erkenntnisgewinnung anzusehen, verfehlt vollkommen die „Natur" der Erkenntnis. Zen unterlässt es leider durchwegs, auf die Begrenztheit seiner Ratschläge und Methoden hinzuweisen, es erweckt immer den Eindruck, sie seien für alles und jeden gut und zu jeder Zeit anwendbar.

Loy führt als Beispiele für „ununterstützte Gedanken" intuitive Erkenntnisse und Erlebnisse von Wissenschaftlern und Künstlern an, also starke Aha-Erlebnisse. Zu ihnen später Genaueres, aber soviel sei hier vorweggenommen: Solche und ähnliche Erfahrungen werden mit einer Alles-ist-Eins-Deutung völlig überinterpretiert. Auch wenn eine Intuition wie ein Blitz einschlägt, „die letzte Zelle durchtränkt" (Lutger Tenbreul), sie fällt deswegen nicht vom Himmel. Wenn Wissenschaftlern oder Künstler urplötzlich eine Lösung aufgeht, haben sie in der Regel lange vorher an dem entsprechenden Problem, unter anderem auch gedanklich, gearbeitet. Handelt es sich um ein wissenschaftliches Problem, wird die Lösung von begrifflicher Natur sein und die Wissenschaftler werden sie weiterdenken, Gedanken an sie reihen, Schlüsse aus ihr ziehen.

Der Dualismus Subjekt-Prädikat, Satzgegenstand und Satzaussage, wie in „Hans meditiert", ist unvermeidlich, wenn wir kommunizieren wollen, ob mit anderen oder mit uns selbst. Was ein Denken sein soll, welches um diesen Dualismus herumkommt, ist uns vollkommen schleierhaft. Auch „ununterstützte" Gedanken, spontane Einfälle, Intuitionen müssen satzartig sein, „etwas als etwas" behaupten und beinhalten damit Unterscheidungen. Würden sie es nicht tun, wären sie sinnlose Lautmalereien (auf die Etwas-als-etwas-Struktur unserer Sprache werden wir noch näher eingehen).

7. Der Fließcharakter der Wirklichkeit ist zweifelhaft. Wie wir gesehen haben sind die Aussagen unserer Zen-Autoren zu der Frage, ob wir im dualen Erfahrungsmodus im Kontakt zur wirklichen Welt stehen oder ob wir in einer reinen Scheinwelt leben, einer nur aus Gedanken konstruierten, milde formuliert, arg schleierhaft.

Würden die gewöhnlichen Menschen in einer absoluten Scheinwelt leben, würden sie nach Scheinäpfeln greifen und Scheinäpfel essen. Nur die Erleuchteten, welche die täuschenden Wahrnehmungen durchschauen, würden wirkliche Äpfel essen. Es wäre dann schwer erklärbar, warum die gewöhnlichen Menschen nicht schon längst ausgestorben sind.

Allerdings taucht auch in dem Fall, dass der gewöhnliche Mensch in der „wirklichen Wirklichkeit" lebt, ein ähnliches Problem auf, wie in dem Fall, dass er in einer reinen Scheinwelt lebt und vom Denken konstruierte Äpfel essen müsste.

Wenn wir gewöhnlichen Menschen in der „wirklichen Wirklichkeit" leben, sie nur nicht richtig wahrnehmen, wieso kann uns dann ein Ziegelstein erschlagen? Die wirkliche Wirklichkeit soll nach dem Zen-Buddhismus eine aus fließenden Manifestationen des Geistes sein. Sollte dann ein Ziegelstein nicht höchstens wie ein Wasserschwall wirken? Nehmen wir noch dazu an, wir würden den Ziegelstein nicht sehen, bevor er uns auf dem Kopf fällt, so dass uns eine Verdoppelung oder Verwandlung in eine gewichtige harte Erscheinung durch begriffliches Denken gar nicht möglich ist, wieso kann er trotzdem so schwer sein, dass er uns tötet? Wo wir doch mit dem Ziegelstein eins sein sollen!

Wieso kann uns eine fließende, flüchtige Manifestation des Geistes erschlagen? Anders gefragt: Welche Bedeutung haben die Worte fließend und flüchtig in der Zen-Philosophie, wenn sie anscheinend auch auf so harte Gegenstände wie Ziegelsteine zutreffen? Wir haben nicht gehört, dass Ziegelsteine Erleuchteten nichts anhaben oder dass sie in fließenden Bergen schwimmen können. Dass Zen zumindest solches oder ähnliches suggeriert, wird durch eine Geschichte deutlich, die von einem enttäuschten Schüler erzählt. Dieser musste erleben, dass sein Meister laut aufschrie, als er sich versehentlich auf eine Nadel setzte. Die Reaktion des Meisters auf die Enttäuschung des Schülers, der ihn wegen dieses Vorfalls verließ, ist nicht wirklich erhellend: Der Schüler, so der Meister, habe nicht verstanden, dass alles in Wirklichkeit nur Geist sei. Aber ist das so schwer zu verstehen? Wahrscheinlich hatte der Schüler auch gelernt, der Geist sei von fließender und flüchtiger Natur, und er fragte sich, wie der Meister dann von einer Nadel gestochen werden konnte. Ist die wirkliche Wirklichkeit letzten Endes vielleicht doch von derselben Konsistenz wie die geschmähte duale?

Die Rede von der fließenden, flüchtigen Natur der wirklichen Wirklichkeit ist so schleierhaft, wie der angebliche Schleier, den das Denken um die wirkliche Wirklichkeit webt. Wir erhalten keine Antwort auf die Frage, was es bedeutet, dass die Wirklichkeit ein Geflecht aus fließenden, flüchtigen Manifestationen sein soll, wie lange diese existieren können und wie wir uns ihre Konsistenz vorstellen sollen. Wenn Zen-Meister von spitzen Nadeln gestochen und von Ziegelsteinen erschlagen werden können, muss es in der nirwanischen Welt der fließenden Manifestationen massive Ziegelsteine und spitze Nadeln geben. Worin unterscheidet sie sich dann von der samsarischen Welt der Nichterleuchteten? Und schließlich: Warum soll eine Welt der flüchtigen Manifestationen eigentlich besser sein, als unsere relativ statische und kompakte Alltagswelt?

Unter der mikrophysikalischen Perspektive ist die Fließontologie natürlich richtig: Auf der atomaren Ebene fließen, rasen und springen alle Elemente und sie existieren nur für unvorstellbar kurze Zeit. Der Fließcharakter der Wirklichkeit ist allerdings etwas sehr relatives, er hängt von dem Bezugspunkt ab, von dem aus wir die Wirklichkeit betrachten. *Flüchtig* ist ebenfalls ein sehr relativer Begriff. Ein Blitz gilt sprichwörtlich als flüchtig, aber auch das in die Millionen Jahre zählende Alter eines Diamanten, selbst die vier Milliarden Jahre der Erde, sind, aus dem Blickwinkel der Ewigkeit, flüchtige Momente. Der Blickwinkel der Ewigkeit oder der der Atomphysik, hat für unsere alltägliche Wahrnehmung und den konkreten Umgang mit den Alltagsgegenständen jedoch keine Bedeutung, ein Felsbrocken lässt sich nicht schneller aus dem Weg schieben, weil wir wissen, dass er, auf seine atomare Ebene oder die Ewigkeit bezogen, von flüchtiger Konsistenz ist.

Wir sollten über die gewisse Ruhe und Beständigkeit unserer alltäglichen Erfahrungswelt dankbar sein, sie ermöglicht die Verlässlichkeit und Vorhersehbarkeit, ohne die wir als menschliche Wesen nicht überlebensfähig wären.

Im übrigen kann auch ein Materialist unterschreiben, dass alle Dinge „eigentlich" flüchtige Erscheinungen sind, und selbst dass alles „irgendwie ein integrales Ganzes"[100] bildet, muss er nicht verneinen. Er würde höchstens fragen, was meinst du mit „integral" und in welchem außergewöhnlichen Sinn soll es ein Ganzes bilden?

8. *Die Ungültigkeit des Kausalitätsgesetzes ist fragwürdig.* Ganz nebenbei behauptet Zen auch, die Kausalität, die Ursache-Wirkungs-Beziehung, sei eine Illusion. Wir bezweifeln, dass es sich der Tragweite dieser Behauptung bewusst ist. Was würde diese Behauptung konkret bedeuten? Gilt das Kausalgesetz in der dualen Wirklichkeit oder scheint es nur so, dass es in ihr gilt? Sind die Kopfschmerzen, die ich nach einem Schlag auf den Kopf verspüre, eigentlich nicht von dem Schlag verursacht? Dem müsste ja so sein, wenn das Ursache-Wirkungs-Verhältnis nicht gilt. Warum aber verspüre ich nach einem Schlag auf den Kopf immer Schmerzen? Und wie ist es bei den Meistern, die in der nondualen Wirklichkeit leben sollen? Warum verursacht eine Nadel einen solchen Schmerz, dass ein Meister aufschreit?

Alle Wissenschaften beruhen auf dem Kausalitätsgesetz. Wäre es eine Illusion, wären die naturwissenschaftlichen Gesetze nur Schein und keine Wissenschaft möglich, da sich kein Geschehen vorhersagen ließe. Auch unser alltägliches Handeln rechnet das Ursache-Wirkungsverhältnis mit ein: Setzen wir einen Topf mit Wasser auf den Herd, unterstellen wir, dass das Herdfeuer das Wasser erwärmen wird, d.h. die Ursache der Erwärmung des Wassers ist. Bekanntlich versteht der Buddhismus den Karmagedanken streng kausalistisch, eine schlechte Tat führt zu einer schlechten Wirkung, eventuell sogar in einem späteren Leben. Dass in Wirklichkeit Kausalität aber eine Illusion sein soll, welche durch das dualistische Denken geschaffen wird, ist also mindestens in diesen zwei Hinsichten eine außerordentliche Behauptung.

9. *Die Unplausibilität des Phänomenalismus.* Bei allen von uns diskutierten Zen-Philosophen finden sich starke phänomenalistische Anklänge. Das ist nicht verwunderlich, da die phänomenalistische Nur-Bewusstheits-Schule (Vijnanavada) eine der Quellen der Zen-Philosophie bildet. Welche Version des Phänomenalismus unsere Philosophen genau vertreten, konn-

---

[100] Loy, David: Nondualität, S. 38.

ten wir nicht ermitteln, wir legen unserer Kritik deshalb die eindeutigeren Lehren des Vijnanavada zugrunde und stützen uns dabei vor allem auf ihre Darstellung in Schumanns „Handbuch Buddhismus".

Buddha war zwar der Ansicht, dass „die Welt für jeden nur dann existiert, wenn sie Inhalt seines Bewusstseins (vijnana) geworden ist",[101] aber er setzte voraus, dass die Objekte, die der Mensch wahrnimmt, tatsächlich existieren, „denn die Sinnesorgane können nur mit Formen, Tönen usw. in Berührung treten, die als äußere Gegebenheiten vorliegen".[102] Buddha lehrte nach Schumann also den indirekten Realismus.

Für den Vijanavada ist aber die Überzeugung, dass äußere Objekte die Sinnesorgane reizen, eine Spekulation. Sicher ist für ihn nur, dass die Objekte Inhalte des Geistes sind. „Wahrnehmungen sind nicht, wie der Frühbuddhismus annimmt, Widerspiegelungen äußerer Objekte im Kopf eines Betrachters, sondern sind unsere eigenen Geistesprodukte: Die Dinge, die wir zu sehen, fassen, riechen, glauben, sind bloße Ideationen."[103] Im Lankavatara-Sutra heißt es: „Es gibt keine sichtbaren (Objekte), die Außenwelt ist Geist (*citta*), darum sieht man eine Vielfalt (*citra*). Körper, Besitz und Umwelt sind nur Geist, so sage ich." Und noch deutlicher: „Es gibt keine sichtbare Außen(welt), wie die Toren sich einbilden."[104]

Nach dem Vijanavada ist auch das Subjekt, das individuelle Bewusstsein, welches die scheinbare Außenwelt erzeugt, Geist, und die Existenz des Subjekts ist abhängig vom großen Geist. Vom Ursprung her gesehen: Der große Geist („das Absolute") träumt das individuelle Subjekt und dieses träumt eine Welt, die es für eine von ihm unabhängige Außenwelt hält. Vernichten „wir" das Subjekt, das individuelle Bewusstsein, vernichten wir auch die von uns erzeugte phänomenale Welt und erwachen in der alles umfassenden Geistwelt. Das Täuschungsmodell des Vijnanavada ähnelt der Monadenlehre Leibniz, wonach jeder Mensch in einer vollständigen abgeschlossenen Welt (Monade), einer Art Wahrnehmungsblase, lebt. Der monadische Phänomenalismus wirft viele Probleme auf, so die Frage, welchen Status die Personen haben, die ich in meiner Blase wahrnehme: Sind sie Menschen, die unabhängig von mir existieren, oder nur meine Hirngespinste? Nach dieser Theorie müssten sie letzteres sein, so dass ich immer nur mit meinen eigenen Bewusstseinsprodukten verkehren, immer nur meine eigenen Einbildungen lieben oder hassen würde. So seltsam es

---

[101] Schumann, Hans Wolfgang: Handbuch Buddhismus, S. 204.

[102] Ebenda, S. 205.

[103] Ebenda, S. 207.

[104] Ebenda, S. 207.

klingen mag, der Phänomenalismus wirft auch die Frage auf, ob die Dinge, die ich wahrnehme, eine Rückseite haben, denn er bedeutet ja, dass immer nur existiert, was ich zur Zeit wahrnehme, und eine Rückseite der Dinge nehme ich in der Regel nicht wahr. Die anderen Personen, oder sonstige Wesen, könnten demnach auch nichts besitzen, was mir verborgen ist. Andere Wesen könnten also kein eigenes Bewusstsein, keine Gedanken, Gefühle, Ängste etc. haben. Wenn dieser Phänomenalismus wahr wäre, bräuchte ich meine Wohnung nicht abzuschließen, wenn ich sie verlasse, denn in dem Moment, in dem ich sie nicht mehr betrachte, löst sie sich auf. Auch die Stadt Paris, die ich nächste Woche besuchen will, gibt es jetzt höchstens als das verschwommene Bild, welches durch die Erwähnung ihres Namens in mir hervorgerufen wird. Schlussendlich kann nach diesem Phänomenalismus diese Welt erst sein, seitdem ich bin. Alle Zeugnisse der Vergangenheit müssten Täuschungen sein, ebenso die Naturgesetze, deren Kenntnis es meinen Bewusstseinsprodukten namens Menschen ermöglichte, Instrumente zu bauen, mit denen sie das angebliche Alter der verschiedensten Dinge ermittelten.

Ob diese absurden Konsequenzen des alten Vijnanavada-Phänomenalismus, der besonders bei Izutsu anklingt, im Sinne des Zen sind, darf bezweifelt werden. Sie machen aber deutlich, dass auch die jüngeren Vertreter des Zen die Folgen ihrer philosophischen Behauptungen nicht bedachten.

Wir sagten, der Phänomenalismus klingt unplausibel bis absurd. Wir sagten nicht, er sei erwiesenermaßen falsch, denn er lässt sich prinzipiell nicht widerlegen. Gegen den Phänomenalismus sprechen nur die vielen unwahrscheinlichen Zusatzannahmen, die er benötigt, um die Gegebenheiten dieser Welt zu erklären. Er ist allerdings auch prinzipiell nicht beweisbar, denn wenn er wahr wäre, wenn jeder in der Blase seiner eigenen Welt leben würde, könnte auch niemand wissen, ob nicht die beiden anderen Wahrnehmungstheorien wahr sind. Sie führen auf jeden Fall zu keinen solch unplausiblen Konsequenzen wie der Phänomenalismus. Der direkte und der indirekte Realismus erklären beispielsweise am einfachsten und plausibelsten ein so alltägliches Phänomen, wie das Faulen eines unbeobachteten Apfels.

Schlussendlich zieht der Phänomenalismus einen end- und sinnlosen Skeptizismus nach sich: Auch ein sogenannter Erleuchteter könnte nie sicher sein, dass er nicht einfach nur ein Traum im Traum eines noch größeren Träumers ist.

Es schadet nicht, sich die geschichtliche Bedingtheit des grundsätzlichen Sinnes-Täuschungs-Verdachts und dem mit ihm einhergehenden

Phänomenalismus bewusst zu machen: Stammesreligionen war er, soweit wir wissen, völlig fremd. Einem Schamanen wäre er vermutlich als eine luxuriöse Verwirrung erschienen. In den schamanischen Geisterreligionen glaubte man in der Regel an drei Welten: Unter-, Ober- und Mittelwelt – in letzterer lebte der Stamm, der allerdings auch ein Revier in der Oberwelt besaß –, aber keine dieser Welten galt als bloßes Phänomen, als irgendwie irreal. Erst nachdem sich große Gesellschaften bildeten, sich die Arbeits- und Abhängigkeitsverhältnisse radikal veränderten, sich die Sklaverei zur ökonomischen Grundlage vieler Gesellschaften entwickelte, entstanden die so genannten Hoch- oder Leidensreligionen. Leicht vorstellbar, dass die Idee, diese undurchsichtige leidvolle Wirklichkeit ist nur eine Täuschung, so etwas wie ein Traum, großen Trost spendete.

10. Die Unverständlichkeit des Alles-ist-Eins. Weil Zen und verwandte Weltbilder ihre Kernbehauptung, alles sei eins, nie gehaltvoll entfalten, wissen sie nicht, wovon sie sprechen. Sie gebrauchen leere Begriffe, wenn sie Wörter wie Einheit, Einsein, Harmonie in den Mund nehmen.

Drei Bedeutungen von Einsein können wir unterscheiden: Einsein im Sinne von Verbundenheit, Gleichheit oder Identität.

Sind Wahrnehmer, Wahrgenommenes und Wahrnehmung, sind Erkennender, Erkanntes und Erkenntnisprozess miteinander verbunden, das gleiche, identisch oder irgendeine Kombination dieser Möglichkeiten? Sind ein Mensch und ein Apfel irgendwie miteinander verbunden, das gleiche oder gar dasselbe, also identisch? Obwohl wir uns verhältnismäßig detailreich die Einheits-Philosophie des Zen angesehen haben, können wir diese Frage nicht beantworten.

Wir meinen allerdings, gleichgültig wie die Rede vom Einsein gemeint ist, sie behauptet entweder Triviales, Unsinniges oder Unmögliches.

(1) Verbundenheit. Trivial ist das Einsein im Sinne der Verbundenheit, denn selbstverständlich sind Wahrnehmer, Wahrgenommenes und der Wahrnehmungsprozess miteinander verbunden, ansonsten könnte sich keine Wahrnehmung ereignen.

Nach der buddhistischen *dharma*-Theorie sind alle Dinge miteinander vernetzt und in ihrer Existenz von einander abhängig, nichts hat einen unzerstörbaren, ewigen Kern, alles muss vergehen, oder, was auf dasselbe hinausläuft, befindet sich in unaufhörlichem Wandel. Die Vernetztheitsversion des „Alles ist Eins" wird auch mit der Formel ausgedrückt: Einheit-in-der-Vielheit und Vielheit-in-der-Einheit. Sie kann aber auch ein Materialist oder ein Dualist unterschreiben. So heißt es bei den Materialisten Marx und Engels: „Einheit und Vielheit (sind) untrennbare, einander durchdringende

Begriffe ..., die Vielheit (ist) nicht minder in der Einheit enthalten ... als die Einheit in der Vielheit."[105] Auch im schroffsten dualistischen Modell, dem Descartes', wirkt der Geist auf die Materie ein, und die materiellen Erscheinungen bewirken geistige Aktivitäten, stehen also in einem Zusammenhang, bilden zusammen das Ganze und in diesem Sinne auch eine Einheit. Allerdings gibt es im cartesianischen Modell eine unüberbrückbare Kluft zwischen dem Geist und der Materie, sie interagieren zwar, aber sie sind auf ewig voneinander geschieden. (Was uns auch für das frühbuddhistische Verhältnis von Samsara und Nirwana zu gelten scheint.)

(2) Identität. Wenn Wahrnehmer und Wahrgenommenes identisch wären, würde das bedeuten, dass sie dieselbe Raum- und Zeitstelle einnehmen, es letztendlich also nur ein undifferenziertes Ding geben würde. Das Universum wäre so eintönig wie ein Meer ohne Fische, Pflanzen und Gestein. Der Körper, welcher diese Möglichkeit wohl am besten versinnbildlicht, ist das Wasser. Nicht zufällig findet sich in der buddhistischen Literatur für *Geist* häufig die Wellen-Meer Metapher. Der unruhige Geist entspricht den Wellen an der Oberfläche des Meeres, der ruhige klare dem Wasser in der Meerestiefe, aber überall ist immer nur Wasser. Genau genommen preist uns hier der Buddhismus eine absolut langweilige, trostlose Welt an.

Dieselbe Sache anders formuliert: Wenn es in einer nondualen Welt keinen subjektähnlichen Wahrnehmer, kein Ich, gibt, und auch keine Objekte der Wahrnehmung, wenn Subjekt und Objekt also dasselbe (identisch) sind, was nimmt dann was wahr? Es heißt, *prajna*, die Weisheit, besitze keinen objektiven Inhalt. Welchen aber dann? Wenn Blumen in irgendeiner Form in einer Erkenntnis vorkommen, muss es einen Erkennenden und den Inhalt der Erkenntnis, eben die Blumen, geben. Erinnern wir uns an die Worte Baumanns: „Es ist unsinnig zu sagen, jemand verfüge über Wissen, aber dieses Wissen habe keinerlei Inhalt." (Existieren in *prajna* nur subjektive, vom Geist produzierte, Inhalte, sind wir wieder bei dem in Punkt 9 dargelegten absurden Phänomenalismus.)

Die Identitäts-Version ist natürlich zu stark, so kann die Nondualitäts-Behauptung nicht gemeint sein. Wenn eine „differenzlose Identität alles Wirklichen" behauptet wird, eine „All-Identität", in die sich noch dazu das Ich „entgrenzen"[106] (Margreiter) soll, dann könnte es nicht einmal die Täuschung der Dualität geben, es könnte gar nichts geben, außer diesen diffe-

---

[105]   MEW 20, S. 524, zit. nach Klaus, Georg / Buhr, Manfred (Hrsg.): Philosophisches Wörterbuch. Leipzig 1975, S. 298.

[106]   Margreiter, Reinhard: Erfahrung und Mystik, S. 448.

renzlosen Stoff. Eins-Sein im Sinne der Identität ist eine Unmöglichkeit. Es wäre überhaupt nicht erklärbar, wie es zu unserer Welt der Täuschung gekommen sein soll.

Es nützt auch nichts, den Unsinn der Unterschiedslosigkeit eine Stufe höher zu schrauben, indem man behauptet, das Bewusstsein der Selbst-Natur oder Leere kenne „eine Unterscheidung, die aus nicht-unterscheidenden Unterscheidungen besteht".[107] Auch De Martino will sich mit dieser Behauptung aus den Ungereimtheiten der Nondualitäts-Philosophie retten, Nicht-Zweiheit soll „auch die Dualität von Zweiheit und Nicht-Zweiheit" umfassen, sie sei „nichtdualistische Dualität"[108].

(3) Gleichheit. Dass Wahrnehmer, Wahrgenommenes und Wahrnehmung eins sein sollen, ist auf jeden Fall im Sinne der stofflichen Gleichheit, alles ist Geist, gemeint.

Wenn alles nur gleich in dem Sinne wäre, dass alles aus demselben Stoff besteht, wäre es gleichgültig wie wir diesen Stoff nennen, ob Geist, Gott, Materie etc, es würde alles lassen wie es ist. In einer geiststofflichen Fließwelt würden sich die „zehntausend Dinge", Menschen, Bäume, Autos etc. ebenso auflösen und auf neue Weise zusammensetzen, wie in der dualen materiellen Welt. Auch in jener gäbe es Vorgänge, die wir Sterben und Geboren-Werden nennen. Warum sollte es in ihr nicht auch Gut und Böse, Sein und Nichtsein, Erkennender und Erkanntes etc geben? Die Behauptung, alles ist Geist, ist erst dann interessant, wenn wir genauer wissen, was für besondere Eigenschaften der Geist gegenüber der Materie besitzen soll.

Nach Hui-neng ist der Geist weder rund noch eckig, groß oder klein, blau oder gelb etc. Nach Hui-neng scheint er ziemlich, wenn nicht sogar absolut, ohne Eigenschaften zu sein. Dann stellt sich natürlich die Frage, wie der eigenschaftslose Geist eine eigenschaftsbehaftete Welt hervorbringen konnte. Oder vertrat Hui-neng einen Dualismus, nach dem es eine Sphäre des formlosen, farblosen Geistes und eine der Form, Farbe etc gibt?

Nach den mystischen Philosophien soll sich der Geist vor allem durch die Eigenschaft auszeichnen, dass in ihm keine Dualitäten existieren, obwohl es in ihm unterschiedliche Dinge gibt. Wie auch immer diese seltsame Nondualität gemeint ist, auf jeden Fall soll die reine Geistwelt frei sein von allen negativen Unterschieden, von allen die Leid verursachen.

Wegen der Entfernung der negativen Unterschiede aus der Welt, gerät jede mystische Philosophie in die Schwierigkeit, nicht erklären zu können, wie die wahllos behaupteten Unterschiedslosigkeiten konkret beschaffen

---

[107] So Chen in Chen, Yu-hui: Absolutes Nichts und rhythmisches Sein, S. 65.
[108] Zit. nach App, Urs: Zen-Worte vom Wolkentorberg. Bern 1994, S. 71.

sein sollen und vor allem, wie es zu den negativen Unterschieden, oder zur Illusion der negativen Unterschiede, zum Bösen und zum Leid, gekommen sein soll. Wir werden auf dieses Problem, dem Grundproblem des Zen, noch zurückkommen.

Tatsächlich böte ein strenger Geist-Materie-Dualismus, wie ihn unserer Meinung neben dem Sanka-Yoga, auch der Frühbuddhismus vertrat, eine saubere „Lösung" für den Erlösungswunsch: Einer leidvollen sinnlichen Welt steht eine leidfreie nirwanische Geistwelt gegenüber. Da müssten keine unklaren Dualismen überwunden werden, sondern eindeutig „nur" die sinnliche Welt. Dieser Dualismus hätte allerdings eine extrem sinnen- bzw. lebensfeindliche Einstellung zur Folge, die der Frühbuddhismus im Grunde auch einnahm.

11. Die Problematik der Lehre von der Leerheit. Im Früh- Buddhismus meinte *leer*, der Mensch ist leer von einem ewigen Selbst, eines Kerns oder einer Seele. Mit *leer* ist also keine besondere, mysteriöse Eigenschaft der Dinge gemeint, sondern einfach, dass Menschen und andere Wesen kein Selbst haben. Im Madhyamika des Mahayana wird dieses Fehlen eines ewigen Selbst zum Fehlen eines beständigen Kerns in allen Dingen, bzw. der seltsamen Behauptung, dass es so etwas wie eine Substanz nicht gibt. Darüber hinaus wird die *Leere* so mystifiziert, glorifiziert und vertheoretisiert, dass der Begriff tatsächlich leer, weil unverständlich geworden ist. Nur zwei Beispiele für die Konfusion die innerhalb der buddhistischen Literatur über den Begriff der Leere herrscht:

Nach Nagarjuna ist Leerheit (*shunyata*) ein Begriff, der nicht „als *positive* Behauptung über die Natur der Wirklichkeit" aufgefasst werden soll, sondern „als Zurückweisung jeglicher Ansicht", da „alle philosophischen Positionen an inneren Widersprüchen kranken und unhaltbar sind".[109] Leerheit bedeute den Verzicht auf jegliche Art von begrifflicher Bestimmung der Wirklichkeit.[110] Das heißt, Leerheit meint kein ontologisches Merkmal, kein Kennzeichen des Existierenden, sondern eine epistemische Geste, nämlich die der Zurückweisung jeder Behauptung.

Nach Chen wird in „der Lehrtradition des Buddhismus [...] das letzte Prinzip oftmals als die 'Leerheit' oder als 'Nichts' betrachtet. Leerheit ist in diesem Kontext kein relativer Begriff, d.h. Leere ist nicht dem Sein gegenüberstehendes und dieses negierendes Nichtsein, sondern sie ist vielmehr jeglichem Vergleich enthoben. Weil jene Leere nämlich – jenseits der Wahrnehmung und des Begreifens – einen Nicht-Raum ausfüllt, der

---

[109] Loy, David: Nondualität. Frankfurt 1988, S. 35.
[110] Siehe ebenda, S. 35 und S. 48.

Verstandesbegriffen unzugänglich ist, ist sie ungreifbar, unnennbar; dies impliziert jedoch nicht ihre völlige Unerreichbarkeit. „ Sie sei das „höchste Ziel des menschlichen Strebens".[111] Tatsächlich, diese Leere ist unserem Verstand völlig unbegreiflich, eine Leere die einen Nicht-Raum ausfüllt(!), aber doch nicht völlig unerreichbar ist. Warum sollten wir diese Leere erreichen wollen?

Die ursprüngliche Lehre von der Leere, die höchstwahrscheinlich richtig ist, dass nämlich alles Seiende *leer* von ewigen Ichs ist, wirft das „Problem des Nihilismus" in Form der Frage auf, wer überlebt den Tod? Den für Absolutheits-, bzw. Ewigkeitssucher nahe liegenden Schluss, es muss ein transzendentes, ein großes Selbst geben, haben nicht nur namhafte westliche Buddhologen gezogen, wie Georg Grimm und Karl Seidenstücker,[112] auch in den verschiedensten buddhistischen Schulen wurde ein solches Selbst behauptet, so auch gerne von Zen-Meistern des 20. Jahrhunderts. Die dem Zen nahestehende bekannteste japanische philosophische Strömung des 20. Jahrhundert, die sogenannte Kyoto-Schule, verwandelte das Nichtselbst in ein „wahres Selbst" und versuchte sich sogar an der Gleichung Buddha = Christus.

Aber „[d]er Vollendete hat nicht das Selbst verwirklicht, sondern das Selbst überwunden. Was er verwirklicht hat, ist die Erkenntnis der Nicht-Selbstheit aller Dinge."[113] Jedoch verstanden schon viele Mönche zur Zeit Buddhas die diesbezügliche Lehre des Meisters nicht, wie zahlreiche Dialoge bezeugen. Auch der einflussreiche buddhistische Philosoph Buddhagosa (3. Jahrhundert) interpretierte die Nichtselbst-Lehre grundlegend falsch, als er behauptete, sie bedeute, *„ich bin nur die Skandhas, bin mit ihnen identisch"*. Bei den so genannten Skandhas handelt es sich, nach der buddhistischen Philosophie, um die Bestandteile, aus denen sich ein Mensch zusammensetzt, nämlich den Körper, das Gefühl, die Wahrnehmung, die Willensregungen und das Bewusstsein. Wenn der Mensch mit den Skandhas identisch wäre, hätte das die endgültige Vernichtung nach dem Tod zur Folge gehabt, da die *skandhas,* nach buddhistischer Lehre, beim Tod zerfallen. Die Annahme einer endgültigen Vernichtung sei aber, nach Buddha, ein ebensolcher „Torenglaube" wie der an die Ewigkeit.[114]

[111]   Chen, Yu-hui: Absolutes Nichts und rhythmisches Sein. Frankfurt 1999, S. 62.

[112]   Siehe Scheel, Theodor: Das Nichtselbst, S. 92f.

[113]   Ebenda, S. 147.

[114]   Siehe ebenda, S. 86.

Damit wissen wir aber immer noch nicht, was den Tod überleben, das Nirwana realisieren, oder in es eingehen soll. Wir kommen im 3. Kapitel auf diese Fragen zurück.

12. Ich = Alles. Sehen wir uns jetzt die „Auflösung" eines der „vermeintlichen Widersprüche" in den „Erleuchtungsphilosophien" des Ostens an, nämlich den Widerspruch bezüglich des Selbstes bzw. des Nicht-Selbstes. Die „Auflösung" enthält nämlich bemerkenswerte Aussagen, die nach unserer Ansicht den Grundbehauptungen der mystischen Philosophie widersprechen.

Zur Erinnerung: Für den „hinduistischen" Vedanta und seiner Atma-Lehre sind Selbst und Welt letztlich eins, für den Buddhismus soll es kein Selbst, sondern nur Welt, d.h. subjektlosen Geist, geben. Loy wendet zurecht gegen die vedantische Gleichung *Selbst ist Welt* ein, dass sich das Selbst in einem solchen Fall nicht seiner selbst bewusst sein könne, es würde ihm das für Selbstbewusstsein notwendige Gegenüber fehlen. Würde sich das Selbst selbst bewusst sein, hieße das, es gibt zwei, „das Eine und dasjenige, das sich des Einen als Einem bewusst ist".[115] .

Nun sein dialektischer Schluss: Ein Selbst, welches man nicht erfahren kann, kann man genauso gut als Leere bezeichnen, und da für den Mahayana die Leere „das Wesen und die Buddha-Natur aller Dinge"[116] ist, laufen die Konzeption des Vedanta und des Mahayana-Buddhismus auf dasselbe hinaus: ein All aus Bewusstheit. Fragt sich, ob diese Gleichung im Sinne der Erfinder dieser Ontologien wäre. Wir meinen, die vedischen Mystiker konnten nach ihren Voraussetzungen nicht feststellen, dass das Selbst die ganze Welt ist, denn was sollte das Erfahrende erfahren, wenn es alles ist? Analog: Wenn das ganze All nur eine Filmkamera wäre, was könnte es filmen?

Die Buddhisten konnten nach den Voraussetzungen der Nicht-Selbst-Lehre nicht feststellen, dass es kein Selbst gibt, denn wer sollte die Leere der Welt bemerken? Wenn alles nur Bewusstsein ist, ohne ein Selbst, wer nimmt innerhalb dieses Bewusstseins etwas wahr? Mit dem Bild der Filmkamera gesprochen, wo ist die Kamera, wenn alles nur Film ist? Oder: Wer weiß um den Film, wenn es keinen Zuschauer, kein erfahrendes Selbst gibt? Loy antwortet überraschenderweise, das Subjekt weiß es, weil es beim Eintritt ins Nirwana erkennt, „dass 'mein Geist' nicht etwas von der Welt Getrenntes, sondern ein 'Brennpunkt' der Welt ist".[117]

---

[115]   Loy, David: Nondualität, S. 306.
[116]   Ebenda, S. 307.
[117]   Ebenda, S. 309.

Damit führt Loy das Selbst wieder in die nondualistische Philosophie ein, denn was macht es für einen Unterschied, ob ich diesen erfahrenden Brennpunkt als Ich, Selbst oder als „meinen Geist" bezeichne? Loy sagt uns nicht, ob es sich um einen temporären oder ewigen Geistbrennpunkt handelt. Im letzten Fall würde es sich um einen klaren Widerspruch zur Nicht-Selbst-Lehre des Pali-Kanon und zur Shunyata-Lehre des Mahayana handeln.

Nachdem uns Loy über 300 Seiten zu erklären versuchte, dass Dualität (= Zweiheit) eine Illusion ist, braucht es jetzt auf einmal ein Zweites, damit Erkenntnis möglich wird. Und das Bild, mein Geist ist ein Brennpunkt der Welt, deckt sich ganz und gar mit unserer gewöhnlichen „dualistischen" Erfahrung. Jeder Mensch empfindet sich in einer gewissen Weise als ein Brennpunkt, als ein Mittelpunkt der Welt, indem zwar nicht die ganze Welt, aber zumindest immer seine jeweilig wahrnehmbare zusammenläuft. Unfreiwillig bestätigt Loy genau das herkömmliche Bild unserer Wahrnehmungs- und Erkenntnissituation, welche er mit seinem ganzen Buch eigentlich als eine große Täuschung entlarven wollte.

Loy versucht sein Zugeständnis an die Dualität (es braucht *zwei* um sich seiner selbst bewusst zu sein) dadurch zu relativieren oder zu kaschieren, dass er behauptet, die Dualität, bzw. der Monismus, sei nur eine Frage der Beobachterperspektive. Man könne Philosophie aus einer fiktiven externen Position betreiben, wie der vedantische Philosoph Shankara, oder aus einer internen, wie Buddha. Aus der fiktiven Position eines Beobachters, der das Ganze überschauen würde, stelle sich das Ganze als Eines dar, aus der Position eines im Ganzen Seienden als eine Zweiheit. Loy hat uns nie verraten, aus welcher Position er die Nondualität darstellt, aber sei's drum, diese Perspektiven schenken wir ihm: Selbstverständlich stellt sich für einen externen Beobachter ein Ganzes als eines dar, aber es ist wohl nur eine Frage, wie genau er hinsieht, um auch unterschiedliche Dinge innerhalb des Ganzen zu sehen. Wir leben in diesem Ganzen, und wenn wir aus dieser Perspektive viele verschiedene Dinge erkennen müssen, weil es eben viele verschiedene Dinge gibt, dann ist die ganze Rede von der Nondualität fauler Zauber.

Dass wir von einem Zweiten nicht *absolut* getrennt sein können, ist Voraussetzung unserer Erkenntnis eines Zweiten. Die eigentliche Frage wäre, in welchem besonderen Sinn soll es keine Trennung oder sonstige Unterschiede geben, in welchem besonderen Sinn sollen die Dinge in der Welt nicht verschieden sein, sonst bleibt die Beteuerung, alles wäre eins, immer nur eine leere Formel.

Ein weiterer Exkurs sei hier angebracht: Die ursprüngliche buddhistische Lehre vom Nicht-Selbst und des All-Eins-Sein.

Für den Buddhismus des Pali-Kanon wäre die Behauptung, die brahmanische Atma-Lehre und die buddhistische Anatma-Lehre laufe auf dasselbe hinaus, bezeichne es nur aus unterschiedlichen Blickwinkeln, die größtmögliche Ketzerei gewesen. Sie entzieht dem Buddhismus letztlich den Boden unter den Füßen, weil sie den Sinn und Zweck der originären Kernlehre Buddhas bestreitet, dass es nämlich kein ewiges absolutes Selbst gibt, dass alles, was existiert, Nichtselbst ist. Buddha lehnte die Gleichung, Welt und Selbst seien eins, sogar wortwörtlich ab. Theodor Scheel stellt in seiner Untersuchung der Nicht-Selbst-Lehre klar, „dass die Ansicht, das Selbst sei nach dem Tode ewig und demgemäß auch der Gedanke: '*Ich bin nach dem Tode ewig*', im höchsten Sinne falsch sind, ganz gleich, ob eine Wiedergeburt angenommen wird oder nicht". Das zeigen die folgenden Darlegungen des „Erhabenen: „*Da sieht der wohlbelehrte edle Anhänger auch diesen Glaubensatz: 'Welt und Selbst sind eins, das werde ich nach dem Tode sein, beständig, dauernd, ewig, dem Wandel nicht unterworfen, ewig gleich werde ich so bestehen bleiben', also an: Das gehört mir nicht, das bin ich nicht, das ist nicht mein Selbst.*"[118]

Zu dem brahmanischen Glauben, Welt und Selbst seien eins und deshalb werde *ich* nach dem Tode ewig sein, sagt Buddha also, ein solches Selbst gehört mir nicht, habe ich nicht, bin ich nicht. Dem Menschen, der den Erlösungsweg gehen will, rät Buddha nach dem Samyutta Nikaya 35,30 (IV.23) des Palikanon: „Er wähnt sich nicht als das All, wähnt sich nicht im All, wähnt sich nicht aus dem All, wähnt nicht: 'Mein ist das All'."[119] Dass diese eindeutigen Absagen an eine *Unio mystica*[120] auch von anderen Zen-Lehrern und Zen-Meistern als Loy nicht zur Kenntnis genommen wurden, zeigen zahlreiche Aussagen derselben, so heißt es bei Arifuku: „Zazen ist der Weg zum wahren Selbst und zugleich der Weg des eigentlichen wahren Selbst, das wir im alltäglichen Leben oft vergessen."[121] Das eigent-

---

[118] Majjhima Nikaya, 22. (I.136), zit. nach Scheel, Theodor: Das Nichtselbst, S. 60f.

[119] Scheel, Theodor: Das Nichtselbst, S. 118.

[120] Anmerkung: Unio mystica, mystische Vereinigung, ist ein Begriff aus der christlichen Mystik. Er wird deshalb meist als eine Vereinigung der Seele mit Gott erklärt. Selbstverständlich kann dieser Begriff auch eine Vereinigung mit einem nichtpersonalen Gott, einem Geist, einer Weltseele etc. bezeichnen.

[121] Arifuku, Kogaku: Deutsche Philosophie und Zen-Buddhismus, S. 34.

liche Selbst sei „unveränderlich und unzerstört, mag die Welt in Stücke gehen".[122]

Im Geleitwort zur deutschen Ausgabe von Dogens *Shobogenzo Zuimonki* heißt es: „Die Praxis des Zazen ist nach Dogens Verständnis das Wesen des Selbst, die Wirklichkeit des Selbst; ... es ist das Erwachen der einzelnen Person zu sich selbst in sich selbst."[123] Wir erfahren in dem 9-seitigen Geleitwort mit keiner Andeutung, was mit diesem Selbst gemeint ist und wie es sich mit der buddhistischen Nichtselbst-Lehre verträgt. Jedenfalls ist die Vorstellung eines Erwachens zum Selbst dem Früh-Buddhismus völlig fremd. Und das auch, wenn der Begriff des Selbst in der Zen-Literatur als Synonym für Geist oder Buddhanatur, als Abkürzung für die Formel „Ich = Alles", verstanden wird. Wie wir schon anführten, stellt Arifuku die vedantische Gleichung auf: Ich (oder Selbst) = Alles, wenn er behauptet, „die zehntausend *dharmas* und das Selbst seien nach dem buddhistischen Denken ursprünglich eins. Deshalb dürfe man nicht die *dharmas* außerhalb des Selbst suchen."[124]

Loy zitiert den Meister Yasutani (20. Jahrhundert) mit den Worten: „Kensho ist die unmittelbare Erkenntnis, dass Sie mehr sind als dieser kümmerliche Körper und dieser begrenzte Verstand. Negativ ausgedrückt, ist es die Vergegenwärtigung, dass das Weltall nicht außerhalb von Ihnen besteht. Positiv gesagt, erleben Sie das Weltall als sich selbst."[125]

Unter logischen Gesichtspunkt stellt sich bei diesem verheißungsvollen Szenario die Frage, welches Schicksal all den anderen unzähligen Ichs zugedacht ist, wenn *ich* das ganze Weltall bin?

Wo ist dann Platz für sie, wenn *ich* alles bin? Die Vorstellung, wir sind alle gleichzeitig alles, jedes Selbst ist das Einzige was ist, und zugleich gibt es unzählige viele von diesen, ist einfach absurd. Wenn sie trotzdem irgendwie wahr wäre, müsste dieser eine Geist nicht nur eine ziemlich multiple Persönlichkeit sein, es würde schlicht und einfach auch bedeuten, die viel geschmähte Situation der Unterschiedlichkeit und Vielheit existierte auf eine aberwitzige Weise munter weiter.

Im übrigen gehört es nicht zum Kernprogramm des abendländischen oder westlichen Denkens, dass das Selbst etwas unveränderliches und unzerstörbares ist, wie in der Zen-Literatur häufig behauptet wird. Diese Leh-

---

[122] Ebenda, S. 68.

[123] Fumon Shoju Nakagawa zit. nach Dogen, Eihei: Shobogenzo Zuimonki. Zürich 1992, S. 13.

[124] Arifuku, Kogaku: Deutsche Philosophie und Zen-Buddhismus, S. 43.

[125] Loy, David: Nondualität, S. 54.

re ist Teil des traditionellen Platonismus und des christlichen Glaubens, die
jedoch nicht mit dem abendländischen Denken in eins fallen.

13. Vernachlässigung der Unterscheidung zwischen Schein und Sein.
Sehen wir uns zum Abschluss unserer Kritik der Zen-Philosophie noch ein
konkretes Beispiel für ein nonduale Einheitserlebnis an. Neben dem visuellen Beispiel der Wahrnehmung einer Vase nennt Loy auch das akustische
Beispiel des Musikhörens. In einer Musik aufzugehen, zu verschmelzen, so
eins zu werden, dass es die Musik, die Zeit, die Welt um uns „nicht mehr
gibt", alles nur noch Klang ist, dürfte vielen Menschen bekannt sein. Aber
würden wir wortwörtlich darauf bestehen, dass es bei diesem Einheitserlebnis die Welt um uns nicht mehr gab? Sagen wir nicht: „Uns und die
Welt *schien* es nicht mehr zu geben, alles war nur noch Klang"? Im Grunde
wussten wir auch während des Erlebens, dass alle diese Dinge trotzdem
existierten, so nah oder fern wie immer, selbst wenn sie uns in diesen Au-
genblicken nicht besonders gegenwärtig waren. Hätte uns jemand während
dieses Erlebens fragen können – ohne dabei das Erleben zu zerstören –,
ob es noch eine Musikanlage, die Musik und uns als Hörende gibt, hätten
wir das sicher bejaht. Analog: Wenn wir stark betrunken Auto fahren und
eine lebensgefährliche Situation nicht als solche erkennen, bedeutet das
keineswegs, es gibt keine lebensgefährliche Situation, auch wenn wir uns
mit unserem Auto, dem Fahren und dem Rest der Welt eins fühlen. Die
Unterscheidung zwischen Sein und Schein darf, wie gerade dieses Beispiel
zeigt, nicht vernachlässigt werden.

Wir haben allerdings den Eindruck, dass sie von der ganzen Alles-ist-
Eins-Mystik systematisch vernachlässigt wird, bzw. versucht wird, sie zu
verkehren: Der Mystiker realisiert das wahre Sein der Ununterschieden-
heit, der Rest der Menschheit den Schein der Differenz und Pluralität. Aber
gleichgültig, wie wir das mystische Einssein drehen und wenden, aus dem
vielgeschmähten Dualismus, besser Pluralismus, kommen wir, Gott sei
Dank, nicht heraus.

Wir gelangen zu folgendem Zwischenresümee:

Die Zen-Philosophie kann nicht plausibel darlegen, dass das Denken
unsere Wahrnehmung verfälscht, uns grundsätzlich über die Wirklichkeit
täuscht, dies, so meinen wir, geschieht höchstens durch unsere Sinnesphysiologie. Die Zen-Philosophie kann auch nicht plausibel darlegen, wie das Täuschungsmanöver funktioniert, was dabei geschieht und warum es geschieht.
Ihre Behauptung, ein nicht-unterscheidendes und begriffsloses Denken
sei möglich und notwendig, zeugt von Unverständnis über die Funktionsweise des Denkens, der Sprache und der Erkenntnis. Der Verzicht auf eine

Aneinanderreihung von Gedanken, einer analytischen Durchdringung von Sachverhalten, mag für bestimmte Zwecke sinnvoll sein, aber pauschalisierend zu behaupten, isolierte Gedanken seien wahres Denken, verkennt nicht nur die „Natur" des Denkens, sondern auch die mit der sozialen Natur des Menschen verbundenen Aufgaben und Ansprüche. Der Mensch könnte bei einem Verzicht auf begriffliches Denken, gesetzt es wäre möglich, seine sozialen Aufgaben wegen Kommunikationsunfähigkeit nicht erfüllen. Der Phänomenalismus erweist sich als eine höchst unplausible Philosophie und die Rede vom Einssein bei genauerer Betrachtung als trivial und unsinnig. Die Behauptung der Ichlosigkeit lässt Zweifel an dem Glauben, es gibt ein Leben nach dem Tod, entstehen, welche durch die unbuddhistische Gleichung, das Selbst =Alles, abgewehrt werden sollen.

Wie plausibel ist reine Erkenntnis?

Der Mythos vom Gegebenen

Im folgenden Abschnitt wollen wir uns eine zentrale methodische Vorstellung der Mystik genauer ansehen, die schon mehrfach erwähnte, wahre Erkenntnis sei nur ohne das Denken möglich. Es ist der Glaube, wenn wir die Welt wie ein denkfreies Wesen erfahren, erfahren wir sie, wie sie wirklich ist.

„'Nicht-Denken' muss das Auge werden, durch welches du die Erscheinungen siehst", forderte Dogen.[126] Für die Mystiker sind Denken und Sprache nachgeordnete und entstellende Phänomene eines primären geistigen Erkenntnisvorganges. Die Mystiker wollen ihr Erkennen auf eine reine Empfindung oder Wahrnehmung gründen, und glauben Situationen erfahren zu können, „wie sie 'an sich' sind".[127] Das, was da rein erkennen soll, wird in der buddhistischen Literatur gerne ungetrübte, reine Bewusstheit oder reines Gewahrsein (mindfulness, awareness) genannt. Wir sind ihm schon unter den Namen Buddhanatur begegnet.

Eine Situation erkennen zu wollen, wie sie an sich ist, bedeutet nicht weniger, als eine absolut voraussetzungsfreie Erkenntnissituation anzustreben: Frei von jeder sprachlichen Konditionierung, frei von jeder Tradition und Kultur, frei von dem Hintergrund-Wissen, das unsere Vorfahren ange-

---

[126] Dogen, Eihei: Shobogenzo I. Berlin 1989, S. 33.
[127] Loy, David: Nondualität, S. 33.

häuft haben und über das wir so selbstverständlich verfügen, dass wir es gar nicht bemerken.

So wird für den Zen-Lehrer David Loy zwar jede Wahrnehmung mit der Sprache „verknüpft", aber ihr soll eine Phase der „reinen Empfindung" vorausgehen, die schon erwähnte Nirvikalpa-Wahrnehmung.[128] Es soll sich bei ihr um eine Wahrnehmung handeln, die „das unmittelbare Erfassen, das reine Gewahren, die direkte Sinneserfahrung" bedeutet. Sie soll nicht differenzieren, nicht rational sein, „frei von jeglicher Assimilation, Unterscheidung, Analyse und Synthese".[129] Loy glaubt also, wie wahrscheinlich die große Mehrzahl der Menschen, wir könnten etwas Sinnliches wahrnehmen, ohne dass wir dabei unterscheiden und denken müssen. Und viele glauben sicherlich auch, erst ohne diese mentalen Tätigkeiten würden wir sehen, was wirklich ist.

Nun meinen nicht wenige Philosophen, ohne Sprache, ohne Begriffe oder sonstige Zeichen würden wir überhaupt nichts wahrnehmen, nicht einmal so offensichtliche Dinge wie Farben. Diese Philosophen stellen das übliche Verständnis der Erkenntnis von Gegenständen, von allem Sinnlichem, auf den Kopf: Es sei nicht so, dass wir einen Gegenstand wahrnehmen, dann erkennen und schließlich benennen, vielmehr sei es umgekehrt, wir nehmen ihn wahr, weil wir ihn erkennen und benennen.

Die erste Vorstellung, wir nehmen Gegenstände wahr und im zweiten Schritt erkennen und benennen wir sie, nannte der amerikanische Philosoph Wilfried Sellars (20. Jahrhundert) den *Mythos des Gegebenen*.[130] Sellars behauptete hingegen, Wahrnehmung, bzw. Erkenntnis ist nur mittels Begriffen möglich, oder, wie es der Philosoph Jakob Lindgaard formulierte, „Wahrnehmungserfahrung ist ein begriffliches Bewusstsein".[131]

Diese befremdliche Behauptung beinhaltet zwei Teilbehauptungen:
1. Ohne Sprache ist keine Erkenntnis von Gegenständen als bestimmte möglich.
2. Ohne Sprache ist nicht einmal die Wahrnehmung eines Gegenstandes möglich.

Die erste Behauptung, ohne Sprache ist keine Erkenntnis von Gegenständen als bestimmte möglich, ist ohne weiteres einsichtig. Zuerst einmal:

---

[128]   Loy, David: Nondualität, S. 68.

[129]   Sharma zit. nach ebenda.

[130]   Siehe Sellars, Wilfried: Der Empirismus und die Philosophie des Geistes. Paderborn 1999.

[131]   Lindgaard, Jakob / Mc Dowell, John: Erfahrung und Natur. In: Deutsche Zeitschrift für Philosophie. Berlin 5/2005, S. 787.

Dass wir etwas wahrnehmen können, ohne es von etwas an terscheiden, wie Loy und mit ihm die ganze Zen-Philosophie schlicht und einfach unsinnig. Eine einfache Überlegung zei Apfel wahrzunehmen, verlangt ihn von seiner Umgebung z .... den, ansonsten würden wir nur ein undifferenziertes Etwas wahrnehmen. Und es ist auch logisch, dass wir, um den Apfel als Apfel wahrzunehmen, und nicht als ein unbekanntes Obst, wissen müssen was ein Apfel ist, und das können wir nur mittels Zeichen wissen. Denn einen Gegenstand zu erkennen, zu wissen was für ein Gegenstand er ist, bedeutet ihn aufgrund bestimmter Merkmale einer bestimmten Klasse von Gegenständen zu zuordnen, und dafür benötigen wir ein Zeichen für diese Klasse, in unserem Fall das Wort Apfel. Mit dem Satz, „das ist ein Apfel", haben wir den Apfel der Klasse der Äpfel zugeordnet.

Aber wie begründet sich die zweite Behauptung, die jeder Erfahrung zu widersprechen scheint, dass wir nämlich ohne Sprache nicht einmal einen Gegenstand wahrnehmen würden?

Diese Behauptung ergibt sich zuerst einmal aus der logischen Fortsetzung der ersten Behauptung: Angenommen, Äpfel sind uns unbekannt, dann könnten wir das unbekannte Etwas vor uns als Obst erkennen, aber nur für den Fall, dass wir wissen was Obst ist, d.h. über den Begriff Obst verfügen. Wenn wir nicht über den Begriff Obst verfügen, könnten wir über den des Essbaren verfügen usw. usf. Und jetzt können wir uns fragen, was wir wahrnehmen würden, wenn wir nicht einmal über einen Begriff wie „etwas" oder „unbekanntes Objekt" verfügen würden? Was würden wir sehen, wenn wir nicht einmal wissen würden: Das was wir hier sehen, kennen wir nicht? Das könnte nur die Wahrnehmung „von nichts" sein.[132] Da wir aber über Begriffe wie „unbekannt" und „etwas" verfügen, kann nie der Fall eintreten, dass wir etwas prinzipiell nicht sehen können, obwohl es sich in unserem Wahrnehmungsfeld befindet.

Die Behauptung, ohne Sprache ist keine Wahrnehmung möglich, klingt nicht so befremdlich, wenn wir uns klar machen, was Wahrnehmung bedeutet und wie hier Sprache gemeint ist.

Wahrnehmung meint immer bewusste Wahrnehmung, was einfach heißt, um das Wahrgenommene zu wissen. Das bedeutet wiederum, Wahrnehmungen enthalten schon Erkenntnisse, beinhalten Wissen. Wir können uns das am Wahrnehmungsirrtum deutlich machen: Da nur Überzeugungen

---

[132] Abel, Günter: Zeichen der Wirklichkeit. Frankfurt 2004.

vahr oder falsch sein können, könnten wir uns bei unseren Wahrnehmungen nicht irren, wenn sie nicht mit Überzeugungen verflochten wären.[133] Würde ich das entfernte Geräusch nicht als das eines Flugzeugs hören, könnte ich später nicht feststellen, dass ich mich geirrt habe, weil es sich vielleicht nur um das Geräusch eines entfernten Rasenmähers handelte. „Frei von jeglicher Assimilation, Unterscheidung" (Loy), kann mir das Geräusch weder als das eines Flugzeuges noch als das eines Rasenmähers bewusst werden. In diesem Fall findet überhaupt kein Gewahren statt, auch kein „reines."

Das heißt: Wahrnehmen ist schon ein Urteilen, folglich genau das, was Zen und die ganze Mystik um jeden Preis vermeiden wollen, und glauben, vermeiden zu können.

Aber ist es nicht so, dass wir viele Gegenstände als bestimmte erkennen, ohne dass uns der Name für diese Gegenstände einfällt? Je älter wir werden, desto häufiger tritt dieses Phänomen auf, wir sagen dann, „das Wort liegt mir auf der Zunge, aber es will mir partout nicht einfallen". Und: Würde diese Theorie nicht bedeuten, dass Tiere nichts wahrnehmen?

Wir können Gegenstände einer Klasse zuordnen, ohne dass uns der Name des Gegenstandes, und damit der Klasse, einfällt. Es genügt, wenn wir beispielsweise auf eine Klasse zeigen, so wenn uns beim Obsthändler der Name der wohlschmeckenden exotischen Frucht nicht mehr einfällt, die wir vor Wochen einmal gegessen haben. Der häufigste Fall der Zuordnung eines Gegenstandes ist wohl die bildliche Vorstellung der Klasse. Obwohl wir den Namen eines Werkzeugs nicht wissen, können wir wissen, was für ein Werkzeug es ist, so wenn wir uns mittels Vorstellung vergegenwärtigen, wofür es verwendet wird.

Erkenntnis bzw. Wahrnehmung ist also nicht immer an die Wortsprache gebunden, aber an die Einordnungsleistung in eine Klasse, und um diese kann ich auch ohne Worte wissen. Ein Wort ist ein sprachliches Zeichen für eine Klasse von Gegenständen, manchmal auch für einen singulären, nur einmal vorkommenden Gegenstand. Eine Vorstellung ist ein „bildhaftes Zeichen"[134] für einen Gegenstand oder einer Klasse von Gegenständen.[135] Mit Sprache ist hier also nicht nur die gesprochene menschliche Sprache gemeint, sondern jede Form von Kommunikation. Kommunikation benö-

---

[133] Siehe zur Verflechtung von Wahrnehmung und Erkenntnis Schnädelbach, Herbert: Erkenntnistheorie zur Einführung. Hamburg 2002, S. 78.

[134] Abel, Günter: Zeichen der Wirklichkeit, S. 142.

[135] Um die Unterschiede zwischen bildhaften Zeichen und sprachlichen Zeichen siehe ebenda.

tigt aber immer Zeichen, deshalb können wir die Behauptung, ohne Sprache ist kein Wahrnehmen, kein Erkennen möglich, die *Zeichentheorie der Wahrnehmung* nennen.

Hier ist nicht der Ort um die Tierwahrnehmung bzw. das Tierbewusstsein zu erörtern. Nur soviel: Zweifellos kommunizieren Tiere, aber das bedeutet noch nicht, dass ihnen bewusst ist, was sie sehen. Nur Tieren, denen ihre Kommunikation bewusst ist, kann nach der Zeichentheorie der Wahrnehmung, auch bewusst sein, was sie wahrnehmen. Wir glauben, dass die Unterschiede zwischen Mensch und Tier bei Wahrnehmung, Erkenntnis und Bewusstsein graduelle sind. Je größer die Gehirnentwicklung desto „heller" das Bewusstsein, desto bewusster die Kommunikation und damit die Wahrnehmung. So sollen Schimpansen das Bewusstsein von 3-4 jährigen Kindern haben. Die menschliche Sprache scheint uns einen qualitativen Bewusstseinssprung hervorzurufen, der sich u.a. in dem Umfang der Aussagemöglichkeiten zeigt. Im nächsten Abschnitt werden wir das näher erläutern.

Dass das Verhalten der Tiere in der Regel auch ohne bewusste Wahrnehmung erklärbar ist, können wir uns an unserem eigenen Verhalten erkennen. Viele Handlungen führen wir unbewusst aus, ausgelöst durch nicht bewusst wahrgenommene innere oder äußere Reize. Schlafwandler sind ein extremes Beispiel für unbewusstes aber hoch koordiniertes Verhalten, sie fahren sogar im somnambulen Zustand mit dem Auto.

Wer sein alltägliches Wahrnehmen genauer beobachtet, wird die Notwendigkeit von Zeichen für die bewusste Wahrnehmung an sich selbst feststellen. Er wird zuerst bemerken, dass er sich seiner Umwelt gar nicht so bewusst ist, wie er vielleicht glaubt. Erst wenn er seine Aufmerksamkeit auf sie lenkt, sieht er, was er sieht, d.h. ist er sich bewusst, was sich in seinem Wahrnehmungsfeld befindet. Dann wird er feststellen: Um mir eines Gegenstandes bewusst zu sein, muss ich irgendwelche meist gedankliche Zeichen benutzen. Das Wahrnehmungssehfeld kann mir auch nicht mit der Gesamtheit aller Objekte auf einmal bewusst werden, ich muss Objekt nach Objekt, Detail nach Detail, in den mit Zeichen geschärften Blick nehmen.

Für die feinen Unterschiede in unseren Wahrnehmungen fehlen uns zwar meist die Wörter, etwa für die unterschiedlichen Grüntöne einer Wiese, die unzähligen Formen der Pflanzen, aber damit wir uns dieser Unterschiede bewusst sind, müssen wir sie uns bewusst machen. Wir können dies, indem wir unsere Aufmerksamkeit auf die Unterschiede lenken. Meist benutzen wir dazu Gedanken.

Dass wir nicht wissen, was sich in unserem Wahrnehmungsfeld befindet, wenn wir mit den Gedanken ganz woanders sind, bestätigt die Notwendigkeit von Zeichen für die Wahrnehmung. Wir sagen, wir haben nicht hingesehen (obwohl wir hingesehen haben), und wissen deshalb später nicht, was wir gesehen haben. Auch der Schlafwandler „sieht nicht hin", weiß nicht, dass er in sein Auto einsteigt und zur Tankstelle fährt. Sein Gehirn registriert die Daten der Außenwelt, lässt ihn Hindernisse ausweichen, ohne dass er wahrnimmt. Versuchen sie, sich jetzt selbst ganz deutlich bewusst zu werden. Was haben sie dabei getan? Sie haben ihre Aufmerksamkeit auf sich gelenkt und sich wahrscheinlich auf irgendeine Weise angesprochen. Schon die Erkenntnis dessen, was uns am selbstverständlichsten erscheint, unsere eigene Existenz, benötigt Zeichen, meist das Wort *ich* oder unseren Namen. Das Wissen um die eigene Existenz ist, wie jedes Wissen, eine Beziehung zwischen Erkennendem und Erkanntem, zwischen mindestens zwei „Dingen". Wie sollte ich ohne die Zeichen „ich" oder meinen Namen überhaupt um mich wissen? Und wüsste ich nicht um mich, wie könnte ich dann zu etwas anderem in eine bewusste Beziehung treten?

Die Sprache bewirkt nach der Zeichentheorie der Wahrnehmung/Erkenntnis also das genaue Gegenteil dessen, was ihr die Zen-Philosophie unterstellt: Nicht die Sprache webt einen verdunkelnden Schleier um die Wirklichkeit, sondern mit der Sprache schlagen wir eine Lichtschneise in die für uns vorgängig dunkle Welt. Erst die Sprache bringt uns das in unserem Wahrnehmungsfeld Befindliche zu Bewusstsein, was letztendlich bedeutet, dass wir keinen Standpunkt einnehmen können, der es uns erlauben würde die Welt ohne die Sprache wahrzunehmen. Mit Günter Abel gesprochen: Mit der Sprache repräsentieren wir uns nicht nur die Welt, durch die Sprache wird sie uns erst präsentiert.[136]

Einwände

Zwei gewichtigen Einwänden gegenüber der Zeichentheorie der Wahrnehmung wollen wir noch begegnen:

1. Wie ist es möglich, eine Farbe als rot zu erkennen, wenn ich sie, nach der Zeichentheorie der Wahrnehmung, erst bewusst sehe, nachdem ich sie als rot erkannt habe?

2. Wie sind die Menschen überhaupt zur Sprache gekommen, wenn sie die Welt erst nach ihrem Erwerb bewusst wahrgenommen haben?

---

[136] Siehe Abel, Günter: Zeichen der Wirklichkeit.

Zu 1. Wie kann ich also das Urteil „das ist rot" fällen, wenn ich Rotes erst bewusst sehe, nachdem ich das Urteil „rot" gefällt habe? Nun, einfach deswegen, weil mir das Rote sein Urteil aufdrängt. Der rote Reiz löst, aufgrund meiner sprachlichen Konditionierung, das Urteil „rot" in mir aus, und dann wird mir bewusst, dass ich etwas Rotes sehe.[137]

Allgemeiner: Objekte lösen in uns Reize aus, die, aufgrund eines Lernprozesses, mit Zeichen in Form von Begriffen, Bildern und Gefühlen verbunden sind. Wenn diese Zeichen aktiviert werden, wird uns das Wahrnehmungsobjekt bewusst, erkennen wir es. Diesen Vorgang kann man sich wie eine neuronale Rasterfahndung vorstellen: Noch unbewusste Eindrücke werden durch unseren neuronalen Erinnerungsspeicher geschleust. Treffen sie auf die passenden begrifflichen oder sonstigen Zeichen, kommt es zu einer Art Kurzschluss. Pathetisch gesagt, die Vereinigung von neuen Eindrücken (Reizen) mit alten Zeichen löst das Licht der Wahrnehmung/ Erkenntnis aus.

Das was Loy Konditionierung durch die Sprache nennt, ermöglicht nach der vorgetragenen Theorie erst bewusste Wahrnehmung, wissen dass da etwas ist, was immer einschließt, dass es etwas bestimmtes ist. Die „reine Empfindung", welche für Loy jeder Verknüpfung von Sprache und Wahrnehmung vorausgehen soll, ist bereits eine mit Zeichen imprägnierte Wahrnehmung. „Schon die der Bild-Wahrnehmung vorausgehende Bild-Empfindung ist ein Vorgang in Zeichen und stets interpretierte Empfindung. Empfindung ist Empfindung-von-etwas. Eine zeichenlose und uninterpretierte Bild-Empfindung hätte keinen Gegenstand und wäre daher Empfindung von nichts" , so der Philosoph Günter Abel.[138] Und das bedeutet auch, wir haben nicht einmal zu unseren inneren Empfindungen, zu unserem inneren Erleben, einen unvermittelten Zugang. Auch um sie wissen wir nur „kraft der Zeichen" (Abel), kraft der satzartigen Struktur „etwas als etwas". Wie jede Erkenntnis und jede Wahrnehmung hat auch die einfache Erkenntnis, „das ist ein Schmerz", die satzartige Struktur „etwas als etwas". „Das schmerzt" heißt in diese Struktur übersetzt, etwas (das) nehme ich als etwas (einen Schmerz) wahr.

Die Tragweite dieses Befundes für die Mystik ist offensichtlich: Wenn wir selbst um unser inneres Erleben nur mittels Zeichen wissen können, erweist sich die Vorstellung, irgendetwas zeichenfrei zu erkennen, als obsolet. Was sollte in der Nirvikalpa-Wahrnehmung wahrgenommen werden,

---

[137] Siehe dazu Willaschek, Marcus: Der mentale Zugang zur Welt. Frankfurt 2003. Kap. V.

[138] Abel, Günter: Zeichen der Wirklichkeit, S. 355.

wenn „nicht differenziert" wird, wenn „sie frei von jeglicher ... Unterscheidung ... ist"?

Zu 2. Wie haben unsere Vorfahren die Sprache entwickelt, wenn sie die Objekte der Welt erst bewusst wahrgenommen haben, nachdem sie die Sprache entwickelt hatten? Wie konnten sie die Dinge benennen, wenn sie diese gar nicht bewusst wahrnahmen? Vorstellbar ist, ganz grob gesprochen, dass unsere Vorfahren, wie viele Tiere, zu bestimmten äußeren und inneren Reizen, Laute ausstießen und das diese Lautproduktion aufgrund verschiedener Umstände (eine Kieferanatomie die differenzierte Laute zuließ, Vergrößerung des Gehirnvolumens etc.) eine Quantität erreichte, die in eine neue Qualität umschlug: Ein reizauslösendes Vorkommnis, beispielsweise der Anblick einer bestimmten Nahrung, wurde unseren Vorfahren durch „übermäßige" Wiederholung ein- und desselben Lautes, d.h. durch „übermäßige" Koppelung von Vorkommnis und Laut, bewusst.

Der Mythos mystischer Erkenntnis

Wie sieht es nun mit den beiden anderen Wissensformen aus, dem „Wissen wie", und dem „Wissen, wie es ist"? Handelt es sich bei ihnen um das von der Mystik begehrte sprach- bzw. zeichenfreie Wissen?

Das „Wissen, wie" meint ein Können, eine Fertigkeit besitzen. Sicher können wir Auto fahren, jonglieren, schwimmen etc., ohne dass wir diese Fertigkeiten beschreiben müssen (können). Man kann allerdings schon bezweifeln, ob es sich bei einem Können, das in keiner Weise sprachlich erläutert werden kann, tatsächlich um ein Wissen handelt. Jemand, der absolut nicht sagen kann, wie er etwas macht und was er macht, würde vermutlich nicht einmal wissen, dass er kann, was er kann.

Beim Menschen ist das „Wissen, wie" wahrscheinlich immer mit sprachlichen Wissen vermischt.[139] So wird wohl jeder, der Fahrrad oder Auto fahren kann, etwas darüber sagen können.

Für unsere Sache wiegt aber schwerer, dass wir mit dem „Wissen, wie" nicht so etwas wie die sogenannte wahre Natur der Wirklichkeit erkennen können. Das „Wissen, wie" könnte uns vielleicht helfen sich in einen Zustand zu versetzen, in dem eine solche Erkenntnis möglich ist. Sollte sie durch Meditation möglich sein, könnte uns das Wissen, wie man meditiert, helfen, sich in den entsprechenden Erkenntniszustand zu versetzen, aber der Inhalt der meditativen Erkenntnis kann nicht in einem „Wissen, wie", in einer Tätigkeit, bestehen.

---

[139] Siehe Janich, Peter: Was ist Erkenntnis. München 2000, S. 119ff.

Beim „Wissen, wie es ist", sind die Art und Weise des Erlebens, der Gefühle, Stimmungen, der spezifische Geschmack, Geruch etc. gemeint. Wir wissen, wie eine Speise schmeckt, ohne dass wir es formulieren müssen. In den meisten Fällen können wir das auch nicht, zumindest nicht so, dass jemand, der noch nie ein Wiener Schnitzel oder etwas Ähnliches gegessen hat, durch eine Beschreibung um den Geschmack dieser Speise wüsste. Man kann auch sagen, beim „Wissen, wie es ist" handelt es sich um ein Kennen, und das scheint nun zweifelsfrei eine Art von Wissen zu sein und gänzlich sprachfrei möglich. Haben wir es also hier endlich mit einem Wissen ohne Worte zu tun?

Dass der Geschmack einer Speise nicht exakt beschrieben werden kann, gilt genau genommen für alles, was wir wahrnehmen. Der Ausdruck „Geschmack eines Schnitzel" ist für alle diejenigen nichtssagend, die noch nie eines gegessen haben. Das Wort „rot" ist selbst nicht rot und es beschreibt auch nicht rot, einem von Geburt an Blinden nützen unsere Farbprädikate nichts. Wörter geben die Dinge nicht wieder, sie sind nur Zeichen, die auf die Dinge verweisen. Was und wie die Dinge sind, auf die sie verweisen, können wir in vielen Fällen nur wissen, wenn wir mit den Dingen Bekanntschaft gemacht haben.

Auch dem Wissen mittels Bekanntschaft liegt die Erkenntnisstruktur „etwas als etwas" zu Grunde. Es handelt sich bei ihm ja um das schon erwähnte Empfindungswissen. Die spezifische Qualität des jeweiligen Empfindens muss jemand nicht formulieren können, aber damit er sich dieser Qualität bewusst ist, muss er in eine bewusste Beziehung zu ihr treten, und dies kann er nur mittels der zeichenhaften Erkenntnis- und Unterscheidungsstruktur „etwas als etwas". Dieses etwas (den Geschmack) nehme ich als das etwas (den eines Schnitzels) wahr.

Gleichgültig also, ob jemand sagen kann, wie ein Schnitzel schmeckt, oder ob er es nur weiß, weil er es schon einmal gegessen hat, sein Wissen hat immer die für den Mystiker hässliche Form des „etwas als etwas", ist also nicht unvermittelt, rein.

Für das „Wissen, wie es ist", gilt dasselbe wie für das „Wissen, wie": Durch das „Wissen, wie es ist", können wir wissen, wie die sogenannte Erleuchtung ist, wie man sich während ihr fühlt, aber nicht um ihren Inhalt.

Unbeschreiblichkeit der Erleuchtungserfahrung

In der mystischen Literatur wird häufig behauptet, die Erleuchtungserfahrung entziehe sich jeder Beschreibung, jeder sprachlichen Darstellung. Die Erfahrung kann, wenn überhaupt, nur andeutungsweise wiedergegeben

werden. Hierher gehört auch die Meinung, die Ungereimtheiten und Widersprüche in der mystischen Rede seien auf die Beschränktheit der Sprache, beispielsweise auf ihre duale Verfasstheit, zurück zu führen. Gibt es
aber tatsächlich Unaussprechliches, gibt es eine Grenze der Sprache?
Selbstverständlich klafft zwischen jedem Erleben und seiner Beschreibung eine Lücke. Durch eine gute Beschreibung kann uns ein Erlebnis
lebendig, verständlich, bis zu einem gewissen Grad nachfühlbar werden,
doch würden wir immer auf einem Unterschied zwischen der Empfin-
dungsqualität eines realen und eines fiktiven Erlebnisses bestehen. Keine
Stadt der Welt dürfte durch Filme so bekannt sein wie New York, trotzdem
unterscheiden sich die Eindrücke, die wir durch Filme und durch die wirkliche Bekanntschaft mit New York gewinnen.

Es verhält sich jedoch mit der Unaussprechlichkeit bzw. Unbeschreiblichkeit eines Erlebnisses noch einfacher: Wir können, wie wir oben schon
anmerkten, die einfachsten Dinge niemandem so beschreiben, dass er genau weiß, was wir meinen, wenn er sie nicht in irgendeiner Weise bereits
kennt. Jede Beschreibung muss auf Bekanntes zurückgreifen, muss es mit
ihm vergleichen, damit sie der Adressat versteht.

Die Grenze der Sprache, das Unaussprechliche, ist in diesem Sinne
ganz nah: Alle Wörter, die sich auf sinnlich Erfahrbares beziehen, können
wir nur verstehen, wenn wir das jeweilig Sinnliche, oder etwas Vergleichbares, schon einmal selbst erfahren haben. Unbekanntes verstehen wir über
die Anteile an Bekanntem, das es enthält.

Allgemeiner: Die Sprache beschreibt die Welt nicht so, dass wir die
Welt verstehen würden, ohne sie zu kennen, obwohl wir die Welt in ei-
nem gewissen Sinn (wir haben ihn oben erläutert), erst durch die Sprache
kennen lernen. Das zeigt, Sprache und Welt sind aufeinander angewiesen.
Weder kann es eine verständliche Textwelt ohne Bezug zu unserer realen
Welt geben, noch kann es für uns Menschen eine verständliche Welt ohne
Text geben.

Erleuchtungserfahrungen werden manchmal mit LSD-Erfahrungen ver-
glichen. Jemand, der noch nie LSD nahm, wird durch die beste Beschreibung nicht wirklich wissen können, wie es ist, auf einem LSD-Trip zu sein,
selbst wenn die Beschreibung nur Wörter des gewöhnlichen Sprachgebrauchs enthält. LSD-Konsumenten verstehen die Schilderung einer LSD-
Erfahrung, weil sie die besonderen Wahrnehmungen, Ideen und Emotionen
kennen gelernt haben, auf welche die Wörter eines Erfahrungsberichts deuten. Dasselbe gilt für jede Art von Berichten, auch Erleuchtungsberichten:
Wer selber Erleuchtungen erlebte, dem genügen die „dürren Worte" an-

derer, damit er weiß, was sie erlebten, welche Gefühle, Stimmungen oder Erkenntnisse sie meinen.

Im Umkehrschluss heißt das: Kein Erleben entzieht sich prinzipiell einer Beschreibung, außer es wäre so absolut einzigartig, dass es nichts Vergleichbares enthalten würde. In ihm dürfte dann kein Element vorkommen, kein Wahrnehmungsinhalt, ob ein äußerer oder innerer, der im Entferntesten an Bekanntes erinnert. Erleuchtungserlebnisse sind aber nicht in diesem Sinne einzigartig, in ihnen kommen sehr wohl uns allen bekannte Elemente vor. In rudimentärer Form hat jeder solche Erfahrungen gehabt. Deshalb können sich nicht nur „Erleuchtete" über diese Erfahrungen austauschen, auch „Nichterleuchteten" können sie mittels Vergleichen, zumindest im Ansatz, vermittelt werden. Würden sogenannte Erleuchtungserlebnisse tatsächlich vollkommen einmalig sein, würden sie tatsächlich aus einer Serie unbekannter Elemente bestehen, wären sie für jede Form von Erkenntnis wertlos. Sie wären auch für den Erfahrenden völlig unverständlich.

Die Schwierigkeit, mystische Erlebnisse in Worte zu fassen, beruht auch nicht, die Vermutung liegt nahe, an der enormen Intensität der Eindrücke und Gefühle. Sie beruht ausschließlich auf der Seltenheit dieser Erlebnisse. Wären sie alltägliches Geschehen, gäbe es mit ihnen kein größeres sprachliches Vermittlungsproblem als mit dem Geschmack von Wein.

Die Behauptung, die Erleuchtung sei unbeschreiblich, sollte man nur so verstehen wie wenn jemand sagt: „Das war ein unbeschreibliches Erlebnis, einmalig, mir fehlen einfach die Worte." Damit will er das Besondere dieses Erlebnisses betonen, aber nicht unbedingt sagen, es sei prinzipiell nicht mit Worten wiederzugeben.

Zum Schluss noch eine Bemerkung zur unterschiedlichen Bewertung der Sprache im frühen Buddhismus und in späteren buddhistischen Richtungen. Nach dem auf die asiatische Philosophie spezialisierten Philosophen Gregor Paul legte der frühe Buddhismus „rationaler, d.h. in der alltäglichen Erfahrung begründeter und logisch konsistenter Argumentation", große Bedeutung bei und „von jeder Rede, die akzeptabel sein soll, verlangt [er], dass sie wahr sei. ... Das bestimmten buddhistischen Schulen und insbesondere dem Zen eigene Misstrauen in die Leistungsmöglichkeit der Sprache als Ausdrucksmittel wahrer Wirklichkeit ist dem frühen Buddhismus weithin fremd."[140]

Die fundamentale Schwierigkeit mit der Behauptung, es gäbe zeichenfreie Erkenntnis, besteht wohl darin, dass wir gar nicht verstehen können, was eine Erkenntnis ohne Unterscheidung und Zuordnung (zu einer Ge-

---

[140] Paul, Gregor: Philosophie in Japan. München 1993, S. 80f.

genstandsklasse) sein soll. Die mystische Behauptung, die sprachliche, symbolische Erkenntnis sei eine verschleiernde, täuschende, können wir auch mit der Frage zurückweisen, wie denn eine andere Erkenntnis aussehen soll? Wie soll jemand während oder nach einem mystischen Erleben wissen, dass dieses Erleben das ganze Universum enthält oder seine Struktur spiegelt, ohne über Begriffe wie Universum, Geist, Einssein oder ähnlichen zu verfügen?

Die Grenzlinien zwischen Wissen, Können und Kennen, zwischen sprachgebundenem und sprachfreiem Wissen können wahrscheinlich nicht genau gezogen werden. Entscheidend für unsere Sache ist jedoch, dass allen drei Formen des Wissens die satzartige Etwas-als-etwas-Struktur eigen ist, was wiederum nichts anderes bedeutet, als dass sie auf Unterscheidungsleistungen beruhen.

Unterscheiden und zuordnen sind die zwei Operationen, die ein Wesen vornehmen muss, wenn es irgendetwas erkennen will. Welchen Zeichencode es dabei benutzt, ist gleichgültig.

Wenn also in der Erleuchtung irgendetwas erkannt wird, gar die Struktur des Universums, müssen dabei Zeichen im Spiel sein. In den Wissensmodi des Kennens kann erfahren werden, wie sich das Erleuchtungserleben anfühlt, die Glückseligkeit des Einsseins, des sich nicht getrennt Fühlens. Aber diese Erfahrung bedeutet sowenig eine Erkenntnis über die Natur des Universums, wie das Erleben des Betrunkenseins eine Erkenntnis über die Zusammensetzung des Alkohols bedeutet.

Wegen der glückseligen Natur eines mystischen Erlebens zu behaupten, die Natur des Universums sei Glückseligkeit (Liebe, Einheit, Gott etc.), wäre genau so berechtigt wie zu behaupten, die Natur des Universums sei der Vollrausch.

Die vorgetragenen Überlegungen machen es unwahrscheinlich, dass es reine Bewusstheit, einen Geist-Stoff gibt, der ohne zu unterscheiden und ohne Zeichenvermittlung erkennt. Das bedeutet noch nicht, dass es Geist im idealistischen Sinne, als Stoff des Seins, nicht gibt. Zen, die Mystik, der Buddhismus, jede Religion steht und fällt mit der Existenz dieses Stoffes. Viele Menschen glauben, unser Bewusstsein sei ohne die Existenz eines solchen Stoffes nicht erklärbar, deshalb muss an den Geist-Behauptungen der Religion „etwas dran sein". Diesen Glauben diskutieren wir im nächsten Abschnitt.

Ist unser Bewusstsein Buddhanatur?

Im vorhergehenden Abschnitt haben wir die Vorstellung einer reinen, unvermittelten, zeichenfreien Erkenntnis zurückgewiesen. Die folgenden Ausführungen gehen der Frage nach, ob wir, um unser Bewusstsein zu erklären, annehmen müssen, es bestehe aus Geiststoff, sei Teil einer Buddhanatur. Auf diese Annahme läuft beispielsweise die Behauptung der Buddhisten Essler/Mamat hinaus, Bewusstsein sei der erkennende Teil des Geistes.[141]

Das Rätsel unseres Erkenntnisvermögens besteht in dem Vermögen selbst: in dem Vermögen, *um etwas* zu wissen. Auch wenn für Selbstbewusstsein und andere Erkenntnis Zeichen, in welcher Form auch immer, notwendig sind, können wir noch fragen: Wer weiß um die Zeichen? Wir wissen ja nicht nur mittels der Sprache oder anderer Zeichen *um etwas*, wir wissen auch noch um die Sprache und andere Zeichen. Was ist das, das da in uns weiß? Ist das rätselhafte Vermögen eines Subjekts, *um etwas* zu wissen, vielleicht das, was gewöhnlich Bewusstsein genannt wird und was die Traditionen Geist nannten, und ist er am Ende doch das einzige, das existiert, wie es die Zen-Literatur vielfach behauptet?

Für die nondualistischen Philosophien ist das Bewusstsein der unveränderliche Beobachter in uns, dasjenige, was den Wandel der Dinge, Gefühle, Gedanken, Erinnerungen etc. erfährt. Das Bewusstsein sei aber frei von dem, was es erfährt. „Es ist zeitlich, örtlich und in bezug auf den Gegenstand unbegrenzt."[142] Die nondualistische Tradition soll damit eine „drängende und bis heute ungelöste Frage der modernen Kognitionspsychologie" beantworten, nämlich „die nach dem 'erfahrenden Ich' ... Selbst neurophysiologisch ist das 'Selbstbewusstsein' bis heute nicht verortbar, es ist nicht möglich, ihm einen Platz im Gehirn zuzuordnen. Jede moderne Theorie der Persönlichkeit als einer Hierarchie von Schemata oder Plänen, Repräsentationen etc. rekurriert letztlich auf die Frage: *Wessen?*" Deshalb müssen wir uns den Interpreten der Bewusstseinsinhalte zwangsläufig wie einen eigenschaftslosen Homunkulus, wie einen kleinen Menschen im Menschen, vorstellen. „Das 'Reine Bewusstsein' des Advaita-Vedanta, welches „identisch mit dem „Selbst"" sein soll, „bringt die Suche nach dem Homunkulus zu

---

[141] Siehe Essler / Mamat: Die Philosophie des Buddhismus, S. 207.

[142] Fehr, Theo: Yoga Meditation Samadhi Therapie aus Sicht des Advaita/Vedanta. Frankfurt 2003, S. 6.

einem Ende."[143] So der Psychologe, Therapeut, Meditationsforscher und Anhänger der Transzendentalen Meditation Theodor Fehr.

Haben die so genannten nondualistischen Philosophien, hinduistischer Vedanta, Buddhismus und Daoismus mit der schlichten Behauptung, es gebe reines Bewusstsein, damit tatsächlich das Rätsel unseres Erkenntnisvermögens gelöst? Dürfen wir die Suche nach der Leerstelle des „erfahrenden Ich", das man sich tatsächlich wie einen künstlichen kleinen Mensch vorstellen muss, für beendet erklären, weil es eben das reine Bewusstsein ist? Und dieses ist wiederum Teil eines unendlichen Bewusstseins, des unendlichen Geistes? Oder ersetzt man vielleicht nur ein X durch ein U? Oder gibt es diese Leerstelle gar nicht?

Die Entstehung des Ich-Bewusstseins

Das so genannte Rätsel des Bewusstseins, vor allem das des Selbstbewusstseins, wurde noch nicht vollständig gelöst. Wir wollen mit den folgenden Ausführungen nur auf eine Erklärungsmöglichkeit hinweisen, die ohne eine solch spekulative Annahme wie die der nondualistischen Philosophie auskommt, dass nämlich Bewusstsein/Geist so etwas wie der Grundstoff des Universums sei, und das Ich so etwas wie ein verdichteter Aggregatszustand dieses Grundstoffes. Diese Erklärung macht auch deutlich, wie unabdingbar Sprache und Dualität für Bewusstsein und Erkenntnis sind.

In einem gewissen Sinn ist es ein Fehler, von Bewusstsein zu sprechen. Die substantivische Form lässt uns das Bewusstsein wie einen Gegenstand oder einen Homunkulus erscheinen, wenn auch einen geistigen, der in unserem Gehirn sitzt und den wir suchen und identifizieren müssen. Korrekter wäre es zu sagen, wir haben die Fähigkeit, uns temporär verschiedenster Dinge bewusst zu sein. Bewusstsein wird damit zu einer Aktivität, welche erlischt, wenn wir die Aktivität einstellen, wie beispielsweise im Tiefschlaf. Das Bewusstsein untersuchen heißt dann, die Aktivitäten und Prozesse zu untersuchen, die uns um Dinge wissen lassen.

Um eine *bewusste* Beziehung zu etwas herzustellen, braucht es irgendeine Form von Selbst- und Gegenstandsbewusstsein. Ein solches scheint erst eine Wortsprache zu ermöglichen. Tiere verfügen über keine Wortsprache, genauer gesagt, keine prädikative Sprache, eine mit Sätzen aus Subjekt und Prädikat, wie sie jeder bekannten menschlichen Sprache eigen ist. Subjekt (Satzgegenstand) und Prädikat (Satzaussage) bilden die kleinste mögliche Einheit eines Satzes, wie in „Hans meditiert".

---

[143] Ebenda, S. 230.

Mit unserer prädikativen Sprache können wir in sprachliche Auseinandersetzungen treten. Mit sprachlichen Auseinandersetzungen sind Fähigkeiten gemeint wie Aufforderungen zu verneinen, hinterfragen oder verschiedene Ansichten formulieren zu können. Kein Tier scheint zu solchen sprachlichen Leistungen im Stande. Der Philosoph Ernst Tugendhat bezeichnet die Tierkommunikation als eine Signalsprache, mit dieser werden Handlungen nur nach dem Reiz-Reaktions-Muster angestoßen oder verhindert. Die Signale werden von den Adressaten nicht diskutiert, nicht bejaht oder verneint, es wird ihnen nur entsprochen oder nicht entsprochen.

Wir können mittels 26 Buchstaben unendlich viele Sachverhalte ausdrücken, vor allem auch situationsunabhängige: Wir können Aussagen über Ereignisse an fernen Orten und über die Vergangenheit und die Zukunft treffen. (Eine spezielle psychische Auswirkung dieser Sprachfähigkeit werden wir im IV. Kapitel diskutieren.) Eine prädikative Sprache, von einem *fühlenden* Wesen gesprochen, scheint uns notwendig und hinreichend für die Entwicklung des vollen Bewusstseins.

Alle anderen Faktoren für die Bewusstseinsentwicklung wie aufrechter Gang, Vergrößerung des Gehirnvolumens, Werkzeuggebrauch etc. sind nur insofern wichtig, als sie für die Entwicklung der Wortsprache notwendig sind.

Wie entsteht Ich- und Gegenstands-, bzw. Umweltbewusstsein? Nach dem Evolutionspsychologen Uwe Saint-Mont sind im Kurzzeitgedächtnis unsere Vorstellungen, in Form von Bildern der äußeren und inneren Welt, beheimatet. Die Vorstellung vom eigenen „Körper, der handelt und wahrnimmt", ragt dabei besonders hervor, denn alles was einem Lebewesen geschieht, betrifft zuerst einmal seinen Körper. Auf die Körpervorstellung zielen „alle einlaufenden Informationen" und mit dem Körper sind alle Erinnerungsbilder, die sich auf Handlungen beziehen, verbunden. Weil der Körper „das Zentrum" ist, „um das herum sich alles ereignet", wird die Körpervorstellung „oft im Kurzzeitgedächtnis präsent sein".[144]

Die Vorstellungen vom eigenen Körper im Kurzzeitgedächtnis bedeutet für höhere Tiere, so Saint-Mont, ein „sich selbst bemerken",[145] im Unterschied zu den Menschen, die „sich selbst erkennen".[146]

Die Vorstellung vom eigenen Körper wird bei höheren Tieren aber nur eine unter vielen Vorstellungen sein, sie hebt sich zwar bei ihnen ab, „aber

---

[144] Saint-Mont, Uwe: Das Gehirn und sein Ich: über die Evolution und Konstruktion des Bewusstseins. Berlin 2002, S. 95.

[145] Ebenda.

[146] Ebenda, S. 96.

nicht so sehr, dass sie aus dem Rahmen aller Vorstellungen herausfiele". Es fehlt der Körpervorstellung nämlich „ein Spiegel, in dem sie sich selbst erkennen würde".[147] Der Spiegel, in dem sich Erkennendes und Erkanntes gegenübertreten können, bildet sich, „wenn Begriffe in die Welt kommen". Es gibt hinfort also nicht nur Vorstellungen vom eigenen Körper, von Nahrung, Feinden etc,, sondern auch Worte für diese Vorstellungen. Ein Reich des Denkens oder wenn man will, ein Reich des Geistes, ist entstanden.

Das Wort Ich bzw. der eigene Name steht zuerst einmal „für den Körper und seine Aktivitäten". Da der Ich-Begriff von „zentraler Bedeutung" für ein Individuum ist, wird er „auch sehr häufig im Kurzzeitgedächtnis präsent" sein, allein dadurch wird er aus den anderen Begriffen herausgehoben. Wenn das Kind erfasst, dass Körper-Anschauung und *Ich* (oder sein Name) das gleiche meinen, „ist der Moment der Selbsterkenntnis. Es ist der Moment, in dem der Mensch in den Apfel des verbotenen Baumes beißt."[148] Die Körperanschauung hat ihr sprachliches Gegenüber gefunden, nämlich den Begriff (Ich), und der Begriff hat sein „sein wahrnehmungsorientiertes Gegenüber" gefunden, die Körperanschauung.

„In dem Moment, in dem ein Mensch nun zum ersten Mal klar und deutlich *Ich* sagt, zeigt er, dass er sich selbst scharf und unwiderruflich vom Rest der Welt getrennt hat. Diese unzweideutige, mittels eines Begriffs erreichte, *präzise* Trennung von fremd und eigen konstituiert das eigene Selbst. ... Anders als alle Tiere vor ihm, die sich selbst kaum erahnen, *weiß* es um sich selbst – es hat sich selbst (benannt und dann) erkannt."[149] Saint-Monts Antwort auf die Frage, warum „gerade Begriffe die ganze Helligkeit und Klarheit, mit der ein menschliches Individuum sich selbst sieht", bewirken, lautet, weil „erst mit ihrer entscheidenden Hilfe der nötige Kontrast entsteht, damit sich das Ich vom Hintergrund, den der Rest der Welt darstellt, abheben kann".[150]

Zusammengefasst entsteht nach Saint-Mont volles Bewusstsein, Bewusstsein von der eigenen Existenz und einer Welt um sie, durch die Verknüpfung von Zeichen in Form von Lauten mit Anschauungen oder Vorstellungen. Der entscheidende Punkt ist hierbei die Verknüpfung der eigenen Körpervorstellung mit den entsprechenden Zeichen für einen selbst. Unser Bewusstsein ist also Folge der sprachlichen Sozialisation.

---

[147] Ebenda, S. 96.
[148] Ebenda, S. 97.
[149] Ebenda, S. 68.
[150] Ebenda, S. 68f.

Dieses Bewusstsein ist, wie wir schon bemerkten, kein permanentes, auch uns selbst sind wir nur ganz bewusst, wenn wir unsere Aufmerksamkeit auf unsere Existenz richten, wenn wir den Prozess des Wissens aktivieren. Der „Wissende", das Wissen *um* etwas, entsteht und vergeht mit Wissensaktivitäten, solche sind erinnern, vorstellen und beschreiben. Nach den Neurowissenschaften handelt es sich dabei um Rückkoppelungsprozesse, bei dem verschiedene Gehirnregionen beteiligt sind. Tatsächlich gibt es kein Zentrum im Gehirn, an dem das Ich- oder Selbstbewusstsein verortbar wäre. Das alles bedeutet, dass es kein „reines Bewusstsein" benötigt, um unser Ich- und Gegenstandsbewusstsein, unser Fähigkeit um etwas zu wissen, zu erklären.

Die Gehirnforschung hat das hochkomplexe „Rätsel Bewusstsein" noch nicht vollständig gelöst, die meisten Forscher scheinen aber der Ansicht zuzuneigen, dass es sich auf natürliche Weise lösen lässt. So heißt es in einem Manifest von elf prominenten Hirnforschern aus dem Jahre 2004: „Nach welchen Regeln das Gehirn arbeitet; wie es die Welt so abbildet, dass unmittelbare Wahrnehmung und frühere Erfahrung miteinander verschmelzen; wie das innere Tun als 'seine' Tätigkeit erlebt wird und wie es zukünftige Aktionen plant, all dies verstehen wir nach wie vor nicht einmal in Ansätzen." Jedoch: „Auch wenn wir die genauen Details noch nicht kennen, können wir davon ausgehen, dass all diese Prozesse grundsätzlich durch physikochemische Vorgänge beschreibbar sind. ... Geist und Bewusstsein – wie einzigartig sie von uns auch empfunden werden – fügen sich also in das Naturgeschehen ein und übersteigen es nicht. Und: Geist und Bewusstsein sind nicht vom Himmel gefallen, sondern haben sich in der Evolution der Nervensysteme allmählich herausgebildet. Das ist vielleicht die wichtigste Erkenntnis der modernen Neurowissenschaften."[151]

Ich, Ich-Bewusstsein und Egoismus

Das Ich- oder Selbst-Bewusstsein ist unser kostbarstes Vermögen, ohne es wären wir keine Wesen, die um sich und die Welt wissen. Es herrscht aber eine große Konfusion um die Bedeutungen der Worte Ich, Ich-Bewusstsein und Egoismus. Sie werden gerade von religiöser Seite nicht selten und vermutlich oft mit Absicht in einen Topf geworfen, so auch im Zen-Buddhismus. Irgendwie sollen diese Begriffe alle mit dem Denken und der Dualität verbunden und damit für das Leiden in der Welt verantwortlich sein. Ordnen wir den Wirrwarr ein bisschen.

---

[151] Frankfurter Rundschau, 21.10.2004.

Mit den Wörtern *Ich* und *Selbst* bezeichnen wir im alltäglichen Sprach-gebrauch meist uns als ganze Person. Person meint, dass wir uns als ein Wesen begreifen, welches nicht nur aus einem Körper, sondern auch aus Empfindungen und Bewusstsein besteht.

Es lassen sich drei grundlegende Bedeutungen bei der Verwendung der Begriffe *Ich* und *Selbst* unterscheiden:

(1) Das *Ich* des allgemeinen Sprachgebrauchs, mit dem wir uns als Ganzes oder Teile von uns bezeichnen. (So in den Sätzen „Gestern war ich im Kino", oder „Ich habe mich verletzt.")

(2) Das *Selbst-* oder *Ich-Bewusstsein.* („Ich weiß, dass ich existiere.")

(3) Die Vorstellung von einem *wahren* oder *absoluten Ich bzw. Selbst.*[152] („Ich habe eine unsterbliche Seele, ein unsterbliches Selbst.")

Das Selbst- oder Ich-Bewusstsein (2) ist dasjenige, was die Gehirnfor-schung „dingfest" machen will, wenn sie zu erklären versucht, wie es zu Selbst- und Weltwissen kommt. Dieses Selbst- oder Ich-Bewusstsein wird in religiösen Vorstellungen oft mit dem absoluten Selbst (3) in Bezug ge-setzt, häufig werden (2) und (3) sogar als identisch betrachtet. Das absolute oder wahre Selbst entspricht der christlichen Seelenvorstellung und dem, was wir hier, im buddhistischen Kontext, mit kernhafter ewiger Entität meinen. Die Nicht-Ich- oder Nicht-Selbst-Lehre Buddhas bezog sich auf diese Vorstellung eines absoluten Selbsts (3). Die Existenz eines solchen verneinte er, als er lehrte, dass es kein solches wahres oder absolutes Selbst gebe.

In Zen-Texten lesen wir oft von einem Selbst, zu dem man durch Zazen erwacht. Dieses Selbst entspricht vermutlich dem absoluten Selbst (3), al-lerdings das ganze Universum ausfüllend. Häufig wird in Zen-Texten *Ich* abwertend, im Sinne einer egoistischen Entität, gebraucht. Wie dieses in Bezug zu unseren angeführten Bedeutungen, insbesondere zum Selbst- oder Ich-Bewusstsein steht, bleibt unklar.

Für die Undurchsichtigkeit der Rede vom *Ich, Ich-Bewusstsein* und *Egoismus* in Zen-Texten hier zwei Beispiele. Arifuku meint, der Buddhis-mus verlange, „dass der Mensch die Illusion des Ich durchblickt, weil er in der Ichheit, oder besser gesagt in der Ichhaftigkeit, die Quelle alles Bö-sen und aller Irrtümer sieht. Sie stammen nach buddhistischer Theorie im Grunde genommen aus der Gefangenschaft des 'kleinen' egoistischen Ichs. Der Ausgangspunkt des Buddhismus ist daher, um jeden Preis über das

---

[152] Siehe Scheel, Theodor: Das Nichtselbst, S. 23-28.

egoistische Ich hinauszugelangen."[153] Der Endzweck des Zen-Buddhismus „besteht in der Übung und im Erwachen zum Selbst des Menschen."[154] Arifuku lässt in dem kurzen Text drei oder vier verschiedene Ichs aufblinken, ein illusionäres Ich (3?), eine Ichheit (2?) oder Ichhaftigkeit und ein kleines egoistisches Ich. Außerdem soll es noch ein Selbst (3?) geben, zu dem der Mensch erwacht. Für Arifuku ist die Vorstellung eines Ichs die „Quelle alles Bösen und aller Irrtümer", weil es für den Egoismus verantwortlich sein soll.

Chen problematisiert das Ich-Bewusstsein, welches die Ursache allen Leidens sein soll. „Das seiner selbst gewisse Ich, das den Ausgangspunkt europäischer Bewusstseinsphilosophien darstellt, wird von Hui-neng als Fessel im Sinne eines Selbst-Verhaftetseins interpretiert. Es ist für ihn irreal, einem vergänglichem Phantom, einem Trugbild vergleichbar."[155]

Das seiner Selbst gewisse Ich ist das Ergebnis einer reflexiven Denktätigkeit, das nicht als ein Gegenstand existiert und deshalb auch keine Fessel im Sinne des Egoismus sein kann. Chen dachte bei ihrer Formulierung wohl an Descartes „ich denke, also bin ich". Sein „ich" bedeutet aber nicht die Existenz eines Dinges Ich, es bedeutet nur, dass ich aufgrund einer gedanklichen Reflexion um meine Existenz zweifelsfrei wissen kann.

Das Selbst-Wissen, das Ich-Bewusstsein (2), wird vom Früh-Buddhismus nicht verurteilt, ohne ein solches wäre ein bewusstes Wesen wohl auch nicht lebensfähig, verurteilt wird der Glaube, es gebe ein Ding namens Ich, welches ewig existiert (3). So schreibt Scheel, ein „Vollendeter" habe ein „Icherleben", er sei aber frei von jedem Haften und Dünken, hat „jegliche Eitelkeit überwunden."[156]

Gründe für die Diskriminierung des Ichs in den religiösen Traditionen

Warum verteufeln viele religiöse Traditionen, insbesondere asiatische, so vehement das Ich? Warum erscheint es ihnen, wie es D. T. Suzuki formuliert, als die Quelle aller Übel, warum ist es für den Zen-Meister Taisen Deshimaru das Kernproblem der Religion?

1. Den für die Mystik vielleicht bedeutsamsten Grund enthält ein angeführtes Zitat von Saint-Mont, wonach uns das Ich scharf vom Rest der Welt

---

[153] Arifuku, Kogaku: Deutsche Philosophie und Zen-Buddhismus, S. 39.

[154] Ebenda, S. 34.

[155] Siehe Chen, Yu-hui: Absolutes Nichts und rhythmisches Sein, S. 61.

[156] Scheel, Theodor: Das Nichtselbst, S. 60.

trennt. Genau diese Trennung will ja die Mystik widerrufen, für sie bildet sie die große leidvolle Täuschung über die Welt. Mit der „Helligkeit" des Bewusstseins, welche durch die Trennung, durch den Biss vom Baum der Erkenntnis, ausgelöst wurde, geht nicht nur Klarheit einher, sondern, ganz unparadox, auch größtmögliche Verwirrung. Im Gegensatz zu den Tieren muss sich der Mensch seitdem mit Fragen herumquälen, die für jene nicht einmal existieren, im Gegensatz zu ihnen ist er mit der „mühsamen Kunst des Zeichenlesens" (Augustinus) geschlagen.

2. Vom Ich-Bewusstsein scheint nur ein kurzer Weg zum Egoismus zu führen, einer negativen Selbstbezogenheit. Dass Selbstbezogenheit (Egozentrizität) negative Konsequenzen birgt, lernt der Mensch schon in seinen ersten Lebensjahren. Nicht alle Wünsche des Kleinkindes werden erfüllt, dem Bedürfnis nach Wärme und Sicherheit, welches es durch Schreien „formuliert", kommen die Eltern oftmals nicht nach und bestrafen es, im mildesten Fall, durch Missachtung.

Das Kind lernt: Bedürfnisbefriedigung zu beanspruchen gehört sich nicht immer, der Anspruch verärgert die Erzieher und zieht negative Konsequenzen in unterschiedlichster Form nach sich. Das Kind lernt auch, wenn es nichts will, nichts beansprucht, wenn es den Wünschen der Eltern entsprechend handelt, ist alles gut, zumindest wird es nicht bestraft. Eine solche Erziehung erzeugt Angst und ruft ein schlechtes Gewissen hervor. Gegenteiliges Verhalten, Ansprüche aufzugeben, Bedürfnisbefriedigung einzuschränken, sich demütig zu verhalten, wird mit guten Gefühlen belohnt.

3. Die Mitglieder menschlicher Gemeinschaften sind zum Überleben und für ein besseres Leben auf Zusammenarbeit angewiesen. Das erfordert oftmals die Zurückstellung der eigenen Wünsche. Wer nur auf seinen eigenen Vorteil bedacht ist, gefährdet die gemeinsamen Interessen und damit den sozialen Frieden. Das ist wohl der soziale Grund für das negative Image der Selbstbezogenheit.

4. Nicht zuletzt dient der Appell, sich selbst nicht wichtig zu nehmen, der Aufrechterhaltung von Herrschaftsverhältnissen. Eine bessere Ideologie zur Legitimation unterdrückender und ausbeuterischer Verhältnisse ist wohl kaum denkbar. Komprimiert enthält diese Ideologie der Slogan, „du bist nichts, die Gemeinschaft ist alles", wobei *Gemeinschaft* selbstverständlich auch durch *Volk, Herrscher, Sache* ersetzt werden kann.

Die besondere Betonung von psychischer Geschmeidigkeit, Sanftmut und Altruismus, wie sie u.a. im Daoismus zu finden ist, könnte in speziellen despotischen Verhältnissen wurzeln; nämlich in solchen, in denen nur überlebte oder sozial aufsteigen konnte, wer sich bis zur Selbstverleugnung zurücknahm. Wenn Widerspruch unkalkulierbare Konsequenzen nach sich zieht, werden Menschen auf weichere Lebensstrategien ausweichen. Sanftmut und Geschmeidigkeit sind dann risikoärmere Überlebenstechniken, die noch dazu mit einem Harmoniegefühl belohnt werden.

Auch können selbstlose Handlungen die angenehmen Erfahrungen der Anerkennung, des guten Gewissens und die Hoffnung auf eine noch größere Belohnung nach sich ziehen.

Es ist eine Trivialität, sie muss aber hier gesagt werden: Der Egoismus kann nicht prinzipiell verurteilt werden. Wer fortwährend seine eigenen Interessen unterdrückt, wird psychisch erkranken, was sich in dem Wort vom „gesunden Egoismus" ausdrückt. Die mystische Radikalisierung der Ich-Diskriminierung, durch vollständige Abtötung des Ichs befreie sich der Mensch von allen Sünden und Leiden, beruht zum einen auf den gerade grob skizzierten sozialen Erfahrungen und individuellen psychischen Misshandlungen. Welche Misshandlungen sich hinter den Versuchen der Abtötung von „egoistischen" Strebungen verbergen können, werden wir im IV. Kapitel thematisieren.

Übersteigt Zen die Logik?

> „Zen aber strebt an, sich über die Logik zu erheben, Zen strebt danach, eine höhere Art von Gültigkeit zu finden, der gegenüber es Gegenbehauptungen nicht gibt. So wird Gott im Zen weder geleugnet noch behauptet, es gibt eben im Zen keinen Gott im jüdischen oder christlichen Sinn. Aus den gleichen Gründen, aus denen Zen keine Philosophie ist, ist es auch keine Religion."[157]
>
> Daisetz Taitaro Suzuki

Bei unserer bisherigen Kritik an der Nondualitäts-Philosophie sind wir des öfteren an einen Punkt gekommen, an dem wir sinngemäß behaupteten, es kann nicht sein, dass dies *und* jenes wahr ist, entweder ist es so oder es ist nicht so. Mit welchem Recht behaupteten wir das?

Vielleicht haben wir noch nicht richtig verstanden, was es mit der Einheitserfahrung und der Natur der wahren Wirklichkeit auf sich hat, weil wir

---

[157] Suzuki, Daisetz Teitaro: Die große Befreiung, S. 37.

an der „westlichen" Logik kleben, die eine Widersprüche übersteigende Position nicht kennt, sondern nur Unsinn wittert, wo solche auftauchen. Bei der so genannten Erleuchtungserfahrung ereignet sich ein Wahrnehmungswechsel, der durch eine Aufweichung der Beobachterperspektive verursacht wird. Der Zen-Buddhismus soll sich jedoch nicht für verschiedene Perspektiven interessieren. Nach Izutsu liegt sein Problem „woanders oder ist von einer anderen Größenordnung. Denn er [der Zen-Buddhist] befasst sich mit der Gültigkeit oder Ungültigkeit des Identitätsgesetzes 'A ist A', das die hauptsächliche Grundlage des menschlichen Lebens auf der empirischen[158] Ebene der Existenz konstituiert. Der Zen-Buddhist stellt die Gültigkeit der Aussage 'Ein Apfel ist ein Apfel' in Frage."[159] Auch Yu-hui Chen glaubt, die Gegenüberstellung von A und Nicht-A sei eine „relative Vorstellung",[160] welche uns daran hindere, das Absolute zu begreifen.

Logische Identität meint, ein Gegenstand kann nicht zugleich und am selben Ort ein anderer Gegenstand sein, er ist immer ein- und derselbe Gegenstand, er ist mit sich selbst identisch. Der Apfel auf meinem Obstteller ist also nicht auch noch ein Pfirsich, ein Fahrrad oder ein Auto.

Im Unterschied zur Gleichheit meint die logische Identität immer nur *einen* Gegenstand, *einen* Sachverhalt. Sprechen wir von Gleichheit, sollten mindestens zwei Gegenstände oder Ereignisse vorliegen. Wenn wir im Alltag sagen, zwei Äpfel sind identisch, meinen wir das im Sinne der Gleichheit. Wir meinen nämlich, sie haben die gleiche Form, Farbe, Größe, gehören zur selben Sorte. Genau genommen müssten wir natürlich sagen, zwei Äpfel sind gleich.

Identität selbst ist natürlich kein Ding, kein Wesen, keine Eigenschaft, wir finden sie an keinem Gegenstand, an nichts in der außersprachlichen Welt. *Identität* ist eine sprachliche Kennzeichnung, die *wir* an Dingen oder Ereignissen vornehmen.

Warum interessiert sich der Zen-Buddhist für die Gültigkeit der Identitätsaussage, warum lässt er den Apfel nicht einfach einen Apfel sein? Warum soll uns der Identitätssatz hindern, das Absolute zu begreifen? Hinter der Leugnung des Identitätssatzes steht wohl eine Überlegung derart: wenn

---

[158] Empirisch: aus der Erfahrung gewonnen, erfahrungsgemäß. Eine empirische Erkenntnis wird durch die Beobachtung der sinnlich erfahrbaren Welt gewonnen und bezieht sich auf die sinnlich erfahrbare Welt. Dass Gras grün und Schnee weiß ist, wissen wir nicht mittels Überlegungen, nicht durch logische Schlüsse, sondern durch Erfahrung, Beobachtung, Anschauung.

[159] Izutsu, Toshihiko: Philosophie des Zen-Buddhismus, S. 19.

[160] Chen, Yu-hui: Absolutes Nichts und rhythmisches Sein, S. 52

ein Apfel mit mir eins sein soll, dann kann man schlecht von der Identität eines Apfels sprechen. Allgemeiner gesagt, wenn Dinge nur mit sich selbst identisch sind, dann können sie nicht zugleich alles, nicht zugleich Erkennender, Erkenntnis und Erkanntes sein. Damit ein Apfel alles dies sein kann, muss er mehr als ein Apfel sein, muss er substanz- und wesenlos sein und irgendwie auch noch das ganze Universum.

Diese Möglichkeit, so Izutsu, schließt die abendländisch-aristotelische Logik mit ihrem Identitätsgrundsatz aus. Der würde nämlich darauf hinauslaufen „das Ding von Anfang an in dem Zustand einer besonderen Begrenzung zu sehen. Das A als A zu sehen, begrenzt es auf A-heit und weist es einem festgelegten, unveränderlichen Zustand der Identität zu, so dass es nichts anders als A sein kann. So ist die normale empirische Stellungnahme zur Welt nichts anderes – um scholastisch zu sprechen – als ein ausgesprochener 'Essentialismus', indem als die grundlegendste und offensichtlichste Tatsache erkannt wird, das A A ist wegen seiner A-heit, das heißt seines 'Wesens' A zu sein."[161]

Auch Loy betont, dass die östlichen Lehren gegen die Logik verstoßen. „Dualistisches Denken wird als falsches Denken kritisiert, doch ist die Unterscheidung zwischen richtigem und falschem Denken selbst dualistisch. ... Deshalb besteht bei solchen Lehren eine natürliche Tendenz zur Selbstaufhebung und zum Paradoxon, weil sie offenbar gegen die Logik verstoßen, insbesondere den Satz von der Identität."[162]

Zen ist also der Meinung, dass ein Kernsatz der Logik, der Identitätssatz, im Grunde falsch ist. Wir werden sehen, dass sie auch die zwei weiteren Kernsätze der Logik, den Widerspruchssatz und den Satz vom ausgeschlossenen Dritten, für falsch hält. Diese Sätze bedeuten für Zen eine dualistische und damit falsche Einteilung der Welt. Wir hingegen meinen, ohne die Logik würden wir nichts verstehen, ohne die Beachtung des Identitäts- und Widerspruchssatzes, könnten wir uns nicht einmal selbst verstehen, ja nicht einmal bewusst erleben. Wir meinen auch, dass Zen nicht im Geringsten die Logik übersteigt, sondern dass die Verfechter einer solchen Behauptung nicht verstanden haben, was Logik eigentlich ist.

Was ist Logik?

Der Identitäts- und der Widerspruchssatz sind tatsächlich die Prinzipien, auf denen die Logik beruht, und zwar jede Logik, nicht nur die sogenannte westliche, abendländisch-aristotelische. Die Kritik Izutsus beruht aller-

---

[161] Izutsu, Toshihiko: Philosophie des Zen-Buddhismus, S. 20.
[162] Loy, David: Nondualität. Frankfurt 1988. S. 34.

dings auf einem fundamentalen, wenn auch alten Missverständnis über die Logik: Die Logik fällt nämlich gar keine Urteile über Ontologisches in dem Sinne, dass sie uns sagt, welche Dinge es gibt, aus welcher Essenz sie beschaffen sind, welche Wesenheit sie haben und wie lange sie existieren. Die Logik ist die Lehre vom richtigen Folgern, sie gibt uns darüber Auskunft, ob wir von einer beliebigen Zahl von Ausgangsätzen (Prämissen) ohne Fehler zu einem richtigen Schluss gekommen sind. Wenn die Prämissen wahr sind und wir keine Fehler beim Folgern gemacht haben, dann ist auch der Schluss wahr. Um das bekannteste Beispiel der abendländischen Logik zu bemühen: Wenn die Prämissen wahr sind, dass alle Menschen sterblich sind und Sokrates ein Mensch ist, dann ist auch der Schluss wahr, dass Sokrates sterblich ist.

Die Logik fällt kein Urteil über die Wahrheit der Prämissen, das ist eine Aufgabe der Erfahrung, der Empirie. Daher fällt die Logik auch kein Urteil über die Essenz oder das Wesen eines Apfels, des Sokrates oder der Sterblichkeit. Statt *sterblich* hätte irgendeine andere Eigenschaft in unserem Beispiel stehen können, die Schlussfolgerung wäre trotzdem wahr gewesen.

„Identität kann in der Logik nicht in ontologischem Sinn verstanden werden. Sie besagt nicht, dass ein Ding während einer Veränderung dasselbe bleibt; sie bezieht sich nicht auf substantielle Existenz",[163] so der Philosoph Victor Kraft (20. Jahrhundert) in seiner *Erkenntnislehre*. Tatsächlich wurde der Identitätssatz vom 16. bis zum 18. Jahrhundert von einigen Philosophen (wie Leibniz und Wolff) ontologisch aufgefasst und im Sinne Izutsus als die „Behauptung von der Existenz unveränderlicher Wesenheiten" verstanden. Der Identitätssatz soll aber in der Logik gewährleisten, und das schon für Aristoteles, „dass jeder in einem Urteil oder einer Schlussfolgerung enthaltene Begriff nur in ein und demselben Sinne, in konstanter Bedeutung gebraucht werden darf".[164] Einfacher gesagt, dass wir selbst und andere, während wir reden, immer wissen, von was wir überhaupt reden. „Niemand, man selbst eingeschlossen, wüsste ja, was überhaupt gemeint ist, wenn etwa A auch Nicht-A, Mensch auch Nicht-Mensch bedeuten könnte",[165] betont Gregor Paul in seiner Untersuchung der japanischen Philosophie. Die Zen-Schüler würden nicht wissen, wenn der Identitätssatz ungültig wäre, von welchem Meister sie reden, wenn sie

[163] Kraft, Victor: Erkenntnislehre. Wien 1960, S. 146.
[164] Klaus, Georg / Buhr, Manfred (Hrsg.): Philosophisches Wörterbuch. Leipzig 1975, Bd.1., S. 544.
[165] Paul, Gregor: Philosophie in Japan, S. 127.

über einen Meister reden, und umgekehrt, der Meister wüsste nicht, mit welchem seiner Schüler er redet, wenn er ihn prüft.

Der Identitätssatz bedeutet also nicht, ein Apfel habe ein unveränderliches Wesen oder überhaupt so etwas Mysteriöses wie ein Wesen. Der Identitätssatz bedeutet aber, ein *Apfel* kann nicht *kein Apfel* sein, auch nicht ein Pfirsich oder ein Auto. Genau so wenig kann ein Autounfall auf der A5 derselbe sein wie auf der A6.

Eine ontologische These enthält der Identitätssatz allerdings, er beinhaltet nämlich in Aussagen über die empirische Wirklichkeit die These, „dass alles Seiende eine gewisse Konstanz hat. Eine gewisse Konstanz der Dinge, die wir unserer Erfahrung entnehmen, ist die Voraussetzung für jegliches Wissen, das bei einer völlig regellosen, chaotischen und dauernden Veränderung nicht möglich wäre."[166] Auch eine „Manifestation des Geistes" (Loy) müsste eine gewisse Konstanz haben, eine gewisse Zeit dauern, gleichgültig wie kurz, sonst könnte es keine Manifestation sein. Das bedeutet, nicht nur in unserer empirischen Welt muss der Identitätssatz gültig sein, er müsste es auch in einer nirwanischen, sonst gäbe es dort nichts wahrzunehmen. Kantisch gesprochen: Eine gewisse Beständigkeit der Dinge ist die Bedingung der Möglichkeit von Wahrnehmung und Erkenntnis überhaupt. Aber der Konstanz-Sinn des Identitätssatz beinhaltet keinen substantiellen Essentialismus, behauptet keine unveränderliche Wesenheit der Dinge.

Nach Izutsu ist ein Apfel „nicht-Apfel", also kein Apfel, weil er grenzenlos ist. Betrachten wir einen Apfel mit „nicht-Geist", also ohne zu Denken, verliert er alle „möglichen vorstellbaren Wesenheiten" und wir sehen ihn in „seiner Unbegrenztheit".[167]

Wir bestreiten nicht, dass es, insbesondere während einer Meditation, die Erfahrung geben kann, ein Apfel expandiere, wir bestreiten nur die Interpretation dieser Erfahrung. Eine solche Erfahrung beweist weder, dass ein Apfel Wesenheiten hat, noch, dass er keine hat und sie beweist auch nicht, dass der Identitätssatz falsch ist. Bläht sich in unserer Wahrnehmung ein Apfel auf, bis er das Universum ausfüllt, widerspricht das nicht dem Identitätssatz, widerlegt ihn nicht, relativiert ihn nicht. Er würde es selbst dann nicht, wenn sich ein wirklicher Apfel so aufblähen würde, dass er das ganze Universum ausfüllte, dann würde dieser Apfel halt die Eigenschaft besitzen, sich aufzublähen, bis er das Universum ausfüllt. Nicht einmal, wenn sich ein realer Apfel in eine Birne verwandeln würde, widerspräche

---

[166] Metzeler – Philosophie Lexikon, S. 227.
[167] Izutsu, Toshihiko: Philosophie des Zen-Buddhismus, S. 21.

das dem Identitätssatz. Nur wenn er zur gleichen Zeit und am selben Ort eine Birne wäre, würde ihm das widersprechen.

Der Widerspruchssatz

Unsere Zen-Philosophen bestreiten nicht nur den Identitätssatz, sondern auch den Satz vom verbotenen Widerspruch. Die von der Logik *verbotene* Widerspruchsbehauptung lautet: „A ist nicht-A". Für A können wir den Namen eines beliebigen Gegenstandes oder eine beliebige Behauptung einsetzen, beispielsweise: „Apfel" oder „alles Leben ist Leiden". „A ist nicht-A" bedeutet dann, „ein Apfel ist nicht ein Apfel", im Umgangsdeutsch, „ein Apfel ist kein Apfel". Oder: „Alles Leben ist Leiden und doch auch nicht".

„Jemand widerspricht sich, wenn er sagt, dass etwas der Fall ist und gleichzeitig behauptet, dass es nicht der Fall ist."[168] Anders formuliert, jemand widerspricht sich, wenn er das Bestehen eines Sachverhaltes bejaht und zugleich verneint, wie im Falle der Behauptung: Ein Apfel ist kein Apfel. Hören wir hierzu D.T. Suzuki: „Verneinung und Bejahung können nicht beide gleichzeitig auf den selben Gegenstand angewendet werden. Aber das gilt nicht für die buddhistische Logik der Identität, denn hier bedeutet Verneinung nicht notwendigerweise eine Verneinung, noch Bejahung eine Bejahung; im Gegenteil, die Bejahung ist eine Verneinung und die Verneinung eine Bejahung. Das heißt nicht, dass die Verneinung eine Bejahung enthält, was ein Logiker daraus schließen könnte, denn für die Buddhisten gibt es kein derartiges Mitenthaltensein, noch irgendeine Mehrdeutigkeit, sondern diese Feststellung ist ganz und gar geradehin und direkt gemeint. Wir können das eine Logik der Identität nennen, bei der es sich weder um eine Einswerdung noch eine Synthese handelt. Hier ein Beispiel für die Richtigkeit dieser Logik: Wenn ein Zen-Meister seine Hand ausstreckt und fragt: 'Warum nennt man das eine Hand?' wird er dem, der nicht sofort antwortet, vielleicht ein Stück Kuchen anbieten und sagen: 'Versuche das einmal, mein Freund, es ist köstlich.' Das ist ein Beispiel für eine Unterscheidung der Nicht-Unterscheidung."[169] Alles klar? Eine Verneinung bedeutet eine Bejahung und eine Bejahung eine Verneinung, aber doch auch irgendwie nicht. Und die Richtigkeit dieser Logik erkennen wir daran, dass ein Zen-Meister einem Schüler, der die Frage nicht sofort beantworten kann, warum man eine Hand eine Hand nennt, ein Stück Kuchen anbietet!

[168] Tugendhat, Ernst / Wolf, Ursula: Logisch-semantische Propädeutik. Stuttgart 1993, S. 52.

[169] Suzuki, Daisetz Teitaro. Wesen und Sinn des Buddhismus. Freiburg 1993, S. 24.

Obwohl es uns schwer fällt, wollen wir Suzuki ernst nehmen: Wenn eine Verneinung immer eine Bejahung bedeutet, gehorcht das letztlich der Logik von Bejahung und Verneigung, es läuft nur auf eine Umbenennung der Wortbedeutung hinaus. Wenn eine Verneinung zugleich immer eine Bejahung beinhaltet, würde sich eine Aussage aufheben, sie würde gar nichts bedeuten, weder ja noch nein. Die Aussage wäre überflüssig. Es würden sich folgende Dialoge ergeben: „Gehst du jetzt einkaufen?" „Ja und nein." „Was machst du denn jetzt?" „Ich gehe einkaufen und gehe nicht einkaufen." „Dann gehe ich wohl besser selber einkaufen." Oder: „Sollen wir die Wand weiß streichen." „Ja und Nein" „Was nun?" „Wir streichen sie weiß und wir streichen sie nicht weiß." Usw. usf.

Wenn ein Zen-Meister auf eine Frage eine Antwort gibt, die im logischen Sinn nichts mit der Frage zu tun hat, wie in dem Beispiel, welches Suzuki anführte, bedeutet das kein ad absurdum Führen der Logik, nicht einmal, dass der Meister sie ad absurdum führen wollte. Der Meister benutzte vielleicht nur eine „unlogische" Rede, um im Schüler den so genannten Durchbruch auszulösen, ein psychisches Geschehen, welches die Gültigkeit der Logik gar nicht berührt. (Dazu näheres im Koan-Kapitel.)

Die sogenannte dialektische Logik, deren prominenteste westliche Vertreter Hegel und Marx waren, ist, grob gesprochen, ein Versuch die Welt mit Hilfe der polaren Gegensätze zu erklären. Den Verfechtern der dialektischen Logik sind diese Gegensätze der eigentliche Motor jeder Entwicklung. Die Gegensätze können vermittelt oder aufgehoben werden. Als ein Vorläufer der dialektischen Logik in der westlichen Philosophie gilt der mittelalterliche Philosoph Nikolas Cusanus, in der buddhistischen Philosophie Nagarjuna. Diese Art von Dialektik steht aber nicht über der formalen Logik, negiert sie nicht oder hebt sie auf. „Selbst wenn etwa „östliches Denken" in erster Linie „dialektischer Logik" folgte, implizierte dies in keiner Weise, dass es weniger stark durch formallogische Prinzipien bestimmt wäre als „westliches Denken".[170]

Logische Widersprüche müssen von polaren Widersprüchen oder Gegensätzen, wie heiß-kalt, männlich-weiblich, Liebe-Hass usw. unterschieden werden. Polare Widersprüche sind eigentlich keine Widersprüche, sondern nur Endpunkte einer bestimmten Skala. Beispielsweise sind heiß-kalt die Endpunkte der Wärmeskala. Bei logischen Widersprüchen ist eine der zwei Behauptungen immer falsch, bei polaren Widersprüchen oder Gegensätzen können beide Behauptungen falsch sein, so kann es statt heiß oder kalt auch mäßig warm sein.

---

[170] Paul, Gregor: Philosophie in Japan, S. 120.

Was würde es konkret heißen, wenn die Logik ungültig wäre? Es gibt folgende schöne Geschichte: Ein Buddhist kauft bei einem Obsthändler einen Apfel, den er mit einem 20-Dollarschein bezahlt. Der Osthändler gibt ihm einen Dollar zurück und antwortet auf die Frage des Buddhisten, ob denn der Apfel so teuer sei, dass er 19 Dollar koste: Alles ist eins. Wir wollen diese Geschichte erweitern: Ein Buddhist kauft einen Apfel, der laut Händlerauskunft einen Dollar kosten soll. Der Buddhist zahlt mit einem 20-Dollarschein, der Händler gibt dem Buddhisten einen Pfirsich und statt 19 Dollar Wechselgeld, nur einen Dollar zurück.

Der Händler verstieß natürlich gegen den Identitätssatz, als er dem Buddhisten einen Pfirsich, statt dem verlangten Apfel, gab. Er verstieß gegen den Widerspruchssatz, als er nur einen Dollar statt 19 zurückgab, denn seine Auskunft, der Apfel koste einen Dollar, implizierte ein Wechselgeld von 19 Dollar. Das würde es konkret heißen, wenn die Logik ungültig wäre.

Nicht nur die Naturwissenschaften und die aus ihr abgeleiteten Techniken arbeiten mit der Logik, jede menschliche Gemeinschaft benutzt unentwegt den Widerspruchs- und Identitätssatz. Keine Übereinkunft und kein Handel wären möglich, wenn diese Sätze permanent missachtet würden. Ein Kaufmann, der behauptet, 15 plus 15 sei gestern zwar 30 gewesen, aber heute 45, weil der Widerspruchssatz nicht gilt, oder eine andere Ware liefert als bestellt, weil der Identitätssatz nicht gilt, würde schnell seine Kunden verlieren. Ein Mensch, der kein Versprechen hält, auch er missachtet den Widerspruchssatz, würde bald das Vertrauen der Mitmenschen verlieren.

Aber nicht nur solche pragmatischen Gründe sprechen für die Geltung des Widerspruchssatzes, er selbst wäre nicht ohne seine Zuhilfenahme zu widerlegen, was bedeutet, dass er unwiderlegbar ist. Wer sagt, der Widerspruch ist falsch, muss erklären, was er unter falsch versteht. Er kann beispielsweise sagen, falsch ist es, wenn jemand sagt, der Schnee ist grün, er ist ja weiß. Er hat damit die Bedeutung von *falsch*, eine Aussage stimmt nicht mit den Tatsachen überein, unter Inanspruchnahme des Widerspruchsatzes wie auch unter Inanspruchnahme des Identitätssatzes, erklärt. „Einfache logische Gedanken dominieren alle übrigen und werden ihrerseits von keinem anderen dominiert, denn es gibt keinen geistigen Standort, den man einnehmen kann, um von da aus diese Gedanken zu überprüfen, ohne sie dabei vorauszusetzen."[171]

Obwohl uns Suzuki unermüdlich versichert, Zen habe keine Lehre, bestreitet er den Widerspruchs- und Identitätssatz, und lehrt, alles sei Bud-

---

[171] Ohne Verfasserangabe. In: Information Philosophie. Lörrach 3/2003, S. 93.

dhanatur und Unterscheidungen seien falsch. Die Behauptung, alles sei Buddhanatur, impliziert u.a. den Identitätssatz, sie besagt nämlich, alles was es gibt, lässt sich als Buddhanatur identifizieren.

Wer den Widerspruch leugnet, kann keinen Anspruch auf Wahrheit erheben, nicht einmal den, dass der Widerspruchssatz falsch ist. Jeder könnte jeden Unsinn behaupten, absolute Beliebigkeit wäre die Konsequenz. Aber beabsichtigt Zen nicht genau das? Wenn es sich, wie Suzuki behauptet, tatsächlich auf keine Aussage festlegen lassen will, bedeutet das auch, dass es sich nicht nur weigert, Aussagen über Gott zu treffen, es müsste sich auch weigern auf Behauptungen wie der der Nondualität, Buddhanatur etc. zu bestehen. Zen wäre dann eine einzige große Beliebigkeit. Wer die Logik leugnet, kann überhaupt keine Behauptung aufstellen, also auch nicht die der Leerheit, des Nicht-Ich, der Buddhanatur, der Einheit, noch die gegenteiligen Behauptungen und auch nicht die einer Widerspruchseinheit.

Streng genommen können wir gar nicht aus Behauptungen, Theorien oder Lehren und damit aus dem Ja und Nein heraus: Wer behauptet, es gibt keine Gegensätze, behauptet etwas, und selbstverständlich behauptet auch derjenige etwas, der Gegensätze bejaht. Dass Zen keine Philosophie und keine Religion sein soll, wie Suzuki behauptet, ist auch eine Behauptung, allerdings eine falsche.

Zur Klarstellung: In der Natur, der ganzen Welt außerhalb unseres Denkens, gibt es keine Widersprüche, denn nur Behauptungen, Aussagen, Überzeugungen können sich widersprechen. Lebewesen ohne Sprache kennen keine Widersprüche, Lebewesen ohne Sprache finden sich in der Welt zurecht, ohne dass sie sprachliche Urteile über die Welt fällen müssen. Wer wie ein solches Lebewesen leben will, braucht sich über Widersprüche keine Gedanken zu machen, er kann sich aber, genau genommen, über nichts Gedanken machen.

Gregor Paul weist in seiner Monographie „Philosophie in Japan" ausdrücklich eine der Hauptthesen der von uns zitierten Autoren zurück, dass nämlich der Mensch, bzw. das Selbst und die Natur, bzw. das Universum, identisch seien: Es gibt „Interpreten buddhistischer Identitätslehren", welche die These „Mensch und Natur sind identisch" „buchstäblich ... verstehen". Eine solche Interpretation ist „jedoch nicht tiefsinnig, sondern unsinnig". Wer eine buchstäbliche Identität von Mensch und Natur verficht, muss „zugeben, dass der eigene alte Schuh ein Schnitzel, durchdringende Kälte glühende Hitze und jedes Objekt jederzeit geeignete Nahrung und Kleidung ist. [...] Ich erinnere daran, dass eines der in Japan einflußreichsten buddhistischen Werke, das *Sata-sastra* oder *Hyaku-ron,* vergleichbare

Schlußfolgerungen zieht, um auf die Absurdität einer bestimmten Behauptung aufmerksam zu machen. Der Mensch kann nicht leben, geschweige denn sich mitteilen, wenn er nicht beachtet, was Identität ist."[172] Solche Lehren sollten „nicht als philosophisch ausgegeben werden", höchstens als „schlechte Philosophie", man kann sie nur als „religiöse Doktrin"[173] auffassen.

Der grundlegende Irrtum bei der pauschalen Ablehnung der Logik durch Suzuki und Izutsu liegt in dem Missverständnis, Logik beinhalte eine Substanz- bzw. eine Entitätsmetaphysik. Dass es Suzuki mit der Logik nicht genau nahm, wird schon an den Eingangs zitierten Sätzen deutlich: Wenn Zen jede Behauptung ablehnt, kann sie der Logik nicht Dualismus vorwerfen, denn auch dieser Vorwurf ist eine Behauptung.

Wir werden in Kapitel III sehen, wie die japanischen Zen-Meister des 20. Jahrhunderts. ihre „Logik" der Identität propagandistisch benutzten, um ihren nationalistischen Instinkten freien Lauf zu lassen und dabei die ethischen Prinzipien des Buddhismus in ihr Gegenteil verkehrten.

Ist die Logik von der Kultur abhängig?

Die ausdrückliche Behauptung, Zen übersteige die Logik, ist vielleicht neueren Datums, uns ist zumindest keine in den Schriften der alten Zen-Meister bekannt. In Japan könnte dieser vermessene Anspruch Folge der Bekanntschaft mit westlicher Wissenschaft und Kultur sein, die mit der Meji-Ära, also um 1870, einsetzte. Die Orientierung am Westen, welche u.a. die Übernahme westlicher kultureller Errungenschaften wie der Zeitrechnung und Metrik beinhaltete, beschwor im Gegenzug ein verstärktes japanisches Nationalgefühl herauf. Allerdings ließ die westliche militärische und wirtschaftliche Überlegenheit nur den religiös-kulturellen Bereich als identitätsstiftend zu. Nationalistische und antiwestliche Einstellungen spielten bei D.T. Suzuki und einigen anderen Zen-Lehrern des 20. Jahrhunderts eine große Rolle für ihre Propagierung des Zen als der Weltweisheit letzter Schluss. Diese Propaganda schloss auch die Behauptungen ein, es gebe ein östliches Denken und eine östliche Logik, welche noch dazu die westliche übersteige und für einen Menschen des Westens letztlich nicht zu verstehen sei.

Mit *Kulturrelativismus* ist die fragwürdige Auffassung gemeint, moralische, soziale und politische Werte gälten nicht für alle Menschen, sondern seien immer an die jeweilige Kultur gebunden. Solche Werte dürften nicht

---

[172] Paul, Gregor: Philosophie in Japan, S. 345.
[173] Ebenda.

ohne weiteres auf andere Kulturen übertragen werden. Manche meinen sogar, das gelte auch für die Logik, so spricht man ja auch von östlicher, westlicher oder afrikanischer Logik. Wir meinen hier mit Logik natürlich nicht etwas, das man Psychologik nennen könnte, wie etwa die Gepflogenheiten bei Verabredungen oder geschäftlichen Verhandlungen, wir meinen die Wissenschaft der Logik, d.h. der Lehre von den Gesetzen des Folgerns. Kann es tatsächlich sein, dass diese Gesetze abhängig von kulturellen Traditionen sind?

Zur Beantwortung dieser Frage müssen zwei Ebenen unterschieden werden: Die „für jede Reflexion irgendwie unumgängliche [Ebene] logischer Prinzipien"[174] und die Ebene ihrer praktischen Anwendung, d.h. die der sprachlichen Ausdrücke, mit denen die Prinzipien formuliert und die Zeichen, mit denen sie notiert werden. Mit den logischen Prinzipien, die wir bei jedem Denken benutzen, ohne dass uns dies in der Regel bewusst ist, meint Paul die drei elementaren logischen Sätze der Identität, des Widerspruchs und des ausgeschlossenen Dritten, wonach eine Aussage entweder wahr oder falsch ist, ein Drittes gibt es nicht. Er bezeichnet sie auch als „Kernlogik".

Die logischen Prinzipien haben universelle Gültigkeit, die Vielzahl unterschiedlicher Logiken, die unterschiedlichen Formulierungen und Notationen (Zeichen mit denen die logischen Aussagen notiert werden), bedeuten deshalb keinen logischen Relativismus. Kultur und Sprache beeinflussen nur die Formulierungen, aber nicht die logischen Prinzipien selbst, denn sie sind fundamentaler als die Sprache. „Schon Aristoteles wies nach, dass identifizierbare Rede – ja 'jede Unterredung mit sich selbst' – und damit Mitteilung und Verstehen unmöglich wären, würden wir uns dabei nicht an den Prinzipien der Identität, Widerspruchsfreiheit und des ausgeschlossenen Dritten orientieren. Niemand, man selbst eingeschlossen, wüsste ja, was überhaupt gemeint ist, wenn etwa A auch Nicht-A, Mensch auch Nicht-Mensch bedeuten könnte. Dasselbe Argument findet sich bei den späteren Mohisten [chinesische Philosophenschule, ab 5. Jahrhundert. v.u.Z.; A.B.]. Das heißt, dass die logischen Grundprinzipien fundamentalerer Natur sind als jede Art Sprache und Sprechen, die mehr sein soll als Gebrabbel, sei es nun Griechisch oder Chinesisch. Sprache und Sprechen werden durch die logischen Grundprinzipien strukturiert und nicht umgekehrt."[175]

---

[174] Paul, Gregor: Der Kulturstreit um die Universalität Aristotelischer Logik. Hildesheim 2000, S. 123.

[175] Ebenda, S. 127f.

Nach Paul basiert die aristotelische Logik nicht, wie die Kulturrelativsten behaupten, auf der für die griechische Sprache kennzeichnende grammatische Unterscheidung zwischen Subjekt und Objekt. Diese können nämlich umgekehrt werden, ohne dass sich der Sachverhalt, der ebenso mit logischen Zeichen ausgedrückt werden kann, ändert. „Hühner sind Tiere" und „Zu Tieren gehören auch Hühner" formulieren den gleichen Sachverhalt, obwohl sich Subjekt und Objekt verkehren.[176] Die Logik basiert also nicht auf der Grammatik der Sprachen, deren Grammatiken sich ja in vielen Hinsichten unterscheiden, dann wäre sie tatsächlich kulturrelativ.

Grenzen des Verstehens und drei Arten von Dingen, die es nicht geben kann.

Man kann niemand zwingen, die logischen Kernsätze anzuerkennen. Aber auch wer sie ablehnt, benutzt sie, und das nicht nur im Gespräch mit anderen, sondern auch in dem mit sich selbst. Wie Paul bemerkte, würde er sich nicht einmal selbst verstehen, wenn er die Logik missachtete.

Es steht jedem frei, an etwas zu glauben, das er nicht versteht, weil es logisch unmöglich ist. Die Behauptung, der ins Nirwana eingegangene Buddha, der Thatagata, existiere und zugleich existiere er nicht, kann niemand verstehen, wenn diese Behauptung so wortwörtlich gemeint ist, wie sie dasteht. Wer an diese Behauptung glaubt, weiß nicht, was er glaubt.

Es gibt Behauptungen, die logisch unmögliches formulieren, aber den Anschein erwecken, als würden wir sie verstehen, als seien sie sinnvoll. Sehen wir uns aber solche Behauptungen genauer an, erkennen wir, dass sie verständliches und unverständliches vermischen, und diese Kombination erweckt den Eindruck, wir verstünden unlogische Behauptungen. Die Behauptung, es gebe viereckige Kreise, verstehen wir insoweit, als wir wissen, was ein Viereck und ein Kreis sind, aber was ein viereckiger Kreis sein soll, verstehen wir nicht.

Selbstverständlich muss nicht alles Unverständliche unlogisch und deshalb falsch sein. Wir müssen und können auch nicht alles, was wir nicht verstehen, anzweifeln. Wenn wir keine Chemiker sind, werden wir normalerweise die Richtigkeit einer chemischen Formel nicht in Frage stellen. Es gibt oft gute Gründe, Behauptungen, ohne dass wir sie beweisen und verstehen können, zu glauben, aber sie sollten, zumindest theoretisch, nachprüfbar sein. Wenn es für uns wichtig wäre, könnten wir chemische Formeln lernen und überprüfen.

---

[176] Siehe ebenda, S. 130f.

Es ist solange unproblematisch, an Behauptungen zu glauben, die prinzipiell nicht nachprüfbar sind, oder deren Nachprüfbarkeit praktisch ausgeschlossen ist, solange diese keine große Bedeutung für unser Leben haben. Lassen wir ihnen aber eine solche Bedeutung zukommen, etwa wenn wir an religiöse Behauptungen glauben, sollten wir uns zumindest über unsere Gründe für diesen Glauben Klarheit verschaffen. Wenn nicht, verhalten wir uns irrational.

Noch irrationaler verhalten wir uns, wenn wir an Behauptungen glauben, die wir eigentlich nicht verstehen, weil sie eben logisch unmöglich sind. So wenn wir glauben, jemand existiert und existiert zugleich nicht. *Vernünftig, rational sein, heißt nichts anderes, als für seine Überzeugungen gute Gründe zu haben.* An etwas zu glauben, was wir nicht verstehen können, weil es logisch unmöglich ist, bedeutet, für diesen Glauben, diese Überzeugung überhaupt keine epistemischen Gründe zu haben, nicht einmal schlechte. In einem solchen Fall kann es nur psychologische Gründe für unseren Glauben geben.

Um Behauptungen oder Beschreibungen zu verstehen, müssen wir sie mit Vorstellungen verbinden können, deshalb findet die *Beschreibung* eines Erlebnis oder die *Erklärung* eines Sachverhaltes seine Verständnisgrenze in der Anschaulichkeit. Unlogische Erklärungen können wir nicht verstehen, weil wir uns nicht vorstellen können, was mit ihnen gemeint sein soll. Wir können uns nicht vorstellen, wie ein viereckiger Kreis aussehen soll, weil der behauptete Sachverhalt ein unmöglicher ist.

Neben den logischen Unmöglichkeiten gibt es noch die begrifflichen und die empirischen, so dass wir drei Arten von Unmöglichkeiten unterscheiden können:

1. Unlogische Erklärungen sind solche, die von etwas behaupten, es sei, und zugleich behaupten, es sei nicht. Etwa: Die Wand ist weiß und sie ist nicht weiß. Um zu wissen, dass eine solche Behauptung falsch ist, brauchen wir keine Untersuchungen über weiße Wände anzustellen.

2. Eine begriffliche Unmöglichkeit ergibt sich aus der Bedeutung der in einem Satz enthaltenen Begriffe. *Ein Junggeselle ist ein verheirateter Mann* ist eine begriffliche Unmöglichkeit. Der Begriff Junggeselle bedeutet ja, dass es sich um einen unverheirateten Mann handelt. Auch hier brauchen wir keinen Junggesellen zu untersuchen, um die Aussage als falsch zu erkennen. Wer meint, es könnte eventuell doch einen verheirateten Junggesellen geben, hat die Bedeutung des Begriffs Junggeselle nicht verstanden.

3. Eine empirische Unmöglichkeit ist eine, die den Naturgesetzen widerspricht. So ist es unmöglich, dass Menschen auf der Erde ohne Hilfsmittel fliegen können. Über die Naturgesetze können wir uns aber irren, deshalb sind empirische Unmöglichkeiten nicht so absolut sicher wie die logischen und begrifflichen. Wir werden bei der Diskussion der Koans auf diese Unmöglichkeiten zurückkommen.

Zur Transzendierung der Unterschiede im Zen

Zen suggeriert, dass wir spätestens bei oder nach der so genannten Erleuchtungserfahrung die bösen Dualismen überschritten, *transzendiert* hätten. Wir meinen, dass die Transzendierung der von Zen genannten Dualitäten, ob mit oder ohne Erleuchtung, keinen Sinn ergibt.

Werfen wir, mit den Ausführungen über die Logik im Hintergrund, einen Blick auf die beispielhaften Nondualitäts-Behauptungen des zeitgenössischen Zen-Lehrers Stephen Schumacher.

In dem schon zitierten Passus aus Stephen Schumachers Zen-Buch wird ein Strauß an Dualismen aufgefächert: Der grundlegende Dualismus, aus dem alle anderen entspringen, soll der zwischen Selbst und Objekten sein, dieser generiert die anderen Dualismen wie innen – außen, angenehm – unangenehm, Seiendes – Nichtseiendes, Ich – Andere, Leben – Tod, Erleuchtung – Wahn und Gut – Böse.

Laut Schumacher sollen alle diese Dualismen „transzendiert" werden. Mit *transzendieren* meint man gewöhnlich ein überschreiten von etwas, meist ein überschreiten der sinnlichen Wahrnehmung oder der sinnlichen Welt. Was Schumacher mit transzendieren der Gegensätze oder Unterschiede meint, erfahren wir nicht. Unterstellen dürfen wir, dass die transzendierten Unterschiede im Seinsmodus der „wirklichen Wirklichkeit" auf irgendeine Weise nicht mehr gelten. Die Frage ist, ob sie nicht mehr gelten, weil es sie nicht mehr auf die Weise gibt wie in unserer dualen Wirklichkeit oder weil es sie überhaupt nicht mehr gibt. Versuchen wir diese Frage an vier der von Schumacher aufgezählten Unterschiede zu beantworten:

1. Der Dualismus von *angenehm – unangenehm* ist ein polarer, kein logischer Widerspruch. Seine Aufhebung oder Transzendierung würde auf jeden Fall der Logik nicht widersprechen. Aufgehoben wäre er beispielsweise durch seine Verwandlung in einen indifferenten Gefühlszustand, einen zwischen angenehm und unangenehm. Da die nirwanische Wirklichkeit, nach der Lehre des Zen, auch die Welt der Sinne sein soll, kann es nicht sein, dass wir in ihr nur noch indifferent empfinden. Das ver-

bietet uns schon unsere physiologische schmerzempfindliche Ausstattung. Ausschließlich indifferentes Empfinden wäre auch nicht wünschenswert: Unangenehme Gefühle, wie physische Schmerzen, haben eine überlebenswichtige Aufgabe. Der Organismus signalisiert uns mit ihnen Gefahr für das leibliche Wohl und drängt uns zu einer Aktivität, um diese Gefahr abzuwenden.

Mit der Transzendierung von *angenehm – unangenehm* könnte auch gemeint sein, wir sollten alles Unangenehme genauso bejahen wie alles Angenehme. Auch wenn uns das gelingt, der Unterschied von angenehm oder unangenehm wäre deshalb nicht aus der Welt, nicht transzendiert. Auch ein bejahter Schmerz schmerzt, würde sich von Lust oder Freude unterscheiden. Durch die Bejahung kann es geschehen, dass wir den Schmerz nicht mehr so unangenehm empfinden, bis hin zu seinem gänzlichen Verschwinden. Dadurch haben wir aber nicht den Gegensatz *angenehm – unangenehm* überschritten, sind nicht irgendwo jenseits von ihm gelangt, wir haben nur eine psychotherapeutische Technik angewandt, die der besseren Überwindung der Schmerzen diente.

2. Die Rede von der Überschreitung des Gegensatzes *Erleuchtung – Wahn,* die Gleichsetzung von Nirwana und Samsara, bedeutet, wörtlich genommen, entweder eine Verhöhnung der Übenden oder das indirekte Eingeständnis, dass es mit der Großen Befreiung nicht viel auf sich hat. Sind Erleuchtung, Wahn oder Illusion dasselbe, was soll dann der ganze Aufwand jahrelangen Übens? Entweder es gibt einen Unterschied zwischen ihnen und sei er noch so winzig, oder es gibt keinen. Gibt es einen, dann darf man nicht sagen, Erleuchtung und Wahn, Nirwana und Samsara seien dasselbe.

Die gängige Erklärung dieser Identitätsbehauptung lautet: Es gibt nur eine Seinssphäre, die je nach Bewusstseinszustand verschieden erfahren wird, entweder als leidvoll oder als paradiesisch. Wenn ein- und dieselbe Seinssphäre verschieden erfahren wird, wie auch Loy behauptet, dann muss es in dieser Sphäre irgendwo Unterschiede geben. Sollten sie nur im Kopf des Erfahrenden existieren, der Teil der Seinssphäre ist, muss es zumindest einen Unterschied zwischen den Erlebensweisen Erleuchtung und Wahn/ Illusion geben, ansonsten hätte es keinen Sinn nach ersterer zu streben.

Die Gleichsetzung von Nirwana und Samsara ist auch deswegen unsinnig, weil sie eine logische und eine begriffliche Unmöglichkeit bedeutet, denn Nirwana wird als eine Seinsweise der Leidfreiheit, Samsara als eine des Leidens, bestimmt. Ein- und dieselbe Eigenschaft würde also einem Gegenstand zu- und abgesprochen. Sollten gar Leiden und Leidfreiheit dasselbe sein, dann ist der gesamte Buddhismus obsolet, dann ist die erste der so genannten Vier Edlen Wahrheiten, *alles Leben ist Leiden*, höchstens die Hälfte der Wahrheit oder sogar grundweg falsch.

Diese Gleichsetzung kann also nicht sinnvoll wörtlich gemeint sein. Nur eine bildhafte oder pädagogische Verwendung kann ihr Sinn einhauchen. Viele, die solche paradoxen Gleichsetzungen benutzen, wollen wahrscheinlich verblüffen und den Eindruck erwecken, über ein besonderes Verstehen und Wissen zu verfügen.

3. Auch *Gut und Böse* sind keine logischen Gegensätze, sondern Endstufen der moralischen Skala. Gut und Böse können in dem Sinne überschritten werden, dass die Moral insgesamt als ungültig betrachtet wird, aber diese Position will Zen ausdrücklich nicht einnehmen. Deshalb wäre es bei der Beantwortung der Frage, was die Transzendierung von Gut und Böse bedeuten soll, von besonderer Wichtigkeit, genau zu wissen, was wir unter Transzendenz der Gegensätze verstehen sollen.

Es macht einen Unterschied, ob wir sagen, moralische Kategorien gelten nur für Herr und Frau „jedermann" (Schumacher), jedoch nicht für den Erleuchteten. Oder ob wir sagen, der Erleuchtete braucht keine solchen Kategorien, weil er „unbewusst, natürlich, automatisch" (Deshimaru) moralisch richtig handelt. Ersteres würde bedeuten, dass für einen Erleuchteten Handlungen erlaubt sind, die für den Nichterleuchteten verboten sind. Das klingt jedoch nicht überzeugend. Wie könnte ein- und dieselbe Handlung, wie beispielsweise töten, für den Erleuchteten erlaubt, für den Nichterleuchteten, verboten sein? (Ausführlicheres dazu im III. Kapitel.)

4. Kommen wir zu dem vielleicht interessantesten Dualismus, dem zwischen *Leben und Tod*. Welchen Unterschied Leben und Tod bilden, ob einen logischen oder einen polaren, und in welchem Sinne diese Unterschiede falsch sind, oder aufgehoben werden können, hängt davon ab, was wir unter Leben und Tod verstehen.

Setzt man Leben mit existieren und Tod mit nicht existieren gleich, handelt es sich um einen logischen Widerspruch, wenn behauptet wird, es gibt keinen Unterschied zwischen Leben und Tod. Ein Überschreiten dieses Widerspruchs ist nach den Gesetzen der Logik nicht möglich, gleichgültig was man unter Überschreiten versteht.

Eine Illusion ist etwas irreales, eine Täuschung, etwas, das nicht in Wirklichkeit, sondern nur im Kopf eines Menschen existiert, wie beispielsweise, eine Fata Morgana. Wenn Leben *und* Tod eine Illusion sind, irgendwie irreal, wie Schumacher behauptet, müssen sie nicht transzendiert werden, denn Illusionen, Täuschungen müssen nur durchschaut werden.

Der endgültige Tod könnte tatsächlich eine Illusion sein, nämlich dann, wenn es ein Leben nach dem Tod gibt. Aber warum und in welchem Sinn soll das Leben eine Illusion sein? Dass ich momentan lebe ist so ziemlich das sicherste, das ich weiß, selbst wenn ich jetzt in einem Totenreich leben würde, leben würde ich. Wenn Zen meint, dass es streng genommen keinen Tod gibt, weil nichts absolut stirbt, kann es das unmissverständlich sagen, allerdings muss dann weder das Leben noch der Tod transzendiert werden.

Wir können uns immer weniger des Eindrucks erwehren, dass die uneindeutige Rede der Zen-Protagonisten nicht in der Schwierigkeit des Sachverhaltes gründet, sondern in der Verschwommenheit ihres Denkens und vermutlich in dem Wunsch, den Eindruck zu erzeugen, über ein geheimnisvolles besonderes Wissen zu verfügen.

Sind Koans logische Widersprüche?

Koans sind das populärste Element des Zen. Es handelt sich bei ihnen um kurze Geschichten, in denen meist eine Begegnung zwischen einem Meister und einem Jünger geschildert wird. Letzterer gelangt, fast immer aufgrund rätselhafter Worte oder Taten des Meisters, zum so genannten Durchbruch. Die Koans bekommen Zen-Schüler als Meditationsaufgabe gestellt, deren Lösung bei ihnen diesen Durchbruch auslösen soll.

In der Zen-Literatur werden Koans häufig als Paradoxe bezeichnet, welche der menschliche Verstand beim besten Willen nicht rational zu enträtseln vermag, da sie die Logik übersteigen sollen. Erst im Durchbruchs- oder Erleuchtungserlebnis lösten sich diese Paradoxe auf. Das soll sich weniger in einer sprachlichen Antwort, als in einer Handlung des Schülers zeigen.

Zen würde tatsächlich die Logik übersteigen, wenn Koans logische Widersprüche wären und ihre Lösung eine dritte Möglichkeit, eine jenseits von wahr und falsch, bedeuten würde.[177] Das berühmteste abendländische

---

[177] Anmerkung: Die so genannten mehrwertigen Logiken, bei denen es neben den Werten richtig und falsch noch Wahrscheinlichkeitswerte gibt, widersprechen nicht dem Satz vom ausgeschlossenen Dritten. Wahrscheinlichkeitswerte sind nur Ausdruck der üblichen Schwierigkeit, über die Richtigkeit oder Falschheit eines Urteils zu entscheiden. Bei der Mehrzahl der Urteile die sich auf die Zukunft beziehen, wissen wir nicht ob sie wahr oder falsch sind, trotzdem sind sie nur eines von beiden. Ob die Vereinigten Staaten in 100 Jahren noch existieren, wissen wir nicht. Das Urteil, die USA existiert in 100 Jahren noch, ist trotzdem entweder wahr oder falsch. Wenn Futurologen zu dem Schluss gelangen, mit

logische Paradox dürfte Sokrates Wort sein, „ich weiß, dass ich nichts weiß". Wie wir es drehen und wenden, wir können nicht entscheiden, ob Sokrates nun etwas weiß oder nicht. Hier handelt es sich um einen echten logischen Widerspruch, weil er zwei sich ausschließende Behauptungen enthält, A und nicht-A. Die Behauptung A „ich weiß etwas" wird eindeutig verneint, „ich weiß nichts".

Paradoxe müssen aber keine logischen Widersprüche, keine sich ausschließenden Behauptungen sein, so ist es schon ein Paradox, wenn jemand fest davon überzeugt ist, die politische Partei A sei besser als die politische Partei B, er aber letztere wählt. Wenn Sokrates seine Behauptung so wortwörtlich gemeint hat, wie sie Platon formulierte, hat er Unsinn geredet, denn es gilt: entweder er weiß etwas, oder er weiß nichts.

In der deutschen Übersetzung eines Klassiker der chinesischen Zen-Literatur, der Anfang des 12. Jahrhunderts entstandenen Koan-Sammlung *Bi-yän-lu* des Meisters Yüan-wu, begegnen wir auf Schritt und Tritt Behauptungen wie „hier geht es über jeden Gegensatz und jeden Unterschied hinaus".[178] „Weil nun beides sich behaupten lässt, falsch sowohl wie richtig, ergibt sich drittens, dass hier [im Koan] etwas vorliegt, was in unsere hergebrachte Logik nicht hineinpasst, dass es einen Ort der Schwebe gibt, wo man mit Ja und Nein nicht durchkommt. Dieser Ort lässt sich mit keinem Wort bezeichnen, man kann das nur durch einen Tupfen mit dem Tuschepinsel andeuten. In diesem Tupfen liegt der eigentliche Sinn des Zen." Kommentar W. Gunderts zum 4. Koan.[179]

Gundert interpretiert alle Koans nach diesem dialektischen Schema: Richtig und falsch treffen das Gemeinte nicht, es gibt ein Drittes, welches sowohl richtig als falsch enthält, als auch einen „Überstieg" (Gundert), ein „mehr" oder ein „jenseits" davon. Dass dies in einem gewissen Sinne der Intention der chinesischen Meister entsprach, wird aus vielen ihrer Sprüche ersichtlich, so pflegte Meister Dö-schan zu sagen: „Sagst du ja, bekommst du dreißig Hiebe; sagst du nein, bekommst du dreißig Hiebe."[180]

Wir meinen aber, dass diese Meister, mit ihrem Insistieren, einen Punkt jenseits von richtig und falsch zu finden, nicht ein Übersteigen der Logik

---

70%iger Wahrscheinlichkeit existiert die USA noch in 100 Jahren, ändert das nichts daran, dass es neben existieren und nicht-existieren der USA keine dritte Möglichkeit gibt.

[178] Kommentar des Übersetzers W. Gundert zum 3. Koan. Yüan-wu: Bi-yän-lu. 3 Bd. Frankfurt/Berlin/Wien 1983, Bd. 1, S. 87.

[179] Ebenda, S. 123.

[180] Ebenda, S. 126.

oder ihre Relativierung im Sinn hatten. Wir vermuten, diese Frage interessierte sie gar nicht. Formulierungen in diesem Sinne mögen ihnen untergekommen sein, aber die ständigen Aufforderungen, jenseits von Ja-Nein zu gelangen, waren pädagogischer Natur, sie dienten ausschließlich der Beförderung und Beschleunigung des so genannten Durchbruchs.

Die Interpretation der Koans als logische Zwickmühlen wurde in der Zen-Literatur des 20. Jahrhunderts zur Standardinterpretation, und das sowohl in der westlichen wie in der östlichen. Um zu zeigen, dass die Originaltexte diese Interpretation nicht hergeben, wollen wir uns ein aus dem *Bi-yän-lu* zufällig herausgegriffenes Koan näher ansehen, das Koan Nr. 4, mit dem Titel *Dö-schan mit dem Wanderbündel unterm Arm.*

Gundert kommentierte, in den von ihm oben angeführten Zitaten, einen Kommentar Yüan-wus, dem Verfasser des *Bi-yän-lu,* zu diesem Koan. Im Koan selbst taucht wiederum ein Kommentator mit dem Namen *Hsüä-dou* auf. Wir geben das Koan in voller Länge wieder, um einen Eindruck von der Geisteswelt der chinesischen Meister zu vermitteln. Erläuterungen in eckigen Klammern sind von mir hinzugefügt.

„Dö-schan [ein Wandermönch] kam zum We-schan [Meister und Abt eines Klosters im 9. Jahrhundert]. Das Reisbündel unterm Arm stieg er zur Lehrhalle hinauf, ging von Ost nach Westen durch, ging zurück von West nach Ost, sah sich um, sagte: Nichts da, nichts da! Und verließ die Halle. – Hsüädou [1.Kommentator]bemerkt hierzu: Durchschaut!

Beim Hoftor angelangt, sagte Dö-schan nun doch: Ich darf auch nicht vorschnell sein. Alsbald machte er sich ordentlich, trat zum zweiten Male ein und meldete sich zum Besuch.

Als We-schan [der Abt] Platz genommen hatte, hob Dö-schan feierlich sein Knietuch in die Höhe und redete ihn an: Ehrwürdiger!

We-schan machte eine Handbewegung, als wolle er nach seinem Jakschweif greifen.

Da brüllte Dö-schan: Ho! klopfte sich die Ärmel ab und ging hinaus. – Hsüä-dou [1.Kommentator] bemerkt hierzu: Durchschaut!

Nachdem Dö-schan der Lehrhalle den Rücken gekehrt hatte, band er sich die Sandalen wieder an, und damit ging er seines Weges.

Am Abend fragte We-schan [der Abt] den Vorsitzer der Bruderschaft: Wo ist der Neuankömmling von vorhin?

Der Vorsitzende erwiderte: Der hat dann gleich die Lehrhalle verlassen, sich die Sandalen angebunden und ist hinaus und fortgegangen.

We-schan sagte: Dieser Ehrenmann wird noch einmal den einsamsten Berggipfel aufsuchen, sich oben auf der Spitze eine Binsenhütte flechten und von da aus auf den Buddha schelten und die Patriarchen schmähen. Hsüädou bemerkt hierzu: Auf Schnee noch Reif!"[181]

Diese und ähnliche Geschichten klingen wohl für alle, die den kulturellen und geistigen Zusammenhang, in dem sie eingebettet sind, nicht kennen, unverständlich bis absurd. Koans sind, wie schon bemerkt, in der Regel Rededuelle zwischen einem Meister und einem Schüler, in denen dieser einen letzten Anstoß für den „Durchbruch" erhalten soll, oder in dem der Meister den spirituellen Fortschritt eines Schülers prüft.

Was geschah nun eigentlich in dieser Geschichte? Auch sie erzählt von einer Prüfung des „spirituellen Fortschritts", der sich hier ein Held namens Dö-schan unterzieht. Dieser demonstriert den Grad seines Verständnisses der Lehre Buddhas, indem er, die Mönchs-Gemeinschaft und den Abt provozierend, zweimal ausruft, in der Buddhahalle sei „Nichts da!". Der Ausruf muss als die Behauptung verstanden werden, dass in diesem Kloster der Buddhageist nicht zu finden ist oder dass am *dharma*, „am GESETZ des Buddha nicht viel dran ist",[182] wie Yüan-wu kommentiert.

Der Meister nimmt die Aufforderung zur Prüfung an, indem er, Döschan testend, in Richtung Jakschweif greift, als wollte er ihn damit schlagen. Dö-schan zeigte mit seiner prompten Reaktion, dem Ausruf „Ho!", und seinem unverzüglichen Abgang die Klarheit seines Geistes.

Hsüä-dou, der 1. Kommentator, kommentiert die Reaktionen des Helden jeweils mit einem bewundernden: Durchschaut! Was aber hatte der Held durchschaut? Yüan-wu, der 2. Kommentator, kommentiert jedes „Durchschaut!" des 1. Kommentators mit den Worten: „Falsch!-Richtig!-Tupfen!" Yüan-wu fährt, den Kommentar des Hsüä-dou bewundernd, fort: „Durchschaut! Das ist gerade, wie ein Eisenpflock. Die meisten Leute nennen dies eben eine Zwischenbemerkung. Aber dieses Wort [durchschaut] weist nach zwei Seiten und bleibt doch nicht auf diesen beiden Seiten stehen! Wo ist der Punkt, den er durchschaut? Sagt mir einmal: Hat er [Hsüädou] Dö-schan oder hat er We-schan durchschaut?"[183]

Gundert kommentiert nun: „Yüan-wu aber hat zu Hsüä-dou`s Anmerkung noch dreierlei zu sagen: Erstens, meint er, sei sie falsch. Denn wer ist, der behaupten könnte, er durchschaue einen andern? Durchschaust du denn auch nur dich selbst? Zweitens, sagt er, ist Hsüä-dous`s Bemerkung

---

[181] Ebenda, S. 103f.

[182] Ebenda, S. 107.

[183] Ebenda, S. 108.

dennoch richtig. Irgendwo, an einem unfassbaren Ort, hat jeder in sich doch die Fähigkeit, sich selbst und andere zu durchschauen. Bei den einen schläft sie; bei Hsüä-dou ist sie wach im höchsten Grad." Nun folgt der bereits zitierter Passus. „Weil nun beides sich behaupten lässt, falsch sowohl wie richtig, ergibt sich drittens, dass hier etwas vorliegt, was in unsere hergebrachte Logik nicht hineinpasst, daß es einen Ort der Schwebe gibt, wo man mit Ja und Nein nicht durchkommt."[184]

Gibt es hier wirklich ein „drittens, was in unsere hergebrachte Logik nicht hineinpasst"? Wer wie Gundert einerseits behauptet, es sei nicht möglich, jemanden zu durchschauen, andererseits aber sagt, es gebe doch einen Ort, an dem jeder diese Fähigkeit besitzt, widerspricht sich. Oder er hat sich beim ersten Satz unklar ausgedrückt. Eigentlich meinte Gundert ja, an dem Ort, an dem wir uns gewöhnliche Menschen befinden, können wir niemand durchschauen, wechseln wir aber diesen Ort, dann ist das durchaus möglich. Ein solcher Fall widerspricht aber in keiner Weise der Logik.

Gundert meint ganz richtig, wir dürfen dieses Duell nicht von dem Standpunkt des *Ja* oder *Nein* betrachten. Entscheidend ist hier aber die Begründung: der Standpunkt Ja oder Nein hat „mit der Sache nichts zu tun". So bemerkt Yüan-Wu zur Durchwanderung der Lehrhalle: „Was ist davon der Sinn? Stellt das nicht alles auf den Kopf? Die meisten Leute verstehen es falsch und sagen, Dö-schan nehme hier die aufbauende Haltung ein [welche von Unterschieden und Gegensätzen ausgeht, also im Ja und Nein lebt. (Einschub des Übersetzer Gundert.)] Aber gerade das hat mit der Sache nichts zu tun."[185] Beachten wir: Yüan-wu behauptet nicht, Ja oder Nein seien falsch, er sagt, „das hat mit der Sache nichts zu tun".

Ja- und Nein-Antworten, Antworten, welche im Rahmen der Logik bleiben, werden von den Meistern in der Regel nicht akzeptiert, weil sie auf Überlegungen und nicht auf einem „Durchbruch", einem psychischen Geschehen, beruhen. Yüan-wu fordert seine Zuhörer auf, die „Tupfen-Perspektive" einzunehmen, sie erst ermöglicht es das „Durchschaut!" des Hsüä-dou zu verstehen. Die Zuhörer sollen also selbst den Durchbruch realisieren. Die „Tupfen-Perspektive" ist dieser psychische Ort der Durchschauung, wir wollen ihn vorläufig als einen Gipfelpunkt bezeichnen, einen des ungehinderten Blicks, aber nicht als einen, der jenseits logischer Regeln liegt.

Sinn der Koans ist es, einen *psychischen* Perspektivenwechsel zu ermöglichen, ein solcher berührt aber nicht die Logik von wahr und falsch:

---

[184] Ebenda, S. 123.
[185] Ebenda, S. 107.

„Das hat mit der Sache nichts zu tun." Die Behauptung, Koans seien *logische* Widersprüche, die deshalb mit dem rationalen Denken nicht zu lösen sind, ist einfach falsch. Wir kennen kein Koan, welches eindeutig einen logischen Widerspruch formuliert. Solche werden ausdrücklich in der „abendländischen" Philosophie thematisiert, wie in der schon erwähnten Selbsterkenntnis Sokrates, dass er weiß, dass er nichts weiß, oder in der Kreterlüge: Ein Kreter sagt, alle Kreter lügen. Ein neueres Beispiel lautet: „Der folgende Satz ist falsch. Der vorhergehende Satz ist richtig". In all diesen Fällen können wir nicht entscheiden, welche der beiden Behauptungen wahr oder falsch ist.

Koans hingegen formulieren häufig nur empirische Schwierigkeiten, wie bei der Aufforderung, einen Diamanten aus einem tiefen See zu holen, ohne sich die Hände nass zu machen. Aber empirische Schwierigkeiten oder Unmöglichkeiten haben nichts mit logischen Unmöglichkeiten zu tun, empirische Schwierigkeiten werden von den physikalischen Gesetzen bestimmt, logische Schwierigkeiten von den logischen Gesetzen. Nur was logisch unmöglich ist, ist mit dem Verstand nicht zu begreifen und auch empirisch unmöglich.

Sehen wir uns die zwei bekanntesten Koans unter dem Blickwinkel des „Logiküberstiegs" an: Dem Koan Hakunins *Was ist der Ton einer Hand?* liegt eine unklare Aufgabenstellung zugrunde. Es lautet ausführlich: „Wenn du mit zwei Händen klatschst, ergibt es einen Ton. Was ist der Ton einer Hand?" Damit kann gemeint sein, wir sollen uns vorstellen, den Ton, welchen zwei Hände verursachen, zu teilen, so als ob jede Hand die Hälfte des Tons erzeugt. Es könnte aber auch gemeint sein, wir sollten uns vorstellen, wie wir mit einer Hand einen Ton erzeugen. In beiden Fällen hätten wir es aber nicht mit logischen, sondern mit empirischen Schwierigkeiten zu tun.

Beim Koan *Mu* liegt der Fall komplizierter: „Ein Mönch fragte Josshu: Hat der Hund Buddhanatur? Josshu antwortete: Mu!" Dieses Mu soll im chinesischen und japanischen soviel wie *Nichts* bedeuten, aber auch den Anklang von *Nein* haben. Die Frage selbst ist eine Formulierung des Grundproblems des Zen-Buddhismus: Wenn alle Wesen Buddhanatur haben, also auch ein Hund, warum müssen wir uns dann abmühen, sie zu erreichen? Die Antwort *Nichts* beinhaltet keinen logischen Bezug zur Frage, *Nichts* könnte bedeuten, kümmere dich nicht um solche intellektuelle Spielereien, begreife: *Hier und Jetzt spielt die Musik!* Ähnlich wie wir auf einen unpassenden Wunsch mit den Worten reagieren: *Nichts damit!* Gleichgültig aber, wie das *Nichts* gemeint ist. Da es nicht direkt auf die

Frage antwortet, ist es nur in diesem Sinn unlogisch, widerspricht aber nicht *der* Logik.

Die Antwort *Ja,* auch sie gab Josshu gelegentlich, würde sowieso keinen Widerspruch darstellen. Sie entspricht der Lehre, alle Wesen haben Buddhanatur. Die Antwort *Nein* würde der Lehre von der Buddhanatur aller Lebewesen widersprechen. Hätte Josshu mit *Mu* eindeutig *Nein* gemeint *und* auf der Wahrheit der Lehre, alle Wesen haben Buddhanatur, bestanden, würde tatsächlich ein logischer Widerspruch vorliegen.

Alle drei Antworten lassen die eigentliche Frage des Koans, warum wir üben müssen, unbeantwortet. Sie sind Weigerungen einer erklärenden Antwort, bei der es weder um Logik noch um Unlogik geht. Die Erklärung wird verweigert, um den Mönch nicht auf eine falsche Weise zu beruhigen, denn seine aufgestaute Energie soll den „kleinen Ruck" bekommen, der noch nötig ist, um das Durchbruchserlebnis auszulösen. Es mag Koans geben, die logische Widersprüche formulieren, aber das, so meinen wir, ist nicht ihr springender Punkt. Vor allem aber bedeuten die Antworten kein Überschreiten der Logik, sondern einfach die Einnahme einer Perspektive, die mit der logischen Aufgabenstellung gar nichts zu tun hat.

Koans und das „Grundproblem des Zen-Buddhismus"

Eihei Dogen (1200-1253) machte sich auf die in seiner Zeit äußerst beschwerliche und gefährliche Reise nach China, weil er in Japan niemanden fand, der ihm eine Antwort auf sein „Grundproblem" (Arifuku) geben konnte, warum wir üben müssen, um zum Erwachen zu kommen, „obwohl doch alle Menschen die Buddha-Natur bereits in sich haben und von Natur aus einen Buddha-Körper besitzen".[186] Mit den Begriffen Izutsus formuliert: Wenn alles immer schon SEHEN, GEIST ist, wieso gibt es die vielen „kleinen Geister", die ichhaften Subjekte und wieso entstand Begierde, Täuschung und Leid?

Schon im Pali-Kanon soll die Lehre von einer ursprünglichen Buddhanatur anklingen, aber erst im Mahayana wurde sie eine tragende Säule der buddhistischen Philosophie. Diese Lehre kann man als das Theodizee-Problem des Zen-Buddhismus bezeichnen. Unter dem Theodizee-Problem versteht die Theologie die Frage, warum es Böses gibt, wenn die Welt von einem allmächtigen und allgütigen Gott geschaffen wurde? Warum gibt es unter dieser Prämisse Folter, Mord, Kindestod oder das Leiden unschuldi-

---

[186] Arifuku, Kogaku: Deutsche Philosophie und Zen-Buddhismus, S. 29.

ger Wesen, wie der Tiere?[187] Unseres Wissen hat die Theologie keine überzeugende Antwort auf diese Frage gefunden, was auch der zeitgenössische
christliche Philosoph Franz von Kutschera einräumt.[188]
Wie lautet die Antwort des Zen? Die Heidegger-Schülerin Yoshiko
Oshima untersucht in ihrem Buch *Zen – anders denken* ein Koan, welches
ebenfalls das Ursprüngliche-Buddhanatur-Problem thematisiert. Sie legt
eine interessante, dialektisch gestufte Antwort vor.

An dem Koan „Der Eichbaume im Vorgarten" will uns Oshima die Schrit-
te einer Koan-Lösung zeigen und eine Ahnung davon vermitteln, was eine
letztgültige Lösung, sprich Erleuchtung, bedeutet. Das Koan lautet schlicht
und einfach: „Ein Mönch fragte Meister Johshu: Warum kam Boddhidharma in den Osten? Johshu antwortete: Der Eichbaume im Vorgarten."

Mit der Frage des Mönches ist gemeint: Warum musste ein Mönch aus
Indien kommen, Boddhidharma, der legendäre Gründer des Zen, um uns zu
zeigen, wie wir die Buddhanatur erreichen können, wenn wir doch schon
alle ganz und gar Buddhanatur sind?

Oshima zufolge soll der christliche Mystiker Meister Eckhart auf das
Theodizee-Problem, welches in der Frage enthalten ist, warum ist Gott
Mensch geworden, geantwortet haben: „Gott ist aus dem Grunde Mensch
geworden, dass er dich als seinen eingeborenen Sohn gebäre und nicht
geringer."[189] Die Struktur dieser Antwort lautet: warum – darum. Sie befrie-
dige, so Oshima, vielleicht einen Gläubigen, aber Warum-Fragen haben es
an sich, dass sie sich unendlich oft hinterfragen lassen. Im *Cherubinischen
Wandersmann* des schlesischen Mystikers Angelus Silesius findet sich die
Zeile: „eine Rose blühet, weil sie blühet/ ohne Warum". Diese Antwort, so
Oshima, entspreche schon mehr der Intention des Zen. Das *Warum* wird
zurückgewiesen, allerdings noch nicht vollends, was am „weil" und an der
Betonung des „ohne Warum" ersichtlich wird. Diese Formulierung hält
deshalb den Geist noch in der Struktur des „Warum-Darum" gefangen. Die
trockene Antwort Johshus, „der Eichbaume im Vorgarten", überspringe die
Logik des Warum-Darum, sie zeige direkt auf die Lösung und kann einen
vorbereiteten Schüler in diese erwachen lassen.

---

[187] Anmerkung: Der Kinderbuchautor Janosch meinte kurz und bündig zum Theodizee-Problem: „Ein allwissender Gott erschafft den Menschen, von dem er
weiß, dass er sich nicht so betragen wird, wie er muss, schafft ihn aber doch
so und bestraft ihn danach entsetzlich... Ich meine, das ist an Unfug nicht zu
überbieten." Zit. nach Frankfurter Rundschau vom 24.9.2003.

[188] Siehe Kutschera, Franz von: Vernunft und Glaube. Berlin 1990.

[189] Zit. nach Oshima, Yoshiko: Zen – anders denken. Heidelberg 1985, S. 36.

Wir haben es hier, wie bei Gundert, mit einer Drei-Schritt-Dialektik zu tun, mit der, allgemein formuliert, der „unmöglichen" Warum-Frage der Garaus gemacht werden soll: 1. Schritt: Warum ist etwas so und so? Antwort: Darum. 2. Schritt: Warum „darum"? Antwort: Ohne darum. 3. Schritt: Warum „ohne darum"? Antwort: – . Der Strich soll nach Oshima bedeuten, *realisiere* die Einheit zwischen dem Menschen, der Rose und dem Vorgarten, dass *ist* die Antwort. Auch Oshima glaubt, wie Gundert, bei der Lösung eines Koans müsse die Logik überschritten werden, hier die Logik des Warum-Darum, um die richtige Antwort zu finden.

Wäre aber die Realisierung der Einheit zwischen dem Schüler und der Rose im Vorgarten, was immer man sich unter einer solchen Einheit vorstellen mag, tatsächlich eine Antwort auf die Frage? Wäre die Erfahrung der Nicht-Getrenntheit des Beobachters von dem Beobachteten eine Antwort auf die Frage, warum er getrennt war, wenn er es nach der Theorie gar nicht sein kann? Warum er sich abmühen muss, etwas zu erreichen, was er, nach der Theorie, schon haben soll? Wir meinen, auch bei dieser intellektuellen Interpretation wurde der Witz des Koans übersehen: Es geht bei Koans nicht um eine Antwort auf die Frage, in welcher Form auch immer, es geht um die Nährung eines psychischen Konflikts.

Manchmal erscheint die Antwort wie eine Bestätigung der einer Schule zugrunde liegenden Philosophie. Manchmal bewirkt ein Durchbruch, dass die Frage als obsolet erscheint, aber immer wirkt der Durchbruch psychisch befreiend. Yüan-wu hätte zur Interpretation Oshimas wohl gesagt: das Warum-Darum hat mit der Sache nichts zu tun.

Dogen soll die Antwort auf sein Grundproblem, warum üben, wenn man schon erleuchtet ist, bei seinem Erleuchtungserlebnis aufgegangen sein. Es wurde durch die Worte seines Meisters ausgelöst, „lass Körper und Geist fallen!" Nach Arifuku lautete die Antwort Dogens: „Wenn man sich die Wahrheit nur durch das natürlich-instinktive Leben aneignen könnte, ohne sich einzuüben, würde man wohl freiwillig keine strenge Übung auf sich nehmen."[190] Eine enttäuschende Antwort, denn sie ist nur eine Variation der Frage: Warum muss man die Wahrheit einüben, warum lebt man nicht von Anfang an in ihr?

Auf die Theodizee-Frage haben letztlich nur Atheisten eine plausible Antwort: Die Frage ist obsolet, weil es keinen Schöpfergott gibt, genauso wenig wie eine Buddhanatur. Loy gibt zu, dass auf die buddhistische Variante des Theodizee-Problems, die Frage nach dem „Ursprung der Täu-

---

[190] Arifuku, Kogaku: Deutsche Philosophie und Zen-Buddhismus: komparative Studien. Berlin 1999, S. 29.

schung", der Verunreinigung der ursprünglichen Buddhanatur, „die nicht-
dualistischen Traditionen [...] keine endgültige Antwort [geben], vermutlich
deshalb, weil man eine solche Antwort nicht geben kann".[191] Für jemanden,
der uns Traditionen anpreist, in denen die wahre Natur und Struktur der
Wirklichkeit erkannt worden sein soll, ein eigenartiges Eingeständnis.

Zusammenfassung

Das Thema dieses Kapitels war der Erkenntnisanspruch, der epistemische
Wert, des Zen. Was wir über seine „Erkenntnistheorie" und den Erkenntniswert seiner so genannten Erleuchtung ausführten, gilt in den Grundzügen
wahrscheinlich für jede Mystik, denn jede Mystik ist Vereinigungsmystik.
Die verschiedenen Mystiken unterscheiden sich bezüglich der Objekte, mit
denen die Vereinigung angestrebt wird, und durch die Methoden, mit denen sie erreicht werden soll, aber in jeder wird Vereinigung gesucht, ob
eine kontemplative oder ekstatische. Jede praktizierte Mystik ist natürlich
auch Erlebnismystik, im Unterschied zu rein philosophisch-theologischer
mystischer Spekulation.

Der nicht unbescheidene Erkenntnisanspruch des Zen lautet: Mittels Za-
zen ist es möglich, die wahre Natur des Seins zu erkennen. Der inhaltliche
Kern dieser Erkenntnis, die wahre Natur des Seins, wird in der mystischen
Literatur auf die zwei Formeln „Alles ist Eins" und „Alles ist Geist/Gott"
gebracht. In der Zen-Literatur wird für letztere Formel meist der Ausdruck
„Alles ist Buddha-Natur" verwandt. Diese zwei Behauptungen, „Alles ist
Eins" und „Alles ist Geist", gehören zu den Kernaussagen jeder Mystik.
Spezifisch für die Zen-Mystik, wie für den ganzen Mahayana-Buddhismus,
ist die zusätzliche Behauptung, alles sei leer.

Als sozusagen methodische Behauptung der Mystik können wir die
Überzeugung betrachten, die genannten Erkenntnisse könnten nur direkt,
ohne vermittelnde Medien, erfahren werden. Der Mystiker glaubt, wenn
er die Welt wie ein nichtbegriffliches Wesen erlebt, ohne ein vermittelndes
Zeichen, erlebt er sie, wie sie wirklich ist.

Wissen wir aber nun, nachdem wir verhältnismäßig detailreich die
Erkenntnis-Behauptungen der Mystik diskutiert haben, was mit ihnen gemeint ist? Ahnen wir zumindest, was das Alles-ist-Eins bedeuten könnte,
warum wir es als ein Versprechen verstehen dürfen und die unterscheidende Sicht Schuld an allen Übeln der Welt sein soll? Wissen wir, wie wir ohne

---

[191]   Loy, David: Nondualität, S. 217.

Medien, ohne Sprache, Zeichen, Symbole, überhaupt erkennen können? Hat sich der Eindruck der Vagheit und Ungereimtheit, der allen Aussagen dieser Philosophie, Theorie, Weltanschauung (wie immer wir sie nennen wollen) anhaftet, zerstreut?

Dass wir in der Zen-Literatur nie erfahren, was Zen unter Erkenntnis und Wissen eigentlich versteht, erleichterte unsere Diskussion natürlich nicht, genau so wenig wie wir erfahren haben, was im Zen unter Wahrheit verstanden wird, obwohl dieser Begriff auf inflationäre Weise in seinen Texten gebraucht wird.

Drei Möglichkeiten sahen wir, warum und wie das Denken die Erkenntnis der wirklichen Wirklichkeit verhindern soll. Weil das Denken a) unterscheidend ist und deshalb zu falschen Theorien über die Wirklichkeit führt, b) weil es einen Schleier zwischen dem Erkennenden und der Wirklichkeit webt, c) weil es die an sich fließende Wirklichkeit verfestigt erscheinen lässt. Keine dieser Möglichkeiten erschien plausibel.

Wir stellten des Weiteren fest, dass sich die Zen-Philosophie völlig darüber ausschweigt, woher das Denken die ungeheuere Macht haben soll, eine der angeführten Täuschungsmöglichkeiten zu realisieren.

Unverständlich blieb auch, wie Erkenntnis in der *nichtdualen* Wirklichkeit, in einer ohne „verzerrende" Medien, möglich sein soll. Wir stellten fest, dass die Auffassung, wahre Erkenntnis sei nur ohne Medien möglich, die notwendige Etwas-als-etwas-Struktur jeder Erkenntnis völlig übersieht. Erkenntnis, so unsere Auffassung, sei zwar nicht an Wortsprache gebunden, aber an irgendwelche Vermittler (Medien) in Form von Zeichen, Symbolen oder Vorstellungen. Die Vorstellung eines zeichenlosen Wissens verkennt auch die nicht hintergehbare soziale Grundierung jeder Erkenntnis. Wir kamen deshalb zu dem Schluss, eine absolut „sprachlose" Mystik würde keine Erkenntnis, kein Wissen, sondern die Elimination jeglichen Wissens bedeuten.

Da die negativen Begriffe der Alles-ist-Eins-Philosophien, Unterscheidung, Dualität, Getrenntheit nebulös blieben, blieb es auch der positive Begriff der Nondualität. Wir erfuhren nie genau, was mit dem zentralen Wort vom Unterschied genau gemeint ist, ob Unterschiede der Form und/ oder des Stoffes, räumliche und/oder zeitliche Trennungen, Gegensätze, Widersprüche oder irgendwie alle diese Möglichkeiten.

Die starke Version der Nondualität, alles was ist sei unterschiedslos ein- und dasselbe, schieden wir als ernsthafte Möglichkeit aus. Gegen sie spricht unsere plurale Wirklichkeitserfahrung, wie real oder phänomenal sie auch sein sollte. Die starke Version würde letztlich auf ein totes Universum hinauslaufen.

Dass in den Non-Dualitäts-Philosophien zwischen *Unterschied* und *Getrenntheit* nicht differenziert wird, verdunkelte besonders die nonduale Sicht der Subjekt-Objekt-Beziehung. Es macht ja einen Unterschied, ob sich zwei Dinge nicht unterscheiden, oder ob sie nicht getrennt sind. Plausibler klang eine schwache Version der Unterschiedslosigkeit. Nach ihr gibt es keine Trennung, alle „Dinge" sind irgendwie untrennbar miteinander verbunden und nur dichtere und temporäre Aggregatszustände eines fließenden Geiststoffes. In diesem Fall hätten wir es, streng genommen, wieder mit Unterschieden zu tun, wenn auch mit schwächeren, da sie nur durch verschiedene Aggregatszustände des einen Stoffes bewirkt werden. Allerdings bliebe dann unverständlich, warum all die anderen Unterscheidungen, welche in der Zen-Literatur genannt werden, nicht existieren sollen, wie Leben und Tod, Gut und Böse etc.

Wir wiesen darauf hin, dass auch ein Materialist keine absolute Trennung zwischen Erkennendem und Erkanntem behaupten muss, ebenso nicht, dass ewige, unzerstörbare Subjekte oder sonstige Entitäten existieren. *So gesehen* relativierten sich die Unterschiede zwischen zen-buddhistischen Idealismus und Materialismus. Dass sich diese Unterschiede noch wesentlich mehr relativieren, werden wir in Kapitel V zeigen.

Für uns bilden die Ausführungen der Zen-Philosophie eine Mischung aus unplausiblen Behauptungen (das Denken verändere die Wirklichkeit), unbegründeten Annahmen (alles sei Geist) und einer unauflösbaren Kette von Widersprüchen, die sich um die These der Non-Dualität schlingen. Widersprüche, die nicht den Eindruck erwecken, als könnten sie sich durch eine Erfahrung als obsolet erweisen, als wären sie nur ein Schein, der selbst durch den Schein der Pluralität erzeugt wurde. Umgekehrt wird ein Schuh daraus: Weil die Welt plural ist, geht der Versuch, Unterschiede weg zu philosophieren, nicht auf. Trotz zahlloser Bestimmungen des Untersuchungsgegenstands bleibt er im Dunkeln, sowohl in seiner negativen dualistischen Gestalt, wie in seiner positiven nondualistischen.

Die Immunisierungsstrategie des Zen gegenüber allen Arten von Ungereimtheiten lautet gewöhnlich, die Wahrheit entziehe sich der Worte und der Logik, Schweigen sei die einzige Möglichkeit, um sie zu verstehen. Aber unserer Ansicht nach werden in der Nondualitäts-Philosophie Behauptungen aufgestellt, die sich durchaus nicht der Logik entziehen müssten, die durchaus verstehbar sein könnten. Fragen wir zum letzten Mal: Was würde es heißen, mit einer Milchtüte oder Blume eins zu sein? Was würde ein göttlicher Beobachter sehen, wenn er einen nondualistisch wahrnehmenden Zen-Meister bei der Wahrnehmung einer Blume beobachtet? Würde er einen fließenden Menschen sehen, der mit einer fließenden Blume ineinander fließt? Würde er weder einen Menschen noch eine Blume sehen, sondern nur ein Sehen sehen, weil es Menschen und Blume irgendwie nicht mehr gibt? Oder würde unser externer Beobachter einen Menschen sehen, dem es so *scheint,* als sei er mit der Blume verbunden oder gar eins mit ihr. Wir wollen unsere Vermutung, was er sehen würde, beiseite lassen, aber es scheint uns nicht menschenunmöglich, dass uns der Nondualist erklärt, was er mit seiner Beschwörung des Einsseins meint, d.h. was ein göttlicher Beobachter gegebenenfalls erblicken würde.

Einen Grundfehler der Mystik sehen wir in dem naiven Schluss von psychischen Erlebnissen auf ontologische Verhältnisse. Salopp gesagt, Gehirnereignisse werden schnurstracks als Realität behauptet. Einheits-Erfahrungen sind der Mystik Ausdruck realer Einheitsverhältnisse, der wirklichen Natur des Universums. Wir machten diesen Fehlschluss u.a. an der „Einheitserfahrung" Musik-Hören deutlich.

Einen weiteren schwerwiegenden Fehler der mystischen Philosophie sehen wir in ihrem Hang zur Totalisierung. Er trägt ihr zwar den Nimbus der Radikalität ein, sie bezahlt ihn aber nicht nur mit theoretischen Ungereimtheiten, sondern auch mit praktischen, mit solchen auf der Handlungsebene. Behauptungen wie „Alles ist Eins", negativ formuliert, „es gibt keine Unterschiede", geraten, weil sie totalisieren, in einen unvermeidlichen logischen Widerspruch. Wer das „Alles ist Eins" als differenzlose Identität, als „es gibt keine Unterschiede" behauptet, hat sich schon einen Widerspruch eingehandelt. „Es gibt keine Unterschiede" besteht aus vier unterschiedlichen Wörtern. Die Feststellung der Unterschiedslosigkeit ist also ein unterscheiden, das sich schon durch seine Feststellung widerlegt.

Wer den (zen-)buddhistischen Rat, an nichts zu haften, konsequent befolgen will, muss sich irgendwann fragen, ob er nicht an dem Rat haftet. Der Rat muss also mindestens eine Ausnahme zulassen, warum aber dann nicht mehr? Das macht deutlich, dass diese und ähnliche Direktiven wegen ihrer Verallgemeinerung, in den wenigsten Fällen hilfreich sind.

Unsere Kritik bedeutet letztendlich: Wir sprechen der Mystik, gleichgültig welcher Provenienz, jeden Erkenntniswert über die Wirklichkeit „da draußen" ab, wir meinen, durch sie erfahren wir nichts über „Gott und die Welt".

Wenn unsere Kritik zutrifft, stellt sich die Frage, was es mit den mystischen Erfahrungen eigentlich auf sich hat, die ja in den verschiedensten

Kulturen seit Jahrtausenden gemacht werden. Was für ein Geheimnis verbergen sie, wenn sie denn eines verbergen? Diese Frage versuchen wir im IV. Kapitel zu beantworten.

Es bleiben auch noch erkenntnistheoretische Fragen zu beantworten: Wir haben bisher nur festgestellt, die Welt kann, je nach den Mitteln und Methoden, verschieden erfahren werden. Mystische Techniken, Drogen, alle möglichen Arten von Tranceinduktionen ziehen die unterschiedlichsten „Wirklichkeiten" nach sich. Damit ist aber noch nichts darüber entschieden, welche Wahrnehmung oder Trancewirklichkeit die richtige ist oder die richtige zeigt.

Wie stellen wir fest, welche Erfahrungen und Erkenntnisse wahr sind, d.h. der Wirklichkeit entsprechen? Gibt es so viele Wirklichkeiten wie es Erfahrungen gibt? Oder haben wir es einfach mit einer unentscheidbaren Erkenntnis-Patt-Situation zu tun? Diesen Fragen wollen wir im V. Kapitel nachgehen, im folgendem wollen wir uns ansehen, wie es Zen mit der Moral hält, wie konkretes moralisches Handeln sogenannter Zen-Meister aussehen kann.

III. Die Moral
oder warum Zen nicht vor dem
Faschismus gefeit war

„Gewinn und Verlust, Recht und Unrecht – weg
mit ihnen ein für alle Mal."[192]

Sosan Ganchi Zenji (510-606)

„Wollt ihr den Buddha-WEG betreten, so
urteilt nicht aufgrund von Unterscheidungen
zwischen Gut und Böse, und pflegt euer körper-
liches und seelisches Wohlergehen nicht zu
sehr; folgt den mündlichen Lehren und den
Handlungsanweisungen des Buddhas und
Dharmavorfahren und denkt nicht über Gut und
Böse nach."[193]

Eihei Dogen (1200-1253)

„Alle Maschinen werden mit Schrauben
zusammengebaut, die Rechtsgewinde haben.
Rechtsgerichtetheit zeigt an, daß etwas entsteht,
während Linksgerichtetheit Zerstörung anzeigt."[194]

Zen-Meister Hakuun Yasutani
(1885-1973)

---

[192] Zit. nach Shoshanna, Brenda: Zen und die Kunst sich zu verlieben. Frankfurt
2005, S. 116.
[193] Dogen, Eihei: Shobogenzo Zuimonki. Zürich 1992, S. 72.
[194] Zit. nach Victoria, Brian A.: Zen, Nationalismus und Krieg: eine unheimliche
Allianz. Berlin 1999, S. 9.

Die moralischen Gebote des Zen

Zur Zeit der weltweiten Studentenunruhen, Mitte der 60er Jahre des vergangenen Jahrhunderts, vermutete der Rinzai Meister Zenkei Shibayana, eine der Ursachen für die „Erschütterung und Wehen" dieser Zeit sei, dass „wir Menschen nicht über genügend geistige und ethische Werte verfügen, um den neuen Gegebenheiten zu begegnen". Und er bietet der Menschheit Zen an, da es über „eine einzigartige geistige Kultur, in hohem Maße geläutert durch seine lange Geschichte und Tradition", aufweise. Zen besitze, „allgemeingültige und grundlegende Werte [...], so dass es zur Schaffung einer neuen geistigen Kultur in unserer Zeit beitragen kann".[195]

Zen ist eine Religion, eine Philosophie und vor allem eine Lebensform. Mit Zen als Lebensform meinen wir ein Leben, welches sich auf den Geist des Zen gründet, und vor allem aus der Praxis des Zazen speist. Wer sein Leben auf Zen gründet, reagiert aber nicht unbedingt anders auf das, was das Schicksal an ihn heranträgt, als ein „gewöhnlicher" Mensch. Jemand, der die Lebensform Zen wählte, sollte aber zumindest versuchen, bestimmte Reaktionsweisen des „gewöhnlichen" Menschen zu vermeiden. Er sollte versuchen, sein Handeln nicht von den „Geistesgiften" Gier und Hass bestimmen zu lassen und nicht gegen die elementaren (zen-)buddhistischen Regeln verstoßen.

Zen-Texte erwecken oft den Eindruck, für einen so genannten Meister oder einen Erleuchteten sei ein Leben entsprechend der Zen-Regeln so selbstverständlich wie das Ein- und Ausatmen. Deshalb erwartet der Außenstehende, dass ein Mensch mit einem solchen Rang höchstens „lässliche Sünden" begeht, dass ihm nur menschlich-allzumenschliche Fehltritte unterlaufen.

Die ausgezeichnete Grundlage der Lebensform Zen ist selbstverständlich Zazen, das Sitzen mit verschränkten Beinen. Der kategorische Imperativ des Zen lautet: Sitze so oft wie möglich, und sei bei allem, was du tust, sorgfältig und achtsam. In einer Zen-Geschichte antwortet ein Meister auf die Frage, was die drei höchsten Lehren des Zen seien: „Achtsamkeit! Achtsamkeit! Achtsamkeit!". Der Rest, so muss man diese und ähnliche Äußerungen wohl verstehen, ergibt sich von selbst. Dass Achtsamkeit und Sorgfalt allein nicht genügen können, um richtig zu Handeln, liegt auf der Hand: Wir können ganz achtsam und sorgfältig die allergrößten Fehler begehen, einfach, weil uns nicht genügend Informationen über einen Sachverhalt vorliegen. Vor allem ist es einsichtig, dass Achtsamkeit nicht ausreicht,

---

[195] Shibayama, Zenkei Roshi: Zen in Gleichnis und Bild, S. 7.

um moralisch richtig zu handeln, denn auch Waffenproduzenten, Folterer und KZ-Kommandanten können ihr Handwerk achtsam ausüben. Moralische Normen entwickeln sich, wie andere Normen auch, überall, wo Menschen in Gemeinschaften leben und meist werden diese Normen ohne großes Hinterfragen angewandt. In vielen Fällen verhalten wir uns unbewusst einer moralischen Norm entsprechend, wie beispielsweise der Norm, anderen zu helfen, und sei es nur, wenn wir einem Ortsfremden Auskunft geben. Erst wenn alte Normen (neue) Probleme nicht mehr zufrieden stellend lösen können, wird über sie nachgedacht, werden sie möglicherweise geändert oder ergänzt.

Moral ist der Inbegriff der einer Gesellschaft zugrunde liegenden, als verbindlich akzeptierten ethisch-sittlichen Normen des Handelns. Sie fußt auf der Unterscheidung zwischen guten und bösen Absichten oder Handlungen. Das moralische Gegensatzpaar heißt gut und böse, nicht gut und schlecht. *Böse* meint ein Verhalten, bei dem wir anderen *willentlich* Schaden zu fügen, oder ihnen in einer Notsituation unsere Hilfe verweigern. Rauchen ist *schlecht* für die Gesundheit, aber nicht *böse*, außer wir rauchen in der Gegenwart von Nichtrauchern gegen deren ausdrücklichen Wunsch.

Über die moralischen Normen, die Frage, welche Handlungen moralisch gut bzw. schlecht sind, herrscht unter den Menschen weitgehend Einigkeit, so werden in allen Kulturen morden, lügen, stehlen, das Unterlassen von Hilfeleistungen oder das nicht Einhalten von Versprechungen als moralisch verwerflich angesehen. Uneinigkeit herrscht vor allem darüber, wie moralische Normen zu begründen sind.

Schon der Buddhismus hatte Schwierigkeiten, seine Ethik zu plausibilisieren, denn wenn „kein Ich bzw. kein identisches Handlungssubjekt existiert", wie soll dann „Verantwortbarkeit und Vergeltung überhaupt möglich" sein? „[U]nd in der Tat war diese Frage auch schon innerhalb des frühen Buddhismus umstritten."[196] Ungeachtet dieser Schwierigkeiten formulierte Buddha eine tiefgreifende Ethik des Mitleids, in welche er auch nichtmenschliche Lebewesen mit einbezog.

Zen ist für Kogaku Arifuku „weder gut noch böse. Trotzdem lehrt der Buddhismus keinen Amoralismus."[197] Die moralischen Gebote scheinen im Zen aber nur für die noch nicht Erleuchteten gedacht, die Meister scheinen sie nicht zu benötigen, denn nur so ergibt die wiederholte Versicherung Sinn, der „Erleuchtete" komme ohne einen Wertekanon aus.[198] Die Vor-

[196] Paul, Gregor: Philosophie in Japan, S. 73.
[197] Arifuku, Kogaku: Deutsche Philosophie und Zen-Buddhismus, S. 68.
[198] Siehe z.B. Kapleau, Philip: Die drei Pfeiler des Zen, S. 7.

stellung ist wohl, dass ein Erleuchteter intuitiv moralisch richtig handelt. In diesem Sinne auch Sargent: „[M]an nahm an, wie Dogen ausdrücklich erklärte, dass die Praxis des Zazen automatisch zu einem Leben in Einklang mit buddhistischen Prinzipien führt, wie sie in den Geboten verkörpert sind."[199] Das nahm man vielleicht deshalb an, weil man glaubte, nicht nur die Buddha-Natur, „sondern alle möglichen Begriffe bzw. Themen nur durch *prajna* (Weisheit), als kosmisches intuitives Wissen, eingesehen und realisiert werden".[200] Das rationale Denken soll es nur aufgrund des intuitiven Wissens geben. Das Ziel der Übung sei deshalb intuitives Handeln, das nur als selbstvergessenes möglich sei.[201]

Allerdings gibt es im Zen moralische Gebote ähnlichen Inhalts wie die Zehn Gebote des Alten Testaments. Die moralischen Gebote wurden von der „Mutter", dem Buddhismus, adaptiert, hängen im Zen aber in der Luft, da es ja den Dualismus von Gut und Böse als Illusion betrachtet. Die zeitgenössische amerikanische Soto-Zen-Priesterin Jiho Sargent, die in einem Tempel in Tokio arbeitet, meint, „im japanischen Buddhismus spielen buddhistische Gebote im Allgemeinen keine Rolle. ... Ja, manche japanische Buddhismusschulen haben die Gebote überhaupt abgeschafft."[202] Im Zen geschah das nicht, ein neuer Zen-Schüler erhält „sechzehn Gebote, wobei er gelobt, sein Leben nach diesen Geboten auszurichten. Diese sechzehn Gebote bilden drei Gruppen: Drei Zufluchten, Drei Reine Gebote und Zehn Große Verbote."[203] Bei der 1. Gruppe handelt es sich nicht eigentlich um Gebote, sondern um die bekannten Zufluchtsformeln, die eine Verpflichtungserklärung darstellen:

„Ich nehme Zuflucht zum Buddha (oder: Mein Leben ist im Buddha begründet). Ich nehme Zuflucht im Dharma – den buddhistischen Lehren (oder: Mein Leben ist im Dharma begründet).

Ich nehme Zuflucht im Sangha – bei denen, die dem Buddha folgen (oder: Mein Leben ist im Sangha begründet).

Die zweite Gruppe, die Drei Reinen Gebote, formulieren die buddhistischen Prinzipien in ihrer allgemeinen Form:

Sich dessen enthalten, was das Böse fördert.

Tun, was das Gute fördert.

---

[199] Sargent, Jiho: Zen – Was ist das? Frankfurt 2004, S. 212.
[200] Arifuku, Kogaku: Deutsche Philosophie und Zen-Buddhismus, S. 31.
[201] Siehe ebenda.
[202] Sargent, Jiho: Zen – Was ist das? S. 207.
[203] Ebenda.

So handeln, dass andere einen Nutzen haben.

Die Zehn Großen Gebote sind speziellere Methoden, den reinen Geboten zu folgen. ... Sie lauten:

Nicht töten

Nicht stehlen

Sich keinem unrechtmäßigen sexuellen Treiben hingeben

Nicht lügen

Nicht zum Gebrauch von Rauschmitteln verleiten

Nicht übel von anderen sprechen

Sich nicht selbst loben und nicht zu stolz sein, andere zu loben

Nicht entweder den Dharma oder den Besitz begehren

Nicht dem Zorn nachgeben

Nicht die 'drei Kostbarkeiten' schmähen – den Buddha, den Dharma und den Sangha."[204]

Das moralische Versagen des Zen im Faschismus

Dass Meisterschaft kein moralisches Handeln garantiert, zeigt auf bestürzende Weise die Untersuchung des Soto-Priesters Brian Victoria. Er recherchierte die Umtriebe der japanischen Buddhisten, insbesondere der Zen-Schulen, in der Zeit des Faschismus. Sein Buch *Zen, Nationalismus und Krieg* zerstört gründlich die Illusion, Zen, gar das bloße Sitzen allein, biete irgendeinen Schutz vor moralischer Verkommenheit, vor politischem Fanatismus und den damit einhergehenden Gräueltaten.

Die Zen-Buddhisten haben sich nicht nur aus politischer Naivität von der politischen Macht missbrauchen lassen, sie drängten sich ihr vielmehr auf. Sie unterstützten mit Worten und Taten den faschistischen Expansionskrieg Japans und legitimierten den millionenfachen Mord an Nichtjapanern. Der Wahrheit und Vollständigkeit halber muss gesagt werden: Alle japanischen buddhistischen Schulen identifizierten sich mit der nationalistisch-faschistischen Ideologie, versuchten sie sogar mit der buddhistischen Lehre zu untermauern. Um ihrer nationalistischen Gesinnung Ausdruck zu verleihen gingen die buddhistischen Klöster so weit, die zentrale Buddha-

---

[204] Ebenda, S. 208.

Statue durch eine des Kaisers zu ersetzen. (Man stelle sich vor, in den Kirchen Deutschlands wäre das Altarkreuz durch ein Bild Hitlers ersetzt worden.) Im Folgenden nur wenige Beispiele für die Verirrungen „erleuchteter" und „vollerleuchteter" Meister.

Kodo Sawaki (1880-1965) genießt noch heute in Zen-Kreisen besondere Verehrung. Er gilt in Japan als der „letzte wahre Zen-Mönch". Kodo schwärmt in seinen *Erinnerungen* über seine Aktivitäten im russisch-japanischen Krieg (1904-1905), wie sehr ihm als junger Mann von 24 Jahren das Töten Spaß gemacht habe: „Meine Kameraden und ich konnten gar nicht genug davon bekommen, Menschen zu töten. In der Schlacht am Baolisi-Tempel jagte ich unsere Feinde in ein Loch, wodurch ich sie sehr gut nacheinander erledigen konnte. Deshalb veranlasste mein Kompaniechef die Ausstellung eines Empfehlungsschreibens für mich, das ich aber nie erhalten habe."[205] Zu dieser Zeit war Kodo schon acht Jahre Zen-Mönch. Das Tötungsverbot wird als erstes der Zehn Großen Gebote aufgeführt, kein anderes Gebot drückt die Mitleidsethik des Buddha stärker aus, keines ist buddhistischer. Kodo Sawaki versuchte später, das Töten mit der zenbuddhistischen Idee vom „Übersteigen der Gegensätze" zu legitimieren, und das Verbot des Tötens sogar in ein Gebot umzudeuten.

Wie meisterlich er es verstand, die Lehre vom „Übersteigen der Gegensätze" oder ihr „Zusammenfallen auf einer höheren Ebene" zu handhaben, zeigt sein Artikel „Über die wahre Bedeutung der Zen-Gebote", den er 1942 für das buddhistische Magazin *Daihorin* schrieb: „Im *Lotos* – Sutra heißt es: 'Die Drei Welten [der Begierde, der Form und der Formlosigkeit] sind meine Existenz, und alle fühlenden Wesen darin sind meine Kinder.' Aus dieser Perspektive betrachtet sind alle Wesen, die existieren, ob Freunde oder Feinde, meine Kinder. Höhergestellte Offiziere sind ebenso ein Teil meiner Existenz wie ihre Untergebenen. Das gleiche gilt auch für Japan und die ganze Welt. Deshalb ist es gerecht, diejenigen zu bestrafen, die die öffentliche Ordnung stören. Ob man tötet oder nicht tötet, die Regel, die das Töten verbietet [wird erfüllt]. Die Regel, die das Töten verbietet, ist es, die das Schwert führt. Es ist diese Regel, die die Bombe wirft. Studiert also diese Regeln, und setzt sie in die Tat um."[206]

Victoria kommentiert: „Die Idee, die Kodo hier formuliert, nämlich dass Töten und Bombenwerfen unabhängig vom Willen des Individuums geschehen, wurde unter den Zen-Anhängern sehr populär. Wenn Gewaltta-

---

[205] Victoria, Brian A.: Zen, Nationalismus und Krieg: eine unheimliche Allianz. Berlin 1999, S. 58.
[206] Ebenda, S. 62.

ten unabhängig vom menschlichen Willen ausgeführt werden, können die Einzelnen hinsichtlich dessen natürlich keine Wahlmöglichkeit und Verantwortung haben. Man kann wohl mit Recht sagen, dass Zen in diesem Fall wahrhaft 'den Verstand transzendiert'."[207] Dass Kodo mit den zitierten Zeilen die Idee formulierte, unabhängig vom menschlichen Willen würden Gewalttaten geschehen, ist uns nicht ganz einsichtig. Auf jeden Fall aber transzendieren die Behauptungen unseren Verstand, „ob man tötet oder nicht tötet, die Regel, die das Töten verbietet [wird erfüllt]. Die Regel, die das Töten verbietet, ist es, die das Schwert führt. Es ist diese Regel, die die Bombe wirft."

Bringen wir die Argumentation Kodos auf den Punkt, um seine „Logik" zu verdeutlichen: Weil alle Wesen meine Kinder sind, ist es gerecht sie zu bestrafen. Und daraus folgt: Ob man tötet oder nicht tötet, das buddhistische Tötungsverbot wird eingehalten, auch wenn man Bomben wirft.

Kodo versteht die Lehre, dass das Selbst alles ist, eindeutig in dem größenwahninnigen Sinn, dass er, Kodo Sawaki, alles ist („Die Drei Welten sind meine Existenz, und alle fühlenden Wesen darin sind meine Kinder."). Unter dem psychopathologischen Blickwinkel, unter dem des Omnipotenzwahns, ist seine Argumentation „schlüssig": Kodo Sawaki ist der Große Geist, alle anderen, ob höhergestellte Offiziere, Untergebene, Japan, letztlich die ganze Welt, sind seine Kinder. Weil dem so ist, ist es gerecht, diejenigen zu bestrafen, die die öffentliche Ordnung stören, denn sie ist die Ordnung des Großen Geistes, der niemand geringerer als Kodo Sawaki selbst ist. Anders formuliert: Ich bin Gott, wehe ihr befolgt nicht meine Gebote! Vermutlich spricht auch aus ihm, wie aus so vielen Mystikern, das misshandelte Waisenkind, welches seine Verletzungen, vor allem seine Ohnmachtserfahrungen, durch Allmachtsphantasien linderte. Wir werden in Kapitel IV auf den Allmacht-Ohnmachtkomplex näher eingehen.

Auch die Unlogik der Vijnana-, der Alles-ist-Geist-Schule, wir haben sie im 2.Kapitel schon dargelegt, wird hier noch einmal deutlich: Wenn alles Geist ist und ich alles bin, was ist dann mit allen anderen Ichs? Wessen Kinder sind alle Wesen? Sind sie alle Kinder von Kodo Sawaki, vom Autor, vom Leser?

Mit der ihm eigenen Logik bewies Kodo in seinen kriegsbefürwortenden Äußerungen, dass schon Dogen (1200-1253) völlige Unterwerfung unter das kaiserlichen Militär gelehrt habe. Kodo schreibt: „Zen-Meister Dogen hat gesagt, wir sollten unser Selbst aufgeben. Er lehrte, dass wir uns still der Praxis des Selbstvergessens widmen sollten. Dogen hat dies in dem

---

[207] Ebenda.

Kapitel 'Leben und Tod' des Shobogenzo (Schatzkammer der Erkenntnis des Wahren Dharma) wie folgt ausgedrückt: 'Gib einfach Körper und Geist auf, und wirf dich in das Reich des Buddha. Dann wird dir der Buddha als Führer dienen. Wenn du der Anleitung, die du erhältst, folgst, wirst du dich von Leben und Tod befreien und ein Buddha werden, ohne dass du dich dazu körperlich oder geistig anzustrengen brauchst.'" Kodo interpretiert diese Worte so: „Anders ausgedrückt bedeutet dies, dass man die Befehle von Vorgesetzten ausführen muss, ganz gleich, was sie beinhalten mögen. Wer dies tut, wird augenblicklich zu einem getreuen Gefolgsmann des Kaisers und zu einem vollkommenen Soldaten."[208]

Kodo Sawaki, später Abt des Klosters Antaji, war wahrscheinlich der größte bekannt gewordene Wirrkopf der Zen-Geschichte. In seinen, meist mit einem aggressiven Unterton, verfassten Texten ließ er seinen „Intuitionen" und Gefühlen freien Lauf, und heraus kam meist eine Mischung aus Banalitäten und grobem Unsinn.

Ein „zeitgenössischer Gelehrter des Soto-Zen an der Komazawa-Universität", Hakamaya Noriaki, urteilte über Kodo Sawaki: „Wenn man Sawaki Kodos [Kriegs-]Ruf hört: 'Beschwört die Macht des Kaisers; beschwört die Macht des Banners der Streitkräfte', so läuft es einem kalt den Rücken hinunter. ... Sawaki war nicht nur kein Buddhist, sondern er hat die Waffen gegen [den Soto-Zen-Meister] Dogen selbst erhoben..."[209]

Nach dem Krieg versuchte Kodo Sawaki sich als jemand darzustellen, der über jeglichen Parteien steht, so sagte er zu den Unruhen der 60er Jahre: „Was gewöhnliche Menschen tun: betrachten wir den Feind, betrachten wir den Freund – alle irren sich. Gewinner oder Verlierer – egal, beide sind nur gewöhnliche Menschen. Betrachten wir die großen Unruhen: sie sind wirklich ganz erbärmlich – ganz normal ist das nicht! Die Hitzköpfe schwingen Messer und Pistolen."[210] Ist es nicht erbärmlich, dass einem Zen-Meister zu diesen globalen sozialen und politischen Unruhen nichts Besseres einfällt?

Kodo war natürlich nicht der einzige Zen-Meister, dem der faschistische Nationalismus zu Kopf gestiegen war und der mit der Lehre vom „Zusammenfall der Gegensätze" die buddhistische Mitgefühls-Ethik zur Rechfertigung von Krieg und Mord benutzte, oder sogar, wie Victoria meint, „als Manifestation [des] buddhistischen Mitgefühls" propagierte. Auch

---

[208] Zit. nach ebenda, S. 62f.

[209] Zit. nach ebenda, S. 244f.

[210] Zit. nach Zen-Informationen 60-61. Zeitschrift der Zen-Vereinigung Deutschland e.V. Berlin 1999, S. 7.

die Nicht-Ich-Lehre ließ sich für den Totalitarismus propagandistisch ummünzen. Sie „beinhaltete eine absolute und bedingungslose Unterwerfung unter den Willen und das Diktat des Kaisers; und der Zweck der Religion bestand darin, dem Staat zu dienen und alle Länder und Individuen zu strafen, die es wagten, sich den Expansionsgelüsten des japanischen Staates zu widersetzen".[211]

Der Oberstleutnant Sugimoto Goro, der lange Jahre Zen übte, formulierte in seinen Schriften noch deutlicher als Kodo Sawaki, was die Lehre vom Einssein und der Selbstlosigkeit, bedeutet: „Der Kaiser ist identisch mit der Großen [Sonnen-]Göttin Amaterasu. Er ist der höchste und einzige Gott des Weltalls, der höchste Herrscher des Universums. Die vielen Bestandteile [eines Landes] einschließlich solcher Dinge wie seiner Gesetze und seiner Verfassung, seiner Religion, seiner Ethik, seiner Gelehrsamkeit und seiner Kunst sind Mittel, die Einheit mit dem Kaiser zu fördern. Der wichtigste Zweck dieser Bestandteile ist demnach, das Gewahrsein der Nichtexistenz des Selbst und der absoluten Natur des Kaisers zu stärken. Da kein Selbst existiert, ist alles im Universum eine Manifestation des Kaisers ... sogar das Insekt, das in der Hecke zirpt, oder die sanfte Brise im Frühling. Hört auf mit solchen Narrheiten, wie Konfuzius zu respektieren, Christus zu verehren oder an Shakyamuni zu glauben! Glaubt an den Kaiser, die Verkörperung der Höchsten Wahrheit, den einen Gott des Universums! Verehrt den Kaiser für alle Ewigkeit! ... Ihr solltet nichts anstreben, sondern Körper und Geist einfach völlig aufgeben und mit dem Kaiser eins werden."[212]

Meister Harada Daiun Sogaku (1871-1961) gründete 1954 die Sanbo Kyodan-Schule,[213] die Elemente der zwei großen Zen-Schulen, Soto und Rinzai, verwendet. Sein berühmtester Schüler war Philip Kapleau, Autor des Zen-Standardwerkes *Die drei Pfeiler des Zen*. Kapleau pries seinen Lehrer Daiun wie folgt: „Er schmolz aber das Beste aus Soto und Rinzai zusammen, und das sich daraus ergebende Amalgam war ein pulsierender Buddhismus, der zu einer der großen Lehrrichtungen im heutigen Japan geworden ist. Er belebte aufgrund tiefgreifender Einsicht wahrscheinlich mehr als irgendein anderer die Lehren Dogen Zenjis neu, die allmählich durch das oberflächliche Verständnis von Priestern und Gelehrten der Soto-Sekte, in deren Händen ihre Auslegung bis dahin gelegen hatte, ihrer

---

[211] Victoria, Brian A.: Zen, Nationalismus und Krieg, S. 15

[212] Zit. nach ebenda, S. 170.

[213] Nach anderen Quellen war Hakuun Yasutani Roshi (1885-1973), Schüler von Harada, Gründer der Sanbo-Kyodan-Schule.

lebendigen Kraft entblößt worden waren. ... Wie alle Meister von hoher geistig-seelischer Entwicklung konnte er Charaktere schärfstens beurteilen. Ebenso schnell wie er Anmaßung und Heuchelei entdeckte, entlarvte er sie auch ...Von allen [Schülern] forderte er als ein *sine qua non* Aufrichtigkeit und absolutes Befolgen seiner Lehre und duldetet nicht die kleinste Abweichung davon. Flüchtige Beobachter hielten ihn oft für unbeugsam und eng, aber seine Anhänger und Schüler, die an seine Lehre glaubten, wussten, dass er weise und mitfühlend war."[214] Der Begründer des Zen-Zentrum in Los Angeles, Maezumi Hakuyu Taizan (1930-1995) urteilte über Daiun: „Daiun Harada Roshi war ein Zen-Meister von ungewöhnlicher Größe und Vollendung im Japan des 20. Jahrhunderts."[215]

Meister Harada Daiun Sogaku kreierte schon 1915, zum Zeitpunkt des japanischen Eintritts in den Ersten Weltkrieg, das Kriegs-Zen. In seinem Buch *Einführung in die Zen-Übung,* 1934, schrieb Daiun: „Der Geist Japans ist der Große Weg der [Shinto-]Götter. Er ist der Stoff des Universums, die Essenz der Wahrheit. Das japanische Volk ist ein auserwähltes Volk, dessen Mission es ist, die Welt zu beherrschen. Das Schwert, das tötet, ist auch das Schwert, das Leben schenkt. Äußerungen gegen den Krieg sind die dümmlichen Ansichten jener, die nur einen Aspekt der Dinge und nicht das Ganze zu sehen vermögen. Politische Entscheidungen, die auf der Grundlage einer Verfassung getroffen werden, sind voreilig; deshalb sollte während der nächsten zehn Jahre eine faschistische Politik verfolgt werden. ... Die heute übliche Erziehung bringt oberflächliche, kosmopolitisch denkende Menschen hervor. Alle Menschen dieses Landes sollten Zen üben. Das bedeutet, dass sie alle für den Großen Weg der Götter erwachen sollten. Dies ist Mahayana-Zen."[216]

In einem Artikel mit der Überschrift „Der eine Weg von Zen und Krieg", erschienen 1939, forderte er unmissverständlich: „[Wenn befohlen wird zu] marschieren: marsch, marsch; [oder zu] schießen: peng, peng. Dies ist die Manifestation der höchsten Weisheit [der Erleuchtung]. Die Einheit von Zen und Krieg, über die ich spreche, erstreckt sich bis in die entferntesten Bereiche des heiligen Krieges [der zur Zeit stattfindet]."[217] 1944, als eine Niederlage Japans nicht mehr auszuschließen war, „schrieb Daiun einen Artikel mit der Überschrift 'Seid bereit, ihr hundert Millionen [Untertanen], zu einem ehrenvollen Tod!'. Der Beitrag erschien im Juli in der Zeit-

---

[214] Zit. nach ebenda, S. 193f.
[215] Ebenda.
[216] Zit. nach ebenda, S. 195.
[217] Zit. nach ebenda, S. 196.

schrift *Daijo Zen:* Alle hundert Millionen Untertanen [des Kaisers] müssen bereit sein, in Ehren zu sterben. ... Wenn ihr dem Feind gegenübersteht, müsst ihr ihn töten; ihr müsst das Falsche zerstören und dem Echten Geltung verschaffen – dies sind die grundlegenden Lehren des Zen. Es heißt, wenn man jemanden töte, sei es geziemend, das Blut des Betreffenden zu sehen."[218]

Es wundert nicht mehr, dass Hitler klagen konnte: „Wir haben eben überhaupt das Unglück, eine falsche Religion zu besitzen. Warum haben wir nicht die der Japaner, die das Opfer für das Vaterland als das Höchste ansieht."[219] Und es wundert auch nicht, dass Rudolf Hess im japanischen Denken ein Vorbild für das deutsche sah: „Auch wir kämpfen, um den Individualismus zu vernichten. Wir kämpfen für ein neues Deutschland, das auf der neuen Idee des Totalitarismus aufgebaut ist. In Japan ist diese Art zu denken für das Volk völlig natürlich!"[220]

Die Zen-Meister befleißigten sich sogar des Antisemitismus, obwohl in Japan praktisch keine Juden lebten. Der Soto-Meister Yasutani Hakuun (1885-1973) schrieb 1943: „Wir müssen uns der Existenz der dämonischen Lehren der Juden bewusst sein, die behaupten, in der Welt der Phänomene gebe es Gleichheit, und die dadurch die öffentliche Ordnung in der Gesellschaft unserer Nation stören und die Kontrolle [der Regierung] zunichte machen. ... sie [die Juden] haben einen heimtückischen Plan entwickelt, um die ganze Welt unter ihre Kontrolle und Herrschaft zu bringen. Dies ist der eigentliche Grund für die großen Umwälzungen, die wir in unserer Zeit erleben. Es veranschaulicht in extremer Form, wie durch abergläubische Vorstellungen und tiefgründige Täuschungen Böses entstehen kann."[221].

Erwähnt sei noch die erstaunliche Wende des bekanntesten und erfolgreichsten Zen-Missionars im Westen, Daisetz Taitaro Suzuki (1870-1966), der mit 26 Jahren seine erste Erleuchtung erfahren haben soll. Obwohl er in seiner Jugend mit dem Sozialismus und Anarchismus sympathisierte, beteiligte er sich später, wie so viele Zen-Intellektuelle, eifrig an der faschistischen Ideologisierung des Zen-Buddhismus.

Sogar die Diskriminierung der Logik, wie sie sich ausdrücklich erst ab der Meji-Ära (1871) findet, scheint von nationalistischen Gefühlen motiviert gewesen zu sein. Nach Ursula Baatz versuchten die japanischen Buddhisten ab dieser Zeit den japanischen Buddhismus als den einzig wah-

---

[218] Zit. nach ebenda, S. 197.

[219] Zit. nach ebenda, S. 9.

[220] Zit. nach ebenda.

[221] Zit. nach ebenda, S. 164.

ren Buddhismus zu propagieren. Das größte Podium dazu bot ihnen das *Weltparlament der Religionen* 1893 in Chicago, an dem auch D.T. Suzuki teilnahm. [222]

Wie viele Deutsche rückten auch die Zen-Meister nach der Niederlage 1945 nur offiziell und halbherzig von ihren damaligen Positionen ab. Keiner wurde seines Postens enthoben, keine Kariere wurde behindert. Die Meister wurden Äbte, Universitätsprofessoren oder Universitätspräsidenten. Erst 1992 veröffentlichte die Soto-Schule eine „Reuebekundung", „in der sie sich für ihre Rolle während des Krieges entschuldigte".[223] Bis 1997, dem Erscheinungsjahr von *Zen, Nationalismus und Krieg*, gab es keine Entschuldigung der Rinzai-Schule. Victoria führt nur einen Fall an, in dem ein Zen-Priester aus Scham über sein Verhalten und das seiner Schule die Robe ablegte. Yanagida Seizan kommentierte seine Aufgabe der Priesterschaft 1955 mit den Worten: „Mir war klar, dass die Rinzai-Schule nicht in der Lage war, ihre Verantwortung [für den Krieg] zu akzeptieren. Es bestand keinerlei Hoffnung, dass sie ihre Kooperation mit den Kriegstreibern in irgendeiner Weise angemessen bereuen würde. ... Statt also von der Rinzai-Schule weiterhin etwas zu erwarten, wozu sie offensichtlich einfach nicht in der Lage war, beschloss ich, meine Priesterschaft aufzugeben und die Gemeinschaft zu verlassen. ... In meinen Augen sind die [Zen-]Roben ein Symbol der Verantwortung für den Krieg, des Gutheißens jener Gräueltaten. Ich beabsichtige nicht, sie jemals wieder zu tragen."[224]

Wir denken, diese wenigen Beispiele aus dem materialreichen Buch von Victoria genügen, um zu zeigen, dass ein so genannter Meister nicht zwangsläufig moralisch vorbildlich handeln muss und dass Meisterschaft keineswegs verhindert, größtmöglichen Unsinn abzusondern. Selbst eine jahrzehntelange Zen-Schulung scheint nicht zwangsläufig einen guten Charakter zu formen. Damit zeigen diese Beispiele auch, dass es nicht genügt täglich zu sitzen, um ein guter Mensch zu werden und ein glückliches Leben zu führen.

Gründe für das moralische Versagen des Zen

Für Kutschera ist die buddhistische Ethik „eine Ethik des Mitleids, der Solidarität mit allem Lebendigen, der Selbstlosigkeit und der Absage an

---

[222] Siehe Baatz, Ursula: Zen-Buddhismus im Westen. Samurai-Zen oder Graswurzel-Zen? Frankfurt 2001.

[223] Victoria, Brian A.: Zen, Nationalismus und Krieg, S. 216.

[224] Zit. nach ebenda, S. 232.

jede Form des Egoismus".[225] Nach Essler/Mamat gelten im Buddhismus Güte und Erbarmen als „die aufbauenden und zum Heilsamen führenden Gestaltungskräfte".[226]

Von einer Haltung des Mitleids, der Güte und des Erbarmens kann bei den zitierten Meistern nicht gesprochen werden. So erstaunen die Aggressivität und der Hass, die aus den Worten dieser Meister sprechen. Sie erinnern an die Borderline-Symptomatik der christlichen MystikerInnnen, die wir im IV. Kapitel näher betrachten werden. Man kann sich vorstellen, dass bei vielen narzisstischen Persönlichkeiten, der am Allmacht-Ohnmacht-Komplex Leidenden (zu denen Kodo Sawaki offensichtlich zu rechnen ist), dieses Leiden und der überdisziplinierte autoritäre klösterliche Alltag eine ungute Allianz eingingen. Die faschistische Ideologie bot ein willkommenes Ventil für die mit dem Narzissmus einhergehenden unterdrückten Aggressionen.

Es drängt sich die Frage auf, für was die „Erleuchtung" eigentlich gut sein soll, wenn sie vor keinem ethischen Fehlverhalten schützt? Waren diese Erleuchteten vielleicht gar keine wirklich Erleuchteten, oder ist es mit der Erleuchtung, salopp gesagt, nicht weit her? Was ist von einer Lehre und einer Tradition zu halten, die solche Entgleisungen hervorbrachte, obwohl dies, wenn die Lehre wahr ist, gar nicht möglich sein kann? Bei den zitierten Meistern handelte es sich durchweg um solche, die das „Siegel der Erleuchtung" trugen, manche galten sogar als „vollerleuchtet". Sie müssten „*prajna* (Weisheit) als kosmisches intuitives Wissen eingesehen und realisiert"[227] haben.

Der Einwand, alle Religionen und Ideologien hätten sich zeitweise verirrt, bei allen klaffte Theorie und Praxis in bestimmten Perioden ihrer Geschichte himmelweit auseinander, greift unseres Erachtens bei den Zen-Meistern nicht, genauso wenig wie er für die so genannten Heiligen irgendeiner Religion greifen würde. Diese Menschen sollen sich ja gerade dadurch auszeichnen, dass sie sich aus den Sümpfen, in denen die gewöhnlichen Menschen angeblich versunken sind, weitgehend herausgezogen haben. Wenn das den so genannten Heiligen, Meistern oder Gurus nicht gelungen ist, hat es keinen Sinn, sie als besondere Menschen, gar als Vorbilder, zu betrachten.

Entweder ist bei Zen etwas an der Lehre, der Praxis, oder an beidem falsch. Wenn die Anerkennung der Meisterschaft, die „Weitergabe der

---

[225] Kutschera, Franz von: Vernunft und Glaube. Berlin.1990, S. 181.

[226] Essler /Mamat: Die Philosophie des Buddhismus, S. 168.

[227] Arifuku, Kogaku: Deutsche Philosophie und Zen-Buddhismus, S. 31.

Leuchte", in der ersten Hälfte des 20. Jahrhunderts nicht mehr alten, vielleicht strengeren Maßstäben entsprach, fragt sich, warum *ausschließlich* Menschen als Meister anerkannt wurden, die es eigentlich nicht verdienten? Es hat sich kein einziger Meister gegen die Vereinnahmung des Zen durch den faschistischen Staat gewehrt; bis auf wenige Mönche versammelte sich das ganze buddhistische Lager hinter der kaiserlichen Kriegspolitik.

Der Zen-Priester Victoria formulierte das Thema seines Buches mit der Frage: „In welcher Beziehung steht ein Priester des Zen-Buddhismus zur Gesellschaft, zum Staat, zum Krieg, zur Politik und zu sozialen Aktivitäten, und wie *sollte* seine Beziehung zu alldem aussehen?"[228] Hintergrund dieser Frage war die 1970 an ihn erfolgte Aufforderung seines Meisters Niwa Rempo (1905-1993), sein Engagement in der japanischen Anti-Vietnamkriegs-Bewegung zu unterlassen, verbunden mit der Drohung, ihm seine Priesterschaft abzuerkennen. „Zen-Priester engagieren sich generell nicht für politische Ziele",[229] belehrte ihn Niwa. Angesichts der jüngsten Vergangenheit dieser Priester kann man dieses Verbot entweder als zynisch oder als eine Wiederbesinnung auf eine korrekte Haltung betrachten. Aber, so fragte sich Victoria, warum sollen sich Zen-Priester eigentlich nicht politisch engagieren, warum nicht gegen offensichtliche Ungerechtigkeit Einspruch erheben, zumindest solange sie das buddhistische Prinzip der Gewaltlosigkeit beachten?

Es ist offensichtlich, dass eine Praxis, die danach strebt, jenseits des „Staubs des Sozialen" zu gelangen, größte Schwierigkeiten haben muss, politische und moralische Positionen zu beziehen. Was sie allerdings, wie wir gesehen haben, ganz und gar nicht hinderte, extrem menschenverachtende zu propagieren. Es wäre allerdings naiv zu glauben, man könne sich völlig jenseits des Politischen und Sozialen bewegen, wie man das Verbot Niwas verstehen muss. Der Buddhismus hat sich in seiner Geschichte in vielfältiger Weise auf die Politik eingelassen. Anders wäre eine Institution dieser Größe innerhalb einer Gesellschaft auch nicht überlebensfähig. Ein solches Engagement entschuldigt jedoch nicht das Anzetteln von Kriegen, das aktive Mitmischen im politischen Intrigenspiel und die terroristische Ausübung von politischer Macht, wie durch die buddhistischen Klöster in der Kamakura- (13. Jahrhundert) und vor allem in der Ashigaka-Zeit (14. bis 16. Jahrhundert) geschehen.

Zen scheint in einer Zwickmühle zu stecken: Bezieht es eine politische Position, verletzt es den Anspruch, eine Lehre jenseits aller Dualitäten zu

---

[228] Victoria, Brian A.: Zen, Nationalismus und Krieg, S. 14.
[229] Ebenda.

sein. Bezieht es keine, muss es sich den Vorwurf der Naivität gefallen lassen. Konkret würde eine völlig apolitische Position bedeuten, alle Verstöße
einer Gesellschaft gegen die buddhistische Ethik zu dulden. Viel schwerer
aber wiegt: Die unklare Minimallehre des Zen kann, ins Politische ver-
längert, von Totalitarismen jeglicher Couleur missbraucht werden, da es
in dieser Lehre nichts gibt, was einer ideologischen Ausweitung Einhalt
gebieten könnte. Die Zen-Praxis, so meint sogar der zeitgenössische Meister Lutger Tenbreul, führe, auf das Politische übertragen, geradewegs zum
Faschismus.[230] Wenn dem so ist, stellt sich natürlich die Frage, ob mit einer
solchen Praxis vielleicht etwas Grundsätzliches nicht stimmt.

Die Organisation der Zen-Klöster, bis hinein in die Meister-Schüler-
Beziehung, war und ist ein Abbild der traditionellen Herrschafts-Unterwer-
fungsordnung der japanischen Gesellschaft. In dieser Parallelität sehen wir
den wichtigsten Grund für die moralischen Verwerfungen der Zen-Meister,
ihres „Flirts" mit dem Faschismus. Der Faschismus ist, genau wie der „Samurai-Geist", eine Ideologie der absoluten Unterwerfung, des absoluten
Gehorsams. Schon Dogen galt das soziale Organisationsprinzip der mittelalterlichen Gesellschaft, „absoluter Gehorsam nach oben, Fürsorgepflicht
der Oberen nach unten",[231] als selbstverständlich, und er übertrug dieses
Prinzip auf das Zen-Kloster.

Eine solche Struktur schafft das, was man einen autoritären Charakter
nennt, einen, der sich dadurch auszeichnet, dass er Befriedigung in erster
Linie im Unterwerfen oder in der Unterwerfung findet. Nach Erich Fromm
produziert die autoritäre Gesellschaftsstruktur „Bedürfnisse nach Gehorsam, Unterwerfung und Machtausübung etc." und gleichzeitig bindet sie
„das Individuum an Autoritäten und hierarchische Strukturen, die diese
Bedürfnisse befriedigen". Der autoritäre Charakter fügt sich in gesellschaftliche Hierarchien „kritiklos ein, weil er sich in der Identifikation mit
Machtträgern nicht länger mit seiner Nichtigkeit und Ohnmacht konfron-
tiert [sieht], sondern diese Gefühle kompensieren könne".[232]

Auf den Nutzen, den der Einzelne aus der völligen Unterwerfung unter
ein diktatorisches Regime ziehen kann, weist Horst-Eberhard Richter in
seinem *Gotteskomplex* hin: „Individuen" treten zwar „einen Teil ihrer egoistischen Ambitionen an das absolutistische Oberhaupt" ab, aber durch ihre

---

[230] Siehe Adam, Jochen: Ich und das Begehren in den Fluchten der Signifikanten.
       Oldenburg 2006, S. 310, Anm. 716.
[231] Siehe Geleitwort von Fumon S.Nakagawa zu Dogen, Eihei: Shobogenzo Zui-
       monki. Zürich 1992, S. 10.
[232] Wikipedia. Stichwort: Autoritärer Charakter.

Identifizierung mit ihm nehmen sie teil „an der tatsächlich gottähnlichen Omnipotenz des absolutistischen Herrschers".[233] Die völlige Unterwerfung unter den Willen des Herrschers erhöht nicht nur das sich unterwerfende Individuum, indem es sich als Teil des mächtigen Herrschers verstehen darf, es befreit auch in vielen Bereichen von der Last, eigene Entscheidungen treffen zu müssen. Kodo Sawaki begnügte sich allerdings nicht, wie die meisten Untertanen des Tenno, mit der der Teilhabe an dem „Körper" des Gott-Kaisers, er selbst fantasierte sich in diese Position.

Der Anspruch auf totale Herrschaft fällt in der Regel auf fruchtbaren psychischen Boden, denn in der bisherigen Menschheitsgeschichte erlebten die meisten Heranwachsenden ihre Sozialisation als eine Unterwerfungsdressur unter den Willen der Erwachsenen. Nach Wilhelm Reich reproduziert die Familie das autoritäre Gesellschaftssystem, geht es in ihr um die „Herstellung des an die autoritäre Ordnung angepassten, trotz Not und Erniedrigung sie duldenden Untertans. Als Vorstufe dazu durchläuft das Kind den autoritären Miniaturstaat der Familie, an deren Struktur sich das Kind zunächst anpassen muss, um später dem allgemeinen gesellschaftlichen Rahmen einordnungsfähig zu sein."[234]

Die autoritäre Ordnung der Familie und Gesellschaft spiegelten schon die Zen-Klöster des alten China wieder. Dem Chan-Meister Baizhang Huihai (720-814) wird der Spruch, „ein Tag ohne Essen – ein Tag ohne Arbeit", zugeschrieben. Das Wort meinte, jeder im Kloster, auch der Abt, muss täglich körperliche Arbeit verrichten, niemand wird aufgrund seiner Stellung von ihr verschont. Der Spruch war über Jahrhunderte die erste der Chan-Klosterregeln und ist Ausdruck des „demokratischen Ansatzes des Buddhismus". Ebenso die „kanonische Formel des Mahayana-Buddhismus", „gleichermaßen ist allen das Entwickeln der boddhi-Natur zugesichert". Im feudalen und stark hierarchisierten China bedeutete sie, dass „die Armen wie die Reichen, die Talentiertesten wie die Unbegabten auf die gleiche Stelle"[235] gestellt wurden. Aber dieser Ansatz schlug sich nicht im alltäglichen Klosterleben nieder, die Klöster waren nie Inseln der Demokratie, auch die Arbeitspflicht für alle wurde schnell aufgeweicht. Die Chan-Klöster übernahmen in der Yuan-Zeit (13./14. Jahrhundert) die „hierarchische Struktur des Kaiserhofes" und „verwandelten sich zu reinen Disziplinarinstitutionen". „Die Verwirklichung der Idee des 'freien und wahren Menschen, der sich

[233] Richter, Horst-Eberhard: Der Gotteskomplex. Hamburg 1979, S. 40.

[234] Zit. nach ebenda, S. 70.

[235] Fritz, Claudia: Die Verwaltungsstruktur der Chan-Klöster in der späten Yuan-Zeit. Bern 1994, S. XV.

nirgendwo anzulehnen und keine Vorschriften einzuhalten braucht' [Linj], ging im totalitären Ordnungsdenken der Klosterhierarchie unter."[236] Die disziplinarische und hierarchische Ordnung der chinesischen Klöster wurde von den japanischen übernommen. Sie verschärften diese Ordnung insbesondere im 16. Jahrhundert, in dem der Militarismus, verklärt als Samurai-Geist, endgültig in die Zen-Klöster einzog. Wir dürfen hier von einer Paradoxie des Zen sprechen: Einerseits suggeriert es, der Mensch des Zen benötige keine äußeren Orientierungen, keine Kriterien für richtiges oder falsches Handeln, er reagiere intuitiv richtig, andererseits wird das reale Leben des Zen-Mönchs von einem minutiös vorgeschriebenen Tagesablauf und einer peinlich zu beachtenden Hierarchie beherrscht. Statt eines selbstbestimmten Lebens führt der Mönch in der Regel ein absolut fremdbestimmtes.

Dass sich Zen-Jünger politisch missbrauchen ließen und sich „Vollerleuchtete" in einen menschenverachtenden Fanatismus steigerten, zeigt, dass die Zen-Klöster nicht außerhalb der Zeit und Gesellschaft standen, keine Oasen einer freien Lebensweise waren, eher muss man sie als Kristallisationspunkte inhumaner gesellschaftlicher Verhältnisse betrachten.

Die Amoralität der Mystik

> „Der Konzeption des Moralischen liegt die Idee der Autonomie zugrunde: Moralische Normen verpflichten uns in Freiheit. Moralisch handelt nur, wer frei und aus eigener Einsicht handelt; nicht, wer gegebene sittliche Verhaltensregeln befolgt, sondern wer sie befolgt, weil er sie als richtig erkennt und anerkennt. Moralische Pflichten stehen daher unter der Bedingung ihrer Einsehbarkeit: Jemand hat dann, aber auch nur dann die Pflicht, etwas zu tun, wenn es ihm einsichtig ist, dass er es tun soll, d.h. wenn er das einsieht oder es doch bei entsprechenden Bemühen einsehen könnte."[237]
>
> Franz von Kutschera

Denken war für Pascal (1623-1662) „die Grundlage der Moral" und machte „die Würde des Menschen" aus. Das Zitat von Kutschera verdeutlicht, wa-

---

[236] Ebenda, S. XVII.
[237] Kutschera, Franz von: Vernunft und Glaube. Berlin.1990, S. 212.

rum dem so ist: Weil nur der moralisch handelt, der ohne äußeren Zwang und aus Einsicht handelt, also nicht weil ihn Verhaltensregeln, ein dunkles Gefühl, eine undurchschaute Intuition oder gar der Instinkt dazu nötigen. Weil nur der Mensch aus Einsicht moralisch handeln kann, macht die Moral die Würde des Menschen aus, gleichgültig warum und wie sich moralische Werte entwickelten.

In manchen Zen-Texten werden die moralischen Gegensätze ausdrücklich verworfen, so in dem schon zitierten Wort von Sosan Ganchi Zenji „Gewinn und Verlust, Recht und Unrecht – weg mit ihnen ein für alle Mal". Das grundsätzliche Problem, welches die Moral für die Mystik impliziert, liegt auf der Hand: Lehren, die jede begriffliche Erfassung der Wirklichkeit als unzutreffend erklären, die behaupten, ohne Unterscheidungen auszukommen, können keine moralischen Kategorien entwickeln. Es ist einfach und logisch: Wer keine Unterschiede mehr gelten lässt, für den muss auch die Unterscheidung zwischen guten und bösen Absichten und Handlungen wegfallen.[238] Dass es den mystischen Überzeugungssystemen an theoretischer und praktischer Konsistenz mangelt, drückt sich auch in ihrer Schwierigkeit aus, Kriterien zu entwickeln, mit denen das Verhalten von so genannten Meistern oder Gurus beurteilt werden kann. Meister/Gurus nutzen diesen Mangel aus, indem sie Kritik an ihrem Verhalten mit dem „unwiderlegbaren" Argument zurückweisen, der Kritiker würde in althergebrachten Kategorien denken, zeige nur seine beschränkte Sichtweise.

Hinzu kommt: Buddhisten neigen zu der Ansicht, Mitgefühl, Empathie allein reiche aus, um moralische Entscheidungen zu treffen. Dass Mitgefühl als moralisches Kriterium zuwenig ist, kann an einem einfachen Beispiel gezeigt werden: Einem Arzt, der bei einer Geburt entscheiden muss, ob er das Leben der Mutter oder des Kindes retten soll, nützt es nichts, wenn er mit beiden Mitgefühl empfindet. Und es wäre der Sinn der Moral verfehlt, würde er aus Empathie oder Sympathie für eine Partei eine Entscheidung treffen. Moralische Entscheidungen zeichnen sich u.a. dadurch aus, dass Sympathie und Antipathie, sonstige persönliche Vorlieben und Abneigungen, Gruppenzugehörigkeit der Betroffenen bei der Entscheidungsfindung keine Rolle spielen dürfen.

Keine noch so große Erleuchtung kann intellektuelle ethische Analysen überflüssig machen, wie sie auch keine technischen überflüssig macht. Niemand kann allein intuitiv immer die richtigen Entscheidungen treffen, viele Entscheidungssituationen verlangen eine gedankliche Abwägung, al-

---

[238] Siehe ausführlich zum Problem der Mystik mit der Moral Danto, Arthur C.: Mystik und Moral. München 1999.

· lein schon um sich über eine Sachlage überhaupt klar zu werden. Durch soziale Veränderungen und den naturwissenschaftlichen Fortschritt bilden sich fortwährend neue, gedankliche Analyse fordernde moralische Herausforderungen. Erwähnt seien nur die aktuellen ethischen Problemfelder Genforschung, Sterbehilfe und die Frage der Definition des Todes, letztere ist für Menschen, die auf Organe anderer angewiesen sind, überlebensentscheidend.

Für das moralische Versagen des Zen-Buddhismus war also auch die Diskriminierung intellektuellen Verständnisses, des Denkens an sich, verantwortlich, letztlich also der hochmütige Glaube, man schwebe über den Niederungen des gewöhnlichen Bewusstseins.

Man kann allerdings nicht sagen, die Zen-Meister hätten bei ihrem Tun und Lassen keinerlei gedankliche Anstrengungen unternommen, sie haben ja versucht, ihre faschistischen Überzeugungen als höchste Form der buddhistischen Mitleidsethik zu begründen. Ihre intellektuellen Anstrengungen waren aber, milde ausgedrückt, ein bisschen dünn. Sie haben sich bei ihren Begründungsversuchen wohl auch weniger von Intuitionen als von Gefühlen leiten lassen, vor allem von solchen, über die sie eigentlich erhaben sein sollten, wie Aggression, Wut und Hass. Sie haben sich auch von einer nationalistischen Mentalität leiten lassen, die genauso unbuddhistisch ist wie die genannten Gefühle.

Gefühle und Mentalitäten können sicher nicht allein durch Bewusstmachung und Analyse verändert werden, aber ohne Bewusstmachung und Analyse werden sie nicht einmal als Problem erkannt.

Neben der Geringschätzung analytischer Durchdringung erleichterte diesen Meistern auch die im Zen beliebte Denkfigur des Zusammenfallens der Gegensätze ihre geistige Verirrung. Eine simple Überlegung hätte ihnen den Unsinn ihrer Logik klar machen können: Wenn das Schwert, das den Tod bringt, aus irgendeinem ominösen Grund auch das ewige paradiesische Leben bringt, warum dann nicht gleich alle Menschen enthaupten? Warum unterzieht sich ein Boddhisattva der mühevollen Arbeit, die Menschen zur Karmavermeidung anzuleiten, wenn er das Ergebnis viel einfacher haben könnte? Alle Unerleuchteten zu töten, nicht nur die Feinde Japans, wäre die logische Konsequenz dieses Zusammenfalls der Gegensätze, wäre die höchste Form des Boddhisattvatums!

Bei der Denkfigur des Zusammenfallens der Gegensätze und der Synthese, welche aus den Gegensätzen erwachsen soll, spielt das, was man Intuition nennt, eine große Rolle. Dass Leben und Tod, Sein und Nichts ohne große Überlegung wahrscheinlich von allen Menschen als Gegensätze verstanden werden, kann man als intuitive Einsichten bezeichnen. Dass die *Synthese* von Sein und Nichts das Werden sein soll, wie Hegel behauptete, leuchtet schon nicht mehr ganz so ein. Damit wollen wir deutlich machen, dass so genannte Intuitionen keine Wahrheitsgarantie bedeuten. Wir werden im Anschluss auf sie näher eingehen.

Die Frage, warum Zen moralisch genauso versagte wie alle anderen Religionen, warum es als buddhistische Institution dem buddhistischen Moralanspruch aufs gröbste zuwiderhandelte und seine Protagonisten gegen alle von den meisten Menschen geteilten moralischen Intuitionen verstoßen haben, lässt sich letztlich ganz einfach beantworten: Weil der Zen-Buddhismus eine Religion wie alle anderen ist; einschließlich fehlbarer Menschen mit fehlerhaften Vorstellungen und allzumenschlichen Bedürfnissen.

Erinnern wir uns der Worte des Rinzai Meisters Zenkei Shibayana, der Mitte der 60er Jahre des vergangenen Jahrhunderts meinte, „wir Menschen" sollen „nicht über genügend geistige und ethische Werte verfügen, um den neuen Gegebenheiten zu begegnen", aber Gott sei Dank haben wir Zen, welches über „eine einzigartige geistige Kultur, in hohem Maße geläutert durch seine lange Geschichte und Tradition" verfüge.

Dass sich diese Kultur bis vor wenigen Jahren, in denen er das schrieb, auf eine ganz besondere Art geläutert hatte und neuen Gegebenheiten begegnet ist, davon hören wir von ihm kein Wort. Nein, „Zen [besitzt] allgemeingültige und grundlegende Werte […], so dass es zur Schaffung einer neuen geistigen Kultur in unserer Zeit beitragen kann".[239] Tatsächlich besitzt Zen formal allgemeingültige und grundlegende Werte, wir haben sie oben zitiert, aber diese Werte predigt nicht nur jede Religion, wahrscheinlich versuchen die Menschen nach ihnen zu leben, seitdem sie sich ihrer selbst bewusst sind. Zen lehrt keine besonderen Werte und es bildet auch darin keine Ausnahme, dass es ihm äußerst schwer fällt, die eigenen Fehler und die eigene Beschränktheit zu erkennen. Aber gibt es eine Religion, in welcher die moralische Frage so vernachlässigt wird wie im Zen-Buddhismus?

Moral gehört zu den Bereichen, von denen man glauben könnte, sie eignen sich besonders gut für intuitive Entscheidungen. Der vorangegangene Abschnitt machte hoffentlich deutlich, dass analytisches Denken, überlegtes Abwägen auch für die Moral notwendig ist. In den nächsten Abschnitten wollen wir uns den Mythos Intuition ansehen, welcher dem Denken, bzw. der Vernunft, oft als überlegen entgegengesetzt wird.

---

[239] Shibayama, Zenkei Roshi: Zen in Gleichnis und Bild, S. 7.

Intuition

In dem Film *Last Samurai* wird der Held, gespielt von Tom Cruise, bei seiner Schwertkampfausbildung immer wieder ermahnt, beim Kampf nicht zu denken. Erst, als ihm dies gelingt, fängt er an, seine Duelle zu gewinnen. Nach Herrigels *Zen in der Kunst des Bogenschießens* hat der Schütze sein Ausbildungsziel erreicht, wenn nicht *er*, sondern *Es* schießt.[240] Spricht das für eine besondere „Weisheit des Körpers", für die unübertreffliche Richtigkeit intuitiven Handelns und intuitiver Erkenntnisse?

Mystik, Zen und Daoismus propagieren in der Regel keine Rückkehr zum Instinkt, eine Ausnahme war Taisen Deshimaru, aber nicht selten wird ein Loblied auf die Intuition und der mit ihr verbundenen Gewissheit angestimmt. Für David Loy sind Intuitionen Paradebeispiele nondualer Erkenntnisse. Der Daoist John Blofeld hält die „intuitive Gewissheit" für die höchste Form von Gewissheit. Intuitionen sollen durch gedankenfreie Versenkung gefördert und der diskursiven, hin- und her laufenden, Erkenntnisgewinnung überlegen sein. „'Zhi' (intuitive Erkenntnis) ist der Schlüsselbegriff für ein Verständnis des Dao, der alle Geheimnisse des Nichtseins erschließt. Mit anderen Worten, intuitive Erkenntnis ist reines Selbst-Gewahren durch unmittelbares, ursprüngliches Eindringen statt durch herleitende oder verstandesmäßige Methoden. Im Reich der intuitiven Erkenntnis gibt es keine Trennung zwischen Erkennendem und Erkanntem; Subjekt und Objekt werden eins."[241] (Im Gegensatz dazu Chen: Nach ihr hat das Wissen im Zen-Buddhismus nichts mit Intuition zu tun, da dieser noch „Spuren von 'Reflexion'"[242] anhaften.)

Was hat es also mit der viel gerühmten Intuition auf sich, was ist sie eigentlich? Wenn wir jemand auffordern, auf eine schwierige Frage als erstes zu sagen, was ihm *intuitiv* einfällt, wollen wir, dass er ohne lange Überlegung erzählt, was ihm in den Sinn kommt. Ein Charakteristikum der Intuition scheint also *Spontaneität* zu sein. Wir sprechen auch von Intui-

---

[240] Siehe Herrigel, Eugen: Zen in der Kunst des Bogenschießens. München 1983. Inzwischen weiß man, dass die Verbindung Zen und Bogenschießen eine Erfindung des 20. Jahrhunderts ist. Herrigel lernte in den 20er Jahren des vergangenen Jahrhunderts das Bogenschießen in Japan, sein Lehrer Awa besaß keine Zen-Ausbildung. Herrigel sprach kein Japanisch und war bei den Unterweisungen auf einen Übersetzer angewiesen. Das berühmte „Es schießt", das an Freuds Es denken lässt, konnte keine Formulierung seines Lehrers gewesen sein, denn im Japanischen ist eine solche nicht möglich.

[241] Chang Chung-yuan zit, nach Loy, David: Nondualität, S. 58.

[242] Chen, Yu-hui: Absolutes Nichts und rhythmisches Sein, S. 63.

tion, wenn uns nach einer langen Inkubationszeit eine Erkenntnis wie ein Blitz aus heiterem Himmel trifft. Als Beispiele dafür werden gerne große Entdeckungen von Wissenschaftlern angeführt, denen sich, nachdem sie sich geraume Zeit vergeblich mit einem Problem quälten, es unverrichteter Dinge beiseite legten, urplötzlich die Lösung auftat; manchmal sogar im Traum. Auch die künstlerische Tätigkeit wird, häufig von den Künstlern selbst, als ein intuitiver Prozess verstanden, der gerade durch Reflexion behindert wird. Wird also bei der Intuition eine verborgene mysteriöse geistige Quelle angezapft, gar eine jenseits von dieser Welt?

Intuitive Erkenntnis wird meist mit Formulierungen beschrieben wie ein „unmittelbares Erkennen, Erfassen, Schauen der Ganzheit oder des Wesen eines Dinges oder Sachverhaltes", als eine „unvermittelte Schau ursprünglicher Wahrheiten".[243] Für manche Philosophen, so für Descartes, Leibniz und Hume, galten alle als wahr und nicht weiter begründbar erkannten Sätze als intuitiv erkannt. Die Wahrheit der Sätze $1 + 1 = 2$ oder „jede natürliche Zahl hat einen Nachfolger", kann nicht bewiesen werden, die Wahrheit dieser Sätze gilt als evident, als unmittelbar einleuchtend. Neben der Spontaneität scheint also die *Evidenz* ein weiteres Charakteristikum der Intuition. Mit ihr ist das dritte Charakteristikum verbunden, das *Gefühl der absoluten Gewissheit*. Die intuitive Erkenntnis gilt dem Erkennenden über jedem Zweifel erhaben, das intuitive Handeln dem Handelnden als vollständig richtig.

Eine natürliche Erklärung für die so genannten intuitiven Erkenntnisse, wie auch dem intuitiven Handeln, liegt auf der Hand. Aus der täglichen Erfahrung können wir erschließen, dass aktuelle Informationen mit gespeicherten Informationen verbunden werden. Jede neue Information scheint auf eine Art neuronaler Rasterfahndung durch das Gehirn geschickt zu werden, dabei mit den gespeicherten Informationen abgeglichen und auf ihre Passfähigkeit getestet zu werden. Dies geschieht auch, wenn wir uns nicht mehr bewusst mit der Information beschäftigen. So erklärt sich, dass uns der Name eines Sängers, dessen Lied wir im Radio hörten, erst Stunden später einfällt. Problematische Informationen sind so gesehen solche, zu denen sich kein passendes Gegenstück findet, wenn uns beispielsweise der Sänger des Liedes nicht einfällt. Gegenstücke müssen häufig erst hergestellt werden, was durch Kombination von alten und eventuell weiteren neuen Informationen geschieht. Sammelt sich eine kritische Passmenge, lösen sie eine Art Kurzschluss im Gehirn aus, einen Gedankenblitz, ein Aha-Erlebnis, eine Intuition.

---

[243] Metzeler – Philosophie Lexikon, S. 244.

Die kleinen Intuitionen, die spontanen Einfälle auf eine Frage, fördern nur das Wissen zutage, das im Umkreis einer Frage an prominenter Stelle in unserem Gehirn gespeichert war. Manchmal haben wir damit den Nagel auf den Kopf getroffen, oft müssen wir aber feststellen, dass die ersten Ideen nicht weit tragen. Die urplötzlichen Lösungen für lange bearbeitete Probleme sind tauglicher, und zwar umso mehr, je mehr Informationen wir gesammelt haben. Keinem Wissenschaftler ist ohne vorhergehende gründliche Beschäftigung mit seinem Forschungsgegenstand eine geniale Lösung aufgegangen. Große Intuitionen werden durch eine starke Verdichtung von Informationen ausgelöst, sie provoziert den spontanen, scheinbar unerklärlichen Einfall. Kein Künstler hat ein Werk nur aufgrund von Intuitionen geschaffen, nicht zufällig heißt es, Kunst entsteht aus einem Prozent Inspiration und 99 Prozent Transpiration. Grundlage handwerklicher, künstlerischer und wissenschaftlicher Intuition ist das Prinzip Wiederholung.

Wenn wir gedankenfreies Handeln, wie es in den asiatischen Kampfkünsten angestrebt wird, als ein intuitives bezeichnen wollen, weil es zwar automatische, aber doch auch hoch spontane, flexible und „intelligente" Reaktionen fordert, brauchen wir also keine spezielle „Weisheit des Körpers" zu bemühen (die sich nebenher auch noch fürs Töten nutzbar machen lässt). Auch diese intuitive Kunst basiert auf dem Prinzip Wiederholung, der Übung des Immergleichen. Durch sie werden die häufigsten Kampfsituationen gespeichert und die angemessenen Reaktionen trainiert, welche durch Nachdenken um die vielleicht entscheidenden Zehntelsekunden verzögert würden. Die Häufigkeit der richtigen Reaktion steigt mit der Übung, sie hat nichts mit Weisheit, sondern nur mit gespeicherten Erfahrungen zu tun. Das „Es" Herrigels ist nichts anderes als die Frucht stupider Übung des Immergleichen.

Im Zen soll es bei Prüfungen des so genannten spirituellen Fortschritts nicht so sehr auf die inhaltlich adäquate Reaktion, sondern auf die Reaktionsgeschwindigkeit ankommen: je kürzer, desto besser, desto fortgeschrittener der Geprüfte. Das bedeutet, es wird eine neuronale Umprogrammierung geprüft, nämlich die Fähigkeit, ohne den Filter des bewussten Denkens richtig zu reagieren. Dass diese Fähigkeit bei bestimmten Problemen nützlich ist, liegt auf der Hand. Aber leider sind nicht alle unsere Probleme von solcher Art.

Wie steht es mit der Evidenz, der Wahrheit und der Gewissheit intuitiver Erkenntnisse? Als zweifelsfrei wahr, als gewiss werden sie empfunden, weil sie durch das seltene Aha-Gefühl ausgelöst werden, und je stärker das

Aha-Gefühl, desto größer das Gewissheitsempfinden. Was als gewiss empfunden wird, erscheint auch als evident, als unmittelbar einleuchtend: Es kann für den Erkennenden nicht anders sein, als genauso, wie er es erkannt hat. Wenn unsere natürliche Erklärung richtig ist, dass epistemische Intuitionen auf einem unbewusst ablaufenden Prozess der Informationsverarbeitung beruhen, kann es mit ihrer Wahrheit nicht besser bestellt sein als mit den durch diskursive Überlegungen gewonnenen Erkenntnissen. Bei jeder Informationsverarbeitung können sich Fehler einschleichen, deshalb sollten auch Geistesblitze rational überprüft werden.

Das große Problem bei den intuitiven Erkenntnissen sind die Gefühle. Welche Rolle sie bei der unbewussten Informationsverarbeitung spielen, wie sie das Ergebnis aus welchen Gründen beeinflussen, ist nicht zu ermitteln.

Auch mit der Unmittelbarkeit der Intuitionen ist es nicht weit her, sie sind wie gewöhnliche Überzeugungen an Medien (Zeichen) gebunden. Chen untertreibt sogar, wenn sie meint, Intuitionen haften noch „Spuren von 'Reflexion'" an. Es liegt bei ihnen die gewöhnliche 3-stellige Erkenntnis-Relation vor: Etwas weiß um etwas als etwas. Wäre dem nicht so, könnte kein Handwerker, Wissenschaftler oder Künstler seine Intuitionen nutzbar machen.

Unsere Ausführungen sollen keine Diskriminierung der Intuition bedeuten, keine Negation des spontanen Einfalls, des großen Aha-Erlebnisses (auch die sog. Erleuchtung ist ein solches), sondern nur eine Relativierung: Intuition ist keine höhere Erkenntnisform und beinhaltet keine Wahrheitsgarantie. Da aber bei intuitiven Lösungen meist mehr Informationen verarbeitet werden als beim bewussten Abwägen eines Für und Wider, gibt es viele Bereiche, in denen es empfehlenswert ist, auf seine Intuitionen zu hören. So bei den ästhetischen und bei allen, bei denen es auf schnelle Entscheidungen ankommt. Auch in den Fällen, in denen die Informationsmenge zu groß für eine rationale Durchdringung ist, bleibt uns nichts anderes übrig, als auf Intuitionen zu vertrauen. Nach dem Neurowissenschaftler Gerhard Roth stößt das menschliche Gehirn schon bei vier bis fünf zu berücksichtigenden Entscheidungselementen an seine analytischen Grenzen.[244]

Zusammenfassend lässt sich sagen: 1. Intuitionen müssen keiner verborgenen, mysteriösen Quelle entspringen. 2. Intuitionen sind nicht sicherer wahr als die durch bewusste Überlegungen gewonnenen Überzeugungen (gleichgültig als wie einleuchtend wir Intuitionen im ersten Moment

---

[244] Siehe zu Vor- und Nachteilen der Intuition auch Roth, Gerhard: Persönlichkeit, Entscheidung und Verhalten. Stuttgart 2007, Kap. 8.

empfinden). 3. Die Verinnerlichung von problembezogenen Inhalten ist entscheidend für die Auslösung einer epistemischen Intuition. 4. Wenn möglich, sollten Intuitiv gewonnene Einsichten einer Prüfung unterzogen werden. 5. Es ist immer empfehlenswert, seine Intuitionen Ernst zu nehmen und in vielen Situationen und Bereichen ist es unumgänglich, ihnen zu folgen.

Von der Notwendigkeit der Sprache und dem Sinn der Vernunft

Schweigen und Erkenntnis

Die beste Lehrrede Buddhas soll diejenige gewesen sein, bei der er schweigend eine Blume zwischen den Fingern wiegte. Allein sein Lieblingsschüler soll diese Rede verstanden haben. Die „Moral" dieser Geschichte klingt auch in dem Sprichwort an, „Reden ist Silber, Schweigen ist Gold". (Unter nondualistischer Perspektive gibt sogar der Versprecher Sinn, „Reden ist Schweigen, Silber ist Gold".)

Dass der Theorie und der Praxis des Zen die Vorstellung zu Grunde liegt, nur durch Schweigen könne das Eigentliche *erkannt* und *vermittelt* werden, haben wir wohl zur Genüge dargelegt. Zwar lässt sich nicht sagen, Zen verurteile das Denken und Sprechen an sich, schon Hui-neng warnte seine Schüler vor dem bloßen Nicht-Denken, dies sei „eine falsche Vorstellung von Leerheit, nämlich ein Zustand der 'Leerheit aus Gleichgültigkeit'".[245] Meister Yung-ming Yen-shou (905-975) sah „in auf bloßes Stillsitzen reduzierter buddhistischer Übung die Gefahr, dass sie zum Stumpfsinn statt zur Befreiung führt. Deshalb empfahl er vor meditativer Schulung das Verstehen der Lehren durch Studium der Sutras und philosophischer Literatur. Damit begegnete er Tendenzen, Textkenntnis und Exegese [Auslegung; A.B.] als Hindernis der Befreiung zu sehen, weil sie mit Gedankeninhalten verbunden wären."[246] Letztlich aber wird im Zen die „Bedingtheit der Sprache aufgezeigt und eine höhere Ebene der Erkenntnis erlangt werden, die jenseits der sprachlichen Struktur liegt. Als letztes Mittel, das dazu dient, die Dominanz der Worte zu brechen, gilt im Zen das Schweigen; dieses

---

[245] Chen, Yu-hui: Absolutes Nichts und rhythmisches Sein, S. 35.
[246] Zotz, Volker: Geschichte der buddhistischen Philosophie. Reinbek 1996, S. 197.

stellt in seiner absichtlichen Wortlosigkeit die deutlichste Negation der Sprache dar."[247]

Die Negation der Sprache kann jedoch zu keiner Erkenntnis der „wahren Wirklichkeit" führen, ebenso wenig wie eine sprachfreie Intuition, und, wie wir gesehen haben, garantieren sie auch kein ethisch einwandfreies Verhalten oder eine positive Charakterbildung.

Dass Denken soweit wie möglich zu unterdrücken, der Versuch, sich der Sprache zu entkonditionieren, führt, bei genügender Hartnäckigkeit, sicher zu Alleinheitserlebnissen, aber dass damit, wie Chen behauptet „eine höhere Ebene der Erkenntnis erlangt" wird, „die jenseits der sprachlichen Struktur liegt", verfehlt die notwendige sprachliche Natur der Erkenntnis und des menschlichen Bewusstseins.

Nicht die Fehldeutung der Alleinheitserlebnisse als sprachfreie Einsichten in die Natur des Universums ist das Tragische an der Diskriminierung der Sprache, sondern der damit einhergehende Verlust an ethischer und sozialer Orientierung. Der Orientierungsverlust wäre noch größer, würde sogar auf die alltäglichen Handlungen durchschlagen, wenn es dem Zen-Buddhisten tatsächlich gelänge, sich der Sprache vollständig zu entkonditionieren.

Die meisten „Erleuchtungserlebnisse" scheinen keine sprachfreien Zustände zu sein, wenn wir den Berichten, wie sie bei Kapleau zu finden sind, Glauben schenken. Wie sonst sollten wir es verstehen, wenn ein Mann in diesem Zustand die seltsame Erkenntnis ausruft: „Da gibt es keine Vernunft, ganz und gar keine Vernunft. Ha, ha, ha, ha, ha!"[248] Vielleicht werden solche Erleuchtungen als niederstufig klassifiziert, die sie begleitende Sprache würde aber problemlos erklären, warum in ihnen von „fließenden Bergen" oder um das Empfinden der Vereinigung mit Objekten gewusst wird. Ein Baby im Mutterbauch mag ähnliche Einheitsempfindungen erleben, aber es ist sich ihrer nicht bewusst, weil es eben über keine Sprache verfügt.

---

[247] Chen, Yu-hui: Absolutes Nichts und rhythmisches Sein, S. 52f.
[248] Kapleau, Philip: Die drei Pfeiler des Zen. Bern/München 1984, S. 286.

Sprache und Vernunft

> „Die Sprache ist so alt wie das Bewusstsein –
> die Sprache *ist* das praktische, auch für andre
> Menschen existierende, also auch für mich selbst
> erst existierende wirkliche Bewusstsein und die
> Sprache entsteht, wie das Bewusstsein, erst aus
> dem Bedürfnis, der Notdurft des Verkehrs mit
> andern Menschen. Wo ein Verhältnis existiert,
> da existiert es für mich, das Tier '*verhält*' sich zu
> Nichts und überhaupt nicht. Für das Tier existiert
> sein Verhältnis zu andern nicht als ein Verhältnis.
> Das Bewusstsein ist also von vornherein schon ein
> gesellschaftliches Produkt und bleibt es, solange
> überhaupt Menschen existieren." [249]
>
> Karl Marx

Es gibt unter Anthropologen und Philosophen einen breiten Konsens: Den Menschen unterscheidet vom Tier vor allem die Sprache, durch sie wurde er zu einem *animal ratio*, einem vernunftbegabten Tier und einem vollbewussten Wesen. Erst die Sprache machte den Menschen zum Menschen, ermöglichte Moral, den Sinn für Gerechtigkeit und Vernunft, all das, was seine Besonderheit und Würde ausmachen könnte. Der entscheidende Punkt, um die Bedeutung der Sprache zu würdigen, liegt in der Erkenntnis, dass sie nicht etwas sekundäres ist, nur ein Transportmittel der Inhalte unseres Bewusstseins, sondern dass wir erst *kraft* (Günter Abel) der Sprache gehaltvolle Inhalte bilden und uns ihrer bewusst werden können.

Dass Bewusstsein, Sprache und Vernunft untrennbar miteinander verbunden sind, sollen die Überlegungen des zeitgenössischen amerikanischen Philosophen Robert Brandom verdeutlichen.

Für Brandom und mit ihm die Vertreter des so genannten Inferentialismus (von inference = folgern) ist in jeder Begriffsverwendung ein Folgern enthalten. Die vor allem praktischen Folgerungen, die Begriffe enthalten, sehen sie als wesentlich an, um sie zu verstehen. Wegen dieser Folgerungsleistungen muss der Mensch als ein argumentierendes Wesen begriffen werden, als eines, dessen Kommunikation in erster Linie aus einem Geben und Nehmen von Gründen besteht. Für Brandom ist „Verstandesfähigkeit" die Fähigkeit der Argumentation, und sie müssen wir „als den uns aus-

---

[249] Marx, Karl: Deutsche Ideologie. MEW 3. Berlin 1973, S. 30f.

zeichnenden Eigenschaftskomplex" betrachten, und nicht etwa die „Empfindungsfähigkeit", die wir mit vielen nichtmenschlichen Wesen teilen.[250] Schon einfache Beobachtungssätze, wie „dieser Ball ist rot", sind für Brandom in das Geben und Nehmen von Gründen eingesponnen. „Dieser Ball ist rot", impliziert unter anderem folgende Behauptungen: Es gibt Dinge wie Bälle und rote Farben, das dort ist ein Exemplar dieser Dinge und wenn wir mit einem roten Ball spielen wollen, können wir dieses Exemplar nehmen.

Begriffe in den unterschiedlichsten Situationen richtig zu verwenden, bedeutet eine Folgerungsleistung und zeigt uns Bewusstsein an. *Verstehen* ist für Brandom das Begreifen von Gründen, und *vernünftig sein* heißt, „der Autorität von Gründen unterworfen sein".[251] Man muss hinzufügen: und nicht der Autorität einer Tradition.

Der Norm gebenden „Kraft des besseren Grundes unterworfen zu sein", war es, was „die Griechen gleichermaßen verwirrt und fasziniert hat".[252] Damit ist gemeint, gute Gründe haben die eigentümliche Kraft, uns förmlich zu zwingen unsere Ansichten zu ändern. Sie verpflichten uns auch zu bestimmten Haltungen und Handlungen. Manche meinen, der europäische Sonderweg – allein die europäischen Gesellschaften haben sich über die antiken und mittelalterlichen „hinaus" entwickelt – sei auch dem Wechsel in der Begründungsautorität geschuldet, dem Wechsel von der Autorität der Tradition zur Autorität des Arguments. Er soll sich in der Philosophie des Hochmittelalters (13. Jahrhundert) vollzogen haben. Konkret bedeutete er: Nicht weil eine bestimmte Behauptung von der Autorität Aristoteles stammte, war sie wahr, sondern weil gute Gründe für sie sprachen.[253]

Natürlich haben Menschen in allen Kulturen mit Gründen für ihre Ideen argumentiert. Die Lehrreden Buddhas sind das beste Beispiel für eine argumentativ vorgetragene Erlösungslehre, und es gibt wohl keine andere Religion, die so argumentativ verfasst ist wie der Buddhismus. Trotzdem entwickelte der Buddhismus eine ungesunde autoritäre Tradition, dominiert in ihm eine linear-autoritäre Kommunikation, statt einer dialogischen.

Brauchen wir vielleicht eine Synthese von östlicher „Einheit" und westlicher Rationalität?

Nach Yu-hui Chen, die, wie oben zitiert, der Meinung ist, dass im Zen die „Bedingtheit der Sprache aufgezeigt und eine höhere Ebene der Er-

---

[250] Brandom, Robert: Expressive Vernunft. Frankfurt 2000, S. 38.

[251] Ebenda, S. 37.

[252] Brandom, Robert: Begründen und Begreifen. Frankfurt 2001, S. 76.

[253] Siehe Prechtl, Peter: Sprachphilosophie. Stuttgart 1999, Einleitung.

kenntnis erlangt" wird, müssen die östlichen Philosophien ihre Bedenken „gegenüber einer auf individuellen Bewusstsein gegründeten Erkenntnisfähigkeit" und „einer spekulativen Seins- und Sinn-Aufhellung" abbauen. Die östlichen Philosophien sollten auch aufhören, die „begriffliche Zergliederung eines Sachverhalts" abzulehnen. Die einem Sachverhalt zugrundeliegende Einheit wird durch Zergliederungen nicht beeinträchtigt, „sondern lediglich zum Gegenstand analytischer Prüfung gemacht, die nach westlicher Sichtweise die 'innere Fülle' jener Einheit ans Licht zu bringen imstande ist".[254] Wir fügen hinzu: Ohne das westliche, analytische (zergliedernde) Denken wäre der wissenschaftliche Aufschwung in der Neuzeit unmöglich gewesen, wie auch der damit einhergehende größte materielle Wohlstand in der bisherigen Menschheitsgeschichte und, mindestens genauso wichtig, die Entwicklung der Ideen der Menschenrechte, Gleichberechtigung und Demokratie.

Chen, der eine „interkulturelle Integration" der östlichen und westlichen Standpunkte am Herzen liegt, meint auch, die „vorlogische asiatische wie auch die logizistische europäische" Position müssen zu Kompromissen genötigt werden. So dürfe der Westen den Wunsch der östlichen Menschen nach Einheit „nicht aus den Augen verlieren", und er dürfe nicht alles nur „quantifizieren wollen, sondern auch für Qualitatives und für Sinnwerte (insbesondere die der Natur) empfänglich bleiben".[255]

Wir erfahren von Chen leider nicht, welche Einheit dem östlichen Menschen vor Augen schwebt. Wir bezweifeln stark, wenn die Unterscheidung zwischen westlichen und östlichen Menschen überhaupt Sinn macht, dass der östliche für Qualitatives und Sinnwerte empfänglicher ist als der westliche. Uns scheint der Wunsch nach Einheit, mit was auch immer, kein typisch östlicher zu sein. Alle Arten von Einheit, die in unserem Zusammenhang in Frage kommen, stehen auch auf dem Wunschzettel der meisten westlichen Menschen, so die Einheit im Sinne eines gemeinschaftlichen Lebens, die Einheit im Sinne einer tieferen Verbindung mit der Natur und einige westlichen Menschen sehnen sich auch nach der diffusen mystischen Einheit mit dem „Absoluten".

Die christliche Idee der Gemeinde war Ausdruck des Wunsches nach einer Einheit im Sinne eines gemeinschaftlichen Lebens. Einheit mit der Natur gehört spätestens seit Rousseau und der Romantik zu einer der zentralen Träume des Abendlandes. Idealistische Philosophien, ebenso wie der materialistische Marxismus und selbstredend die Ökologiebewegungen,

---

[254] Chen, Yu-hui: Absolutes Nichts und rhythmisches Sein, S. 132.
[255] Ebenda.

streben nach einer wirklichen sozialen Einheit und einer Versöhnung von Mensch, Technik und Natur. Auch negative Einheitsvorstellungen im Sinne der absoluten Unterordnung des Einzelnen unter das vorgebliche Interesse der Gemeinschaft, nach dem Motto, „der Einzelne ist nichts, die Gemeinschaft ist alles", finden sich im Westen.

In der Zen-Literatur wird häufig behauptet, Zen strebe ein vollkommen natürliches Verhalten an und in der japanischen Kultur sei Natürlichkeit der oberste Wert. Wie kommt es, dass uns Westlern die japanische Kultur, angefangen vom alltäglichen Verhalten bis hin zu den verschiedenen Künsten, als Inbegriff der Künstlichkeit und Extravaganz erscheint? Was gibt es unnatürlicheres, künstlicheres als beispielsweise das No-Theater? Was gibt es unnatürlicheres als das Ritual der täglichen Mahlzeit in einem Zen-Kloster? Im Westen verstehen wir unter einem natürlichen Verhalten ein nicht durch gesellschaftliche Konventionen gemaßregeltes, in Japan versteht man unter natürlichem Verhalten eines, welches wie absichtslos, wie von selbst geschieht. Vergessen wird dabei aber, dass ein solches Verhalten meist bis zum Erbrechen eingeübt wurde, gerade weil es sich um kein natürliches handelte. Wir können jede noch so ausgefallene Bewegung als natürlich empfinden, wenn wir sie nur oft genug ausführen.

Heute scheint sich der Osten um die Natur weniger Gedanken zu machen als der Westen. Die japanische Holzindustrie steht an vorderster Front bei der Zerstörung des Waldreichtums in Südostasien. In China werden ohne Rücksicht auf die Umwelt die natürlichen Ressourcen ausgebeutet. Dass der Osten nicht aus den Fehlern des Westens lernt, spricht nicht für einen besonderen Sinn für die Natur, stützt nicht die Selbstzuschreibung, im Osten würden die Natur und alles Natürliche besonders geschätzt. Wenn dem einmal tatsächlich so war, so hat er diese Wertschätzung schnell über Bord geworfen.

Wir halten eine Synthese von östlichem und westlichem Denken nicht nur für überflüssig, sondern für unsinnig. Es gibt kein östliches oder westliches Denken, es gibt nur richtiges oder falsches. Es gibt vielleicht unterschiedliche Mentalitäten und sicher gibt es verschiedene Bräuche, Sitten und Ästhetiken, aber diese werden sich im Zuge der Globalisierung unvermeidlich „synthetisieren".

Was hat es mit dem Schweigen Buddhas auf sich? Sprechen ist eine Form von Handeln, so *fällen* wir beim sprechen Urteile, *befehlen, bitten* und *drohen* wir. Das schweigende Drehen einer Blume ist natürlich auch eine Handlung, sogar eine Art von Sprechhandlung. In vielen Situationen ist Schweigen eine Fortsetzung des Sprechens mit anderen Mitteln. Was jemand durch sein Schweigen sagen will, hängt natürlich ganz von der Situation ab, in einer kann es Zustimmung, in einer anderen Unverständnis bedeuten. In manchen Situationen bringt Schweigen den Wunsch zum Ausdruck, das Gesagte noch einmal zu bedenken, in einer anderen das Thema zu beenden.

Schweigen als Fortsetzung einer Kommunikation bedeutet nicht, dass mit ihm etwas gesagt wird, was nicht durch Worte gesagt werden kann, aber in manchen Situationen kann es durch Schweigen deutlicher gesagt werden. Was Buddha mit seinem Schweigen sagen wollte, hängt also davon ab, was er vorher und nachher gesagt und/oder getan hat, letztlich aber konnte nur er selbst wissen, was er damit sagen wollte.

IV. Religion und Tod, oder wie sich mystische Erlebnisse erklären lassen

Religion und Projektion

Von mystischen Erfahrungen wird nicht nur aus vergangenen Zeiten berichtet, auch viele Menschen unserer Zeit und unserer Kultur kennen sie aus eigenem Erleben. Was sollen wir von diesem Erleben halten, wie sollen wir es erklären? Geschieht in ihm, trotz unserer erkenntniskritischen Einwände, Übernatürliches? Tritt der Erfahrende etwa mit einer transzendenten Wirklichkeit in Kontakt, berührt mancher gar den Grund des Seins?

Die Mystik gehört zu den religiösen Phänomenen, deshalb ist es sicher lohnend kurz der Frage nachzugehen, wie religiöse Phänomene erklärt werden können, was es überhaupt mit der Religion auf sich haben könnte. Was für Gründe kann es beispielsweise geben, dass alle so genannten Naturvölker, höchstwahrscheinlich alle unsere menschlichen Vorfahren, religiöse Weltbilder entwickelten? Und warum ähneln sich diese Bilder so auffallend, wie auch, zumindest strukturell, die mystischen Erlebnisse? Muss allein schon deshalb an ihnen etwas wahres sein?

Es gibt selbstverständlich viele Bestimmungen von Religion, die bündigste fanden wir bei dem zeitgenössischen Philosophen Franz von Kutschera. Nach ihm ist Religion ein Weltbild, welches sich durch den Glauben auszeichnet, dass Transzendentes existiert.[256] Mit einer transzendenten Wirklichkeit wird im Allgemeinen eine übernatürliche bezeichnet, eine *jenseits* dieser empirischen, der alltäglichen Erfahrung zugänglichen

---

[256] Siehe Kutschera, Franz von: Vernunft und Glaube. Berlin 1990, S. 212.

Welt. Mit der transzendenten Wirklichkeit können entfernt gedachte Orte
wie Himmel und Hölle gemeint sein, aber auch „ganz nahe" Parallelwelten
feinstofflicher oder „geistiger" Art. Für manche fällt die transzendente Welt
mit unserer alltäglichen zusammen, erstere verstehen sie als so etwas wie
die verborgene geistige Seite der letzteren. Bei einem Glauben haben wir es
jedenfalls nur dann mit einem religiösen zu tun, wenn er auf ein „Jenseits"
baut, wie dieses auch immer vorgestellt werden mag.

Religionen sind Welterklärungen, von denen die meisten, nicht alle,
folgende Überzeugungen bzw. Hoffnungen beinhalten: Es gibt von unserer
Welt verschiedene, jenseitige Welten, die von Wesen, die Macht über uns
haben, bewohnt werden. Traditionelle Bezeichnungen für diese Wesen lauten Dämonen, Geister, Heilige, Engel, Götter. Die Existenz unserer Welt
und vieler, vielleicht aller ihrer Phänomene, muss auf die jenseitigen Welten zurückgeführt werden. Wenn wir uns richtig verhalten, d.h. den Regeln
entsprechend, welche die Wesen der jenseitigen Welten aufgestellt haben,
dürfen wir hoffen, nach unserem irdischen Tod in einer jenseitigen Welt
weiter zu leben.

Unter funktionaler Perspektive betrachtet erfüllt eine Religion hauptsächlich drei Aufgaben: Sie dient, erstens, der Welt- und Daseinserklärung,
zweitens der Regelung des sozialen Lebens und drittens der Entlastung
vom Todeswissen.

Die schlichte Frage lautet: Sind die genannten religiösen Glaubens-
oder Überzeugungsinhalte wahr oder beruhen sie auf irgendeiner Art von
Täuschung, Illusion, Selbstbetrug? Diese Möglichkeit wird Projektionsthese genannt, die wir, das sei vorausgeschickt, für sehr plausibel halten.

Die Projektionsthese besagt: Unsere Vorfahren übertrugen ihr psychisches Erleben, ihre Gefühle, Gedanken, Ängste, Wünsche und Hoffnungen
und ihre sozialen Verhältnisse auf ihre Umwelt, auf sie umgebende Objekte
(gleichgültig ob tote oder lebendige) und auf „jenseitig" vorgestellte Welten. Unseren Vorfahren war es nicht möglich sich vorzustellen, dass andere Wesen anders fühlten und dachten als sie selbst. So wie die Menschen
lebten, so mussten im Prinzip auch die jenseitigen Wesen leben. So wie
die Umwelt unserer Vorfahren beschaffen war, so mussten im Prinzip die
jenseitigen Welten beschaffen sein. Auf beiden Seiten galten die gleichen
Werte, Regeln und Gesetze. Die jenseitigen Wesen teilten sogar die Vorlie-
be und Abneigung der Menschen für bestimmte Speisen und Getränke.

Die ältesten Religionen, ebenso wie die kleiner heute noch lebender
Ethnien, werden häufig als animistische Religionen bezeichnet. Ein Begriff, der aus der Perspektive der Projektionstheorie ganz treffend ist, be-

deutet er ja den Glauben, alle Objekte besäßen ein Empfinden, eine Seele (lateinisch: *anima*), seien lebendige Wesen. Man muss nur hinzufügen, die Welt bzw. ihre Objekte werden bei der animistischen Welterklärung mit den psychischen Inhalten des Menschen „verlebendigt". *Schamanismus* ist im Übrigen nur eine andere Bezeichnung für Animismus.

Die Übertragung des eigenen psychischen Erlebens in Objekte ihrer Lebenswelt können wir gut an kleinen Kindern beobachten. Aber auch wir Erwachsene projizieren tüchtig unsere Gefühle und Gedanken in andere Menschen und Dinge. Kleine Kinder bezichtigen gerne Objekte, an denen sie sich gestoßen haben, zum Beispiel einen Tisch, böse zu sein. Jedes Objekt, das Schmerz bereitet, ist für sie (bei entsprechender „moralischer" Erziehung) ein *böses* Wesen, weil sie es sich nicht anders vorstellen können, als dass alle Dinge, die sie umgeben, so ähnlich fühlen und denken wie sie selbst. Da es ihnen mühelos gelingt, alle Objekte zu „beleben", zu psychisieren, können sie mit ihnen auch mühelos die Welt der Erwachsenen nachspielen.

Besonders gerne projizieren Tierfreunde ihr Denken und Fühlen in ihre Lieblinge, auch jene können sich nicht vorstellen, dass ihr Hund nicht (so) denkt, nicht (so) spricht und nicht genauso fühlt, wie sie es selbst in einer entsprechenden Situation tun würden. Erwachsene übertragen ihr inneres Erleben aber nicht nur auf ihre Mitmenschen und Tiere: auch Pflanzen und häufig sogar toten Objekten, bevorzugt Maschinen (vor allem Autos und Computer), werden psychische Aktivitäten unterstellt. Der Computer „rechnet, denkt nach, trickst uns aus, muss sich ausruhen und gibt seinen Geist auf".

Wenn wir solche Redeweisen in der Regel auch nur bildlich gebrauchen, zeigen sie doch, wie tief das animistische oder magische Denken in uns verankert ist. Vermutlich neigen wir zu diesem Denken zuerst einmal aus dem einfachen Grund, weil es uns, genauso wie unser Fühlen, am nächsten ist. Es benötigt einige Erfahrung zu erkennen, dass der Schluss von unserem Fühlen und Denken auf andere Objekte falsch sein kann. Je stärker unsere Gefühle, desto mehr sind wir davon überzeugt, andere müssen in einer ähnlichen Situation genauso fühlen. Besonders schwer fällt es uns zum Beispiel, wenn wir verliebt sind, uns vorzustellen, dass der geliebte Mensch nicht von den gleichen Gefühlen umgetrieben wird wie wir selbst. Wir sind versucht zu denken, dem kann doch nicht sein, er gibt es nur nicht zu!

Die Projektion des eigenen Innenlebens in andere Objekte können wir als *die* magische Grundhandlung bezeichnen. Aus ihr ging die Bevölkerung der Welt mit guten und bösen Geistern hervor. Die Projektion hat sich auch in unserer Sprache niedergeschlagen, es fehlen uns in ihr Verben, mit denen wir Vorkommnisse in bewusstlosen Objekten so ausdrücken können, dass keine psychischen Assoziationen mitschwingen, wie im Falle des Computers, den wir „nachdenken und rechnen" lassen, oder des Motors, der bei Startschwierigkeiten „bockig" ist.

Unter einem magisch denkenden Mensch verstehen wir einen, dessen Welterklärung auf dem Geisterglauben basiert. Ein solcher Mensch projiziert nicht nur seine Gefühle in äußere Objekte, sondern diese auch in sich hinein, so wenn er seine ihn quälenden Gedanken und Bilder als Besessenheit von Geistern erklärt. Der Glaube an die Macht der Gedanken, der im Zen ja eine wichtige Rolle spielt, rührt wahrscheinlich auch von ihrer eingebildeten Nähe zu den Geistern. Durch die Kontrolle seiner Gedanken versucht der magische Mensch seine Ohnmacht über seine Umwelt zu kompensieren. Das gilt sicher auch für viele, in einem gewissen Sinne für alle, Meditierende. „Da das Individuum kurzfristig keine echte Macht über seine Umgebung und erst recht nicht über seine eigene Zukunft erlangen kann, nimmt es Zuflucht zu dem, was es kontrollieren kann: seine eigenen Gedanken. Das heißt, es schafft sich die Illusion, doch auf Dinge, Vorkommnisse und Personen einwirken zu können, auf die es de facto kaum Einfluss hat, denen es in den allermeisten Fällen sogar hilflos ausgeliefert ist. Kontrolle, und sei sie noch so vag oder sogar ganz und gar eingebildet, vermindert die eigene Angst. Der primitive Mensch wird also zum Beispiel versuchen, aus irgendwelchen Zeichen die Zukunft vorherzusagen. Träume, die sich häufig auf vergangene Vorkommnisse beziehen, könnten ja zum Beispiel auch Material enthalten, welches zukünftige Ereignisse vorwegnimmt. Dem eigenen Tod kann es zum Beispiel dadurch ein Schnippchen schlagen, indem es sich einredet, dass nur der Körper stirbt, das eigene Selbstbewusstsein jedoch bei diesem Vorgang erhalten bleibt."[257]

Aber nicht nur durch Gedankenkontrolle versucht der magische Mensch Macht über seine Umwelt zu erlangen, vor allem versucht er es durch Verbündete in der Geisterwelt. Die Welt teilt sich für ihn vornehmlich in gute und böse Objekte, bzw. in gute und böse Geister. Die schädliche Pflanze wird von einem bösen Geist bewohnt, oder ist selbst ein böser Geist. Die heilende Pflanze wird dementsprechend von einem guten Geist bewohnt, oder ist selbst ein guter Geist. Böse ist was schadet, gut ist was nützt. Und so entwickelte jeder Stamm, jedes Volk, einen Kosmos an Geistern, wel-

---

[257] Saint-Mont, Uwe: Das Gehirn und sein Ich, S. 85.

cher die Welt in Gang hält und erklärt, warum geschieht was geschieht; und
warum die Regeln und Gesetze so sind wie sie sind.

Geister*erscheinungen* können als theorieimprägnierte Projektionen verstanden werden, was meint: Der verinnerlichte Glaube einer Gemeinschaft
wird, meist mittels Trancetechniken und Drogen, als innere Welt erzeugt.
Wie einfach Projektionen in Gang gesetzt werden können, kennt wohl jeder
aus eigener Erfahrung. Es genügen manchmal kleine Wahrnehmungsun-
sicherheiten, um in uns Angstzustände auszulösen, welche die Wahrnehmung augenblicklich verändern. So sieht der Spinnenphobiker in allem,
was einer Spinne nur im Entferntesten ähnelt, sofort eine Spinne.

Gründe mystischer Praxis und Erfahrungen

Vereinigungserfahrungen als Projektion frühkindlichen Erlebens

Für Norbert Bischof liegt der Grund für die Ähnlichkeit der religiösen
Vorstellungen bei den verschiedenen Ethnien und Völker in der ähnlichen
psychischen Entwicklung des Menschen vom Kleinkind bis zum Erwachsenen. Die Mythen der Menschheit, die unter anderem vom Ursprung des
Kosmos, der Götter und des Menschen erzählen, sind für Bischof in Geschichten verkleidete Nacherzählungen dieser Entwicklung. Da die Stufen
der psychischen Entwicklung bei allen Menschen ähnlich verlaufen, ähneln sich auch die Geschichten der verschiedenen Völker, sind sie struktur-
gleich. Das heißt, es ähneln sich das Handlungspersonal, die Handlungs-
motive, die Inhalte und meist auch die Reihenfolge derselben. In seiner 800
Seiten zählenden Untersuchung *Das Kraftfeld der Mythen* geht Bischof
dem Zusammenhang zwischen den Stufen der psychischen Entwicklung
des Menschen und der entsprechenden Mythenproduktion im Detail nach.

Am Beispiel der Schöpfungsgeschichte sei die psychische Projektions-
arbeit, die sich bei der Mythenerfindung ereignet, deutlich gemacht, denn
die Schöpfungsgeschichte liefert eine Erklärung für eine Art mystischer
Einheitserlebnisse. Nach Bischof finden sich nur zwei strukturell verschiedene Schöpfungsgeschichten, Erzählungen über die Erschaffung der Welt,
in den Mythen der Völker. Beide enthält auch das Alte Testament. In einer Version der Schöpfungsgeschichte existiert am „Anfang" der Welt nur
eine einförmige Masse, etwa eine Nebelwand, ein Rauch oder ein Meer,
über die ein Gott oder Geist schwebt. (Um die Unlogik, dass es vor der
Erschaffung der Welt schon eine Nebelwand oder ein Meer gibt, kümmert

sich kein Mythos.) In dieser einförmigen Masse taucht irgendwann ein singuläres Objekt auf, eine Insel, ein Fels oder ein Boot oder ähnliches, oder es wird ein solches Objekt von einem Geist oder Gott geschaffen. Dieses Objekt ist das erste Schöpfungselement. Die Mythen erzählen dann meist, wie die anderen Elemente der Welt, Sonne, Mond, der Himmel, die Erde etc, kreiert werden.

Die relativ differenzlose Masse, wie sie eine Nebelwand oder ein großes Wasser darstellt, entspricht, so Bischof, einer Eigenheit der frühkindlichen visuellen Wahrnehmung. Vor der Ich-Entwicklung soll nämlich das Kind bei der Wahrnehmung noch nicht zwischen Figur und Grund trennen, d.h. ein Objekt im Vordergrund wird nicht als etwas von seiner Umgebung und der Tiefe des Raumes scharf unterschiedenes wahrgenommen, Objekt und Umgebung erscheinen als „eins". Die Trennung von Objekt und Umgebung soll sich um den 18. Lebensmonat durch die Entwicklung des Ich-Bewusstseins vollziehen. Dieses Geschehen wird im Mythos durch eine auftauchende Insel, einen Fels, ein Boot etc. verbildlicht.[258]

Die Schöpfungsmythen spiegeln also das Erleben des Kleinkindes bis zum Aufkeimen des Ich-Bewusstseins. Sie projizieren die psychische Entwicklung der ersten Lebensjahre in den Kosmos. Die Ich-Entstehung wird verständlicherweise als Beginn der Weltentstehung erlebt, denn Ich-Entstehung heißt Bewusstwerdung des eigenen Seins, des *Ich bin*, die Voraussetzung der Bewusstwerdung der Welt. Diese Vorgänge erinnern stark an das Erleben unserer Mystiker, nur in umgekehrter Reihenfolge: Zuerst „verlieren" sie ihr Ich, nehmen dann eine relativ einförmige Masse wahr, die manchmal als die ganze Welt gedeutet wird, mit der sie sich schließlich vereinigen. In der Zen-Erzählung vom Ochs und den Hirten werden ausdrücklich weiße Felder genannt. Das unterstützt die Vermutung, dass es sich bei vielen mystischen Erfahrungen um Regressionen, Rückgänge des psychischen Erlebens, handelt, bei starken Vereinigungserfahrungen um Regressionen in Erlebensweisen vor dem Ich-Bewusstsein.

Märchen und Mythen erzählen von fantastischen Welten, die trotzdem jeder irgendwie zu kennen glaubt, weil eben jeder die psychische Atmosphäre dieser Welten in seiner Kindheit und Jugend selbst durchlebte. Deshalb ist es kein Wunder, dass uns diese Erzählungen, obwohl sie aus längst vergangenen Zeiten stammen, auch heute noch und auch als Erwachsene, berühren.

Märchen und Mythen dienten an erster Stelle wohl der Unterhaltung, aber natürlich auch der Welterklärung, der Schaffung der Identität einer

---

[258] Siehe näheres Bischof, Norbert: Das Kraftfeld der Mythen. München 1988, S. 738f.

Ethnie oder eines Volkes und der Weitergabe dieser Identität. Unbewusst dienten Märchen und Mythen auch der Therapie, indem sie die Schrecken der Kindheit erzählerisch verarbeiteten.

Gesellschaftliche Bedingungen für die Entstehung der Mystik

Wir wollen hier nur auf wenige und ganz allgemeine Grundbedingungen für die Entstehung mystischen Gedankenguts und mystischer Gruppen hinweisen.

Die Vorstellung, dass „Einer und Eines" (Hölderlin) nur sei, alles Geist oder Gott, finden wir nicht in kleinen Stammesgesellschaften. Die Mystik entwickelte sich erst in Gesellschaften mit starken Zentralgewalten, einem mächtigen bis absoluten Herrscher und einem Denken auf hohem Abstraktionsniveau. So in der römischen Antike, im Indien Buddhas, ansatzweise im alten China und in vielen mittelalterlichen Gesellschaften des ostasiatischen, islamischen und christlichen Raumes. Erst städtische Gesellschaften machten einen *Rückzug* in die Natur oder hinter Klostermauern möglich, und für manche Menschen nötig.

Der prägnanteste religiöse Ausdruck hochzentralistischer Organisationsstrukturen ist natürlich der Monotheismus, als dessen „Erfinder" der Pharao Echnaton (ca. 1200 v.u.Z.) gilt. Weiter getragen wurde der Ein-Gott-Glaube von den israelitischen Stämmen, dem Christentum und von Mohammed, dem mit ihm die Einigung der arabischen Stämme gelang.

Der Glaube, dass es nur einen Gott gibt, entstand nicht zufällig in einem zentralistisch regierten Staat und setzte sich in einem wie dem Römischen Reich durch, dem die Zentralgewalt verloren zu gehen drohte. Der Monotheismus einte die jüdischen und die arabischen Stämme und korrespondiert mit dem Erleben eines einzigen Gottes in der jüdischen, christlichen und islamischen Mystik. Die Mystik ist zwar nicht an einen ausdrücklichen Monotheismus gebunden, wie der Brahmanismus zeigt, aber doch an etwas, was allen Dingen irgendwie gemeinsam sein kann, etwas, das Vereinigung und Einheit ermöglicht, kurz: ein Stoff der alles durchdringt. Der Brahmanismus oder spätere Hinduismus ist bekanntlich polytheistisch, ein Vielgötterglaube, dementsprechend „vereinigen" sich die hinduistischen Mystiker mit den verschiedensten Göttern und Göttinnen, aber letztlich mit dem einen, dem Schöpfer, der zugleich die ganze Welt ist, Brahman.

Das dominierende soziale Verhältnis in den feudalen Gesellschaften war das Herr-Knecht-Verhältnis, und, oh Wunder, in der christlichen Mystik, im ganzen christlichen Glauben, wird das Verhältnis Gott-Mensch, als das eines Herrn zu seinem Knecht bestimmt. Für einen Herrn ist die wichtigs-

te psychische Eigenschaft des Knechtes die des Gehorsams. Gehorsams-
erziehung steht im Zentrum der psychischen Abrichtung des Untertanen in
diesen Gesellschaften.[259] Vertrauen ist gut, aber Kontrolle ist bekanntlich
noch besser. Die totale Überwachung bildet deshalb den zweiten psychischen Pfeiler der Herrschaftssicherung. Psychisch war dieser Pfeiler, weil
die totale Überwachung vor allem durch religiöse Ideologien gesichert
wurde: Höhere Wesen sahen die inneren Vorgänge eines jeden Menschen
zu jeder Zeit, sie konnten seine geheimsten Gedanken lesen und wussten
von seinen geheimsten Regungen. (Nach einem arabischen Wort sieht Allah in einer mondlosen Nacht auf einem schwarzen Stein eine schwarze
Ameise.) Gehorsam bis zur absoluten Unterwerfung unter den Willen des
Herrn oder Meister ist ein wichtiges mystisches Motiv, ebenso wie die innere Rebellion gegenüber diesen Willen. Sie muss überwunden werden, es
soll ganz allein der „Wille des Vaters" geschehen.

Für die Entfaltung mystischen Gedankenguts und mystischer Praxis genügen nicht nur die genannten gesellschaftlichen Bedingungen, also größere Gesellschaften mit zentralistischen, hierarchischen Organisationsstrukturen, Herr-Knecht-Verhältnisse und ein Denken, welches über mythische
Erklärungen hinausgeht: Es müssen auch Lebensformen der Kontemplati-
on und des Rückzugs möglich sein. Solche Lebensformen setzen wiederum
voraus, dass Einzelne oder ganze Gemeinschaften von einer Gesellschaft
materiell unterstützt werden können und auch unterstützt werden. Religiöse Gruppen haben es immer verstanden Theorien zu entwerfen, welche
den arbeitenden Teil der Bevölkerung nötigte, jene zu versorgen. In Indien
konnten solche Gruppen eine Bettlerkultur etablieren, in vielen anderen
Ländern erhielten sie staatliche Privilegien, die es ihnen ermöglichte öko-
nomisch zu überleben. In der Regel gründeten sie Klöster und lebten in
ihnen und durch sie oft besser als die Mehrheit des Volkes. „Die ersten
ausländischen Besucher in Tibet waren geradezu entsetzt von der Feu-
dalherrschaft und den schrecklichen Strafen, mit denen die Bevölkerung
von der parasitären Klosterelite in permanenter Leibeigenschaft gehalten
wurde."[260] Der Lebensstandard von Mönchen soll, nach dem zeitgenössi-

---

[259] Anmerkung: Ein japanisches Zeugnis einer totalen Gehorsamsideologie stellt
das „Hagakure" dar, eine Art Bibel der Samurai. Es entstand 1710-1716 und
wurde vermutlich von einem ehemaligen Samurai, der ein Zen-Mönch geworden war, diktiert. In Auszügen wurde es auch an die Waffen-SS verteilt, was
wegen seines faschistischen Geistes nicht wundert. In neuerer Zeit machte es
der 1999 gedrehte Film *Ghost Dog: Der Weg des Samurai* populär.

[260] Hitchens, Christopher: Der Herr ist kein Hirte. München 2007, S. 243.

schen Zen-Abt Muho, bis heute in vielen asiatischen Ländern höher sein, als der des so genannten einfachen Volkes.[261] Dass die Bettelei religiöser Gruppen schon zur Zeit Buddhas ein Problem war, schildert Hans Wolfgang Schumann in seiner Buddha-Biografie.[262]

Wir behaupten nicht, dass sich in mystischen Erfahrungen und Theorien *nur* absolutistische Herrschaftsordnungen und die allgemeine religiösen Lehre widerspiegeln. Wir behaupten auch nicht, dass mystische Seinsarchitekturen, wie etwa die Plotins, *nur* eine Übertragung einer durchorganisierten zentralistischen Staatsordnung auf das Universums darstellt. Mystische Erlebnisse und Vorstellungen haben, wie andere auch, vielfältige Gründe. Zentralistische hierarchische Verhältnisse bilden aber die notwendigen Voraussetzungen, um sich *bestimmte* Gedanken über die Natur und Funktionsweise des Ganzen zu machen, um es beispielsweise unter der Idee der Einheit zu reflektieren. Dass sich diese Reflektionen in inneren Erlebnissen niederschlagen, ist so selbstverständlich wie die Wiederkehr von alltäglichen Erlebnissen in Träumen.

Auf die Frage Hölderlins, „woher ist die Sucht denn / Unter den Menschen, dass nur Einer und Eines nur sei?", heißt eine profane Antwort: Jahrhunderte lange *zentralistische hierarchische Organisationsstrukturen*. Die Sucht zeigt sich auch in der Konditionierung unseres Denkens, zuerst einmal nach dem *einen* Grund oder *dem* Kern eines Problems zu fragen. Warum soll aber ein Problem nicht mehrere Gründe oder Kerne haben? Warum soll das Leben, wenn überhaupt, nur *einen* Sinn haben? Die Frage Hölderlins findet sich übrigens in dem Gedicht mit dem Titel „Wurzel Alles Übels".

Dass gesellschaftliche und kulturelle Konstellationen auf das mystische Erleben durchfärben, wird auch ein Verteidiger der Mystik nicht bestreiten. Er wird aber auf das Phänomen des Erlebens selbst verweisen, dessen individuelle Inhalte und „Tiefenstruktur" sich für ihn nicht allein aus den äußeren Umständen erklären lassen.

Da jedes mystische Erleben ein individuelles ist, differieren die Inhalte entsprechend der Zahl der MystikerInnen. Aber es lassen sich Gemeinsamkeiten feststellen, sowohl Gemeinsamkeiten innerhalb einer bestimmten religiösen Kultur wie auch überkulturelle. Es gibt spezifisch christliche, islamische und buddhistische mystische Erfahrungen, es gibt aber auch allen Mystiken gemeinsame Merkmale. Als allgemeine Merkmale des

---

[261] Abt Muho: Zazen oder der Weg zum Glück. Reinbek 2007, S. 35.
[262] Siehe Schumann, Hans Wolfgang: Der historische Buddha. München 1995, S. 89.

mystischen Erlebens gelten All-Einheits-Empfindungen, Ich-Entgrenzung, Verlust der Raum- und Zeit-Orientierung, gesteigerte Emotionalität und großes bis absolutes Geborgenheitsempfinden. Es müssen sich bei einem mystischen Erlebnis nicht alle diese Merkmale zeigen und nicht immer handelt es sich um ein mystisches, wenn sie sich zeigen. Auch bei LSD-„Reisen" treten diese Empfindungen manchmal auf, aber in der Regel werden sie von den „Reisenden" nicht als mystisch-religiöse verstanden.

Es gibt jedoch auch für die so genannte Tiefenstruktur und den individuellen Ausprägungen des mystischen Erlebens profane Erklärungen; wir wollen sie uns in den zwei nächsten Abschnitten ansehen.

Psychosoziale Gründe für die Entstehung der Mystik

Konfliktbehaftete Organisationsstrukturen einer Gesellschaft reproduzieren sich in den psychosozialen Konflikten ihrer Untergruppen, sind dort als antreibende oder zerstörende Kräfte wirksam. Jede Gruppe verarbeitet die Konflikte, die beispielsweise aus despotischen Herrschaftsverhältnissen resultieren, auf spezifische Weise, bestimmte religiöse Gruppen auf die, welche man später mystisch nannte. Im Folgenden wollen wir uns den psychosozialen Konflikten in den antiken und mittelalterlichen Gesellschaften zuwenden, welche unter anderem die Mystik hervorbrachten.

Die bestimmende Erfahrung für die breite Bevölkerung in den antiken Sklavenhalter- und mittelalterlichen Feudalgesellschaften war die der Gewalt und der Machtlosigkeit. Ohnmachtserfahrungen hatte der Mensch natürlich auch in Stammesgesellschaften, infolge etwa von kriegerischen Niederlagen oder Naturgewalten. Das vollkommene Ausgeliefertsein an reale Herren, als Sklave, Leibeigener oder sonstiger Untertan in den vormodernen Gesellschaften, barg eine neue Qualität der Ohnmacht: die der Permanenz und Unabänderlichkeit. Die Ohnmachtserfahrungen spiegelten sich natürlich in den religiösen Welterklärungen wider. Sie thematisierten diese Erfahrungen in mythologisch-theologischem Gewand und „ersannen" unter anderem die grandiose Lösung Mystik.

Der Psychoanalytiker Horst-Eberhard Richter erklärt die spezifische Entwicklung der westlichen Zivilisation durch eine generelle „psychosoziale Störung" der vorausgehenden mittelalterlichen Gesellschaft. „Psychosoziale Störung" könnte man als ein krankhaftes antisoziales Verhalten missverstehen, *psychosozial* meint aber, dass es sich nicht um eine individuelle Störung, sondern um die einer ganzen Gesellschaft handelt. Diese Störung bestand für die mittelalterliche Gesellschaft in dem, was in der Psychoanalyse eine narzisstische Kränkung genannt wird und nichts anderes als die Erfahrung der Ohnmacht meint. Narzisstisch besagt weiterhin, dass der Ohnmachtserfahrung ein unrealistischer Glaube an die eigene Größe, Vollkommenheit und Macht korrespondiert. Jedes Vorkommnis, welches diesen Glauben gefährdet, wird als eine Kränkung erfahren.

Richters Analyse dieser Störung in seinem Buch *Gotteskomplex* scheint uns nicht nur für das europäische Mittelalter zu gelten, sondern in den Grundzügen auch für die außereuropäischen mittelalterlichen Gesellschaften. In einigen Punkten gilt sie wohl auch für antike Gesellschaften. Kennzeichnend für das europäische Mittelalter ist das christliche Gewand der Störung und eine der möglichen Lösungsstrategien, nämlich die „Flucht" in die Wissenschaft.

Eine religiöse Formulierung der Erfahrung durchgängigen Ausgeliefertseins, der Abhängigkeit und Ohnmacht der meisten Menschen war die Gnaden- und Prädestinationslehre des Christentums. Die für die Christen maßgebliche Fassung, die „lateinisch-abendländische Prädestinationslehre",[263] stammt von dem „Kirchenvater" Augustinus (4./5. Jahrhundert u.Z.). Auch im Islam findet sich die Prädestinationslehre und gilt als ein Grund für seinen fatalistischen Zug. Sie findet sich übrigens auch im Amidha-Buddhismus des Shinran, der sich im mittelalterlichen Japan zur Zeit Dogens (13. Jahrhundert) entwickelte.

Für Augustinus ist das Schicksal des Menschen bis in alle Ewigkeit von Gott festgelegt (prädestiniert), „Gott habe nur die zum Heile bestimmt, die tatsächlich zum Heil gelangen".[264] Es konnte also niemand sicher sein, „ob er nach Gottes unerforschlichen Ratschluss zu denen zähle, die der Erlösung teilhaftig werden würden, oder zu denen, die für die Erbsünde büßen müssten".[265]

Es war natürlich „eine schwer erträgliche Forderung, absolute Abhängigkeit anzuerkennen, ohne sich der göttlichen Gnade sicher fühlen zu dürfen".[266] Mittelalterliche Theologen vermuteten, das weniger als zehn Prozent der Christen mit einem Platz im Paradies rechnen dürfen. Das schlossen diese Theologen aus dem „verderbten" Lebenswandel ihrer Zeitgenossen. Die Angst, welche auf diesen lasten musste, wurde sicher nicht durch die sadistisch ausgemalten Höllenqualen des Klerus gemildert.

---

[263] Fries, Heinrich (Hrsg.): Handbuch theologischer Grundbegriffe. 3 Bd. München 1970, Bd. 3, S. 353.

[264] Ebenda.

[265] Richter, Horst-Eberhard: Der Gotteskomplex. Hamburg 1979, S. 21.

[266] Ebenda., S. 22.

Für Augustinus war die Vorherbestimmung zum ewigen Heil oder zur ewigen Hölle „souveräne, freie Tat Gottes, ohne Verdienst, ja trotz Missverdienst des Menschen und unfehlbar für ihn".[267] Gott verhält sich also wie ein irdischer Herr, er fällt seine Entscheidungen nach Gutdünken, bevorzugt anscheinend manchmal Günstlinge statt diejenigen, die eine Beförderung verdient hätten, und er bestraft die treuesten Untergebenen. Entscheidungen können nicht angefochten werden, der Herr ist „souverän" und „frei". Spätere theologische Versuche, die Prädestination nicht als „Willkürakt Gottes erscheinen zu lassen"[268] und der Willensfreiheit Sinn zu geben, scheiterten.[269]

Die Prädestinations- und Gnadenlehre war nicht die Ursache der psychosozialen Störung, sondern Ausdruck der tatsächlichen Störung des menschlichen Zusammenlebens. Die Prädestinationslehre war eine theologische Reaktion auf die absoluten Herr und Knecht-Verhältnisse in den mittelalterlichen Gesellschaften, dessen oberstes Gesetz ja lautete, absoluter Gehorsam nach oben, Fürsorgepflicht nach unten. Ungehorsam wurde in der Regel gnadenlos bestraft, aber die Fürsorgepflicht der Oberen konnte nicht eingeklagt werden, die Untertanen waren ganz und gar auf die Gnade ihres Herrn angewiesen. Was Volker Schürmann für die europäische Feudalgesellschaft feststellte, galt auch für die asiatische: „Selbstverständlich gibt es im Feudalismus Gewohnheitsrechte, Fürsorgepflichten, Regeln des pfleglichen Umgangs, sprichwörtliche Bauernschläue. Aber all solche Regularitäten und Umwegigkeiten des Ausfechtens von Abhängigkeiten ändern nichts an der Direktheit der Abhängigkeit, die solche Verhältnisse zu Gewaltverhältnissen macht. Fürsorgepflicht war ein Gnadenakt [*caritas*], kein Rechtsanspruch."[270]

Die Prädestinationslehre führte im Verein mit der Allmachtslehre letztlich zum Zusammenbruch der mittelalterlichen Theologie bzw. Philosophie: Wenn der Mensch von einem allmächtigen und willkürlich handelnden Wesen regiert wurde, war keine Erkenntnis sicher, alles konnte Lug

---

[267] Fries, Heinrich (Hrsg.): Handbuch theologischer Grundbegriffe, Bd. 3, S. 353.

[268] Ebenda, S. 354.

[269] Anmerkung: Nach dem Handbuch theologischer Grundbegriffe lehrt die katholische Kirche immer noch (zumindest bis zum Erscheinungsjahr 1970), die doch schwer zu vereinbarenden Sätze, dass „1. Gott will, dass alle Menschen selig werden, und die Erlösung Christi gilt für alle Menschen. 2. Es gibt eine ewige Erwählung und eine ewige Verwerfung." Ebenda, S. 355.

[270] Schürmann, Volker: Sport als Inszenierung des Citoyen. In: Deutsche Zeitschrift für Philosophie. 3/2006, S. 366.

und Trug oder auch nur ein böser Scherz sein. Der Zweifel ließ bekanntlich am Ende nur noch die Gewissheit übrig, dass man existiert, weil man nicht sinnvoll daran zweifeln kann, dass man zweifelt.

Die spezifische Reaktion der europäischen Gesellschaft auf den Sicherheits- und Geborgenheitsverlust war die „Flucht in die Wissenschaft" (Richter). Alle anderen großen Kulturen der Erde, ob islamische, buddhistische, hinduistische oder konfuzianische gingen nicht den „europäischen Sonderweg" (Werner Becker), negativ formuliert, kamen nicht über ein Hochmittelalter hinaus. In diesen Kulturen suchten immer mehr Menschen den leidvollen Verhältnissen durch einen religiös-mystischen Weg zu entrinnen. Das Wachstum der Klöster ist dafür ein Indikator.

Nach Richter trieb der Zweifel, zu den wenigen Auserwählten zu gehören, den europäischen mittelalterlichen Menschen zur Erforschung der Welt. Es galt, den göttlichen Architekturplan des Universums zu entschlüsseln, um die eigene Position in Bezug auf das Jenseits zu erkennen, auch in der Hoffnung, sie zu verbessern. Der nicht eingestandene Antrieb war, Gott zu entthronen, indem man sich selbst seiner Göttlichkeit und damit Allmacht versicherte. So wie sich das Kind „aus der Verlorenheit in die absolute Selbstsicherheit, aus der hilflosen Kleinheit in die unversehrbare Größe und Stärke"[271] retten will, so wollte es die mittelalterliche Gesellschaft als ganzes. Es ging darum, „alles zu wissen, alles selber zu machen, um sich nicht mehr abhängig fühlen zu müssen".[272] Aus der Unsicherheit, „Gott zu *haben*", schickte man sich an, „selber Gott *sein* zu wollen".[273]

Wachsender Geborgenheitsverlust erzwingt bei einem Individuum oder einer Gesellschaft einen „Ausgleich durch narzisstische Selbstsicherung", durch die Versicherung selbst der Größte, Weiseste, Mächtigste zu sein. Es liegt in der Logik solcher Wunschfantasien, sogar die Existenz Gottes von einem selbst abhängig zu denken, wie es der deutsche Großmystiker Meister Eckhart tat. Der „einmal eingeleitete Prozess der Ablösung aus der vollständigen Unmündigkeit und Passivität enthielt von vornherein die Tendenz zu einem rasanten Umschlag ins Gegenteil, in die *Identifizierung mit der göttlichen Allwissenheit und Allmacht*. Und tatsächlich trägt die folgende Entwicklung viele Züge des von der Psychoanalyse beschriebenen Reaktionsmusters der Flucht aus narzisstischer Ohnmacht in die narzisstische Omnipotenz."[274]

[271] Richter, Horst-Eberhard: Der Gotteskomplex, S. 80.
[272] Ebenda, S. 81.
[273] Ebenda.
[274] Ebenda, S. 23.

Die psychosoziale Störung des mittelalterlichen Menschen kann mit „narzisstischer Ohnmacht-Allmacht-Komplex"[275] betitelt werden. (Erinnern wir uns an die Fantasie Kodo Sawakis, alle Wesen seien seine Kinder und dürfen deshalb bestraft werden.) Wir werden im nächsten Abschnitt sehen, dass die Flucht in Allmachtsphantasien zu den gängigen Reaktionen der MystikerInnen zählt, um traumatische Ohnmachtserfahrungen zu kompensieren. Der Ohnmacht-Allmacht-Komplex zieht einen „radikalen Egozentrismus" nach sich, den Versuch, alle und alles zu beherrschen, er mündet schließlich in der „Einverleibung des einen großartigen Gottes". *„Der Mensch verwandelt sich selbst in ein Abbild dieser Gestalt und sieht sich fortan als eine in sich und von allen anderen vollständig abgeschlossene Einheit.* "[276]

Nach Richter soll es, im Gegensatz zur allgemeinen Annahme, in den mittelalterlichen Gemeinschaften keinen wirklichen Gemeinschaftssinn gegeben haben. Stattdessen prägte ein „Unten-Oben-Verhältnis ... das Selbstverständnis". Die mittelalterliche Gesellschaft soll ein „Gewimmel von insgeheim größenwahnsinnigen Egozentrikern"[277] gewesen sein. Der Mangel an Gemeinschaftssinn findet sich auch heute noch in vielen asiatischen Gesellschaften. Geholfen wird in der Regel nur den Mitgliedern der eigenen Familie, dies zwar in einer ausgeprägten Form, aber weiter als die Familie oder Sippe reicht die Fürsorge nicht.

Für Richter versuchte die europäische Philosophie, seit dem 16. Jahrhundert, Konstruktionen zu entwickeln, welche dem Einzelnen die Identität mit Gott oder dem Weltall bestätigt, bzw. „dass er in der eigenen Person die Vollständigkeit des Weltalls enthalte".[278]

Lassen wir die diesbezüglichen europäischen philosophischen Ideen, wie sie Richter darlegt, kurz Revue passieren, sie werden uns bekannt vorkommen:

Die Naturphilosophie der Renaissance entwarf, nach Richter, ein pantheistisches Universum, in dem sie Gott und die Welt gleichsetzte. Sie konnte daher sagen, der Mensch erfasse das All, weil er es selbst sei. Der psychologische Gewinn: „Aus der drohenden kompletten Hilflosigkeit und Verlorenheit hatte sich das Ich dadurch gerettet, dass es sich durch einen unbewussten Gleichsetzungsprozess illusionär die göttliche Vollkommenheit und Allmacht selbst aneignete. *So wurde jeder gewissermaßen sein*

---

[275] Ebenda, S. 32.

[276] Ebenda.

[277] Ebenda, S. 7.

[278] Ebenda, S. 33.

eigener Gott."[279] Für Spinoza (17. Jahrhundert) soll der Mensch nur eine Erscheinungsweise Gottes gewesen sein. Deshalb erkennt der Mensch, wenn er sich erkennt, auch Gott, und wenn er sich liebt, liebt er auch Gott. Das „ermöglicht die vollständige Versöhnung des sich selbst liebenden Ich mit Gott ... Dieser Pantheismus beruht auf der *Gleichsetzung von Gott und Mensch. Das Selbstbewusstsein des Menschen fließt mit dem göttlichen Selbstbewusstsein zusammen,* und dies ist der entscheidende Schritt zur libidinösen Selbstvergötterung. Die Liebe behindert nicht länger den Weg zum egozentrischen Größenwahn, sondern sie verschmilzt mit diesem."[280]

Die idealistischen Philosophen (Fichte, Schelling und Hegel; 18./19. Jahrhundert) versuchten den Ohnmacht-Allmacht-Komplex durch einen „Vergeistigungsprozeß" der gesamten Natur zu bewältigen. Die tragende Phantasie war, die Natur soll nicht beherrscht werden, sondern der Mensch soll sich durch einen „eigenen Vergeistigungsprozess zu göttlicher Höhe aufschwingen".[281] Bei Hegel, dem Geist, Ideen und Gott dasselbe waren, vollzieht sich die Identifizierung mit Gott „als eine Verschmelzung im Geist. Es ist eine Art von spiritualistischem narzisstischem Größenwahn. Es ist das Konzept der Allmacht der Gedanken."[282]

Für Richter kommt es darauf an, dass der Mensch wieder eine Mitte findet, eine zwischen völliger Ohnmacht und Allmacht, die Gleichsetzung mit Gott sei eine „überkompensierende Notlösung".[283]

Vieles von dem, was Richter der mittelalterlichen und neuzeitlichen Gesellschaft diagnostizierte, wird uns bekannt vorgekommen sein. Vor allem in den Ausführungen Loys finden wir es wieder, besonders in den Vergleichen zwischen der vedischen und buddhistischen Mystik. Wie wir gesehen haben, ist die Lehre von der Buddhanatur nichts anderes als ein Pantheismus (Alles ist Gott) ohne personalen Gott, im Mahayana wird stattdessen von Geist gesprochen. Zeitgenössische Zen-Meister, so Lutger Tenbreul, stellen ungeniert die Gleichung auf, Buddhanatur = Geist = Gott. Dass der Einzelne in seinem Kern mit dem Ganzen identisch sein soll, wie es uns die asiatische Mystik unermüdlich versichert, muss man nach Richter als eine kompensatorische Phantasie betrachten, die für reale Ohnmacht, Unsicherheit und Unwissenheit entschädigen soll.

---

[279] Ebenda, S. 35.
[280] Ebenda, S. 95.
[281] Ebenda, S. 49.
[282] Ebenda.
[283] Ebenda, S. 88.

Eigen war dem europäischen Mittelalter nur der Lösungsweg der wissenschaftlichen (und territorialen) Eroberung der Welt, die mit einer auf vielen Strecken mystischen Philosophie einherging. Man darf also den „europäischen Sonderweg" als eine grandiose säkulare Variante der Mystik bezeichnen, als den Versuch, die Erfahrungen der Ohnmacht und Unsicherheit durch die Gleichsetzung mit Gott/Geist in ihr Gegenteil zu verwandeln, in die der Sicherheit und Allmacht.

Dass die europäische Philosophie die „asiatischen Lösungen" ersann, ohne diese (genauer) zu kennen, erklärt sich mühelos aus den ähnlichen materiellen und sozialen Verhältnissen der jeweiligen Gesellschaften. Ähnliche materielle Verhältnisse bringen notwendigerweise ähnliche „geistige" Verhältnisse hervor.

Die MystikerInnen sind Menschen, welche den psychosozialen Grundkonflikt der mittelalterlichen Gesellschaft in besonders extremer Form erfahren haben und passgenau auf sie reagierten. Wie diese Erfahrungen und passgenauen Reaktionen konkret aussahen, wollen wir uns im folgenden Abschnitt anschauen.

Psychopathologische Gründe mystischer Praxis und mystischer Erfahrungen

> „Das Trauma ist in der Regel mit Erfahrungen absoluter Ohnmacht verknüpft. Die Opfer werden einer Gewalt unterworfen, die ihre eigenen Ziele über die Einfühlung in ihren Schmerz setzt und ihr Leben nur schont, um sie auszunutzen." [284]
>
> Wolfgang Schmidbauer

Wenn die dargelegte Diagnose der mittelalterlichen Gesellschaft und ihrer Auswirkungen auf die menschliche Psyche, zutrifft, dann müssen sich bei MystikerInnen schwere psychische Schädigungen finden. Nach dieser Diagnose nötigte sie der psychosoziale Grundkonflikt, die „radikalste aller Lösungen" zu suchen. Tatsächlich waren es oftmals schwere psychische Erkrankungen, welche eine mystische Praxis motivierten und dementsprechende Erfahrungen organisierten. Das belegt die Untersuchung der Kindheit christlicher MystikerInnen im Mittelalter durch den Psychologen und Psychohistoriker Ralph Frenken. Er untersuchte 19 Frauen und drei Männer, u.a. den neben Eckart bekanntesten deutschen Mystiker Heinrich Seuse.

[284] Schmidbauer, Wolfgang: Die Rache der Liebenden. Hamburg 2007, S. 121.

Die Erfahrungen christlicher MystikerInnen unterscheiden sich von denen buddhistischer MystikerInnen. Bei den christlichen steht das „Heilsgeschehen" im Sinne der Evangeliumserzählungen im Mittelpunkt. So tauchen bei den von Frenken untersuchten MystikerInnen am häufigsten Szenen aus dem Leben der „Heiligen Familie" auf, die sich aus Gottvater, Josef, Maria, Jesus als Kleinkind und Verwandten wie der Hl. Anna zusammensetzt. Auffällig ist bei diesen Schilderungen, dass Maria von den Mystikerinnen durchweg als schlechte lieblose Mutter erlebt, der Vater hingegen meist glorifiziert wird. Weitere häufige Themen mystischer Visionen sind Jesus als Bräutigam (mit unübersehbar sexuellen Komponenten) und Schilderungen seiner Leiden.

Die Visionen der MystikerInnen galten nicht nur Gläubigen, sondern auch in vielen Fällen der Kirche als echt im Sinne einer nachgeholten Erfahrung von tatsächlich stattgefundenen Ereignissen, als ergänzende Berichte der Evangelien, welche ihre Wahrheit bestärkten. „Begegnungen" der MystikerInnen mit dem christlichen Himmels- oder Höllenpersonal wurden oftmals als Vertiefung der Glaubenswahrheit verstanden, wenn sie dieser nicht ausdrücklich widersprachen. Manche dieser MystikerInnen wurden heilig gesprochen.

Zum Allgemeingut psychologischer Theorien gehört, dass ungelöste schwere Kindheitskonflikte das ganze Leben hindurch zwanghaft reinszeniert werden müssen, zumindest solange, bis sie gelöst werden. Das generelle Ergebnis der Untersuchung Frenkens lautet: Alle untersuchten mittelalterlichen MystikerInnen litten an schwersten dissoziativen Persönlichkeitsstörungen aufgrund traumatischer Kindheitserfahrungen. Ihre religiösen, speziell mystischen, Praktiken muss man als einen unbewussten Selbsttherapieversuch verstehen, der jedoch in allen untersuchten Fällen misslang.

Bei einer gespaltenen (dissoziierten) Persönlichkeitsstörung liegen gleichzeitig sich widersprechende Bewusstseinsinhalte vor, so kann jemand „liebende Gefühle erleben, während er gleichzeitig seinen Körper grausam misshandelt".[285] Die meisten der untersuchten MystikerInnen weisen für Frenken Merkmale auf, die man heute zum Borderline-Syndrom rechnet. Es gilt „als eine schwere Persönlichkeitsstörung auf der Grenze zwischen Neurose und Psychose".[286] In unserer Zeit leiden viele der an Magersucht erkrankten Menschen an diesem Syndrom. Merkmale eines solchen sind u.a. chronische Angst, Dämmerzustände, Wirklichkeitsstörungen, para-

---

[285] Frenken, Ralph: Kindheit und Mystik im Mittelalter. Frankfurt 2002, S. 9.
[286] Ebenda, S. 17.

noides Erleben, aggressive Selbstverletzungen und intensive Affekte wie Wut und Depression. Im Unterschied zu Psychotikern weisen Borderline-Persönlichkeiten eine weitgehend erhaltene Fähigkeit zur Realitätsprüfung auf.[287] Dies ermöglicht es ihnen, „ihren Mann im Leben zu stehen", im Falle der MystikerInnen etwa ein Kloster zu führen oder große Projekte wie den Bau einer Kirche zu organisieren.

In einer normalen, gesunden Entwicklung integriert der Heranwachsende die guten und schlechten Erfahrungen mit seinen Eltern zu einem relativ realistischen Bild. Er sieht ihre Stärken und Schwächen, erlebt, dass er gegenüber einem Elternteil, oder irgendeinem anderen Objekt, gleichzeitig Aggressionen und Zuneigung bis Liebe verspüren kann. „Diese Legierung widersprüchlicher Erlebnisformen"[288] können Borderline-Persönlichkeiten nicht leisten, weil sie in ihrer Kindheit von den Erziehungspersonen schwer misshandelt wurden. Um sich vor der Erinnerung an die Misshandlungen und von den sie auslösenden Aggressionen zu schützen, spalten die Borderline-Persönlichkeiten die Welt in total gute und total böse Objekte auf, so wird ein Elternteil als total gut und das andere als total böse erlebt. Die idealisierten guten Objekte, häufig der Vater, sollen das Kind vor den Aggressionen der bösen Objekte schützen.[289] Das extrem dualistische Erleben der Umwelt zwingt sie auch noch als Erwachsene die bösen Objekte (Teufel, Dämonen, Feinde der Kirche etc.) bis hin zur Vernichtung zu bekämpfen.

Die Aufteilung der Welt in total gute und total böse Objekte überträgt die Borderline-Persönlichkeit auch auf ihr Selbst-Bild: Es schwankt zwischen einem „überidealisierten" Selbst, das „mit phantastischen Idealen von Macht und Vollkommenheit verknüpft" ist und der Vorstellung „total böse", schlecht, unvollkommen, wertlos zu sein.

Da starke Aggressionen den Antrieb für die Spaltungsprozesse des Selbst bilden, sind viele Beziehungen des Erkrankten von „Hass geprägt. Hass stellt die Umkehrung des Leidens dar. Kaum kontrollierbare Aggression ist auch Ursache der Selbstbeschädigung, die typisch für die Borderline-Persönlichkeit ist."[290]

Der Spaltung des Selbst-Bildes entsprechend erfolgt eine Spaltung zwischen einem eigentlichen guten Geist-Selbst und einem bösen Körper-Selbst. Der eigene Körper wird als schwach und sündhaft empfunden und deshalb abgelehnt. Selbstzerstörerisches Verhalten von Erwachsenen

---

[287] Siehe ebenda.

[288] Ebenda.

[289] Siehe ebenda.

[290] Ebenda.

Borderline-Persönlichkeiten erklärt sich als ein Ausagieren einer traumatischen Erzieher-Kind-Beziehung und ein Bestrafen des eigenen Körpers „aufgrund von Schuldgefühlen". Der Selbstbeschädiger identifiziert sich dabei mit dem „frühen Aggressor" (zum Beispiel dem Vergewaltiger) und gibt sich selbst die Schuld für das, was ihm widerfährt. „Das missbrauchte Kind hält sich für schuldig, den Missbrauch verursacht zu haben."[291] Schuldgefühle zu indoktrinieren ist ein zentrales Element religiöser Erziehung.

Selbst-Beschädigungen finden sich bei den christlichen MystikerInnen in allen erdenklichen Formen, so in exzessiven Selbstgeißelungen, Schlafentzug, schlafen in Glasscherben, Beschädigungen der Geschlechtsteile und überlangem Nahrungsentzug. „In ihren masochistischen Inszenierungen versuchten die Mystiker das 'total gute' Objekt buchstäblich 'herbeizuleiden', ein masochistischer Integrationsversuch, den Rohde-Dachser als 'Ringen um Empathie' [Mitgefühl] bezeichnete."[292]

Die Ursache solcher Persönlichkeitsstörungen, die traumatische Erziehungstortur im Babyalter führt zu einer Fixierung an die Traumata.[293] Alle von Frenken untersuchten MystikerInnen erlitten schwerste Misshandlungen in ihrer Kindheit. Durch genaue Analyse der schriftlichen Zeugnisse weist Frenken überzeugend nach, dass sowohl bei den weiblichen wie bei den männlichen Betroffenen bis auf wenige Ausnahmen von sexuellen Missbrauch auszugehen ist, welcher in der Regel von männlichen Erziehungspersonen begangen wurde. Sexueller Missbrauch war also ein wichtiger Grund für die Traumatisierung der Betroffenen. Ein weiterer waren Deprivationen, einen „Zustand des Entzuges oder Mangels".[294] Die untersuchten Mystiker litten in ihrer Kindheit vor allem unter einem Mangel an Zuwendung, aber auch unter starken sensorischen Deprivationen, d.h. dem Entzug von „abwechslungsreichen Umgebungsreizen",[295] wie Licht, Nahrung und Bewegung. Extreme sensorische Deprivationen mussten Kleinkinder von der Antike bis ins 17. Jahrhundert durch strammes Wickeln erleiden. Dabei wurde der ganze Körper so straff gebunden, dass sich das Kind nicht mehr bewegen konnte; manchmal wurden die Augen zusätzlich mit einem Tuch abgedeckt. Die Praxis der stundenlangen Ruhigstellung

---

[291] Ebenda, S. 146.

[292] Ebenda, S. 20.

[293] Siehe Ebenda, S. 19.

[294] Drever, James / Fröhlich, W. D.: Wörterbuch der Psychologie. München 1975, S. 87.

[295] Ebenda, S. 88.

durch strammes Wickeln führte zu Juckreizen, Eingeengtheits- und Verlassenheitsgefühle. Lichterfahrungen machten diese armen Kinder oft nur in den wenigen Minuten der „Fütterung". Frenken vermutet, dass die Verbindung der „mystischen Vereinigung" mit Erleuchtung, Helle, Licht hier eine ihrer Ursachen hat.

Langzeitiger Entzug von Umgebungsreizen „kann eine teilweise oder völlige Ausschaltung der bewussten bzw. willentlichen Kontrolle zur Folge haben. Die übermäßige Gefügigkeit bzw. Bereitschaft, alle bisherigen Maßstäbe und Einstellungen zugunsten der in Deprivation suggerierten aufzugeben, lässt sich aus den bedrückenden Erfahrungen mit sog. Gehirnwäsche, zum Beispiel nach langandauernder Einzel- oder Dunkelhaft, als Extremfall beschreiben."[296] Die Autoren dieser Zeilen hätten auch extreme meditative oder asketische Praktiken anführen können.

Symptome, welche der Entzug von Umgebungsreizen auslösen kann, sind veränderte Bewusstseinszustände in Form von Halluzinationen und Visionen. Das Gehirn erhält von der Außenwelt zuwenig Informationen, um sich zu orientieren, und greift deshalb auf die gespeicherten Informationen zurück, die „surreal" organisiert werden. *Ein* Abwehrmechanismus bei traumatischen Erlebnissen ist die sogenannte out-of-body-Erfahrung, ein Schutzmechanismus der Psyche, um eine bedrohliche Situation zu überleben.

Eine weitere traumatische Erfahrung bedeutete die oft praktizierte Weggabe eines Kindes in jungen Jahren, entweder zu Stiefeltern oder in ein Kloster. Diese Erfahrung musste eine grundlegende Angst vor menschlichen Beziehungen und einen vollständigen Vertrauensverlust in diese Welt bewirken. Statt Urvertrauen erwarben diese Kinder Urangst, gepaart mit einer unterdrückten Hassliebe auf die Eltern. In den Biografien der MystikerInnen wird die Weggabe fast immer beschönigend dargestellt, als sei sie auf Wunsch der Kinder erfolgt.

Nicht alle Kinder, die eine traumatische Kindheit erleben, werden MystikerInnen. Bei jedem der von Frenken untersuchten Fälle wuchsen die Kinder in einer stark religiös gefärbten Umgebung auf. Sie vermittelte ihnen das Symbolsystem, mit dem sie später ihre Traumata reinszenierten.

Sie kompensierten die in der Kindheit erfahrene Gleichgültigkeit bis Zurückweisung, das Alleingelassen werden, den Mangel an menschlicher Wärme und Geborgenheit, durch halluzinatorische Vereinigungserlebnisse mit den „göttlichen Familienmitgliedern". Diese Erlebnisse waren hart erkämpft, im wörtlichen Sinne herbeigelitten. Meist gingen ihnen jahrelan-

---

[296] Ebenda.

ge, von Visionen begleitete Selbstkasteiungen voraus, in denen sie um die Gunst der Familienmitglieder warben. Zusätzlich mussten sie sich gegen Vereinigungswünsche „böser" Objekte wehren, meist in Form von teuflischen Versuchern. Erst wenn sie diese Dämonen „besiegten", d.h. die eigenen sexuellen Wünsche erfolgreich unterdrückten, wurden sie mit der „geistigen Vereinigung" mit einem göttlichen Familienmitglied belohnt.

Das Kloster war dabei der ideale Ort der Reinszenierung der Kindheitstraumata, es bot die isolierte Umgebung der Kindheit, und mit der christlichen „Heiligen Familie" lag eine ideale Konfiguration zur endlosen Durchspielung der traumatischen Erfahrungen vor. Der „geistige Verkehr" mit dem Personal dieser Familie bedeutete, unabhängig vom Inhalt, schon eine Erhöhung der eigenen Person, galt er ja als ein Zeichen der Auserwähltheit und war Anlass von Verehrung durch andere. „Das Trauma zerstört die Empfindung, Heimat zu haben, in der Welt geboren zu sein. Als Ausgleich suchen traumatisierte Menschen mit besonderer Heftigkeit nach Surrogaten dieser Geborgenheit. Sie können nicht leben (oder glauben das zumindest), wenn sie nicht bewundern oder bewundert werden. Sie wollen unbedingt idealisieren, einen Spiegel finden, der ihnen versichert, dass sie die Schönsten, Größten, Besten sind."[297]

Ralph Frenkens bemerkenswerte Entfaltung der Etymologie des Wortes Mystik sei zum Schluss der Darstellung seiner Untersuchung noch zitiert: „Das eingedeutschte Wort *Mystik* stammt von dem griechischen Verb *mýein:* 'sich schließen, zusammengehen, den Mund, besonders aber die Augen (ver-)schließen, einschlummern.' Entsprechend der Evidenz, die in der vorliegenden Arbeit zusammengetragen wurde, hängt dieses Verschließen mit der Kindheit des Mystikers zusammen: Er verschließt den Mund; sein zu verschweigendes Geheimnis (…) besteht in dem Wissen um die Traumatisierung durch seine Eltern. Er verschließt die Augen vor den realen Eltern, wendet sich von der Welt ab und emigriert in eine selbstgeschaffene Phantasiewelt, wo er ein ideales Ersatzobjekt zu finden hofft."[298]

Die psychopathologische Diagnose Ralph Frenkens ergänzt und bestätigt die psychosoziale Horst-Eberhard Richters. Richter erklärte die mystischen Allmachtsphantasien des Mittelalters aus der Verunsicherung, welche der christliche Glaube durch das Bild Gottes als eines Willkürherrschers hervorgerufen hatte. Diese Verunsicherung wurde als eine Form von Missachtung und Demütigung bis hin zu sadistischer Quälerei erlebt, also genau auf die gleiche Weise, wie die misshandelten Kinder ihre Torturen

---

[297] Schmidbauer, Wolfgang: Die Rache der Liebenden, S. 147.
[298] Frenken, Ralph: Kindheit und Mystik im Mittelalter, S. 334.

erlebten. Und so wie die ganze Gesellschaft auf die göttliche Demütigung reagierte, die in Wirklichkeit eine soziale war, reagierten die „mystischen" Kinder auf die Demütigungen ihrer Erziehungspersonen: mit der Flucht in Allmachtsphantasien. Herr über sein Schicksal kann nur sein, wer selbst Herr wird oder zumindest sein nächster Vertrauter.

Unter der philosophischen Perspektive betrachtet, wie wir sie im II. Teil dieser Untersuchung dargelegt haben, fällt bei der Diagnose Frenkens auf, dass der Mystiker bzw. der Borderline-Erkrankte unter einer extrem dualen Struktur seiner Persönlichkeit leidet. Liebende Gefühle gehen einher mit Hass, Aggressionen und Grausamkeit. (Dass auch so genannte Zen-Meister hasserfüllte Persönlichkeiten sein können, haben wir schon im Kapitel über die Moral gesehen.)[299] Sadismus, der Drang andere zu quälen, vereinigt sich in einer Person mit Masochismus, dem Drang sich selbst zu quälen. Absoluten Allmachtsphantasien stehen absolute Wertlosigkeitsgefühle gegenüber. Das Selbstbild spaltet sich in ein böses Körper-Selbst und ein gutes unverletzbares Geist-Selbst. Die ganze Welt zerfällt für den Erkrankten in extrem gute und böse Objekte.

Nimmt es da wunder, dass der Begriff des Dualismus im Zentrum der mystischen Philosophien und damit auch der Zen-Philosophie steht, dass seine Überwindung höchstes Ziel, Vereinigung Erlösung bedeuten muss? Keine mittlere realistische Position wird angestrebt, keine der Integration von Positivem und Negativem, keine in der der Mensch, wie Horst-Eber-

---

[299] Anmerkung: Dass jahrelange Mitgefühls-Meditationen, besonders beliebt im tibetischen Buddhismus, keinen positiven Einfluss auf den emotionalen Haushalt haben, zeigt auf erschreckende Weise die Geschichte Tibets. Das alte Tibet war eine buddhistische Mönchsdiktatur, in ihm herrschte ein grausames Strafrecht. Übliche Strafmaßnahmen waren „öffentliche Auspeitschung, das Abschneiden von Gliedmaßen, Herausreißen der Zungen, Ausstechen der Augen, das Abziehen der Haut bei lebendigem Leibe und dergleichen. Zu den leichteren Strafen zählte das Abschneiden der Oberlippe. Unbotmäßige Frauen wurden vielfach strafvergewaltigt, anschließend wurde ihnen die Nase abgeschnitten. ... Jedes Kloster verfügte über eigene Kerker mit Folterkammern und Spezialisten für die grauenhaftesten Torturen. In einigen Klöstern gab es eigens entwickelte Werkzeuge zum Herausziehen der Gedärme bei lebendigem Leib. Da Buddhisten die Tötung eines Lebewesen prinzipiell untersagt ist, wurden die Delinquenten oftmals bis nahe an den Tod heran gefoltert und dann ihrem Schicksal überlassen: starben sie nun an den Folgen der Tortur, war dies durch ihr eigenes Karma bedingt. Vielfach wurden auch Skorpione und giftige Insekten zur ... Exekution eingesetzt." Colin Goldner: Dalai Lama – Fall eines Gottkönigs. Aschaffenburg 2008, S.25f. Ein Dalai Lama soll die Reinkarnation des Buddha des Mitgefühls sein. Höhnischer geht es nicht mehr.

hard Richter formuliert, wieder eine Mitte *zwischen* völliger Ohnmacht und Allmacht findet; und sich nicht in die „überkompensierende Notlösung" einer Gleichsetzung mit Gott, Buddhanatur oder Brahman flüchten muss.

Eine Arbeit wie die Ralph Frenkens über die christlichen MystikerInnen ist uns über Zen nicht bekannt, und wahrscheinlich ist eine solche auch nicht möglich. An dem dazu nötigen Material mangelt es vermutlich noch mehr als es schon bei den christlichen MystikerInnen der Fall ist. Für eine solche psychohistorische Untersuchung sind Kenntnisse aus der Kindheit der Betroffenen und detaillierte Schilderungen mystischer Erlebnisse bzw. Erleuchtungserfahrungen erforderlich. Über die Kindheit von Zen-Meistern findet sich in der uns bekannten Zen-Literatur nur wenig, detaillierte Schilderungen von Erleuchtungen, mit Ausnahme von Kapleau, überhaupt nicht. Die bei ihm beschriebenen Erfahrungen kann man allerdings schwerlich als „Große Durchbrüche" bezeichnen. Trotz dieser Schwierigkeiten wollen wir einige allgemeine Rückschlüsse von der christlichen mystischen Praxis zu der des Zen ziehen.

Dass die Zen-Mönche und Zen-Meister keine Übermenschen waren, lässt sich allein schon daran erkennen, dass auch sie sich von der Politik, dem Geld und der Macht korrumpieren ließen. Wie sehr Klöster in „weltliche Angelegenheiten" verstrickt waren, schildert Thomas Hoover in seiner *Kultur des Zen*,[300] sowie die schon zitierte Untersuchung von Brian Victoria über das Verhalten der Zen-Buddhisten in der Zeit des Faschismus. Aber so lange das, was hinter den zen-buddhistischen Klostermauern geschah, weitgehend im Dunkeln bleibt und solange keine genaueren Untersuchungen der langfristigen Wirkungen des Zazen vorliegen, müssen alle Antworten auf unsere Fragen spekulativ bleiben. Einen kleinen ungeschönten Blick in das Zen-Milieu der letzten Jahrzehnte werfen Janwillem van de Wetering in *Reine Leere* (engl. *After Zen*)[301] und der autobiografische Bericht Muhos, eines deutschen Abtes des japanischen Zen-Klosters Antaji.[302]

Vorsichtig formuliert, stützen alle diese Bücher den Verdacht, dass sich im institutionalisierten Zen viele psychopathologische Persönlichkeiten tummeln und eine Atmosphäre der Unterordnung und des Zwanges herrscht, eine der Herr-Knecht-Verhältnisse, statt eine der Gelassenheit und Freiheit. Bei einem kurzen Aufenthalt des Autors in einem Zen-Kloster drängte sich auch ihm der Eindruck auf, den Horst-Eberhard Richter von der mittelalterlichen Gesellschaft gewann: Wie in ihr herrscht in Zen-Klöstern kein

---

[300] Hoover, Thomas: Die Kultur des Zen. Köln 1978.

[301] Wetering, Janwillem van de: Reine Leere. Reinbek 2001.

[302] Abt Muho: Zazen oder der Weg zum Glück. Reinbek 2007.

wirklicher Gemeinschaftssinn, sondern ein starkes „Unten-oben-Verhältnis prägt das Selbstverständnis", und die Bewohner scheinen ein „Gewimmel von insgeheim größenwahnsinnigen Egozentriken" zu sein, allerdings auch von sehr einsamen.

Über die Erziehung der Kinder im mittelalterlichen Asien ist uns nichts bekannt; verzärtelt wurden bestimmt die wenigsten, das Gegenteil dürfte die Norm gewesen sein. Wir wissen auch nicht, ob strammes Wickeln üblich war, sicher aber wurden, wie in Europa, Kinder in sehr jungen Jahren weggegeben und nicht selten in ein Kloster. Im Einflussbereich des Tibetischen Buddhismus ist die frühe Weggabe bis heute gängige Praxis. In Tibet selbst haben es die Chinesen verboten, dort muss man mindestens 16 Jahre sein, um in ein Kloster eintreten zu dürfen. Auffällig viele Zen-Meister verloren früh ein oder beide Elternteile, so auch Dogen, und auch er kam schon mit zwölf Jahren in ein Kloster. Einer der berühmtesten Meister des 20. Jahrhunderts, der schon dargestellte Kodo Sawaki, war ebenfalls ein Waisenkind.

Wir vermuten, die von Frenken geschilderten psychischen Störungen ließen sich auch bei vielen historischen Zen-Meistern diagnostizieren, wenn wir über entsprechendes Untersuchungsmaterial verfügen würden. So drängt sich bei einer der wenigen relativ materialreichen Biografien eines älteren Zen-Meisters der Blickwinkel Frenkens buchstäblich auf. Mit ihm erschließt sich das, milde formuliert, seltsame Verhalten Tosui Unkeis, dieses angeblichen Meisters und „Zen-Hippie"; auch er wurde als Kind weggegeben.[303]

Aber selbst ohne detaillierte biographische Zeugnisse über die Protagonisten lassen sich Parallelen zwischen christlicher Mystik und Zen ziehen: Gemeinsame methodische Verfahren der christlichen und der Zen-Mystik sind exzessives Beten bzw. Sutren lesen, exzessive Verehrungs- bzw. Unterwerfungsrituale, Unterdrückung sexueller Begierden, reizarme Umwelten und ausgedehnte Selbstkasteiungen, im Zen hauptsächlich durch überlanges Sitzen. Ein methodischer Unterschied fällt aber ins in Auge: Gegenüber der fundamentalen Praxis des Zazen, des Sitzens mit verschränkten Beinen, stellen die von den christlichen Mystikern praktizierten Übungen ein Sammelsurium dar, die stark durch die persönlichen „Vorlieben" des Praktizierenden bestimmt sind.

---

[303] Anmerkung: Die Biografie Tosui Unkeis (ca. 1612-1683) verfasste ein Menzan Zuiho 1749. Das ist eine zeitnahe Lebensbeschreibung im Vergleich zu der der alten chinesischen Meister, jene erfolgten oft erst Jahrhunderte nach ihrem Ableben und enthielten nur spärliche Angaben. Siehe Menzan Zuiho: Das Leben des Zen-Bettlers Tosui. Frankfurt 2005.

Ein weiterer fundamentaler Unterschied zwischen christlicher Mystik und Zen findet sich in der Zielsetzung: Für Zen ist die Erfahrung der Leere bzw. der Alleinheit der höchste Bewusstseinszustand, gleichbedeutend mit der Einsicht in die wirkliche Natur der Wirklichkeit. Für die christliche Mystik ist das höchste Ziel die möglichst innige Vereinigung mit Gott bzw. seinem Sohn. Allgemeiner: In zen-mystischen Erfahrungen werden die religiös-philosophischen Vorgaben des „atheistischen" Buddhismus versinnlicht bzw. werden die Erfahrungen, wie die schon zitierten „weißen Felder", als Bestätigungen dieser Vorgaben interpretiert. Bei den christlichen Erfahrungen wird eher die Heilsgeschichte, wie sie aus den Evangelien bekannt ist, versinnlicht (als Visionen erlebt) und die Erfahrung des „Vaters" gesucht. Das erstaunt natürlich nicht: Die Sutren sind in erster Linie philosophische Unterweisungen, die Evangelien eine Geschichtensammlung.

Für unsere Qualifizierung der Zen-Erleuchtung als Versinnlichung buddhistischer Theorien spricht auch die generelle Theorieabhängigkeit jeder Erfahrung, welche durch die Inhalte der christlichen Erfahrungsberichte beeindruckend bestätigt wird.

Frenken deutete die Visionen der christlichen MystikerInnen vornehmlich als Reinszenierungen traumatischer Kindheitserfahrungen. Es stellt sich natürlich die Frage, ob auch im Zen Reinszenierungen traumatischer Erfahrungen denkbar sind. Das Fehlen einer himmlischen „Heiligen Familie" im Buddhismus ist sicher kein Hindernis. Die Kind-Eltern-Objekt-Strukturen können durch andere Repräsentanzen symbolisiert werden, so durch Boddhisattvas, die manche Buddhisten sowieso nur als Repräsentanten psychischer Eigenschaften ansehen. In der Zen-Literatur selbst wird vor Halluzinationen gewarnt, Erscheinungen des Buddha sollen nicht ernst genommen, nicht etwa als eine Begegnung mit einem transzendenten Wesen verstanden werden; sie seien aber ein Zeichen für spirituellen Fortschritt. Personale Visionen entsprechen nun mal nicht der buddhistischen Theorie vom Ursprung und der Natur der Welt. Nach Frenken können aber auch „philosophische Einsichten" sinnlich erlebt werden und traumatische Objekte repräsentieren.

Die Qualen; die der Zazen-Übende durch übermäßiges Sitzen im Lotussitz erleidet, kann man, genauso wie bei seinem christlichen Gegenstück, als einen masochistischen Versuch des Herbeileidens eines guten Objekts verstehen. Da letztlich eine Vereinigungserfahrung gesucht wird, das Objekt sekundär ist, muss man sagen, das gute Objekt ist im Zen, in der ganzen Mystik, eigentlich die Vereinigungserfahrung. Die erforderlichen Leiden bedeutet auch ein „Ringen um Empathie", ein Ringen um die Anerkennung durch den Meister und den anderen „Leidensgenossen".

Wie in der christlichen Mystik werden im Zen physische Schmerzen glorifiziert. Manche Zen-Anhänger glauben sogar, es ginge beim Sitzen nur darum, zu lernen Schmerzen zu ertragen. Anfänger werden manchmal mit den Worten „beruhigt", nach 30 Jahren Übung seien die Schmerzen nicht mehr so schlimm. Nicht nur in den Sesshins, besonders intensiven Übungstagen, muss der Meditierende mit folterartigen körperlichen Qualen ringen, mehr oder minder große Schmerzen gehören zum Alltag eines jeden Zazen-Übenden. Viele Zen-Klöster, aber insbesondere Rinzai-Klöster, scheinen sadomasochistische Anstalten zu sein, und das noch heute. Muho berichtet über die am eigenen Leib erlebten und kaum glaubhaften sadistischen Exzesse in diesen Klöstern. So mussten die Mönche ihr Essen so schnell hinunterschlingen, dass sie es erbrachen, um das Erbrochene wieder zu essen. Alle möglichen Fehltritte wurden mit dem Kyosaku bestraft, manchmal bis zur Bewusstlosigkeit der Delinquenten.[304] Der Kyosaku ist ein schwertähnlicher Stock, der eigentlich dazu dient, müde Meditierende mit einem kräftigen Schulterschlag zu erfrischen. Physische Gewalt wurde wohl schon immer in den Zen-Klöstern angewandt, auch Dogen berichtet von ihr. Ob sie letztlich auf psychisch kranke Persönlichkeiten zurückzuführen ist, lässt sich nicht mehr beurteilen. Da sich aber solche heute in Klöstern finden, wird das auch in früheren Zeiten der Fall gewesen sein.

Sadistische Neigungen, und vor allem eine kaum verhohlene Aggressivität, sprechen auch aus den Äußerungen der Zen-Meister des 20. Jahrhunderts, denen wir im Moral-Abschnitt begegnet sind. Diese Meister rechtfertigten ihre Grausamkeiten wie sadistische Schullehrer mit ihrer angeblich übergroßen Barmherzigkeit. Wenn Frenkens Diagnose der christlichen MystikerInnen im Kern auch für den Zen-Buddhismus zutrifft, erklären sich allerdings die physische Gewalt und die Glorifizierung der Schmerzen im Zen: Sie sind unbewusste Wiederholungen und Rechtfertigungen entsprechender Kindheitserfahrungen. Die leidvolle Situation in einem Kloster kann das fragwürdige Glück auslösen, dass man dafür dankbar wird, dass man überhaupt noch lebt. So geschehen bei Muho.

Theologen und Buddhisten mögen darüber streiten, ob die Gottes- oder die Leere-Erfahrung den höheren oder wahreren Zustand bedeutet. Vermutlich müssen, schon physiologisch begründet, auf intensive Vereinigungserlebnisse Leereempfindungen folgen. Für den christlichen Mystiker sind sie aber, im Gegensatz zum Buddhisten, nicht positiv besetzt. Unter psycholo-

---

[304] Siehe Abt Muho: Zazen oder der Weg zum Glück, Kap. 5.

gischen Gesichtspunkt kann die Erfahrung Gottes eine Kompensation für nie erlebte Geborgenheit und Anerkennung durch den wirklichen Vater bedeuten, und die Erfahrung der Leere das Ergebnis einer systematischen und perfektionierten Flucht vor Gefühlen, eine Tendenz die dem ganzen Buddhismus innewohnt. Die Leere könnte im Buddhismus auch als ein „Super-Objekt" fungieren, eines welche verschiedene Repräsentanzen in sich vereinigt. Die Ausarbeitung von Super-Objekten sei, so Frenken, in mystischen Phantasien häufig anzutreffen.[305] Sie werden bei Menschen notwendig, die eine „extreme Angst vor emotionaler und körperliche Nähe" haben, „weil Reminiszenzen an Deprivationen [Mangelzustände; A.B.] und Traumata aus der frühen Kindheit damit verknüpft sind".[306] Sucht der christliche Mystiker die halluzinatorische Vereinigung mit religiösen Objekten als Ersatz für die nie erfahrene Geborgenheit bei den realen Eltern, so könnte die treibende Kraft in der „atheistischen" buddhistischen Mystik der Wunsch sein, in den Zustand vor dem Objektbewusstsein zu regredieren, denn alle Objekterfahrungen enden letztlich leidvoll. Es gehe darum zu werden, was man „vor dem Gesicht von Vater und Mutter" war, heißt es in den Zen-Schriften.

In unseren beiden Mystiken, wie vermutlich in allen anderen, ist aber vor allem der verständliche Wunsch am Werk, die eigene Allwissenheit, Allmächtigkeit, Unsterblichkeit, kurz: Göttlichkeit, bestätigt zu erhalten. Die Bestätigung der Gleichung Ich = Gott = Geist = Alles wäre sozusagen das i-Tüpfelchen an Entschädigung für die Qualen der Kindheit und den unmenschlichen Anstrengungen des mystischen Weges (zu welchen man durch die Kindheitstraumata gezwungen wurde). Wahrscheinlich sind solche episodische Bestätigungen des Narzissmus für die Betroffenen sogar überlebensnotwendig.

Horst-Eberhard Richter charakterisiert im *Gotteskomplex* die Philosophie Herbert Marcuses (1898-1979) als eine „Philosophie der narzisstischen Omnipotenz".[307] Dieses Wort gilt auch für die mystischen Philosophien, auch sie sind eine des selbstverliebten Allmachtsglaubens. Ebenso gilt für die Mystik, was Richter über die Narzismus-Phantasie Marcuses resümiert: „Noch einmal wird versucht, die Flucht aus der kindlichen Ohnmacht in einem Bild unendlicher narzisstischer Größe enden zu lassen, die dann tatsächlich die endgültige Überwindung aller Angst, Anstrengung und Repression bedingen würde."[308]

---

[305] Siehe Frenken, Ralph: Kindheit und Mystik im Mittelalter, S. 91.

[306] Ebenda, S. 91.

[307] Richter, Horst/Eberhard: Der Gotteskomplex, S. 73.

[308] Ebenda.

Allgemeine psychische Gründe für mystische Erlebnisse

Wir reden keiner generellen Psychopathologisierung mystischer Erfahrungen das Wort, sie müssen nicht auf psychischen Erkrankungen beruhen. Womit wir allerdings auch nicht sagen wollen, dass es sich bei den „gesunden" mystischen Erfahrungen um Einblicke in eine höhere Wahrheit oder Wirklichkeit handelt. Mystische Erfahrungen können durch Drogen und verschiedenste Trancetechniken ausgelöst werden, in der Regel durch solche mit sensorischen Deprivationen. Spezielle mystische Inhalte werden sich aber nur bei denen einstellen, die vorher mit solchen Bekanntschaft geschlossen haben. Allerdings hat jeder Mensch die zentrale mystische Erfahrung, die des Einseins mit allem, das „ozeanische Gefühl" (Freud) schon erlebt, wenn auch nicht bewusst. Im Ozean des Fruchtwassers gibt es kein Ich und kein Du, kein Subjekt und Objekt, im Mutterbauch fließt alles, ist alles immer eins und eins immer alles.

Die Regression, der Rückgang in das ozeanische Gefühl in meditativen Zuständen ist ein zusätzlicher Grund für das Auftauchen der Lehre von der ursprünglichen Buddhanatur: Ursprünglich gab es kein Gesicht von Vater und Mutter, ursprünglich gab es nur ein grenzenloses Fließen.

Obwohl die Geburt eine starke Zäsur in Bezug auf das Einheitserleben bedeuten muss, klingt das ozeanische Gefühl, wenn Norbert Bischof Recht hat, erst zwischen den 15. und 18. Lebensmonat aus. Wir erinnern noch einmal an die Wahrnehmung des Kleinkindes, wie sie Bischof beschreibt: Vor der Ich-Entwicklung soll das Kind ein Objekt nicht als getrennt von der Umgebung empfinden. Diese Beschreibung der Kleinkind-Wahrnehmung erinnert wiederum an die „Unterschiedslosigkeit" einer Stufe der „nondualen" Zen-Wahrnehmung, wie bei ihr findet sich auch beim Kleinkind die Wahrnehmung eines relativ differenzlosen Feldes.

Für die Erklärung kleinerer Einheits-Erfahrungen können wir auch die Gehirnforschung heranziehen. Nach ihr errechnet unser Gehirn die Grenze zwischen Körper und Außenwelt nicht immer an der Nahtstelle Haut. So werden Brillen und Mützen vom Gehirn wie Teile des Körpers behandelt, so dass wir nach einer kurzen Gewöhnungsphase solche Gegenstände als zu unserem Körper gehörig empfinden, die Grenze zur Außenwelt dementsprechend verschieben. Inzwischen ließ sich experimentell nachweisen, dass durch intensive und längere Konzentration auf ein Objekt, wie es bei Meditationen geschieht, diejenigen Areale im Gehirn lahmgelegt werden, welche für die Bestimmung der Körpergrenze und der Raum- und Zeitorientierung zuständig sind. Die Folge ist der Zusammenbruch der Innen-Außen Unterscheidung und die Veränderung der Gegenstandswahrnehmung.[309] Der Schluss, den Meditierende gerne aus solchen Erfahrungen ziehen – Körper und Welt sind eins, Raum und Zeit irgendwie Illusionen –, ist natürlich nicht gerechtfertigt.

Die Grenzen des eigenen Körpers zu erkennen, die Fähigkeit, sich in Raum und Zeit zu orientieren, muss jedes Menschenkind lernen. Wer versucht, diesen Lernvorgang rückgängig zu machen, ihn zu entkonditionieren, darf sich nicht wundern, wenn er wieder wie ein Kleinkind wahrnimmt.

Intensive Alleinheits-Erfahrungen lassen sich also als einen Rückgang in das ozeanische Erleben im Mutterbauch und frühkindlicher Wahrnehmungsweisen verstehen. Allerdings gibt es einen wichtigen Unterschied: Der Erwachsene weiß um sein Erleben, er hat die dafür nötige sprachliche Sozialisation durchlaufen und Ich-Bewusstsein herausgebildet. Im Vereinigungs-Erleben kann es unseres Erachtens, solange um es gewusst wird, auch nicht zu einem völligen Verschwinden der Ich-Bewusstheit kommen. Bei mancher Rede von der Ichlosigkeit dürfte eine Verwechslung mit der Empfindung der Grenzenlosigkeit vorliegen. Sie bedeutet eine Lockerung bis Aufhebung der Innen-Außen-Unterscheidung, einhergehend mit der Ausschaltung der Raum-Zeit-Orientierung und der Zurücknahme des diskursiven Denkens. Die Lockerung der alltäglichen Grenzziehungen wird als ein ungehindertes Fließen des Rest-Subjekts erlebt, so dass es dem Erlebenden unzutreffend erscheint, von Trennungen zu sprechen.

Exkurs: Archaisches Vorstellungsgut

Im Folgenden wollen wir noch zwei archaisch-magische Vorstellungen erläutern, die in der Mystik eine große Rolle spielen und deshalb ihr Verständnis erhellen. Wir meinen die schon erwähnte Vorstellung, *wie im Kleinen so im Großen*, modern formuliert, Mikrokosmos und Makrokosmos sind analog aufgebaut, und die Vorstellung einer *ursprünglichen und guten Ordnung*.

1. Die Mikro-Makro-Analogie (Entsprechung) kann man als die Theorie der Magie bezeichnen. An einer Form des Regenzauber sei dies erläutert: Nach einem bestimmten Ritus wird bei einer Form des Regenzaubers ein kleiner Teil der Erde mit Wasser besprengt. Da im Großen dasselbe geschieht wie im Kleinen, löst der kleine Regen der Besprengung einen großen Regen aus; vorausgesetzt, der Ritus wurde richtig ausgeführt und der zuständige Geist oder Gott nicht verärgert. Viele Rituale, aber beileibe nicht alle, sollen die kosmischen Strukturen im Mikrobereich des alltäglichen Lebens wiederholen.

---

[309] Siehe Fischer, Peter: Philosophie der Religion. Göttingen 2007. S. 122-126.

Aus der Mikro-Makro-Analogie resultiert die Architektur der meisten religiösen Bauten, welche ein Sinnbild der Ordnung des Ganzen sein sollen. Da die Analogie auch für den sozialen Bereich gilt, wird mit ihr bis heute Herrschaft legitimiert: Soziale hierarchische Strukturen entsprechen einer kosmischen oder transzendenten Hierarchie. In manchen mystischen Philosophien wurde die Mikro-Makro-*Analogie* zur (unverständlichen) *Identität* von Mikrokosmos und Makrokosmos radikalisiert, wie wir es im Advaita (Atman ist Brahman) gesehen haben. Zur Erinnerung: Es macht einen Unterschied, ob ich glaube, das Modell des Bahnhofs entspricht dem wirklichen Bahnhof (Analogie), oder ob ich glaube, das Modell und der wirkliche Bahnhof sind ein- und dasselbe (Identität). Die Mikro-Makro-Analogie bzw. -Identität ist die unreflektierte Hintergrundannahme des Erkenntnisanspruchs der Mystik: Ihretwegen fühlt sich der Mystiker berechtigt, von seinen inneren Erlebnissen auf die Struktur des Universums schließen zu dürfen.

2. Der *Mythos von einer ursprünglichen paradiesischen Ordnung* soll sich, so Norbert Bischof, bei allen Völkern finden.[310] Nach diesem Mythos lebte der Mensch am Anfang seines Erdendaseins in Frieden und Harmonie mit den Mitmenschen, der Natur und den Göttern; der Beginn der Menschheitsgeschichte war ein goldenes Zeitalter. Alle späteren geschichtlichen Epochen bedeuten einen Abfall von dieser paradiesischen Zeit.

Die im Westen bekannteste Version dieses Mythos ist die Sündenfall-Erzählung des Alten Testaments. Den Mythos finden wir sogar noch in der marxistischen Geschichtsphilosophie, nach der die ersten Menschen in einem paradiesischen matriarchalen Urkommunismus gelebt haben sollen.

Das Leiden des Menschen, das Leiden überhaupt, hat nach dem Paradiesmythos seinen Ursprung in einem undurchsichtigen, aber irgendwie vom Menschen selbstverschuldeten Abfall von der ursprünglichen Ordnung. Deshalb galt die größte Sorge alter Stämme oder Völker der Bewahrung bzw. der Wiederherstellung der ursprünglichen Ordnung. Bei den australischen Ureinwohnern, den Aborigines, bilden diese Vorstellungen bis heute die Grundlage ihrer Kultur und damit ihrer Identität. Im Daoismus des Laozi (Lao-tse) und Zuangzhi (Dschuang-dsi) nahmen diese Vorstellungen vielleicht zum ersten Mal philosophische Gestalt an. Der Daoismus ist eine Philosophie des „Zurück zur Natur", zu einer angeblich ursprünglichen harmonischen Ordnung. (Wir sprechen hier nur vom philosophischen Daoismus, der volkstümliche religiöse Daoismus ist ein ganz gewöhnlicher Geisterglaube.) Bruce Chatwin meinte, noch die chinesische Kulturrevolu-

---

310 Siehe Bischof, Norbert: Das Kraftfeld der Mythen.

tion sei von diesem daoistischen Imperativ getragen worden, der immer die Zerstörung der kulturellen Errungenschaften fordert, weil sie einem Abfall vom jungfräulichen Zustand bedeutet.[311] Auch die Wahrnehmung von Zyklen in der Natur, wie die Wiederkehr der Jahreszeiten und der relativ statische Sternenhimmel, wird die Vorstellung einer ursprünglichen Ordnung gestützt haben. Aus der Perspektive des Einzelnen veränderten sich bis zum Industriezeitalter die natürliche Umwelt und die soziale Organisation nur, wenn überhaupt, im Schneckentempo. Der Glaube an eine vorgegebene unveränderliche Ordnung entsprach sozusagen der alltäglichen Wahrnehmung. Dieser Glaube und damit ein statisches Naturverständnis spukt auch heute in den verschiedensten Weltanschauungen herum, so in den Ökoideologien, für die nur gut ist, was „natürlich" ist.

Dass sich dieser Glaube bei allen Völkern findet, weist auch auf einen psychischen Grund: Das vollkommene Paradies war die Zeit des „ozeanischen Gefühls". Die Vertreibung aus dem Paradies, aus dem wohligen Einssein des Mutterbauches in eine dualistische Welt widerspenstiger Objekte, beginnt mit der Geburt und erreicht einen Höhepunkt mit der Entwicklung des Ich-Bewusstseins, dem Biss in den Apfel der Erkenntnis *Ich bin*. Die Vertreibung findet seinen vorläufigen Abschluss zwischen dem 3. und 4. Lebensjahr, in welchem dem Kind bewusst wird, dass es zwei Geschlechter gibt, d.h. dass es Dualismus gibt. Endgültig abgeschlossen ist die Vertreibung um das 8. Lebensjahr, wenn das Kind wirklich begreift, was der Tod bedeutet. (Dazu ausführlicher noch später). Diese psychischen Erfahrungen werden in der Sündenfall-Erzählung des Alten Testaments komprimiert nacherzählt.

Die ursprüngliche Ordnung ist also die ursprüngliche Einheit des frühkindlichen Erlebens. Ein Erleben, das natürlich auch unsere ältesten Vorfahren gekannt haben und das sie im Verein mit der Naturbeobachtung und der Gefährlichkeit von Veränderungen zu einem Fixpunkt ihres Weltverständnisses erhoben.

Nach der Mythenerklärung Bischofs kleideten unsere Vorfahren ihre psychische Entwicklung in Erzählungen, mit denen sie zugleich die Welt erklärten. Man kann sich das in der Praxis folgendermaßen vorstellen: In Trancezuständen, ausgelöst durch Tänze, Drogen und archaischen Yoga-Techniken, erlebten die Menschen ihre persönliche Entwicklung in Bildern und Geschichten, die ihrem bewussten und unbewussten Erleben entstammten, durch ihre Kultur interpretiert waren und in den Trancezu-

---

[311] Siehe Chatwin, Bruce: Was mache ich hier. Frankfurt 1993, S. 220.

ständen erneut geformt und interpretiert wurden. Ein Vorgang, welcher stark der Traumproduktion ähnelt.

Die Haupttechnik der Mystik ist eine Trancetechnik, nämlich die einförmige Konzentration. Konzentrationsobjekt kann eine Gebetszeile, ein Mantra, ein Koan, der Atem oder sonst ein beliebiges Objekt sein. Genau wie die archaischen Techniken kann die Konzentration ein Erinnern versunkenen Erlebens bewirken, einen Rückgang (Regression) in ein früheres Erleben. Weiter zurück als in den Mutterbauch, dem Inbegriff ozeanischen Wohlbefindens und Sicherheit, geht es nun schlechterdings nicht (wenn wir Reinkarnation ausschließen).

Wie schon erwähnt ist unsere Vermutung, dass die philosophische Lehre von der ursprünglichen Buddhanatur, die Tathagatagarbha-These, die „Lehre vom ursprünglichen Erwachtsein", ihre Überzeugungskraft aus Regressions-Erfahrungen in meditativen Trancezuständen erhielt. Zum einen entsprach sie den uralten Vorstellungen von einem ursprünglichen Paradies, zum anderen gab es Erfahrungen, die als Aktualisierungen dieses Paradieses verstanden werden konnten.

Da die Quelle der Vorstellung von der ursprünglichen Ordnung bzw. Buddhanatur nicht erkannt wurde, nämlich ein archaischer Mythos, der auf frühkindlichem Erleben basierte, wurde und wird eine Lösung für ein Problem gesucht, das es nicht gibt: Da es nie eine ursprüngliche gute Ordnung gab und höchstwahrscheinlich so etwas wie eine ursprüngliche Buddhanatur nicht gibt, kann es auch keinen Abfall von ihr geben.

Wie sich Mystik erklären lässt. Eine Zwischenbilanz

Mystik ist kein zeitloses religiöses Phänomen, welches wir etwa schon in den religiösen Anfängen der Menschheit finden, es ist an bestimmte historische Bedingungen geknüpft und verschwindet mit diesen. Wie die vorhergehenden Ausführungen nahe legen, wird es zu allen Zeiten Einheits-Erfahrungen gegeben haben, aber sie werden nicht als Alleinheits-Erfahrungen verstanden worden sein. Weil die Mystik eine unüberbietbar radikale Lösung für desorientierende Zeiten anbietet und solche Zeiten nie endgültig der Vergangenheit angehören werden, wird es wahrscheinlich immer, wenn auch marginale, mystische Strömungen geben.

Entscheidend für Inhalt und Form mystischer Erfahrungen sind die religiös-mystische Tradition und die individuelle psychische Disposition des Mystikers. Je nach der psychischen Notlage und den Inhalten, die dem Mystiker seine Theorietradition zur Verfügung stellt, je nach dem, was er im Vorfeld seines Erlebens über dieses lernt, gestalten sich seine Visio-

nen und „Erleuchtungen". Anders gesagt: Die spezifische Theorie einer
mystischen Schule bewirkt das Erleben einer bestimmten „anderen Wirklichkeit", nicht zufällig erfahren buddhistische Mystiker keinen personalen Gott, ein solcher existiert ja nach ihrer Tradition nicht. Unterschiede
und Ähnlichkeiten zwischen den verschiedenen Erlebnissen beruhen auf
Unterschieden und Ähnlichkeiten in den Theorien, den sozialen und kulturellen Verhältnissen und nicht zuletzt auf der individuellen psychischen
Geschichte des jeweiligen Mystikers. Die strukturellen Ähnlichkeiten in
den Erfahrungen aller Mystiker beruhen auf den allen Menschen ähnlichen
psychischen und physischen Erlebnisstrukturen.

Vor dem Hintergrund des religiösen Absolutheits-Interpretationsrahmen
konnten mystische Erlebnisse nicht als reine psychische Vorkommnisse
verstanden werden, sie mussten die „Offenbarung des Grundes", der „absoluten Wahrheit", des „Alles ist Eins", der Buddhanatur etc. bedeuten.

Der Hauptgrund für das außerordentliche Gewissheitsempfinden der
MystikerInnen, für den Eindruck, die absolute Wahrheit zu erfahren, liegt
in der überwältigenden emotionalen Intensität des Erlebens, welche um so
größer ist, je mehr Leiden „investiert" wurde. Ein bekannter Zen-Spruch
lautet: Ist das Leiden nur 10 Grad, ist auch die Erleuchtung nur 10 Grad.
Starke Gefühle missverstehen wir fälschlicherweise häufig als Wahrheitsbeweis. Gefühle sind jedoch jenseits von wahr und falsch, sie sind stark
oder schwach, angenehm oder unangenehm oder indifferent. Falsch oder
richtig können nur die Folgerungen sein, die wir aus ihnen ziehen.

Obwohl das mystische Erleben als eine Projektion verstanden werden
muss, es sich bei ihm nicht um eine Einsicht in die wahre Struktur des
Universums handeln kann, ist noch nicht das letzte Wort über Zen gesprochen.

Das Todeswissen und was es für unser Leben bedeutet

Wir haben das Spezifikum der Religion mit Kutschera als den Glauben an
eine transzendente Wirklichkeit bestimmt. Dass zur Religion, insbesondere
zu einem religiösen Leben, noch mehr gehört, ist selbstverständlich.

Für den Philosophen Werner Becker soll die Religion, vor allen anderen
Zwecken und Funktionen, dem Menschen vom Todeswissen entlasten. In
Abwandlung eines Wortes des Ägyptologen Jan Assmann kann man sagen:
Der Mensch ist das Tier, das um den Tod weiß. Religion ist das, was er her-

vorbringt, um mit diesem Wissen fertig zu werden. Nach Becker liegt der fundamentale Unterschied zwischen Tier und Mensch im *permanenten* Todeswissen des letzteren. Das Tier kennt Todesangst nur in lebensbedrohlichen Situationen, und weil es nichts von seinem sicheren Tod weiß, verfügt es über die viel beneidete Fähigkeit, in der Gegenwart leben zu können.[312] Wann sich der Mensch seiner Sterblichkeit bewusst wurde, kann wohl nicht mehr erschlossen werden. Gräber sind ein sicheres Zeichen für dieses Bewusstsein, aber der Mensch wird nicht sogleich nach der Bewusstwerdung der eigenen Sterblichkeit seine Verstorbenen begraben haben. Auf den Philippinen wurden noch in den 70er Jahren des vergangenen Jahrhunderts Menschen entdeckt, die ihre Toten nur mit Laub bedeckten.

Nach Becker führt das Todeswissen bei jedem Menschen zu der Vorstellung, einzigartig zu sein, aber auch zu der Empfindung einer unaufhebbaren Einsamkeit. Letztere wäre demnach kein Phänomen der modernen Massengesellschaft, sondern gehörte zur Grundbefindlichkeit des Menschen. Zwei fundamentale Strategien entwickelte der Mensch, so Becker, um mit dem Todeswissen fertig zu werden, sich von ihm zu „entlasten": Zum einen den Glauben an eine transzendente Sphäre, in der er nach dem physischen Tod weiterlebt, also die Strategie Religion, zum anderen die der Anerkennung der eigenen Einzigartigkeit durch die Mitmenschen, deutlicher gesagt, die Strategie Ruhm. Nichts entschädigt den Menschen für die Infamie, sterben zu müssen, mehr als das Licht der Anerkennung. Sie bestätigt und erhöht die durch das Todeswissen gefühlte Einzigartigkeit und die Hoffnung, nach dem Tod weiterzuleben. Zum einen im Gedächtnis der Mitmenschen, zum anderen an einem paradiesischen Ort in einer transzendenten Sphäre.

Eigentlich ein Herdentier, gerät der Mensch durch das Todeswissen in eine tiefe Zerrissenheit zwischen dem Bedürfnis nach Herdentierwärme und dem Wunsch nach Bestätigung seiner Einzigartigkeit durch die Anderen. Herdentierwärme erhält er am meisten, wenn er Gleicher unter Gleichen, Anerkennung, wenn er etwas Besonderes ist.

Die zwei Unsterblichkeits-Strategien befriedigen nicht ganz. Die religiöse Strategie setzt den Menschen unter den Druck, nicht nur um das nackte Überleben und um die Anerkennung seiner Mitmenschern kämpfen zu müssen, er muss auch noch um ein gutes ewiges Leben kämpfen, um die Anerkennung durch die Wesen der höheren Sphären. In vielen Gesellschaften bedeutet aber die Strategie, weiterzuleben im Gedächtnis der Nachfahren, einen noch größeren Leistungsdruck als die religiöse. Gleichgültig wie

---

[312] Siehe Becker, Werner: Das Dilemma der menschlichen Existenz. Stuttgart 2000.

viel der Einzelne leistet, wie berühmt er wird, die entscheidenden Spitzen-
plätze sind prinzipiell knapp und für die Dauer des Ruhmes, des „virtuel-
len" Überlebens, gibt es keine Garantie. Für Becker sind die Todeswissens-
Entlastungs-Strategien dilemmatisch: beide führen zu keinen sauberen
Lösungen, und es gibt keine Möglichkeit, dem „Kampf um Anerkennung"
(Hegel) zu entrinnen. Wir können nur daran arbeiten, die Auswirkungen zu
mildern, sowohl im persönlichen wie im gesellschaftlichen Bereich.

Das Problem des Buddhismus mit dem Tod

> „Dau-wu und Djiän-yüan kamen in ein Haus, um
> Trostworte auszusprechen. Djiän-yüan klopfte auf
> den Sarg und sagte: lebt er oder ist er tot? Dau-wu
> erwiderte: Ich sage nicht, er lebe und sage auch
> nicht, er sei tot. Djiän-yüan sagte: Warum sagt
> Ihr nichts? Dau-wu erwiderte: Ich sage nichts, ich
> sage nichts." [313]
>
> 55. Koan des *Bi-yän-lu*

Ein wichtiger, wenn nicht der wichtigste Sinn und Zweck der Religion
ist es, eine Antwort auf die Frage nach dem Tod zu geben, die Angst zu
zerstreuen, dass dieses Leben alles ist. Der Buddhismus ist insofern eine
merkwürdige Religion, als er gerade auf diese Frage die unklarste Antwort
aller Religionen gibt. Es wundert deshalb nicht, dass er sich erst in größe-
rem Maßstab ausbreitete, als wenige Jahrhunderte nach dem Tod seines
Stifters dessen nebulöser Nirwana-Begriff durch handfestere Vorstellungen
vom Jenseits ergänzt wurde. Aber trotz der Etablierung von paradiesischen
Himmeln im Mahayana hat der Buddhismus den Vorwurf des Nihilismus,
den schon Buddha zu hören bekam, nie losbekommen.[314]

Die Frage, was den Tod überleben soll, die dem Buddhismus immer
eigen war, entspringt bekanntlich seiner Nicht-Ich-Lehre. Gibt es kein ewiges Ich, Selbst oder Seele, gibt es überhaupt keine ewig existierenden Entitäten, wird es schwierig zu erklären, was wiedergeboren werden soll oder
was ins Nirwana, Chiffre für eine leidfreie Sphäre, eingehen soll. Was und
wo soll diese Sphäre überhaupt sein, widerspricht nicht schon ihre bloße
Existenz der Dharma-Lehre, nach der es nichts Ewiges gibt?

---

[313] Zit. nach Han, Byung-Chul: Philosophie des Zen-Buddhismus, S. 111.
[314] Siehe Schumann, Hans Wolfgang: Der historische Buddha, S. 174.

Sehen wir uns die Wiedergeburtslehre des frühen Buddhismus genauer an: Nach der vorbuddhistischen brahmanischen Vorstellung besitzt der Mensch eine „unsterbliche Seele (Skt. atman)" die „von einer Existenzform zur nächsten" wandert. Für Buddha soll aber gerade die Nichtexistenz einer Seele die Erlösung aus dem Geburtenkreislauf ermöglichen. Unter der Bedingung, dass alles Leben wegen seiner Vergänglichkeit notwendigerweise Leiden nach sich zieht, wie Buddha lehrte, ist es logisch, dass es Erlösung nur geben kann, wenn es keine Seele gibt, denn eine Seele muss notwendig etwas Lebendiges, damit Vergängliches und damit Leidhaftes sein. Für Buddha zieht sich also keine „zeitlose Seele als Subjekt der Wiedergeburt durch die Existenzformen hindurch wie die Seidenschnur durch ein Perlenhalsband", sondern ein Leben verursacht gemäß seinem Karma ein neues Leben. Nichts Substanzhaftes wechselt von der Vorexistenz zur Nachexistenz über, „nur Impulse stellen die Abhängigkeit her."[315] Ein Vergleich mit der biologischen Vererbung bietet sich an: Die Gene enthalten sozusagen das biologische Karma eines Menschen, nämlich die von seinen Vorfahren vererbten physischen und psychischen Eigenschaften, die bei der Verschmelzung von Same und Ei weitergegeben werden. Genauso wird, nach buddhistischer Vorstellung, das ethische Karma weitergegeben, das sich aus Bewusstseinsimpulsen zusammensetzt, die bestimmte Neigungen, Fähigkeiten und Verhaltensweisen des neuen Menschen bewirken. Wie die Gene werden sie ebenfalls bei der Verschmelzung von Ei und Samen transportiert. Die Vorstellung ist, dass der Geist eines Verstorbenen von einer jenseitigen Sphäre aus die Verschmelzung von Ei und Samen beobachtet, um dann in den geistigen Behälter des neu entstandenen menschlichen Organismus zu schlüpfen.

Das personale, das Ich-Bewusstsein überdauert also *nicht* den Tod, es ist nur das „Bindeglied zwischen dem Sterbenden und dem neuerstehenden Körper".[316] Im neuen Körper bildet sich ein *neues* Bewusstsein, welches von den karmischen Impulsen, Scheel spricht von „substanzlosen Energiewellen",[317] eines vorgängigen Bewusstseins geprägt wird. Deshalb könne man nicht sagen, es handelt sich bei der neuen Person um dieselbe wie bei der alten, noch um eine andere. Und so dürfe man, nach Schumann, „streng genommen ... den Ausdruck 'Wiedergeburt' gar nicht verwenden, sondern sollte von 'Neugeburt' sprechen. ... Obwohl wir mit unserer Wiedergeburt = Nachexistenz nicht seelenidentisch sind und sie niemals ken-

---

[315] Schumann, Hans Wolfgang: Handbuch Buddhismus, S. 67.
[316] Scheel, Theodor: Das Nicht-Selbst, S. 52.
[317] Ebenda, S. 53.

nenlernen, sollte uns ihr Wohlbefinden genauso am Herzen liegen wie das eines leiblichen Kindes."[318] Die karmischen Impulse eines Bewusstseins können sogar auf verschiedene Personen, auch auf Tiere, verteilt werden, so dass von einer personalen Identität, die doch erhalten bleiben sollte, wenn man von Wiedergeburt spricht, absolut keine Rede sein kann, „denn wenn irgendwelche Komplexe von Faktoren nach meinem Tod in ein neues Leben eingehen, so besagt das ebenso wenig wie eine Fortexistenz organischer Stoffe meines Körpers, dass ich wiedergeboren werde",[319] wendet Kutschera zu Recht ein.

Buddhas Ziel war die absolute Befreiung aus der leidvollen Welt des bedingten Entstehens, des Samsara, seine letzte Worte waren die Ermahnung: „Übet ohne Unterlass!" Warum aber soll eine Befreiung überhaupt nötig sein, wenn unseren Tod sowieso nur, eventuell auf verschiedene Wesen verstreute, Bewusstseinsimpulse „überleben"? Es fragt sich auch, was an dem Nirwana erstrebenswert sein soll, wenn von dem, der in es eingegangen ist, weder gesagt werden kann, dass er existiert, noch dass er nicht existiert.[320] Damit kommen wir zum zweiten großen Rätsel des Buddhismus neben dem der Reinkarnationslehre, es ist die Frage, was das Nirwana (pali: *nibbanna*) sein soll. Nach Schumann soll der Pali-Kanon „auf zweierlei Weise" vom Nirwana sprechen: Zum einen wird mit ihm ein „*Zustand*" verstanden, „eine Befindlichkeit des Geistes, die in dem Erlösten entsteht", zum anderen wird es angesehen „als etwas Ungeborenes (*ajata*) und Ungewordenes (*ahuta*),* mithin als eine Gegebenheit, die längst vor dem Erlösten existierte und zu der er durch die Erlösung *Zugang* findet"; es nimmt „damit den Charakter einer Örtlichkeit an".[321] Einerseits soll es also ein Zustand sein, der *verwirklicht*, andererseits ein Ort, der nach dem Tod *erreicht* wird.

Nach Paul „stritt man sich schon früh darüber, ob [das Nirwana] eine positive Entität bilde oder als bloßes Erlöschen oder Nicht-Sein (des Leidens und schließlich des Lebens) zu begreifen sei".[322] Für Scheel ist es „ewig", „aber keine beharrende Substanz".[323] Nach Schumann wird das Nirwana im Palikanon negativ und positiv bestimmt, negativ als das Ende

---

[318] Schumann, Hans Wolfgang: Handbuch Buddhismus. Kreuzlingen/München 2000, S. 67.

[319] Kutschera, Franz von: Vernunft und Glaube, S. 179.

[320] Siehe Schumann, Hans Wolfgang: Der historische Buddha, S. 176.

[321] Ebenda, S. 175f.

[322] Paul, Gregor: Philosophie in Japan, S. 71.

[323] Scheel, Theodor: Das Nichtselbst, S. 62.

zukünftigen Werdens, des weiteren Geborenwerdens und Sterbens, als die endgültige Erlösung von allen Erscheinungsformen des Leidens.[324] Positiv u.a. als „höchstes Glück", „endgültiger Friede", „Befreiung", „Sicherheit" und „Erkenntnis". Bemerkenswert: Das Nirwana sei gerade deshalb ein Glück, weil es „dort keine Gefühle mehr gibt".[325] Auch für Schumann ist das Nirwana letztlich etwas mit dem Verstand unbegreifliches, deshalb sollte man über es „nicht weiter nachdenken – erst dann versteht man es".[326]

Tatsächlich wäre die Voraussetzung, dass sich über das Nirwana nichts aussagen lässt, dass sie eine Welt, eine Seinsweise bedeutet, in der es nichts Vergleichbares mit unserer Welt gibt. Eine solche Welt vorzustellen ist uns zwar unmöglich, aber auszuschließen ist eine solche nicht. Wie soll aber ein Lebender, selbst wenn er frei von allen Anhaftungen ist, von der Existenz einer solchen Welt wissen und welches Element seiner Person soll dort „existieren", wenn sogar Bewusstsein und Geist zur sinnlichen vergänglichen Welt gehören?[327]

Für die Nirwana-Lehre gilt, was Buddha berechtigterweise den Brahmanen vorwarf, sie lehrten ein „unsichtbares und unbegreifliches Transzendentes".[328] So heißt es im *Digha-nikaya* XIII des Pali-Kanon: „Die Brahmanen geben selbst zu, dass keiner von ihnen Brahma mit eigenen Augen gesehen hat. Sie lehren mithin: 'Zu dem, den wir nicht kennen und nicht sehen, zur Gemeinschaft mit ihm weisen wir den Weg, und dies ist der einzige gerade Weg zur Erlösung.' Das ist ebenso, als ob jemand auf einem Platz eine Treppe bauen wollte, die zu dem obersten Stockwerk eines Palastes führen soll, den er nie gesehen hat und von dem er nicht weiß, wie groß er ist." [329]

---

[324] Siehe Schumann, Hans Wolfgang: Handbuch Buddhismus, S. 118.

[325] Zit. nach ebenda.

[326] Zit. nach ebenda, S. 122.

[327] Anmerkung: Nach Scheel werden Bewusstsein (*vijnanna*) und Geist (*citta*) in der buddhistischen Literatur zwar nicht scharf voneinander getrennt, aber in der Regel wird Bewusstsein als ein Teil des Geistes verstanden, auf jeden Fall aber als ein Teil der vergänglichen *skandhas*, der Bestandteile eines Wesens. Damit kann das Bewusstsein nicht dasjenige sein, was den Tod überlebt und das Nirwana verwirklicht. Aber auch der Geist, obwohl nach Scheel der Träger der Erlösung, ist vergänglich und damit Nichtselbst, so dass auch für ihn das gleiche wie für das Bewusstsein gilt. Siehe Scheel, Theodor: Das Nicht-Selbst, S. 60.

[328] Kutschera, Franz von: Vernunft und Glaube, S.177.

[329] Zit. nach Paul, Gregor: Philosophie in Japan, S. 79.

Konsequenter wäre es gewesen, aus der Nicht-Ich-Lehre den Schluss zu ziehen, dass dieses Leben alles ist. Manche meinen, Buddha habe dies für sich auch getan, nur habe er die Zeit noch nicht für reif gehalten, diese Erkenntnis öffentlich zu verkünden. Eine Religion allerdings, die den Tod als letztes Wort lehrte, wäre keine besonders attraktive, fast so etwas wie ein Widerspruch in sich selbst. Erstaunlicherweise gab es in Indien schon zur Zeit Buddhas Sekten, die eine nachtodliche Existenz leugneten, über die Bemühungen der Asketen, dem Wiedergeburtskreislauf zu entrinnen, lachten und ein genussreiches Leben predigten.

Nach dem Pali-Kanon führe aber in den Augen Buddhas der „Vernichtungsglaube" zu einem „moralischen Nihilismus".[330] Buddha teilte demnach also die irrige Vorstellung, dass Menschen, welche an keine nachtodliche Existenz glauben, keinen Grund haben, sich in diesem Leben an moralische Werte zu halten. Die geschichtliche Erfahrung beweist das Gegenteil, die atheistischen Humanisten und Freidenker haben sich in den letzten Jahrhunderten in einem viel stärkerem Maße moralisch engagiert als die Anhänger der Religionen. (Die Ideologie des atheistischen Stalinismus kann man nur als säkulare Variante fundamentalistischer Religionen betrachten.) Buddha blieb aber, um den moralischen Nihilismus zu vermeiden, sozusagen nichts anderes übrig, als eine Erlösung ohne einen greifbaren Erlösten in einem nichtgreifbaren Seienden zu lehren.

Das Problem des Zen mit dem Tod

In der Zen-Literatur lesen wir häufig, es gehe im Zen um die Frage Leben und Tod. Aber seltsamerweise wird nie erläutert, was genau mit dieser Frage gemeint ist. Ist gemeint, ob es überhaupt ein Leben nach dem Tod gibt? Ob ein nachtodliches Leben von unserem irdischen abhängt? Oder eventuell seine Qualität? Oder geht es nur um die Qualität dieses Lebens? Oder ist gemeint, dass wir erst wirklich leben, wenn wir in einem übertragenen Sinn vom Tod auferstanden sind? Weshalb die Behauptung, es gehe im Zen um Leben und Tod, nie präzisiert wird, wird am Ende dieses Abschnittes deutlich geworden sein.

Das Verhältnis des Zen zum ursprünglichen Buddhismus muss man wohl als zwiespältig bezeichnen. Im Letzteren legte man großen Wert auf die gedankliche Durchdringung der Lehre, Buddha soll sogar die Tendenz eigen gewesen sein, das intellektuelle Verständnis als ausreichend für das

---

[330] Scheel, Theodor: Das Nicht-Selbst, S. 66.

Erreichen der Befreiung zu betrachten.[331] Zen will dagegen eine Lehre ohne Buchstaben sein, die Übermittlung des Dharma soll von „Herz zu Herz" erfolgen, das Verständnis der Wirklichkeit durch ein sprachfreies ekstatisches Erleben aufgehen. Es gab allerdings auch Zen-Meister, allen voran Dogen, die großen Wert auf das Studium der Schriften legten und die es nicht goutierten, wenn jemand mit antiautoritärer Geste, wie Lin-chi (9. Jahrhundert), die Sutren zerriss. Wie sehr sich Zen jedoch von anderen Mahayana-Schulen und vom frühen Buddhismus unterscheiden mag, die Unklarheit in der Todesfrage, die dem Buddhismus eigen ist, setzte sich im Zen nicht nur fort, sondern verschärfte sich.

In manchen alten Zen-Texten scheint eindeutig die Wiedergeburtslehre vertreten zu werden, aber die meisten Zen-Autoren drücken sich vor einer eindeutigen Aussage zur Todesfrage, obwohl es bei ihr doch, zuerst einmal, einfache und klare Alternativen gibt: Entweder es geht nach dem Tod auf irgendeine Weise weiter oder nicht.

Wenn wir Recht haben und die Erleuchtung keineswegs bedeutet, die letztgültige Realitätsstruktur zu erkennen, ist es allerdings verständlich, dass auch ein Erleuchteter nicht weiß, was der Tod bedeutet: Ein typischer Zen-Text zum Thema Tod: „Zazen ist der Weg zum wahren Selbst und zugleich der Weg des eigentlichen wahren Selbst, das wir im alltäglichen Leben oft vergessen."[332] Das eigentliche Selbst ist „unveränderlich und unzerstört, mag die Welt in Stücke gehen ... Deshalb ist es Nicht-Geburt und Nicht-Sterben, weil es nicht auf die zeitlich-räumlichen Bedingungen beschränkbar ist."[333] Haben wir also so etwas wie ein unveränderliches und unzerstörbares eigentliches Selbst, welches jenseits von Raum und Zeit und deshalb ewig existiert? Wie wäre das mit der Nicht-Ich- und der Dharma-Lehre vereinbar? Würden ein solches Selbst und eine solche Sphäre nicht auch einen Dualismus bedeuten?

Sehen wir uns zu der Frage nach dem Tod das schon zitierte 55. Koan aus dem Bi-yän-lu vollständig an:

> „Dau-wu und Djiän-yüan kamen in ein Haus, um Trostworte auszuspre-
> chen. Djiän-yüan klopfte auf den Sarg und sagte: lebt er oder ist er tot?
> Dau-wu erwiderte: Ich sage nicht, er lebe und sage auch nicht, er sei tot.
> Djiän-yüan sagte: Warum sagt Ihr nichts? Dau-wu erwiderte: Ich sage
> nichts, ich sage nichts. Sie wandten sich zur Rückkehr und kamen auf den
> Weg, der nach dem Kloster führte. Djiän-yüan sagte: Ehrwürdiger, so saget

---

[331] Siehe Schumann, Hans Wolfgang: Der historische Buddha, S. 72f.

[332] Arifuku, Kogaku: Deutsche Philosophie und Zen-Buddhismus, S. 34.

[333] Ebenda, S. 68.

es mir doch geschwind! Wenn Ihr nichts sagt, so muss es damit enden, dass ich den Ehrwürdigen geschlagen hätte! Dau-wu erwiderte: Was Schlagen angeht, schlag mich eben! Was Sagen angeht, sage ich nichts. So gab dann Djiän-yüan dem Dau-wu einen Schlag. Später, nachdem Dau-wu in die Verwandlung eingegangen [gestorben] war, kam Djiän-yüan zu Schi-schuang und legte ihm die hier erzählte Unterredung vor. Schi-schuang sagte: Ich sage nichts, ich sage nichts. Bei diesen Worten ging Djiän-yüan mit einem Schlag das Licht auf."[334]

Für den Übersetzer des Bi-yän-lu, Wilhelm Gundert, tritt in der Weigerung Dau-wus, eine eindeutige Antwort zu geben, „die Eigenart des Zen gerade frappierend an den Tag. .... Und eben dieser vollbewusste Verzicht, in einer Frage, die man gerne, ach wie gerne! entschieden sähe, zeigt den Geist des Zen in seiner ganzen herben Männlichkeit und Höhe!"[335] Gundert interpretiert Zen, wie schon dargelegt, grundsätzlich dialektisch und die Logik übersteigend, so versteht er jedes Wort eines Meisters als einen Hinweis auf eine unaussprechliche Wahrheit. Dau-wus Antwort würde „auf jede logisch klare Aussage streng verzichte[n]"[336] und „für Menschen, die nur rational zu denken wissen, sind die Reden dieser Meister barer Unsinn".[337] Die Antwort Dau-wus ist unseres Erachtens weder unlogisch noch unklar, er weigert sich einfach, auf die Frage zu antworten. Aus dem Text wird nicht ersichtlich, warum er so hartnäckig die Antwort verweigert, weil es, wie Gundert meint, „eben etwas Höheres als menschliche Vernunft" gibt,[338] oder weil Dau-wu damit den „Großen Durchbruch" bei seinem Schüler befördern wollte, oder weil er schlicht und einfach die Antwort nicht wusste.

Bei Eihei Dogen (13. Jahrhundert), dem Begründer der japanischen Soto-Schule, der als einer der größten Meister in der Geschichte des Zen gilt, lesen wir: „Irrtümlicherweise denkt man, dass das Leben sich zum Tod wandelt. Das Leben hat jedoch eine absolute Existenz mit einer eigenen Zeit und besitzt bereits eine Vergangenheit und eine Zukunft. ... Die Beendigung des Lebens hat auch eine absolute Existenz mit einer eigenen Zeit und besitzt eine Vergangenheit und eine Zukunft. Zerstörung nennt man 'Nicht-Zerstörung'. Im Leben gibt es nichts als Leben, im Tod nichts als Tod. Darum akzeptiere das Leben, wenn es kommt, als das was es ist; und wenn der Tod kommt, akzeptiere ihn als das was er ist. Verabscheue

---

[334] Zit. nach Han, Byung-Chul: Philosophie des Zen-Buddhismus. Stuttgart 2002, S. 111.

[335] Yüan-wu: Bi-yän-lu. 3 Bd. Frankfurt/Berlin/Wien 1983, Bd. 3, S. 58.

[336] Ebenda, S. 59.

[337] Ebenda, S. 63.

[338] Yüan-wu: Bi-yän-lu, Bd. 3, S.63.

oder verlange keines von beiden."[339] Was besagen diese Worte? Lapidar formuliert: Leben ist Leben, Tod ist Tod, akzeptiere, was sie sind und wann sie sind.

Aber was sind sie? „Im Tod [gibt es] nichts als Tod." Wollte Dogen mit diesen Worten seine Zuhörer mit der Endlichkeit ihrer Existenz versöhnen, glaubte er nicht an ein Weiterleben nach dem Tod? Man könnte diese Stelle so verstehen. Dogen geht es in ihr aber eigentlich um seine Zeitphilosophie. Nach ihr gibt es keine verrinnende Zeit, sondern nur ein ewiges Jetzt, eine ewige Gegenwart, die sich allerdings aus unendlich vielen Gegenwartseinheiten zusammensetzt. Diese Philosophie wirkt sich unmittelbar auf die Todes-Frage aus, wenn die zitierte Stelle impliziert, dass dieses Leben alles ist, weil es im Tod eben nichts als Tod gibt.

Plädierte Dogen möglicherweise für eine Haltung jenseits der Frage nach Leben oder Tod, Sein oder Nichtsein? Aumann kommentiert die zitierte Passage wie folgt: „Nicht durch die Überwindung von Geburt und Tod, die allen fühlenden Wesen gemeinsam sind, sondern durch das Transzendieren von Entstehen und Vergehen, bzw. Sein und Nichtsein, das allen Seienden gemeinsam ist, kann das menschliche Problem vollständig gelöst werden. Dogen findet die Grundlage für die Befreiung des Menschen in einer durch und durch kosmischen Dimension."[340]

Verstehen wir jetzt? Durch das Transzendieren von Entstehen und Vergehen, Sein und Nichtsein, das alles Seiende einschließt und seine Grundlage in einer kosmischen Dimension hat, „kann das menschliche Problem vollständig gelöst werden"? Wenn sich die Wirklichkeit selbst offenbart, erkennen wir anscheinend, dass die Alternativen Sein oder Nichtsein, Entstehen und Vergehen, Geburt und Tod irgendwie falsch sind, in Wirklichkeit nicht existieren, auf jeden Fall irgendwie überschritten werden können. Damit sind wir wieder bei der Behauptung, dass es etwas jenseits von Existieren und nicht Existieren geben soll. Wir meinen, nicht einmal ein Gott könnte verstehen, was das sein soll. Vielleicht meinte Dogen nur, es sollte uns gleichgültig werden ob wir leben oder tot sind.

Auf jeden Fall finden sich bei Dogen zahlreiche Stellen, die als Ausdruck des Glaubens an die Wiedergeburt verstanden werden müssen, sie scheint ihm eine Selbstverständlichkeit gewesen zu sein. Der oft von Dogen verwendete Ausdruck „Große Sache" bedeutet die Sache des Ausstiegs aus dem Wiedergeburtskreislauf; um den sich zu bemühen keinen Sinn

---

[339] Dogen, Eihei: Shobogenzo I. Berlin 1989, S. 44.

[340] Aumann, Oliver: Die Frage nach dem Selbst im Amida-Buddhismus bei Shinran und im Zen-Buddhismus bei Dogen. Frankfurt 2000, S. 97.

ergäbe, wenn man sowieso nicht an ein Leben nach dem Tode glauben würde. Auch ist in Dogens Schriften ständig von höheren Wesen und Wiedergeburten die Rede, und sein Hauptargument für die Beschreitung des „WEGES" ergibt auch nur Sinn, wenn man ein nachtodliches Leben und Wiedergeburten annimmt. Um nämlich die Entschlossenheit aufbringen zu können, welche die Übung erfordert, „muss man in der Tiefe des Herzens die Vergänglichkeit der Welt bedenken".[341] Dass wir vor allem wegen der Vergänglichkeit mit aller Kraft das Nirwana anstreben müssen, bildete schon für Buddha das zentrale Argument für die Übung.

Nach Susan Wolf bildete die Vergänglichkeit die große Leitidee der antiken Gesellschaften.[342] Zwei Gründe leuchten dafür unmittelbar ein: Der Tod war in diesen Gesellschaften noch ein öffentlicher und die Lebenserwartung wesentlich niedriger als heute. Für Dogen muss deshalb die Vergänglichkeit nicht ausdrücklich durch Meditation bedacht und durch keine Sätze aus heiligen Schriften bewiesen werden, denn die Vergänglichkeit spielt sich vor unseren Augen ab, sie ist das allerrealste. „Morgen geboren, abends gestorben, jemanden, den wir gestern sahen, gibt es heute nicht mehr – das sind die Tatsachen, die wir mit eigenen Augen sehen und mit eigenen Ohren hören."[343] Das Bedenken dieser Wahrheit hilft uns, die Sorgen zu lösen, die wir in Form von „Freude oder Trauer, als Liebe zur Familie oder Hass gegen Feinde erleben".[344]

Die Vergänglichkeit könnte aber kein Argument für den Buddha-Weg sein, wenn dieses Leben das einzige wäre. Im Gegenteil, wäre es das einzige, ergäbe es keinen Sinn die Anstrengungen dieses Weges auf sich zu nehmen, der den Verzicht auf alle „weltlichen" Vergnügungen beinhaltete. Auch unter der Annahme zahlloser Wiedergeburten ist die Vergänglichkeit kein besonders triftiges Argument für den monastischen Weg, denn es gibt ja dann auch zahllose Gelegenheiten zur Erlangung der Befreiung. Die Vergänglichkeit ist nur dann ein Argument für den Buddha-Weg, wenn die Wiedergeburtslehre beinhaltet, dass eine Reinkarnation als Mensch höchst selten ist, und die Bekanntschaft mit dieser befreienden Lehre noch seltener. Wer diese höchst seltene und schnell vergängliche Gelegenheit nicht nützt, muss mit zahllosen leidvollen Wiedergeburten rechnen. Nur unter

---

[341] Dogen, Eihei: Shobogenzo Zuimonki, S. 87.
[342] Siehe Wolf in Steinfath, Holmer (Hrsg): Was ist ein gutes Leben? Frankfurt 1998.
[343] Dogen, Eihei: Shobogenzo Zuimonki, S. 87.
[344] Ebenda, S. 87.

diesen Prämissen erhält das Vergänglichkeitsargument Plausibilität und die „Große Sache" Sinn.

Taisen Deshimaru (1918-1982), der „Dogen des 20. Jahrhunderts", wie er von seinen Anhängern genannt wurde, äußerte sich genau so uneindeutig zur Todesfrage, wie die meisten so genannten Zen-Meister: „Unser Ego, das gleichzeitig Körper und Geist ist, besitzt keine bleibende Substanz, hat kein Wesen an sich. Unser Karma besteht aus der wechselseitigen Abhängigkeit aller Wesen im Kosmos, und es wird von der kosmischen Urkraft geleitet. Nach dem Tod existiert keine Substanz von uns mehr, nur unser Karma – als eine mit dem gesamten Kosmos in Beziehung stehende Erscheinung." Wir meinen zwar, ein Ego im Sinne einer Substanz gibt es nicht, auch wenn sie vergänglich sein soll, es gibt nur egoistische Einstellungen und Handlungen. Aber sehen wir einmal von dieser fragwürdigen Behauptung ab, Deshimarus Worte besagen doch, dass nur substanzlose Beziehungen, wechselseitige Abhängigkeiten, nach unserem Tod übrig bleiben. Anders gesagt, das Räderwerk von Ursachen und Wirkungen, nichts anderes bedeutet Karma, geht nach unserem Ableben weiter, auch wenn sich unser Rad nicht mehr mitdreht. Von einem Weiterleben in irgendeinem gehaltvollen Sinn kann keine Rede sein, denn wenn irgendwelche Wirkungen meines Lebens meinen Tod überdauern, bedeutet das noch lange kein Weiterleben meiner Person. Deshimaru scheint also die Ansicht zu vertreten, dass der Tod tatsächlich das letzte Wort ist. Aber dem ist selbstverständlich nicht so, das Karma kann nämlich „als eine mit dem gesamten Kosmos in Beziehung stehende Erscheinung … ewig weiterleben. Das Karma als Erscheinung wird auch das wahrhaft Seiende genannt, 'der Strom der Existenz'. Man kann es den Strom unser selbst in der großen kosmischen Ordnung nennen. Durch diese Erkenntnis kann man zum ewigen Leben erwachen. Wenn man wünscht und hofft, ewig zu leben, wird unser Geist ewig im Kosmos fortbestehen."[345] Alles klar? Das Ego aus Körper und Geist überlebt unseren Tod nicht. Erkennt man aber, dass das Karma, die Ursache-Wirkungs-Beziehungen, der Strom „unser selbst" in der kosmischen Ordnung sind, erwacht man zum ewigen Leben. (Wer erwacht da, wenn es kein Ich gibt?) Oder muss man nur wünschen und hoffen ewig zu leben und dann werden wir ewig leben? Oder sind auf einmal Karma und Geist dasselbe? Auch eine Seite vorher behauptet Deshimaru, die Bestandteile des Körpers werden nach dem Tod „vom Kosmos absorbiert" und „auch der Geist bleibt im Kosmos, denn Körper und Geist sind eine

---

[345] Deshimaru, Taisen: Die Praxis der Konzentration. Freiburg 1986. S. 249.

Einheit, wie die Vorder- und Rückseite eines Blattes Papier."[346] Demnach können Körper und Geist überhaupt nicht vergehen. Dann kann es aber auch nicht notwendig sein, sich zu wünschen ewig zu leben oder gar ein Leben lang Zazen zu üben.

Nach dem zitierten Koan aus dem Bi-yän-lu muss man den Eindruck gewinnen, das Verstehen des Todes sei so schwierig, dass es sich jeder sprachlichen Formulierung verweigert. Deshimaru bestätigt aber ungewollt unsere Vermutung, die Zen-Meister wissen nicht, ob der Tod das letzte Wort bedeutet. Statt sich einfach zu diesem *speziellen* Nicht-Wissen zu bekennen, verschleiern sie dieses hinter uneindeutigen Worten, hinter einem mystifizierten Nicht-Wissen, welches ja auch das Gegenteil, nämlich alles zu wissen, suggerieren kann oder soll.

Menschen, die sich als Meister oder Gurus verkaufen, bleibt natürlich nichts anderes übrig, als sich einer solchen Uneindeutigkeit zu befleißigen, wenn sie nicht das Blaue vom Himmel versprechen wollen. Die verängstigende Unklarheit in der Todesfrage erklärt die Anfälligkeit vieler buddhistischer und mystischer Schulen für gnostische und parapsychologische Spekulationen. Die Einführung eines „Großen Ichs", oder „Großen Selbst", das über oder hinter dem kleinen egoistischen Selbst thront, wie es manche moderne Zen-Meister behaupten, ist ein Beispiel für den Versuch, durch gnostische Spekulation der Angst vor dem Tod Herr zu werden.

Wir haben nur einen Vertreter des Zen gefunden, der sich eindeutig zu der Frage äußert, ob dieses Leben alles ist, nämlich den chinesischen zeitgenössischen Philosophen Byung Chul Han. Han vertritt ausdrücklich ein transzendenzloses, völlig immanentes Verständnis des Zen, es lehrt für ihn keine Wiedergeburt und kein nachtodliches Leben. In der Erleuchtung, dem „ großen Tod", „[wird] das Vergängliche ... nicht aufs Unendliche hin transzendiert. Man begibt sich nicht *anderswo*. Vielmehr vertieft man sich ins Vergängliche."[347] Zur „Erleuchtung" Dogens meint er, sie „wird jedoch nicht in einer Überwindung der Vergänglichkeit bestanden haben".[348]

Religiös erzogenen Menschen fällt es wohl besonders schwer, die Möglichkeit fest in den Blick zu nehmen, dass dieses Leben alles ist, von der Hoffnung zu lassen, dass es irgendwie weitergeht. Menschen, die nicht akzeptieren können, dass sie womöglich endlich (und bedeutungslos) sind, klammern sich an die unwahrscheinlichsten Möglichkeiten, sogar an völ-

---

[346] Ebenda, S. 247.
[347] Han, Byung-Chul: Philosophie des Zen-Buddhismus, S. 110.
[348] Ebenda, S. 105.

lig unverständliche, wenn sie auch nur ansatzweise als Bestätigung eines nachtodlichen Lebens gedeutet werden können.

Daoismus, Zen, die Mystik allgemein und alle idealistischen Philosophien berühren sich in dem Versuch, einen Gegensatz von Leben und Tod hinweg zu spekulieren, ihn als Illusion eines diskriminierenden, dualistischen Denkens aufzuweisen. Der tiefste Grund ihrer Anstrengungen, die gewöhnliche Sicht der Wirklichkeit als falsche zu behaupten, dürfte der Wunsch sein, mit dem Todeswissen „fertig zu werden". Der Idealismus will uns glauben machen, unsere Welt der Objekte sei ein Erzeugnis unseres Geistes – also nichts als eine Illusion –, mit dem Vorteil, dass das, was unsere Person eigentlich ausmacht, der Geist, von der Veränderung der Welt der Objekte nicht berührt werden muss. Der Tod bedeutet dann nicht das endgültige Aus, da er mit unserem eigentlichen Sein gar nichts zu schaffen hat.

Unter der Perspektive der Entlastung vom Todeswissen, bietet die Mystik die größtmögliche Verheißung: Alles ist gut, weil *ich* alles bin, oder, wie im Fall der theistischen Mystik, weil Gott mich am liebsten von allen seinen Kindern hat, ich vielleicht sogar selbst Gott bin. Alle mystischen Praktiken zielen darauf, eine dieser Antworten zu „erfahren". Da der Mensch, zumindest in seiner Phantasie, alle seine Wünsche erfüllen kann, ist es kein Wunder, dass die mystischen Praktiken oft von Erfolg gekrönt werden.

V. Wahrheit oder warum soll Zen nicht recht haben?

Sichere Wahrheit erkannte kein Mensch und wird keiner erkennen.
Über die Götter und alle Dinge, von denen ich spreche.
Sollte einer auch einst die vollkommenste Wahrheit verkünden,
Wissen könnt er es nicht: es ist alles durchwebt von Vermutung.

Xenophanes
(um 530 v.u.Z.)

Wir wissen zwar ungeheuerlich viel, aber wir wissen nichts absolut sicher.

Karl Popper

Die Philosophie ist dazu da, dass man sich nicht dumm machen lässt.

Max Horkheimer

Erkenntnisunsicherheiten

Könnte trotz unserer zahlreichen Einwände die Mystik, und damit Zen, nicht doch wahr sein? Vielleicht haben wir es bei dieser Frage einfach mit einer argumentativen Pattsituation zu tun: Im mystischen Wahrnehmungsmodus präsentiert sich die Welt auf eine andere Weise als im gewöhnlichen. Da ein übergeordneter Standpunkt nicht möglich ist, können wir nicht entscheiden, welcher Wahrnehmungsmodus der richtige ist. Sind vielleicht sogar beide richtig? Viele Mystiker sind allerdings überzeugt, ihre Position ist eine übergeordnete, sie überschauen alles, blicken geradewegs durch das Auge Gottes.

Gibt es eine Möglichkeit, hier eine Entscheidung zu fällen? Können wir unsere Wahrnehmung und Erkenntnis wenigstens soweit absichern, dass wir zu keinem totalen Skeptizismus, beziehungsweise Agnostizismus, verurteilt sind? Grob gesagt, bezweifelt der Agnostizismus sichere Sätze über eine jenseitige Welt, der Skeptizismus sichere Sätze über die ganze Welt.

Es gibt einige triftige Gründe für eine gesunde Skepsis gegenüber Erkenntnisansprüchen, gleichgültig, von welcher Seite sie kommen. Stichwortartig seien hier die zwei wichtigsten Gründe aufgeführt: Die Wahrnehmungstäuschung und die Theorieimprägniertheit unserer Erfahrung. Die klassischen Beispiele für Wahrnehmungstäuschung sind das Seil, das wir aus Angst für eine Schlange halten, der im Wasser geknickte Stab oder die Fata Morgana. Wegen dieser und ähnlicher Täuschungsmöglichkeiten halten viele Philosophen alle Sätze, die sich auf die Wirklichkeit beziehen, alle so genannten empirischen Sätze, für prinzipiell irrtumsgefährdet. Das bekannteste und für das damalige Weltbild dramatischste Beispiel für eine Wahrnehmungs- beziehungsweise Erfahrungstäuschung dürfte die Entdeckung gewesen sein, dass die tägliche Erfahrung der Unbeweglichkeit der Erde und das Wandern der Sonne um sie ein Trugschluss war. Alle diese Beispiele zeigen, dass Erfahrungen keine Wahrheitsgarantie sind, dass sie allein nicht ausreichen, um auf „die wahre Natur der Wirklichkeit" zu schließen.

Mit dem Wahrnehmungsirrtum verwandt ist die Theorieimprägniertheit der Erfahrung. Unter einer Lehre oder Theorie versteht man ein System von Aussagen, welches sich durch Allgemeinheit auszeichnet. Das heißt, die Aussagen beschränken sich nicht auf die Beschreibung eines Hier und Jetzt. Eine Theorie muss auch das, was jetzt ist oder in der Vergangenheit war, erklären und Schlüsse für die Zukunft ziehen können. Der meisten Theorien, die wir besitzen, sind wir uns gar nicht bewusst, sie sind Teil unseres selbstverständlichen kulturellen Hintergrundwissens. Theorien beeinflussen unsere Wahrnehmungen oder Erlebnisse, denn Theorien bestimmen, was Erlebnisse bedeuten und welche Erfahrungen wir aus ihnen ziehen. Ein und dieselbe Erfahrung kann in einer Theorie als eine Geistererscheinung, in einer anderen als durch Trance verursachte Projektion des Geisterglaubens, in wieder einer anderen als Ausdruck einer Geisteskrankheit interpretiert werden.

Kriterien der Erkenntnis

Wenn es so viele Möglichkeiten für die Falschheit unserer Überzeugungen gibt, hat es dann überhaupt noch Sinn, von Wissen, im Sinne einer sicheren Erkenntnis, zu reden? Sollten wir deshalb nicht auch aufhören, uns über Theorien und Weltbilder zu streiten? Leider ist die Welt nicht so eingerichtet, dass unsere Überzeugungen keine Konsequenzen hätten. Selbst wenn jeder Mensch Skeptiker wäre, keiner auf der unbedingten Wahrheit seiner Ansichten bestehen würde, müssen Entscheidungen gefällt werden, die für die einen von Vorteil, für die anderen von Nachteil sein werden. Wenn nicht der Zufall oder Macht(worte) entscheiden sollen, müssen wir argumentativ abwägen, welche Entscheidungen die besseren sind. Das bedeutet für viele Entscheidungen, es muss geprüft werden, welche Behauptungen wahr sind oder der Wahrheit am nächsten kommen.

Wir haben schon ausgeführt, dass Wissen eine *wahre, gerechtfertigte Überzeugung* ist und dass die Rechtfertigungsforderung die am schwersten zu erfüllende Bedingung für Wissen darstellt. So paradox es im Anschluss an das Obengesagte klingt: Ein Glaube, eine Meinung, eine Theorie können wir letztendlich nur mit der Wirklichkeit rechtfertigen, wir müssen sie an der Wirklichkeit prüfen, müssen erkunden, ob sie mit ihr übereinstimmt. Wir wollen die Wirklichkeitsprüfung das pragmatische Kriterium nennen.

Um eine Überzeugung zu rechtfertigen, müssen wir so viele Gründe, wie möglich oder nötig sind, sammeln. Dafür benötigen wir auch das Wissen das wir im Laufe unserer Sozialisation erworben haben. Hintergrundwissen hindert uns also nicht an Erkenntnis, sie ermöglicht sie erst.

Für die meisten alltäglichen Erkenntnisse genügt zu ihrer Bewahrheitung eine einfache Beobachtung, so genügt für die Erkenntnis, dass es jetzt regnet, ein Blick aus dem Fenster.[349] Ich muss normalerweise nicht anneh-

---

[349] Anmerkung: Das Wetterbeispiel entlehnten wir Baumann, Peter: Erkenntnistheorie.

men, dass ich jetzt halluziniere, auch keine sonstigen Eventualitäten in Betracht ziehen. Erst wenn es für solche Möglichkeiten Hinweise gibt, sollte ich ihnen nachgehen. Eine so genannte mystische Erfahrung ist an sich schon ein Hinweis auf die Möglichkeit einer Halluzination, deshalb sollten wir dieser Möglichkeit nachgehen.

Für die Erkenntnis, wie das Wetter in den nächsten Tagen sein wird, muss ich mehr Informationen sammeln, als mir ein Blick aus dem Fenster bietet. Wie viele Informationen ich benötige, um eine Erkenntnis soweit wie möglich zu sichern, hängt von der Situation ab. Plane ich am Morgen eine Tageswanderung, mögen meine Kenntnisse der Wolkenformationen ausreichen, um ziemlich sicher das Wetter für die nächsten Stunden vorherzusagen. Für einen Meteorologen sind meine Kenntnisse unzureichend, er würde zumindest keine öffentliche Prognose aufgrund meiner Kenntnisse abgeben. Die Güte der Gründe oder Rechtfertigungen für einen Wissensanspruch wird also vom Kontext bestimmt, in dem sich die zu gewinnende Erkenntnis befindet. Allgemein kann man sagen, je mehr Daten wir sammeln, desto höher ist die Wahrscheinlichkeit, dass unsere Erkenntnis wahr ist. Da mystische Erfahrungen große existentielle Bedeutung haben, sollten wir besonders viele Fakten sammeln, welche für oder gegen ihre Wahrheit sprechen.

Die verschiedenen Beobachtungen, die immer auch selbst Erkenntnisse sind und meine Ausgangserkenntnis stützen sollen, dürfen sich natürlich nicht widersprechen, sie müssen stimmig (konsistent) sein. Wer den Kriegsdienst verweigert, weil er zu der Erkenntnis gelangt ist, der Mensch darf keinen anderen Menschen töten, aber zugleich die Todesstrafe befürwortet, dessen Überzeugungssystem ist nicht konsistent. *Konsistenz* (Widerspruchsfreiheit) der Beobachtungen oder Überzeugungen ist ein grundlegendes Kriterium für die Wahrheit eines Überzeugungssystems. Treten Widersprüche auf, muss irgendetwas an dem Überzeugungssystem falsch sein.

Innerhalb eines Überzeugungssystems, einer Theorie, sollte es auch keine argumentativen Lücken geben. Wer glaubt, wegen seiner Überzeugung, der Mensch darf keine andere Menschen töten, dürfe er auch keine anderen Lebewesen töten, dessen Überzeugungssystem ist nicht lückenlos, nicht kohärent. *Kohärenz* meint, in einem Überzeugungssystem muss sich jede Überzeugung aus den anderen Überzeugungen ableiten lassen, keine Überzeugung sollte isoliert dastehen. Aus der Überzeugung, *ich darf keine Menschen töten*, ergibt sich nicht, dass ich keine nichtmenschlichen Wesen töten darf.

Der Satz, *ich werde sterben,* ist ein empirischer Satz, und könnte, weil Irrtümer bei Sätzen, die sich auf die Wirklichkeit beziehen, immer möglich sind, falsch sein. Aber welcher Mensch bezweifelt ernsthaft, er werde nicht im gewöhnlichen physischen Sinne sterben? Warum ist uns dieser, aber auch andere empirische Sätze, obwohl nicht streng beweisbar, so gewiss? Weil wir ihn als absolut wahr, gewiss *fühlen?* Solange wir nicht vom Tod bedroht sind, fühlen wir nicht, dass wir sterben müssen. Nicht wegen eines Todesgefühls sind wir uns unser Leben lang sicher, dass wir sterben müssen, sondern wegen der unzähligen Mitteilungen, Beobachtungen, Indizien, die im Laufe unseres Lebens über unsere Sterblichkeit in uns verankert wurden. Dass wir auf jeden Fall physisch sterben, könnte, wenn wir jede skeptische Möglichkeit ernst nehmen, eine Täuschung sein, nur wurde in der gesamten Geschichte der Menschheit noch nie ein Indiz für eine solche Möglichkeit gefunden, deshalb sind wir so absolut von der Wahrheit dieses Satzes überzeugt.[350]

Selbst die besten Überzeugungssysteme müssen immer wieder an der Wirklichkeit überprüft werden. Das heißt, unsere Überzeugungen müssen sich in der Praxis bewähren. Die *Praxisbewährung,* das pragmatische Kriterium bedeutet, wenn meine Überzeugungen, meine Theorien funktionieren, spricht das für ihre Wahrheit. Da sich aber „die Einschätzung, ob eine Überzeugung ausreichend gerechtfertigt ist, jederzeit ändern kann, bedeutet das zugleich, dass wir stets bereit sein müssen, unserer Überzeugungen im Lichte neuer Erwägungen zu überprüfen und eventuell aufgeben. Das stete Bemühen um epistemische Rechtfertigung sollte uns so schließlich dem Zustand zumindest annähern, dass wir nur noch wahre Überzeugungen haben."[351] Eine Fantasywelt, wie etwa die Tolkiens, kann konsistent und kohärent sein, da sie aber keine praktische Überprüfung ermöglicht, hier in Form von Zeugnissen aus der Vergangenheit, reichen die Kriterien der Konsistenz und Kohärenz nicht aus, um damit etwa die Behauptung zu rechtfertigen, die Tolkienwelt habe einmal existiert.

---

[350] Ob wir objektiv bestimmen können, dass unsere Überzeugung, jeder Mensch wird sterben, wahr ist, hängt davon ab, wie hoch wir den Maßstab für eine objektive Bestimmung ansetzen. „Objektiv" meint hier, es ist so, wie es der Satz sagt, unabhängig von unseren Meinungen. Verlangen wir als Beweis für die Sterblichkeit aller Menschen, dass jeder bisherige Tod dokumentiert ist, dann könnte sie nicht bewiesen werden.

[351] Willaschek, Marcus: Der mentale Zugang zur Welt. Frankfurt 2003, S. 247.

Der Widerstand, den die Realität bei vielen falschen Überzeugungen leistet, also das pragmatische Kriterium, ist unser wichtigstes Kriterium, um ein Urteil über den Wahrheitsgehalt unserer Erkenntnisse zu fällen. Es gibt allerdings Überzeugungssysteme, die so konstruiert sind, dass sie an der Realität nicht scheitern können. Solche Überzeugungssysteme haben für alle Vorkommnisse der Welt eine Erklärung, die innerhalb des Überzeugungssystems nicht widerlegt werden kann, sie haben einen Total-Erklärungs-Mechanismus. Zu diesen Überzeugungssystemen zählt das magische Weltbild, der sogenannte Geisterglaube. Bei ihm liegt ein gar nicht so seltener Fall vor, bei dem die Praxis in bestimmten Bereichen funktioniert, die Theorie konsistent und kohärent ist, aber trotzdem höchstwahrscheinlich grundfalsch. Das magische Weltbild ist konsistent und kohärent, weil es über eine einfache Alles-Erklärung verfügt: Jedes Ereignis der Welt ist letztlich auf das Wirken von guten oder bösen Geistern zurückzuführen. Diese Erklärung enthält keine Erklärungslücke, denn es kann keine Ereignisse geben, welche die Erklärung widerlegen könnte. War eine Anrufung der guten Geister oder ein magischer Zauber nicht erfolgreich, lag es an der Macht der bösen Geister. Sie kann durch die unkorrekte Ausführung des Beschwörungsritus, durch zu geringe Opfergaben, durch Gegenzauber etc., so gestärkt worden sein, dass die Anrufung scheiterte oder der Zauber wirkungslos blieb. Ein Beispiel aus jüngerer Zeit: Wird die Aussage akzeptiert, „die Partei hat immer recht", wie ein Lied in der DDR behauptete, dann kann nichts, was die Partei beschließt, falsch sein. Logischerweise muss dann jede Handlung und jede Überzeugung, die den Interessen der Partei zuwiderläuft, falsch sein. Dass die Partei nicht immer recht hatte, zeigte sich letztlich am Widerstand, den die Realität ihren Behauptungen bot.

Für den Wissenschaftstheoretiker Karl Popper galten Überzeugungssysteme, die keine Möglichkeit bieten, sie als falsch zu überführen, sie zu falsifizieren, als unseriös. Falsche oder unzureichende Theorien oder Weltbilder stoßen an ihre Grenzen, wenn sich die Lebensbedingungen, in denen sie gedeihen, so stark verändern, dass ihre Lösungsvorschläge nicht mehr bei allen Problemen greifen. Das magische Weltbild stieß bei der Bildung großer städtischer Gesellschaften an ihre Grenzen. So wenig wie mit „magischer" Medizin Seuchen geheilt werden können, kann mit einem magischen Weltbild die Organisation großer Gesellschaften bewältigt werden. Überhaupt sollte der Unterschied zwischen den alten vorwissenschaftlichen magischen und mythischen Theorien und den wissenschaftlichen nicht übersehen werden: Wissenschaftliche stehen unter einem Beweiszwang, dem die älteren, selbst wenn sie wollten, nicht gewachsen sind. Die vorwissenschaftlichen Theorien beruhen größtenteils auf Annahmen und Behauptungen, die grundsätzlich nicht überprüfbar sind.

Der Widerstand, den die Realität bei vielen falschen Überzeugungen leistet, ist das stärkste Argument für die Wahrheit unserer Alltags- und wissenschaftlichen Überzeugungen. Mithilfe dieser Überzeugungen hat der Mensch nicht nur den Kampf mit der Natur überlebt, sondern sich in den letzten Jahrhunderten zu einem Wissen und einer Beherrschung über sie aufgeschwungen, die sich unsere frühen Vorfahren wohl in ihren kühnsten Träumen nicht vorgestellt haben. Wären die Theorien der Naturwissenschaft und unsere die Alltagswirklichkeit betreffenden Überzeugungssysteme völlig falsch, wäre dies sicher nicht möglich gewesen.

Nach den archäologischen und ethnologischen Zeugnissen zu urteilen, teilten alle uns bekannten Völker die Natur sehr ähnlich ein. Sie unterschieden Steine, Pflanzen, Wasser, Tiere, Menschen, unterschieden ähnlichen Eigenschaften, wie groß/klein, hart/weich, schön/hässlich, gut/schlecht, und sie benutzten weitgehend die gleichen Farbnamen. Die Natur bietet sich anscheinend allen Menschen sehr ähnlich dar, da alle eine ähnliche Basisontologie besitzen.

Gravierende Unterschiede in der Weltdeutung tauchen erst in dem auf, was wir als Metatheorien bezeichnen können, d.h. in den religiösen, philosophischen oder wissenschaftlichen Ordnungen und (Sinn-)Deutungen. Die Gleichheit der Basisontologie bei allen Völkern, die auch die so genannten Paradigmenwechsel[352] fast unberührt übersteht, ist ein starkes Indiz dafür, dass sich die Welt allen Menschen gleich darbietet und dass es die Welt oder Wirklichkeit ist, die unsere Spräche prägt und nicht umgekehrt, dass wir mit unserer Sprache die Welt prägen, wie es einige Philosophen, so auch der Zen-Philosoph Izutsu, behaupten. Die Gleichheit der Basisontologie ist auch ein Argument gegen einen übertriebenen Kulturrelativismus.

Selbstverständlich sind die Grenzen zwischen der Basistheorie und den Metatheorien fließend, sind beide in vielen Bereichen oft untrennbar ineinander verschränkt. Ein Rabe ist zwar für jeden Menschen ein Vogel, ein abergläubischer Mensch wird aber seine Metatheorie, „Rabe ist Unglücksbote", immer mitdenken müssen. Die Metatheorien, die der Mensch im Laufe seiner Bewusstheitsgeschichte entwickelte, sind integraler Bestandteil unserer Sprache geworden, so dass wir uns ihrer Verwendung oft gar

---

[352] Anmerkung: Mit Paradigmenwechsel bezeichnet man grundlegende Veränderungen in den Welterklärungen, wie etwa den Wechsel vom der geozentrischen zum heliozentrischen Weltbild.

nicht bewusst sind und damit auch nicht, wie sie manchmal unser Denken „verhexen" (Wittgenstein). So zerbrechen wir uns den Kopf über Dinge wie Geist, Seele, Vernunft, obwohl wir uns unter ihnen nichts Genaues vorstellen können, nicht einmal wissen, ob es solche Dinge überhaupt gibt. Durch die Substantivierungsmöglichkeit von Verben und Adjektiven begünstigt, reicherte die Menschheit ihre Ontologie, den Katalog der existierenden Dinge, mit zahlreichen Gegenständen an, die höchstwahrscheinlich nicht existieren. Beispielsweise wurden aus *schönen* Dingen, *wahren* Worten und *guten* Taten, *die* Schönheit, *die* Wahrheit und *das* Gute. Aber ob es solche Entitäten gibt, ist mehr als zweifelhaft. Zum Untergang von Kulturen haben sicher auch fehlerhafte, ungenügende und falsche Metatheorien, d.h. realitätsferne Weltbilder, beigetragen.

Das gewöhnliche, alltägliche Verständnis der Wahrnehmung schreibt Gegenständen nicht nur bestimmte Eigenschaften zu, zum Beispiel rot und rund zu sein, sondern auch, dass die meisten Gegenstände und Eigenschaften unabhängig von unserer Wahrnehmung existieren. Das Alltagsverständnis geht ferner davon aus, dass die Eigenschaften, die wir Gegenständen zuschreiben, „an das Vorliegen von Standardbedingungen und Standardbeobachter"[353] geknüpft sind. Dass ein Gegenstand unter Kunstlicht eine andere Farbe zu haben scheint als unter Tageslicht, wird der Alltagsrealist nicht einer magischen Verwandlung der Farbe zuschreiben, ebenso wenig, dass eine kreisrunde Scheibe nur frontal gesehen ganz rund aussieht. Zur Alltagstheorie gehört also auch, *dass die Gegenstände unabhängig von unserem Denken existieren.*

Wenn, wie Izutsu behauptet, Zen der Ansicht sein sollte, diese Welt sei ein Produkt unseres subjektiven Denkens, Bewusstseins, Geistes etc., dann widerspricht das nicht nur dem Alltagsrealismus, sondern, wie wir schon ausführten, auch der Logik der Täuschung, eine solche wäre nicht möglich, wenn die Welt ein Produkt unseres Bewusstseins wäre.

Die allen Menschen gleiche Basisontologie und der mit ihr verbundene Alltagsrealismus sind weitgehend konsistente und kohärente Ordnungen, die sich in und an der harten Wirklichkeit bewährt haben, und das ist das beste Wahrheitskriterium, welches uns zur Verfügung steht.

Halten wir fest: Überzeugungen, die widerspruchsfrei (konsistent) und weitgehend lückenlos (kohärent) sind, die durch Beobachtungen bestätigt wurden und sich in der Praxis bewähren, dürfen wir als Wissen/Erkenntnis ansehen. Überzeugungen, welche diese Eigenschaften nicht haben, sollten uns verdächtig vorkommen, offenkundig stimmt etwas mit ihnen nicht.

---

[353] Ebenda, S. 247.

Sind mystische Erfahrungen überprüfbar?

Wenn wir nach der *Wahrheit* der mystischen Erfahrung fragen, meinen wir, ob das, was der Mystiker erlebt und erkennt, tatsächlich so ist, wie er es erlebt und erkennt. Ob tatsächlich alles Buddhanatur ist, ob er tatsächlich Gott oder alles ist, ob, wie im Falle der christlichen Mystiker, tatsächlich irgendwo eine Heilige Familie existiert, oder ob das alles nur in der Erfahrungswelt, sprich Einbildung, des Mystikers existiert. Wenn wir nach der *Überprüfbarkeit* der mystischen Erfahrung fragen, meinen wir, ob irgendwie nachgewiesen werden kann, dass es sich nicht lediglich um Einbildungen, Halluzinationen, Phantasma des Mystikers handelt.

Buddha soll empfohlen haben, nichts zu glauben, was man nicht selbst erfahren hat. Dieses Wort scheint unserer Behauptung zu entsprechen, dass das wichtigste Wahrheitskriterium für eine Überzeugung die Realitätsprüfung ist. Gilt die eigene Erfahrung im Zweifelsfalle als der ausschlaggebende Beweis für die Wahrheit einer Behauptung, dann, so könnte jemand argumentieren, muss ein „Besuch" jenseitiger Welten doch auch als ein Beweis für ihre Existenz gelten. Viele Menschen behaupten, sie hätten solche Welten besucht oder stünden in ständigem Kontakt mit ihnen. Dasselbe muss für Erleuchtungserfahrungen gelten: Wer diesen Berichten misstraut, sollte doch zuerst einmal versuchen, selbst solche Erfahrungen zu machen, bevor er sie be- oder sogar verurteilt! Allgemeiner formuliert: Worin soll prinzipiell der Unterschied zwischen alltäglichen Erfahrungen, wissenschaftlichen Beobachtungen, der „Erkundung" jenseitiger Welten oder Erleuchtungserfahrungen bestehen?

Prinzipiell gibt es keine Unterschiede, Beobachtung ist Beobachtung, Erfahrung ist Erfahrung. Die Wahrheit von Beobachtungen können wir nur mit den oben dargelegten Kriterien Konsistenz, Kohärenz und Praxisbewährung überprüfen; gleichgültig, ob es sich um alltägliche, wissenschaftliche oder um Beobachtungen von angeblich Übernatürlichem handelt. Die Beobachtungen in den verschiedenen Bereichen unterscheiden sich in der Praxis nur in ihrer Genauigkeit und Systematik. Damit haben wir auch die Frage, wie wir entscheiden können, welche Erfahrung der Wirklichkeit entspricht, die mystische oder die alltägliche, im Grundsatz schon beantwortet: Wir müssen die jeweiligen Erfahrungen mit den genannten Kriterien überprüfen.

Die Prüfung auf Konsistenz und Kohärenz der zen-mystischen Theorie haben wir im Kapitel II vorgenommen, und sie ist durchgängig negativ ausgefallen. Das Kriterium der Praxisbewährung wandten wir indirekt schon im Abschnitt über das moralische Debakel im Faschismus an und in dem über die psychopathologische Verfassung der christlichen MystikerInnen. Auf jeden Fall besagen beide Abschnitte, dass die mystische Praxis, einschließlich so genannter Erleuchtungen und Visionen, keine dauerhafte Loslösung und Erfüllung bedeuten.

Sehen wir uns das Kriterium der Praxisbewährung genauer an. Unter Praxisbewährung einer Theorie fallen unter anderem ihre Alltagstauglichkeit, ihre experimentelle Überprüfung und die Möglichkeit von Anschlusshandlungen. Bei allen diesen Prüfungen sollten mehrere Menschen beteiligt sein. Jede Überzeugung, Behauptung, Theorie, *die Wahrheitsanspruch erhebt*, muss *intersubjektiv überprüfbar* sein, d.h. durch andere bestätigt werden können, wie es beispielhaft in wissenschaftlichen Experimenten geschieht. Behauptungen, die nicht überprüft oder prinzipiell nicht überprüfbar sind, können höchstens den Status von Hypothesen haben, von unbewiesenen Annahmen. Genauso wie ein Alibi ohne Zeugen wertlos ist, genauso ist der Wahrheitsanspruch in Bezug auf eine x-beliebige Erfahrung ohne intersubjektive Bestätigung wertlos, denn: 1. Es kann niemand wissen, ob ich lüge. 2. Es kann sein, dass ich belogen oder getäuscht wurde. 3. Es kann sein, dass ich mich selbst belüge oder mich selbst täusche. Der letzte Fall dürfte bei den mystischen Erfahrungen der häufigste sein.

Was bedeutet nun die Forderung intersubjektiver Überprüfbarkeit für mystische Erfahrungen konkret? Ist das Besondere an ihnen nicht gerade ihre unteilbare Einmaligkeit? Oder ist das Kriterium der intersubjektiven Überprüfung nicht schon längst erfüllt, weil unzählige Menschen mystische Erfahrungen gemacht haben?

Die Erleuchtung ist ein singuläres und ganz subjektives Erlebnis, denn auch wenn jemand während meiner Erleuchtung neben mir steht, erfährt er sie nicht. Im Gegensatz zu vielen anderen Erfahrungen kann eine Erleuchtungserfahrung bisher auch nicht absichtlich erzeugt und damit experimentell untersucht werden. Auch das Problem, sie in Worte zu fassen, erschwert es, sie zu beurteilen, besonders für die „Nichterleuchteten".

Aufgrund der Singularität und Subjektivität der mystischen Erfahrung lassen sich Wahrnehmungstäuschungen bei ihr noch weniger ausschließen als bei Alltagserfahrungen. Die Korrekturmöglichkeit durch andere, die intersubjektive Überprüfung, fällt in Bezug auf die konkreten Wahrnehmungen des Erlebenden ganz weg. Als eine geringe intersubjektive Bestätigung kann man es verstehen, dass andere Menschen, nach ihren Aussagen zu urteilen, ähnliche Erfahrungen gemacht haben. Weil diese Erfahrungen große existentielle Bedeutung haben und sie intersubjektiv nur höchst ungenügend überprüft werden können, sollte man den Irrtumsmöglichkeiten besonders genau nachgehen. Zuerst einmal heißt das, die Möglichkeit der Wahrnehmungstäuschung und der Theorieimprägniertheit der Erfahrung zu untersuchen.

Wir können uns bei einem Erlebnis auf verschiedene Weise täuschen, so kann der Erlebnisgegenstand ein anderer sein als der, für den wir ihn halten. Jemand kann eine Kuhattrappe für eine wirkliche Kuh halten, ein Kind einen Weihnachtsmanndarsteller für den wirklichen Weihnachtsmann, ein Mystiker eine halluzinierte Maria für die wirkliche Maria.

Dass sich bei der Meditation, wie häufig bei intensiver Konzentration, die Wahrnehmung verändert, muss nicht auf einer Beseitigung von „Verdeckungen" durch das Denken beruhen, wie Loy meint, sondern, informationstechnisch ausgedrückt, auf einer Reduzierung der eingehenden Sinnesdaten, welche dem Gehirn nicht mehr erlaubt, ein klares Bild seiner Umwelt zu gewinnen.

Loy zitiert als Indiz für die nichtduale Wirklichkeit die Wahrnehmungsveränderungen, welche durch meditative Konzentration auf eine Vase entstehen. Aber erscheint eine Vase während einer konzentrierten Meditation durchsichtig leuchtend, verfließen ihre Formen, können wir nicht mehr entscheiden, ob sie in oder außer uns ist, besagt das absolut nichts über die wirkliche Farbe, Form und den Eigenschaften oder die „wahre Natur" der Vase, geschweige über die des Universums. Das meditative Erleben besagt nur, ich kann meine Wahrnehmung mit bestimmten Mitteln ändern und dann habe ich eben andere Wahrnehmungen. Diese und ähnliche Wahrnehmungserfahrungen reichen nicht aus, um Schlüsse mit einer wortwörtlich universellen Tragweite zu ziehen. Weitere praktische Bestätigungen und theoretische Prüfungen, die der Konsistenz und Kohärenz, müssten hinzukommen.[354] Wir können auch die Bedeutung eines Erlebens falsch einschät-

---

[354] Anmerkung: Ein „traumatischer" Fall in der Geschichte der Menschheit, in der sich eine als absolut sicher geltende, weil tägliche Erfahrung, als falsch erwiesen hat, war die schon erwähnte Erkenntnis, dass sich nicht die Sonne um die Erde dreht, sondern umgekehrt, die Erde um die Sonne. Wahrscheinlich hätten 99,99% der Menschen im Mittelalter geschworen, dass sich die Sonne um die Erde dreht und letztere eine Scheibe ist. Sie haben ja den Lauf der Sonne täglich mit ihren eigenen Augen verfolgen können. Vermutlich hätten sie auch den „logischen" Einwand gegen die Kugeltheorie erhoben, dass, wenn diese wahr wäre, die Menschen auf der Unterseite der Kugel hinunterfallen würden. Freud meinte, das durch bessere Einsicht erzwungene kopernikanische Weltbild habe die Menschheit als eine kollektive Demütigung empfunden, weil sie einen Verstoß aus dem Mittelpunkt des Universums bedeutete. Es bedeutete auch eine

zen, das Wort eines Chefs mag für den Angestellten wie eine Entlassungs-
drohung klingen, der Chef selbst wollte nur energisch auf ein Fehlverhalten
hinweisen. Ein Donner mag für einen modernen Zeitgenossen nur Unwetter
ankündigen, ein religiöser Mensch hört das Grollen eines Gottes.
Die häufigsten Irrtumsursachen dürften aber Wünsche und Ängste sein.
Der Wunsch nach Wasser lässt den Verdurstenden in einer Luftspiegelung
eine Oase erkennen, die Angst vor einem tödlichen Biss einen Wanderer
in einem Seil eine Schlange, das übergroße Bedürfnis nach Geborgenheit
lässt den Mystiker die Zuneigung von göttlichen Wesen halluzinieren.

Die Möglichkeit der Theorieimprägniertheit unterstützt den Verdacht,
dass bei mystischen Erfahrungen Wahrnehmungstäuschungen vorliegen.
Theorieimprägniertheit der Erfahrung bedeutet zum einen, dass sich bestimmte Phänomene nur deshalb einstellen, *weil* es die Theorie verlangt,
zum anderen, dass bestimmte Phänomene so verstanden werden, *wie* es
die Theorie verlangt. Weil zum Beispiel die christliche Theorie Gott als
Person versteht, wird er häufig als Person erfahren, weil die Buddha-Natur
Leerheit und Geborgenheit bedeutet, wird Leerheit erfahren und das „ozeanische Gefühl" als die Manifestation der Buddha-Natur verstanden

Aus einem historisch bedingtem psychologischen Nicht-Wissen, vor
allem über den Mechanismus der Projektion von Vorstellungen, Wünschen
und Ängsten, im Verein mit dem Erklärungsangebot von Daoismus und
Mahayana-Buddhismus, konnten die Erleuchtungserfahrungen, als Einsicht in die Natur des Seienden, als der Weisheit letzter Schluss, missverstanden werden. Mit Missverständnissen gegenüber dem eigenen Wollen
und Tun steht Zen allerdings nicht allein.

Die kulturellen Unterschiede in den mystischen Erfahrungen sind ein
starkes Indiz für die Theorieabhängigkeit. Wie es im Übrigen auch die so
genannten Nahtoderfahrungen sind. Auffällig an ihnen ist, dass Christen
oft Jesus und Buddhisten oft Buddha oder ein Boddhisattva erscheint. Nie
erscheint ein Gott aus einer anderen Religion.

---

verstörende Einsicht in die Unsicherheit unserer alltäglichen Erfahrung. Dieser Weltbildwechsel ist ein gutes Beispiel für die Überprüfung einer scheinbar
unhinterfragbaren Erfahrung mit den Kriterien der Konsistenz und Kohärenz,
die dann zu einer anderen Erkenntnis zwingt, sogar einer gegen jeden Augenschein. Es waren ja astronomische Berechnungen, die im Widerspruch zum
Augenschein, der sich drehenden Sonne, standen, die Kepler zu der damals
nicht erfahrbaren Aussage zwangen, die Erde müsse sich um die Sonne drehen.
Diese Aussage ergab eine konsistente und kohärente Theorie der Planetenbah-
nen, die für uns als wahr gilt, obwohl sie immer noch der täglichen Erfahrung
widerspricht.

Wer glaubt, es gehe bei den verschiedenen Mystiken um die gleichen Wahrheiten im verschiedenen Gewand, hat sich diese nicht genau genug angeschaut. Es macht einen fundamentalen Unterschied, ob ich als Erlösungsgeschehen den „Opfertod" eines Gott-Menschen am Kreuz erlebe oder die angebliche Nichtgetrenntheit von allem Existierendem.. Was konkret Wahrnehmungstäuschung und Theorieimprägniertheit bei den mystischen Erfahrungen bedeuten kann, haben wir an Beispielen aus der christlichen Mystik dargestellt. Bei ihnen handelt es sich eindeutig um Halluzinationen, bedingt durch psychische Traumata, in denen persönliches Leid mit christlichen „Theorien" imprägniert wurde.

Die Theorieimprägnierung, wie sie natürlich in systematischen mystischen Ausbildungen besonders erfolgt, erklärt auch die Ähnlichkeiten der Erfahrung innerhalb einer Tradition. Die Ähnlichkeiten über die Traditionsgrenzen hinweg erklären sich durch ähnliche Theorieelemente, ähnliche Techniken und nicht zuletzt durch die allen Menschen gleiche physische Beschaffenheit. Damit sprechen auch die wenigen intersubjektiven Momente der mystischen Praxis, die anscheinend ähnlichen Erfahrungen bei vielen MystikerInnen, nicht für ihren Wahrheitsgehalt.

Jemand könnte sich jetzt fragen, was wären eigentlich Beweise für die Wahrheit der mystischen Erfahrungen? Setzen wir die Kriterien nicht so hoch an, dass es sowieso keine Bestätigung geben kann? Mystisches Erleben kann zwar nicht während des Erlebens durch andere auf ihren Wahrheitsgehalt überprüft werden, aber warum sollte es eigentlich nichts Überprüfbares hinterlassen? Warum sollte der Mystiker nicht außergewöhnliches, aber überprüfbares Wissen der verschiedensten Art während der Erleuchtung erwerben? Ein solches Wissen wäre ein stark bewahrheitendes Indiz. Noch stärker wäre ein überprüfbares Wissen, welches nur aufgrund einer gottähnlichen Position möglich ist, beispielsweise eindeutige Prophezeiungen, die sich tatsächlich bewahrheiten. Weder erwarb ein Mystiker, noch sonst ein Mensch, ein außergewöhnliches Wissen, noch wurden ihm jemals eindeutige und sich bewahrheitende Prophezeiungen zuteil.

Entsprechendes lässt sich zu den so genannten Heiligen Schriften der Menschheit sagen. Dass sie Gottes Wort verkünden oder das von Göttern, ist allein schon deshalb unwahrscheinlich, weil das Wissen, das sie enthalten, nie über das ihres Zeitalters hinausreicht. Für einen allwissenden Gott wäre es ein Leichtes die Glaubwürdigkeit seiner Propheten zu erhöhen, er müsste ihnen nur etwas Überprüfbares mitteilen, zum Beispiel naturwissenschaftliche Einsichten, die durch spätere Entdeckungen bestätigt werden. Göttliche Wesen konnten aber bisher nicht einmal das Datum des Weltunterganges korrekt vorhersagen. Es gibt unzählige Möglichkeiten für überprüfbares Wissen, welche durch den besonderen Wahrnehmungs- bzw. Erkenntnismodus der Erleuchtung gewonnen werden könnte. Es könnte sich um ein Wissen aus allen möglichen Wissensgebieten handeln, angefangen von der „weitesten" Wissenschaft, der Astrophysik, bis hin zur „kleinsten", der Mikrophysik. Es könnte sich um Wissen über alltägliche Ereignisse handeln oder um hilfreiches medizinisches oder soziales. Den Möglichkeiten, zu beweisen, dass es sich bei dem Erleuchtungserleben um mehr als einen subjektiven Gehirnvorgang handelt, sind keine Grenzen gesetzt. Aber seltsamerweise scheint in den zweienhalbtausend Jahren, seit denen von mystischen Erfahrungen berichtet wird, nie etwas dergleichen erfahren worden zu sein. Obwohl diese Erfahrenden mit dem höchsten Wesen oder dem Urgrund der Welt in intensivsten Kontakt getreten sein sollen, ist weder ein besonderes Wissen noch etwas praktisch Nützliches herausgekommen. Was wissen denn unsere Erleuchteten? Sie wissen nur so etwas Verschwommenes, wie, dass alles irgendwie eins, Geist und Karma sein soll.[355]

Das Buddhawort, „glaube nichts, was du nicht selbst erfahren hast", kann man im folgendem Sinne verstehen: Glaube nichts, was du nicht selbst überprüft hast oder was sich prinzipiell nicht überprüfen lässt. Das Wort greift zu kurz, wenn man es so versteht, dass jede persönliche Erfahrung einen Wahrheitsbeweis bedeutet, denn wir sind Wesen, die sich häufig irren, ein Erlebnis falsch deuten. Wörtlich genommen würde die Empfehlung Buddhas unser Alltagsleben ziemlich erschweren, denn wir müssen

---

[355] Anmerkung: Das Gesagte gilt nicht für nur mystische Erfahrungen, sondern für alle so genannten übernatürlichen Phänomene. Beweise sind, wie schon gesagt, positive Indizien, Tatmerkmale, Spuren, die intersubjektiv überprüfbar sind, d.h. durch andere bestätigt werden können. Positive Indizien wären im Falle des so genannten Übernatürlichen Vorkommnisse, die nicht mit den bisher bekannten Naturgesetzen in Einklang stehen und von verschiedenen Menschen bestätigt werden können. Solche Vorkommnisse versucht die sog. PSI-Forschung seit über 100 Jahren zu finden und zu belegen. Dass ihr dies noch in keinen einzigen Fall gelungen ist, dass sich bisher alle so genannten Magier und Medien, die gründlicher untersucht wurden, als Scharlatane erwiesen haben, spricht auf jeden Fall nicht für die Existenz von Übernatürlichem. Siehe zum Thema Magie, PSI etc. Weich, Thilo: Magier, Medien, Scharlatane: Voraussetzungen, Methoden und Analysen von Täuschungsvorgängen in Parapsychologie und Zauberkunst. Sindelfingen 1995.

in ihm an vieles glauben, was wir nicht selbst erfahren haben, und in den meisten Fällen dürfen wir auf unseren Glauben vertrauen.

Zusammenfassung: Die mystischen Erfahrungen erfüllen kein Kriterium, welches einen Wahrheitsanspruch rechtfertigen würde. Die mystischen Erfahrungen sind weder konsistent noch kohärent, noch halten sie einer Praxisprüfung stand.

Wenn eine Erfahrung und die aus ihr gefolgerte Theorie keinen einzigen *positiven* Beweis für ihre Wahrheit erbringen kann, wenn nur die Möglichkeit bleibt, es könnte an ihr etwas dran sein, weil man die Nichtexistenz ihrer Gegenstände (Gott, Geist, Buddhanatur) nicht beweisen kann, dann spricht nichts für ihre Wahrheit. Dass sie viele Menschen für wahr halten, muss andere, vermutlich psychologische, Gründe haben.

Keine der heutigen wissenschaftlichen und sonstigen Theorien erfüllen die genannten Wahrheitskriterien uneingeschränkt, aber das entlastet die nondualistische Philosophie nicht, denn sie erfüllt kein einziges Kriterium. Sie weiß nicht einmal, was sie behauptet. Sie weiß nicht, wie die so genannte dualistische Welt funktioniert, und auch nicht, wie die viel beschworene nondualistische Welt funktionieren soll. Das ist für eine Philosophie, deren Vertreter suggerieren, sie seien im Besitz der endgültigen absoluten Wahrheit, sie hätten das Wesen des Seienden erkannt, ein, gelinde gesagt, seltsames Ergebnis.

Wir behaupten allerdings nicht, dass Erleuchtungserleben habe überhaupt keinen Erkenntniswert. Wir meinen, alles, was in ihm erlebt wird, resultiert aus der psychischen Verfasstheit des Erlebenden und hat im Wesentlichen diese Verfasstheit zum Inhalt. Genau in diesem Inhalt besteht der Erkenntniswert der mystischen Erfahrung.

Was würde die Mystik für unser Leben bedeuten, wenn sie wahr wäre?

Im Kritikteil des II. Kapitels versprachen wir, dass wir noch andere als die von Hui-neng genannten möglichen Eigenschaften des Geistes diskutieren werden. Dieses Versprechen wollen wir jetzt einlösen.

Es scheint „den größtmöglichen Unterschied zu machen, ob die Welt spirituell oder materiell oder irgendwie beides ist".[356] Da wir sie nicht von

---

[356] Danto, Arthur C.: Wege zur Welt: Grundbegriffe der Philosophie. München 1999, S. 225.

außen, von einem Gottesstandpunkt betrachten können, können wir uns mit keiner Methode absolut vergewissern, welche der Behauptungen zutrifft. Das meint zumindest der amerikanische Philosoph Arthur C. Danto. In einem solchen Fall sollten wir, so Danto, überlegen, was eine bestimmte Position für unser Leben bedeuten würde.[357]

Was würde es für unser Leben bedeuten, wenn speziell die Mystik Recht hätte? Beginnen wir mit ihrer zentralen Behauptung, ihren Frohen Botschaft: Alles ist Geist. Wir meinen, ohne Zusatzannahmen würde diese Behauptung für unser Leben gar nichts bedeuten, nichts nach sich ziehen, es würde sich nämlich kein Unterschied zu einer materialistischen Position ergeben. Aus dem nackten Alles-ist-Geist folgt beispielsweise keine Unsterblichkeit, keine Wiedergeburt, kein Gerichtshof im Jenseits, folgen keine moralischen Regeln und daher auch keine Konsequenzen für unser Leben. Wir könnten nur die Hoffnung (oder Angst) nähren, dass es nach dem Tod irgendwie weitergeht, aber ohne Zusatzannahmen ist die Alles-ist-Geist-Behauptung nur ein anderer Name für das Ganze.

Sehen wir uns die zwei für unser Thema relevanten Zusatzannahmen an: Mit der buddhistischen Zusatzannahme, es gibt kein ewiges Ich, läuft die Alles-ist-Geist-Theorie exakt auf dasselbe wie der Materialismus hinaus, auch dann gibt es für uns kein ewiges Leben, bedeutet der Tod das endgültige Aus, da er das Ende unseres individuellen Bewusstseins impliziert. Für mich als *bewusstes Subjekt* macht es nämlich keinen Unterschied, ob nach der Auflösung meines Subjektbewusstseins von mir noch irgendwo geistiger Stoff herumschwirrt oder nur noch tote Materie bleibt. In beiden Fällen weiß ich nichts davon, weil ich als Person nicht mehr bin.

Die Spekulation der Upanishaden lautete, es ist nicht nur alles Geist (brahman), sondern meine Seele (atman) ist mit ihm identisch, atman ist brahman, Einzelseele ist Weltseele. Diese Spekulation klingt vielversprechender, ist allerdings wenig plausibel. Sie führt zu den schon angeführten unlösbaren Schwierigkeiten, wie Vielheit, Identität und Alleinheit unter einen Hut gebracht werden können. Konkret: Wie ich und Kodo Sawaki und alle anderen unzähligen Wesen in einem gehaltvollen Sinn zugleich alle und alles sein können. Der nahe liegende Verdacht, dieses im Kern unverständliche Versprechen entspringt einer Allmachtsphantasie, ist schwerlich von der Hand zu weisen. Dieser Verdacht trifft die gesamte Mystik, aber besonders den hybriden Advaita.

Die buddhistische Mystik (nicht die zen-buddhistische) ist tendenziell mehr eine Entlastungs- als eine Allmachtsphantasie: Nicht weil ich alles

---

[357] Siehe ebenda.

bin, sondern weil ich nicht bin, bin ich von allem Leid befreit. Lapidar formuliert lautet die buddhistische Mystik: Schluss mit dem Hin-und-Her und Auf-und-Ab des Lebens, Schluss mit dem Wechsel von Freud und Leid, aber bitte so, dass das Daseinslicht nicht ganz ausgelöscht wird. Der buddhistische *Mystiker* will im Grunde nur noch fernsehen, will solange wie möglich kommentarloser unberührter Beobachter des Welttheaters sein.

Das „atman ist brahman" des hinduistischen Advaita geht logisch nicht auf, die nackte Nicht-Ich-Lehre des Buddhismus ist zwar widerspruchsfrei und höchstwahrscheinlich wahr, läuft aber auf dasselbe hinaus wie der Materialismus. Summa: Mit den gewichtigsten Zusatzannahmen der asiatischen Mystiken macht die Nur-Geist-Theorie für uns keinen Unterschied zu einer Nur-Materie-Theorie.

Was würde es für einen Unterschied machen, wenn speziell die Wahrnehmungstheorie der Nondualitäts-Philosophie wahr wäre? Warum sollte die Nicht-Getrenntheit von Wahrnehmer, Wahrgenommenen und Wahrnehmung eigentlich gut sein, warum sollte es eines unserer Probleme lösen? Um die Frage zu beantworten, müssen wir uns nur überlegen, was es für Konsequenzen haben würde, wenn wir im alltäglichen Leben die Grenze zwischen uns und unserer Umwelt nicht eindeutig ziehen würden oder könnten, wenn wir uns beispielsweise mit einem Starkstromkabel genau so verbunden fühlten wie mit einem Springseil? Das „Alles ist Eins" ist eine Wärme- und Beruhigungsformel, das Versprechen eines spirituellen Candle-Light-Dinner.

VI. Zen – einfach verstanden

> „Nach der Zentheorie sollte und könnte der
> Mensch ein vom Leiden am Leben und Tod
> befreiter, ichloser, freier und natürlicher Mensch,
> nämlich ein lebender Buddha werden."[358]
>
> Kogaku Arifuku

Das Bedürfnis nach Identität, Integration und Anerkennung

Wird der Mensch, in erster Linie, als soziales Wesen gesehen, liegt es nahe, die Ursachen und Heilungsmöglichkeiten seiner Leiden vor allem in den sozialen Verhältnissen zu suchen.

Soziale Natur des Menschen bedeutet zuerst einmal, dass das materielle und seelische Wohlbefinden des Einzelnen in starkem Maße von seinen Mitmenschen abhängt. Der Mensch ist schon für die Befriedigung seiner materiellen Bedürfnisse auf Kooperation angewiesen, um wie viel mehr bei der Befriedigung seiner psychischen Bedürfnisse. Seine psychischen Grundbedürfnisse, die Bedürfnisse nach Wärme, Geborgenheit und Anerkennung sind soziale Bedürfnisse und können nur durch andere Menschen befriedigt werden. Im Umkehrschluss bedeutet das, psychischen Krankheiten liegen meist Formen von Isolation zugrunde.

Idealerweise sollten die Bedürfnisse nach Geborgenheit und Anerkennung schon in der Kindheit durch die Erziehungspersonen saturiert werden. Eine gute Gesellschaft wäre eine, in der niemandem, auch in keiner späteren Lebensphase, die Befriedigung dieser Bedürfnisse verwehrt wird.

---

[358] Arifuku, Kogaku: Deutsche Philosophie und Zen-Buddhismus, S. 124.

Leider trifft meist weder das eine noch das andere zu: Viele Erziehungspersonen sind blind gegenüber den elementaren Bedürfnissen ihrer Zöglinge
oder negieren sie sogar bewusst. Ob es bisher Gesellschaften gab, in welchen alle über die Möglichkeit zur Befriedigung der Bedürfnisse nach Geborgenheit und Anerkennung verfügten, darf bezweifelt werden. Die Folge
der Missachtung dieser Bedürfnisse sind lebenslange psychische Leiden.

Bei Menschen, welche in einer emotional kalten und religiösen Umgebung aufwachsen, artikulieren sich die unbefriedigten Grundbedürfnisse
nach Wärme und Geborgenheit in einer mehr oder minder diffusen „religiösen Sehnsucht": Sie glauben, nur etwas Absolutes könne ihren Hunger stillen, obwohl sie vielleicht dunkel ahnen, dass sie sich „nur" nach
menschlicher Zuneigung und Anerkennung sehnen. Eine kalte und religiöse Kindheit ist vermutlich auch für die „ähnlichen Züge" der „geistigen
Entwicklung" von Zen-Meistern verantwortlich, welche der Rinzai-Abt
Zenkei Shibayana als notwendige Eigenschaften für das Erreichen des
Erleuchtungszieles ansieht: eine „äußerst intensive religiöse Sehnsucht",
eine „harte willensstarke Suche und Zucht" und „geistige Krisen oder das
Gefühl abgrundtiefer Verlorenheit".[359] Wir können uns gut vorstellen, wel-
che pädagogischen Tragödien ein Mensch durchmachen musste, der diese
Eigenschaften besitzt.

Um zu verdeutlichen, dass das Anerkennungsproblem nicht ein psychologisches Problem unter anderen ist, sei auf die schwerwiegendsten
Formen inhumanen Verhaltens hingewiesen, nämlich die der Vergewaltigung, Entrechtung und Entwürdigung. Sie bedeuten die Zerstörung der
persönlichen Identität, weil sie den elementaren Mustern der Anerkennung
in Form der Liebe, der Zugeständnissen von Rechten und der Solidarität
diametral entgegenstehen.[360] Erinnern wir uns an Ralph Frenkens Untersuchung der Kindheit der mittelalterlichen MystikerInnen, die zeigte, dass
die schlimmste Form der Demütigung, die Vergewaltigung, die Mehrzahl
der Betroffenen erleiden musste und dass alle von Frenken untersuchten
MystikerInnen die in der Kindheit wichtigste Form der Anerkennung nicht
erfuhren, die der Zuneigung und Liebe.

Opfer von Abwertung, Missachtung, Demütigung können selbstverständlich auch Gruppen, Schichten, Klassen, ganze Völker, ja sogar ganze
Kontinente werden. Der Sozialphilosoph Axel Honneth sieht das primä-
re Motiv für die meisten sozialen Kämpfe in der befürchteten oder schon
erfolgten Deklassierung einer Schicht oder Klasse, also der Demütigung.

---

[359] Shibayama, Zenkei Roshi: Zen in Gleichnis und Bild, S. 36.
[360] Siehe dazu Honneth, Axel: Kampf um Anerkennung. Frankfurt 2003, Kap. II.

Der Antrieb für soziale Kämpfe, etwa um höhere Löhne, bildet sich durch die „Verletzung von tiefsitzenden Anerkennungserwartungen" aus, die sich „im Rahmen von moralischen Erfahrungen" entwickeln.[361] So bedeutet ein gerechter Lohn eine Form der Anerkennung, droht er ungerecht niedrig zu werden wird das als Deklassierung und als eine Verletzung des moralischen Anstands empfunden. Die Erfüllung der Anerkennungserwartungen trägt jedoch dazu bei, dass sich der Mensch als ein selbstständiges und „individualisiertes Wesen geachtet wissen kann" und eine positive Identität herausbildet. Werden diese „Erwartungshaltungen von seiten der Gesellschaft enttäuscht, so löst das genau die Art von moralischer Erfahrung aus, die in der Empfindung von Missachtung zum Ausdruck gelangt."[362]

Wechselseitige Anerkennung ist, nach Hegel, und mit Honneth gesprochen, der „Schlüssel für eine Bestimmung von universalen Bedingungen der menschlichen Identitätsbildung". Anerkennung und die damit verbundene positive Identitätsbildung sind also kulturunabhängige Bedürfnisse. Für Honneth ist wechselseitige Anerkennung nicht nur Voraussetzung des Selbstbewusstseins, sondern auch „eines positiven Selbstverhältnisses".[363] Anerkennung ist Voraussetzung von „Selbstachtung", „Selbstvertrauen" und eines positiven „Selbstwertgefühls".[364]

Das Leiden an mangelnden Selbstwertgefühlen ist keine moderne Erscheinung, wir finden es, anders tituliert, zu allen Zeiten und in allen Gesellschaften. Die gebräuchlichsten alten Begriffe lauten Schande, Ehr- und Gesichtsverlust.

Die Vermutung liegt nahe: Asketen- und Mönchstum und mit ihnen mystische Bewegungen entwickelten sich in Gesellschaften, welche das Bedürfnis nach positiver Identität nicht mehr für alle ihre Mitglieder ausreichend befriedigen konnten. Diese Gruppen suchten die von den Eltern und/oder der Gesellschaft verwehrte Anerkennung von höheren Wesen und in einer Gemeinschaft Gleichgesinnter.

Viele Menschen im Mittelalter gingen den mystischen Weg nicht freiwillig, andere durften ihn nicht gehen. So war den Bauern in China und Japan das Mönchsleben verwehrt, welches weniger hart war als ihre lebenswichtige Arbeit. Viele Zen-Mönche entstammten dem Adel und waren oft von ihren Familien ins Kloster abgeschoben worden. Genauso wie im europäischen Mittelalter adelige Töchter, für die sich kein standesgemäßer

---

[361] Ebenda, S. 261.
[362] Ebenda, S. 262.
[363] Ebenda, S. 308.
[364] Ebenda, S. 309.

Ehemann fand. Das Kloster fungierte als eine natürliche Geburtenkont-rolle: Die Abschiebung in die Klöster verhinderte eine überproportionale Ausbreitung des Adelsstandes, dessen Wohlstand dadurch gefährdet gewe-sen wäre. Es darf angenommen werden, dass diese Lösung des materiellen Verteilungsproblems von den Betroffenen als eine massive Demütigung empfunden wurde.

Bei der Frage, inwieweit das Klosterleben erzwungen war und als eine Demütigung für die aus höheren Schichten stammenden „Insassen" emp-funden wurde, ist zu berücksichtigen, dass sich das Klosterwesen in eini-gen mittelalterlichen Gesellschaften zu einem Staat im Staate entwickelt hatte, der, wie in Japan zur Zeit Dogens, oftmals die Politik bestimmte. Die buddhistischen Klöster unterhielten sogar eigene Armeen, die untereinan-der Krieg führten. Manche japanische Adelige wurden nur Mönche, um in den oberen Rängen einer Klosterhierarchie in den Genuss der Macht und des Reichtums zu kommen, der mit ihnen verbunden war. Für sie bedeute der Mönchsstatus selbstverständlich keine Demütigung, aber für die Mehr-zahl der Mönche bedeutete er wohl auch in dieser geschichtlichen Periode einen partiellen Ausschluss aus der angestammten höheren Familie und deshalb eine demütigende Deklassierung. Dass die zentrale Verheißung der Mystik und das dementsprechende Erleben *Ich-bin-Gott* oder *Ich-bin-alles* heißt, wird dadurch noch verständlicher, nämlich als eine Reaktion auf Misshandlung und Ausschluss, und das sowohl in individuell psychischer wie in sozialer Hinsicht.[365]

Wie schon ausgeführt, stecken wir nach Werner Becker in dem Dilem-ma, nach *größtmöglicher* Anerkennung unserer individuellen Besonderheit streben zu *müssen* (um uns vom Todeswissen zu entlasten), jedoch auch die Wärme einer Gemeinschaft zu brauchen. Wärme erhalten wir am meisten, wenn wir Gleicher unter Gleichen sind. Kurz gesagt: Das Dilemma des Menschen besteht in den zwei schwer zu vereinbarenden Wünschen, einer-seits der Größte, andererseits Gleicher unter Gleichen sein zu wollen.

Eine hierarchische Gesellschaft kann prinzipiell nur partielle Gleichheit bieten. Mitglieder derselben Berufsgruppe, sozialen Schicht, Kaste *können* sich als Gleiche verstehen, aber selbst unter „seinesgleichen" gibt es man-cherlei Hierarchien. In der europäischen Neuzeit wurde dem Gleichheits-bedürfnis auf der politischen Ebene mit den Grundsatz „alle Menschen haben dieselben Rechte und Pflichten" Rechnung getragen, auf der gesell-

---

[365] Anmerkung: Eine Ausnahme bildete auf jeden Fall das alte Tibet. Da es eine Mönchsdiktatur war, bedeutete der Mönchsstatus wahrscheinlich in den aller-meisten Fällen eine Erhöhung des sozialen Status.

schaftlichen mit vielfältigen sozialen Maßnahmen. Konkrete Manifestationen dieses Grundsatzes waren das allgemeine Wahlrecht und die gesetzlich festgeschriebene Gleichberechtigung der Frau.

Der Konflikt, der Größte und Gleicher unter Gleichen sein zu wollen, kann für Werner Becker nicht vollständig gelöst werden, weder durch gesellschaftliche noch durch persönliche Veränderungen. Auf gesellschaftlicher Ebene kann dieser Konflikt allerdings durch die Ausweitung der sozialen Gleichheit gemildert werden. Einfach gesagt: Je mehr materielle und ideelle Gleichheit, je mehr Mitbestimmung, je demokratischer eine Gesellschaft, desto besser für das psychische Wohlbefinden der Mehrheit der Menschen. Eine solche Gesellschaft entlastet von dem Anerkennungsdruck, indem sie das Gut Anerkennung gleichmäßiger verteilt. Das die kapitalistische Ökonomie die psychische Entlastung, welche die rechtliche Gleichheit und der materielle Wohlstand beförderten, mit ihrem maßlosen Konkurrenzdruck und ihrer maßlosen materiellen Ungleichheit letztlich sabotiert, steht auf einem anderen Blatt.

Eine vollständige Aufhebung des Dilemmas zwischen den Bedürfnissen nach größtmöglicher Geborgenheit *und* Anerkennung würde nach Beckers Theorievoraussetzung die Absenz des Todeswissens oder die Abschaffung des Todes erfordern. Da keines von beiden möglich ist, könnte die vollkommene Befriedigung des Geborgenheits- und Anerkennungsbegehren nur eine Mystik bewerkstelligen, welcher es gelingt, dem Adepten vollkommen an die Gleichung *Ich = Gott = Alles* glauben zu lassen, also einer Mystik des absoluten Omnipotenzwahns.

Der Negierung des Individuums, wie in allen vormodernen Gesellschaften üblich, die Forderung nach völliger Unterwerfung unter den Herrschaftswillen, läuft sowohl dem Bedürfnis nach Gleichheit wie dem nach Anerkennung der individuellen Besonderheit zuwider.

Wie stark letzteres Bedürfnis auch unter Zen-Mönchen war, kann man an der häufigen Mahnung Dogens ersehen, sie sollen nicht nach Ansehen und Ruhm streben. Man kann sie auch sehen an den Berichten über die Kämpfe um die Nachfolge des Meisters oder auch an denen um eine höhere Position in der ausgefeilten Klosterhierarchie.

Extreme Formen der Negierung des Individuums, in religiöser Form tritt sie unter anderem in der Forderung nach absoluter Demut und völliger Egolosigkeit auf, führen zur Zerstörung des Selbstbewusstseins, zur Identitätsauslöschung. Drei mögliche Reaktionen auf die extreme Negierung sind a) das Individuum wird ein willfähriger Untertan, b) flüchtet sich in einen Größenwahn oder versucht c) in irgendeiner Form aus der Gesellschaft auszusteigen. Die nahe liegende vierte Möglichkeit, die soziale Revolte, die Auflehnung gegenüber den unterdrückenden Verhältnissen, spielte in der Geschichte der Mystik keine Rolle.

Es stellt sich die Frage: Wenn mystische Bewegungen als oftmals erzwungene Flucht in die Transzendenz verstanden werden müssen, die mystische Erlösung nur ein Wahn sein kann, wieso brachte Zen so freie Menschen hervor, wie sie uns in den Dialogen und Kommentaren des *Biyän-lu* begegnen?

Um diese Frage zu beantworten, wollen wir uns jetzt eine psychologische Deutung des Zen, insbesondere des Erleuchtungsgeschehens, ansehen.

Was es mit der „Erleuchtung" auf sich hat

Für Christian Kellerer (1909-1998) war Zen eine Art Irrläufer der Geschichte, da es auf eine „Bewusstheitshöhe" zielte, zu der die Menschheit erst im letzen Jahrhundert heranreifte. „Wenn man die Denksysteme aller Kulturen, soweit sie uns zugänglich sind, durchforscht, so begegnet man metaphysikfreier Unbefangenheit, die wie die Psychoanalyse ohne verdrängende und sublimierende Umschweife und im wahrsten Wortsinn 'pfeilgerade' auf das tiefenschichtige Welt- und Selbsterleben des Menschen zielt, nur noch ein einziges Mal, nämlich im altchinesischen Ch`an-Weltbild."[366]

Vor der Blütezeit des chinesischen Zen, dem 6. bis 9. Jahrhundert, und bis zur Entwicklung der Psychoanalyse Anfang des 20 Jahrhunderts, gab es für Kellerer keine dem Zen vergleichbare systematische psychische Befreiungsmethode, wobei die Psychoanalyse bis heute noch nicht die durchgreifende Wirkung des Zen erreicht habe. Nur in der kurzen Periode vom 6. bis 9. Jahrhundert, und nur in einer der fünf chinesischen Zen-Schulen, soll Zen als ein metaphysikfreies Weltbild gelehrt worden sein. In Japan, dem „Preußen Asiens" (Kellerer), soll Zen zu einer militaristischen Religion deformiert worden sein.

Eine der fünf chinesischen Zen-Schulen, ihren Namen erfahren wir nicht, zeichnete sich für Kellerer dadurch aus, „dass sie in hochbewusster Weise alle metaphysischen Vorstellungen ablehnt. Dadurch unterscheidet sie sich wesentlich von den metaphysisch geprägten Zen-Formen, wie sie seit einigen Jahrzehnten im Abendland viel Aufsehen erregen und von

---

[366] Kellerer, Christian: Die Befreiung des abendländischen Denkens. Frankfurt 1996, S. 31.

denen man sagen kann, sie seien weitgehend im kleinen Glück des Miß-
verstehens steckengeblieben."[367] Das Glück des Missverstehens kann, unter anderem, auf folgenden Grund zurückgeführt werden: Übersetzungen
von chinesischen Zen-Texten in westliche Sprachen waren auf japanische
Quellen angewiesen, und diese waren bereits mit metaphysischer Begrifflichkeit infiziert. So auch die Jahrzehnte in Anspruch nehmende Übersetzung des *Bi-yän-lu* von Wilhelm Gundert.

Kellerer deutet die „Erleuchtung", die „Große Befreiung", psychoanalytisch: Die monate- bis jahrelange Konzentration, wie sie vor allem im
Rinzai-Zen mit der Koan-Methode praktiziert wird, führt zu einem psychi-
schem Stau, der einen „spannungsbefreienden, weltbildumschmelzenden
Libidowurf" auslöst.[368] Die irritierenden Aussagen der Koans dienen nur
der Erhöhung der „Bedürfnisspannung" und sind „auf die Überwindung
der begrifflichen Denkfesseln gerichtet, um zur Einsicht in die totale Zufälligkeit alles Seienden und eine totalrelative Wirklichkeit zu gelangen".[369]
„Abendländische Zen-Anhänger pflegen" hinter einem Koan „metaphysischen Tiefsinn zu suchen".[370]

Zu dieser Deutung passt das Zen-Wort, Erleuchtung sei wie eine glühende Eisenkugel auszuspucken. Wie bei einer erfolgreichen Psychotherapie werden alte Ängste und Blockaden gelöst und ausgespült. Vorstellbar ist, dass diesem reinigenden Prozess eine Regression in frühkindliche
Erfahrungen vorangeht, was die Verschmelzungs- oder Einheitserlebnisse
erklären würde.

Es scheint plausibel, dass zumindest bei der Koan-Methode des Rinzai,
die eine mühevolle oft jahrelange „einspitzige" Konzentration erfordert,
ein psychischer Stau erzeugt wird. Aber auch die Samadhis des Soto könnten nach diesem Muster ablaufen, obwohl es ohne Koans arbeitet und auftauchende Gedanken weder verjagt noch weiterverfolgt werden sollen. Die
im Verhältnis zum Rinzai eher lockere Konzentration beim Soto könnte
erklären, warum die „Erleuchtung" hier in der Regel länger auf sich warten
lässt und sanfter ausfällt als beim Rinzai.

Inwieweit die Lösung des psychischen Staus mit einer Libidoverflüs-
sigung zu tun hat, also einer Verflüssigung einer vornehmlich sexuell
gedachten Energie, können wir nicht beurteilen. Aber jede Lösung eines
psychischen Staus wird als eine Befreiung empfunden, und je größer je-

---

[367] Ebenda, S. 213f.

[368] Ebenda, S. 215.

[369] Ebenda, S. 214.

[370] Ebenda, S. 266.

ner war, desto stärker wird das Befreiungsempfinden sein; dass eine solche Lösung mit Gefühlen einer positiv erlebten Leere einhergeht, ist ebenfalls vorstellbar.

Im II. Kapitel haben wir schon gezeigt, dass hinter den Koans tatsächlich kein „metaphysischer Tiefsinn" verborgen sein muss und eine dialektische Deutung, wie durch Wilhelm Gundert, unangebracht und unnötig ist. Ein Beleg für die antimetaphysische Deutung ist die Vehemenz, mit der sich Meister Yüan-wu gegen metaphysische Interpretationen wehrte. Wir wollen dies am fünften Koan des *Bi-yän-lu,* mit dem Titel „Hsüä-fengs Reisährchen", zeigen. Dort heißt es:

> „Die ganze große Erde ist, wenn ich sie so zwischen die Finger nehme, nicht größer als ein Reisährchen. Da, ich werfe es vor euch hin. Auch so ein Lackkübel, aus dem ihr nicht klug werdet!"[371]

Es liegt nahe, dieses Koan als eine Illustration der metaphysischen Nur-Bewusstseins-Philosophie zu deuten, aber Yüan-wu wehrt dies ab. Er kommentiert:

> „Wie meint es Hsüä-feng denn? Die meisten machen sich in ihrer Befangenheit eine Deutung zurecht, als wolle Hsüä-feng sagen: Der Geist ist der Herr aller Dinge; die ganze große Erde mit einem Male in meiner Hand. – Freut mich! Hat mit der Sache nichts zu tun! Hier muss einer schon ein Kerl sein, der in der echten Wahrheit steht, damit es ihm beim bloßen Hören eines solchen Wortes durch Mark und Bein geht, und er die Sache mit dem ersten Blick erfasst, anstatt in die Geleise einer vorgefassten Denkart zu verfallen."[372]

„Freut mich! Hat mit der Sache nichts zu tun!" lautet die Standardantwort Yüan-wus auf metaphysische Interpretationen der Koans. Wenn wir seine Antwort genau nehmen, sagt Yüan-wu nicht, dass die metaphysische Interpretation falsch ist, sie hat einfach nichts mit der Sache zu tun, die hier gefordert wird. Yüan-wu enthält sich eines Urteils und zeigt damit größere Klugheit als Kellerer.

Yüan-wus Klugheit kann man eine agnostische nennen, denn tatsächlich kann ja nicht bewiesen werden, dass keine metaphysische Wirklichkeit, im Sinne einer transzendenten Sphäre, existiert. Analog dazu Urs Apps Wort, der Befreite „ist weder an Gegenständlichkeit (Dualität) noch an Nicht-Gegenständlichkeit (Nicht-Dualität) gebunden, [er] fühlt sich unter allen Umständen wohl und ist überall frei, zuhause und zufrieden".[373]

---

[371] Yüan-wu: Bi-yän-lu. 3 Bd. Frankfurt/Berlin/Wien 1983, Bd.1, S. 131.

[372] Ebenda, S. 135.

[373] App, Urs: Zen-Worte vom Wolkentorberg. Bern 1994, S. 69f.

Auch wir meinen, in einem richtig verstandenen Zen würde Dualität oder Nondualität nicht zur Debatte stehen, die ontologische Beschaffenheit der Welt oder Wirklichkeit wäre gar kein Thema. Zen als eine der Psychoanalyse vergleichbare Therapie, bestehend aus Zazen, Koan-Arbeit und Gesprächen mit dem Meister, benötigte nur soviel Weltbild wie sie jede Psychotherapie benötigt.[374]

Das „psychodynamische Regressionsmodell", welches Klaus Engel in seiner Untersuchung über die Wirkungsweisen der verschiedenen Meditationen vorstellt, ähnelt stark dem Modell Kellerers. Nach dem Regressionsmodell betrachten „analytisch orientierte Arbeiten ... die Meditation als Regression in ursprüngliche, tiefe seelische Vorgänge (...), wobei zwischen pathologischer und adaptiver Regression unterschieden wird".[375] Wie sich pathologische Regression äußert, also krankhafter Rückgang in frühere Erlebensweisen, haben wir bei den christlichen MytikerInnen gesehen. Dagegen bedeutet adaptive Regression „die schrittweise Aufarbeitung, schrittweise Bewusstmachung und Integration der tiefen seelischen Schichten. Schrittweise, weil ein abruptes Sich-Einlassen auf eine Realität, der die bewusste Struktur nicht gewachsen wäre, eine Überflutung der strukturierenden, bewussten Ich-Bereiche bedeuten und damit pathologische Wirkungen haben könnte. [...] Ob eine Meditation schadet oder nützt, liegt sowohl an der Beschaffenheit der bewussten Strukturen wie der Inhalte des Unbewussten. Das Verhältnis von beiden entscheidet darüber, ob eine Regression pathologisch verläuft oder im Dienste des Ich genutzt werden kann."[376]

Nach den psychologischen Erklärungen Kellerers und Engels liegt es auf der Hand, dass man „durch Schlussfolgerungen, Kenntnisse oder Begriffsbildungen niemals zur Erleuchtung kommen [kann]", wie Hakuun Yasutani Roshi (1885-1973), ein Gründer der Sanbo-Kyodan-Schule, erklärt.

---

[374] Anmerkung: Auffallende Parallelen zwischen Analyse und Zen-Praxis: Der Meister sitzt für den Übenden nicht sichtbar im Raum, so wie der Analytiker für den Patienten nicht sichtbar neben der Couch sitzt. Für den Patienten ist in erster Linie der Analytiker der Adressat seines inneren assoziativen Dialogs, für den Zen-Übenden ist es der Meister, und in beiden Fällen ereignet sich wohl, was in der Analyse Übertragung genannt wird. Siehe zu weiteren Parallelen Jochen Adam. In seiner Arbeit *Das Ich und sein Begehren in den Fluchten der Signifkanten* „vernäht" er Zen ganz kleinteilig mit der Psychoanalyse Jacques Lacans. Über die Berechtigung dieser Vernähung können wir uns kein Urteil erlauben.

[375] Engel, Klaus: Meditation. Frankfurt 1999, S. 368.

[376] Ebenda.

Yasutani fordert uns auf, unsere „Ansichten", unser „weltliches Wissen" einzuschmelzen. Zu ihm gehören auch unsere „philosophische[n] und moralischen Begriffe ... religiöse Glaubensanschauungen und Dogmen, ganz zu schweigen von unschuldigen, alltäglichen Gedanken".[377]

Hier wird der entscheidende Fehler sichtbar, den anscheinend auch viele andere so genannte Meister begangen haben. Es ist richtig: Philosophische und moralische Ansichten sind für die Erreichung der „Erleuchtung" unnötig, einfach deswegen, weil sie mit ihr gar nichts zu tun haben. Ihre Betrachtung würde höchstens die Konzentration stören, gleichgültig, ob sie richtig oder falsch sind. Aber weil sie für die Erleuchtung unnötig sind, heißt das nicht, dass sie an sich unnötig sind, dass wir sie einschmelzen sollten. Schmilzt jemand sein Auto ein, weil er nicht mit ihm fliegen kann?

Dass es einen Unterschied zwischen einem Gelehrten und einem Zen-Meister gibt, wurde im Zen oft thematisiert. Der Unterschied wurde immer so verstanden, dass es Meister und Gelehrter mit demselben Gegenstand zu tun hätten, der Wahrheit oder der Wirklichkeit, jedoch habe der Meister, im Gegensatz zum Gelehrten, diesen „Gegenstand" durch eine besondere, jenseits des Denkens liegende höhere Einsicht erfahren.[378] Diesen Glauben kann man als ein „metaphysisches" Selbstmissverständnis des Zen bezeichnen.

Nach der psychotherapeutischen Interpretation der Wirkungsweise der Zen-Meditation hatten und haben es Zen-Übende nicht mit der Wahrheit oder der wahren Wirklichkeit zu tun, sondern ausschließlich mit der Wirklichkeit ihrer Psyche, mit ihren Leiden und ihren Ängsten.

Exkurs: Die philosophische Bedeutung der Koans

Uns mutet es ein bisschen nach metaphysischer Hexerei an, dass die „Große Befreiung" nach Kellerer zu einer „Einsicht in die totale Zufälligkeit alles Seienden" und zu einer totalrelativen Wirklichkeitssicht führen soll. Auch scheint uns seine Bemerkung ungerecht, abendländische Zen-Anhänger pflegen hinter Koans „metaphysischen Tiefsinn zu suchen". Ihn suchen und suchten nicht nur abendländische Zen-Anhänger, und zumindest hinter den frühen Koans verbarg sich ein solcher. Wie Hans Wolfgang Schumann zeigt, sind die frühen Koans stark verklausulierte Formulierungen der zentralen Lehren der zwei großen Mahayana-Schulen, der Madhyamika-Schule und seiner Lehre von der Leerheit und der Vijnanavada-Schule und seiner Lehre von der Nur-Bewusstheit.

---

[377] Zit. nach Loy, David: Nondualität, S. 36.
[378] So auch Shibayama, Zenkei Roshi: Zen in Gleichnis und Bild, S. 22-24.

Beispielsweise formulieren die Lehre von der Leerheit das berühmte Koan *Mu*, das erste der Koan-Sammlung Mumonkan, ebenso das 8. Koan *Keichu stellt Karren her* und das 19. Koan, *Tao ist alltäglicher Geist*. Die Nur-Bewusstheitslehre verbirgt sich unter anderem hinter dem 1. Koan des Bi-yän-lu, *Boddhidharma und Kaiser Wu*, dem 42.Koan, *Pang`s, des Privatstudierten, schöne Schneeflocken* und dem 29. Koan des Mumonkan, *Weder der Wind noch die Fahne*.[379]

Für jede Koan-Gruppe sei ein Beispiel angeführt:

„Meister Yuean fragte einen Mönch: '(Der Stellmacher) Xizhong hat sicherlich hundert Wagen hergestellt. Was bleibt davon, wenn man die beiden Räder entfernt und die Achse wegnimmt?'" (Mumonkan, Koan 8)

Diese Koan lässt sich folgendermaßen interpretieren: Alle Dinge und Wesen sind zusammengesetzt und existieren nur solange, wie die Elemente zusammenbleiben, aus denen sie zusammengesetzt sind. Es bleibt keine Eigennatur Wagen übrig, wenn die Elemente aus denen er zusammengesetzt ist, wegfallen, ebenso wenig wie beim Menschen eine Seele übrig bleibt. Alles ist leer.[380] Dieses Koan ist also eine Illustration der Lehre von der Leerheit.

„Pang, der Privatgelehrte, nahm Abschied von Yaoshan, der ihn von zehn Zen-Schülern noch bis vor das Klostertor begleiten ließ. Da wies Pang auf das Schneetreiben in der Luft und sagte: 'All die schönen Flocken, und keine fällt auf einen anderen Ort.' Einer der Zen-Schüler fragte: 'Wohin fallen sie denn?' Pang gab ihm einen Backenstreich." (Bi-yän-lu Koan 42)

Schuhmann kommentiert: „Die Welt ist ein von Sinneswahrnehmungen gespeistes Vorstellungsgebilde, so auch der Schnee. Er fällt in unseren Köpfen, nirgendwo sonst. Er kann auf keinen anderen Ort fallen, denn alles ist Geist."[381]

Dass die ersten Koans der Zen-Geschichte als anekdotische Zuspitzungen der Mahayana-Lehren verstanden werden können, gestattet eine Spekulation zur Entstehung der Koan-Methode: Buddhistische Mönche pflegten im alten China zu wandern und oft auch in daoistischen Klöstern zu übernachten. Sicher wurden hier Diskussionen über die jeweiligen Lehren geführt. Vorstellbar ist, dass Mönche so lange über unverstandene und ungereimte Theorieelemente des Buddhismus diskutierten und meditierten, bis sich eine so starke psychische Spannung aufbaute, dass sie sich

---

[379] Siehe Schumann, Hans Wolfgang: Handbuch Buddhismus. Kreuzlingen/München. 2000, S. 290.

[380] Ebenda.

[381] Ebenda, S. 291.

in einer Auflösung persönlicher Problemkonstellation entlud, welche ihnen das philosophische Problem als gleichgültig erscheinen ließ, „es hat mit der Sache nichts zu tun".

Das ideale Ergebnis einer Zen-Therapie drücken in konzentrierter Form die Worte des legendären Gründers des Zen, Boddhidharma, aus, der auf die Frage des chinesischen Kaisers Wu, was die höchste heilige Wahrheit des Buddhismus sei, geantwortet haben soll: „Offene Weite, nichts von heilig!" Was damit genauer gemeint sein könnte, wollen wir uns im nächsten Kapitel ansehen.

Der Mensch ohne Rang

> Diesen Weg
> geht niemand
> an diesem Herbstabend.
>
> Bassho

> „Eines Tages setzte sich der Meister in den Vortragssaal und sagte:
> 'Über der platzraubenden Masse eures rötlichen Fleisches gibt es einen Wahren Menschen ohne jeglichen Rang. Er kommt und geht ständig durch die Tore eures Gesichts. Falls ihr ihm noch nicht begegnet seid, fasst ihn, fasst ihn hier und jetzt!'
> In diesem Augenblick trat ein Mönch hervor und fragte: 'Was für ein Gefährte ist dieser Wahre Mensch ohne jeglichen Rang?'
> Der Meister kam plötzlich von seinem Podest herunter, ergriff den Mönch und drängte ihn:
> 'Sag mir! Sag mir!'
> Der Mönch zuckte einen Augenblick zusammen.
> Der Meister schob ihn sofort von sich weg und sagte:
> 'Ach, was für eine unnütze Fußmatte dein Wahrer-Mensch-ohne-jeglichen-Rang doch ist!'
> Und gleich darauf zog er sich in sein Zimmer zurück." [382]
>
> Aus „Die Sprüche und Handlungen des Lin Chi"

---

[382] Zit. nach Oshima, Yoshiko: Zen – anders denken. Heidelberg 1985, S. 109.

Identität

Ein Mensch, dem dauerhaft Anerkennung versagt wird, kann keine positive Identität entwickeln, und fortwährende Demütigung zerstört eine solche. Aber was genau soll die Rede von der Identität bedeuten? Nach was fragen wir, wenn wir fragen, *wer bin ich*? Manchmal drückt diese Frage nur Verwunderung über unsere Situation oder unser Tun aus. Manchmal fragen wir mit diesen Worten nach so etwas wie einem inneren Kern oder Wesen. Unabhängig davon, dass die Existenz solcher Dinge höchst unwahrscheinlich ist, eine für uns sehr bedeutende Antwort auf die Frage nach unserer Identität hat die Form von Eigenschaftszuschreibungen. Die für einen Menschen wichtigsten Eigenschaftszuschreibungen antworten auf die Fragen: Was bin ich? Was habe ich? Was kann ich?

Die Antworten auf diese Fragen beeinflussen entscheidend unser Lebensgrundgefühl, welches sich im Selbstbewusstsein, Selbstwertgefühl und in der Selbstakzeptanz äußert. Die Höhe des Selbstbewusstseins ist der Grad, mit dem ein Mensch, das was er ist, besitzt und kann, bejaht, wie weit er sich damit *identifiziert*. Der Identifikationsgrad wird von seinem Ideal-Bild bestimmt, von dem, was er aufgrund seiner Sozialisation sein, haben und können möchte, so dass man sagen kann, ein Mensch ist mit sich selbst identisch, wenn sein Ist-Bild mit seinem Ideal-Bild zusammenfällt.

Von Kindesbeinen an hören wir beinahe täglich direkt oder indirekt Urteile über uns. Aus ihnen formen sich allmählich unser Selbstbild und Selbstwertgefühl, der Grundbass unseres Lebens. Nach Anerkennung zu streben ist also kein Selbstzweck, sein letzter Sinn besteht in der Erhöhung des Selbstbildes und der Steigerung des Selbstwertgefühls. Wir sind auch in dem Sinne soziale Wesen, dass unser Selbstbild und unser Selbstwertgefühl von den Urteilen *anderer* abhängig sind. Über eine positive Identität kann nur verfügen, wer auch von den *anderen* anerkannt wird, dessen Existenz, Besitz und Leistungen auch von den *anderen* für wertvoll erachtet werden.

Jenseits der Anerkennung

Unsere sicher nicht mehr überraschende These lautet: Zazen ist ein besonderer Versuch, das Anerkennungs-Geborgenheits-Problem zu lösen. Es ist ein besonderer Versuch, mit den unzähligen Demütigungen „fertig zu werden", die jeder im Laufe seine Lebens erfahren muss und die eingewoben sind in die sich widersprechenden Begehren, der Größte und Gleicher unter Gleichen sein zu wollen. Wie letztlich in jeder Psychotherapie geht es auch im Zen darum, die Schläge zu verarbeiten, die einem das Leben zufügt, wobei die verbalen Schläge, die Schläge, welche die Bedeutungen bestimmter Wörter verursachen, oft als die schlimmsten erlebt werden.

Unter dieser Perspektive muss die Gier, die nach Buddha das Leiden in Gang hält, vornehmlich als die „Gier" nach Anerkennung und Geborgenheit verstanden werden. So ergibt sich ein viel stimmigeres Leidenskonzept als das traditionell buddhistische: Nicht die Unwissenheit über ein angebliches Karmageschehen, nicht die in seiner Ursache letztlich unverstandenen Emotionen Gier und Zorn erzeugen das für den Menschen problematischste Leiden, sondern die Gefühle der Demütigung, Erniedrigung, des Ausgeschlossenseins, positiv formuliert, der unbefriedigte Wunsch nach Anerkennung und Geborgenheit.

Machen wir uns kurz den Zusammenhang der asiatischen Leidenslehren mit dem Anerkennungsproblem klar: Die verschiedenen menschlichen Leiden werden im asiatischen Denken als ein Problem des Ichs formuliert,[383] gemeint ist damit eigentlich das Selbstbewusstsein. Der Grund dürfte, grob gesagt, in despotischen Herr-Knecht-Verhältnissen gelegen haben, die sich in „Ego-Konflikten" niederschlugen. Wie schon ausgeführt, entstanden die Leidensreligionen oder so genannten Hochreligionen nicht zufällig in großen Gemeinschaften mit großen Hierarchien, was für die übergroße Mehrzahl Herabsetzung, Demütigung und damit Anerkennungsversagen bedeutete. Die brahmanische Lösung des Ich- oder Selbstbewusstseinsproblems hieß, ewige Geborgenheit und Anerkennung durch Eingehen in das All-Bewusstsein, um den Preis der Aufgabe des Ich-Bewusstseins. Anders gesagt: Die Antwort auf die Missachtung und die Einsamkeit des Subjekts war die Vorstellung von einer Erlösung vom Subjekt, Erlösung von dem Wissen um sich selbst als minderwertiger Mensch, indem man „erkannte", dass man alles, Gott selbst war.

Für die Jainas, welche einen strikten Dualismus von Materie und geistigen Ich-Entitäten lehrten, bestand die Befreiung vom leidenden Subjekt in der vollkommenen Loslösung desselben aus den Fesseln der Materie. Die geistige Welt war eine leidfreie.

Auch der Buddhismus suchte die Lösung des Leidensproblems in der Erlösung vom Subjekt. Beim Buddhismus sollte sie sich durch die Erkenntnis vollziehen, dass das Subjekt gar nicht existiert, dass es sich bei ihm um eine Wahnvorstellung handelt. Der ontologischen Nicht-Ich-Lehre des Buddhismus, so etwas wie ein Ding Ich existiert nicht, entsprach auf der psychischen Ebene die Entlastungsvorstellung, da ich eigentlich gar nicht bin, kann ich eigentlich auch gar nicht verletzt, misshandelt, erniedrigt wer-

---

[383] Siehe Zotz, Volker: Geschichte der buddhistischen Philosophie, S. 37 und 292.

den; kurz: da ich nicht bin, kann ich nicht leiden. Der Zen-Meister, welcher den sich über die harte Arbeit beschwerenden Fabrikarbeiterinnen zurief, *es gibt kein Ich das Leiden kann*, benutzte diesen Entlastungsgedanken.

Natürlich werden nicht alle Leiden durch mangelnde Anerkennung verursacht, aber sie problematisiert zusätzlich die Versagung anderer Bedürfnisse, Begierden und Wünsche. So entwickelt sich künstlerische Betätigung, welche zuerst einmal auf dem unproblematischen Bedürfnis nach kreativem Ausdruck beruht, durchweg zu einem psychischen Problem, weil es unweigerlich mit dem Anerkennungsbegehren gekoppelt wird. Ohne es wären Gelingen oder Misslingen eines Werkes gleichgültig. Das nie vollständig zu befriedigende Anerkennungsbedürfnis erzeugt beim Menschen latentes Leiden und latente Angst. Wohl im Gegensatz zum Tier empfindet der Mensch sein Leiden auch immer als ein mehr oder weniger tragisches. Dass der Weg von der Tragik zur Komik nicht weit ist, liegt an der Verknüpfung der Tragik mit der Selbstbezogenheit, die für andere oft lächerlich wirkt.

Viele religiöse Menschen glauben, unser Grundproblem sei die Selbstbezogenheit, der Egoismus. Die Vermutung liegt nahe, dass die „Gier" nach Anerkennung einfach unter das Problemfeld Egoismus fällt. Wir nennen jemanden egoistisch, der nur auf seine eigenen Bedürfnisse, Wünsche und Begierden fixiert ist und sie auf Kosten anderer befriedigt. Aber unser Handeln kann in einem gewissen Sinn immer nur egoistisch, selbstbezogen sein. Auch mit einer altruistischen, selbstlosen Tat, wollen wir etwas für uns erreichen, und wenn es nur die Übereinstimmung unserer Werte mit unserem Tun ist. Zu behaupten, wie es Taisen Deshimaru tat, der Egoismus sei das Grundproblem der Religion, erzeugt bei den sich betroffen Fühlenden höchstens ein schlechtes Gewissen, aber kein Verständnis für das eigentliche Problem, das Bedürfnis nach Geborgenheit und Anerkennung.

Der Witz der zen-buddhistischen Lösung des Anerkennungsproblems besteht nun nicht darin, einen besondern Kniff entdeckt zu haben, mit dem man als Sieger aus dem Kampf um Anerkennung hervorgeht. Der Witz besteht auch nicht in einer besonderen Technik, das Selbstbild und Selbstwertgefühl zu erhöhen, wie es viele Psychotherapien und das so genannte Positive Denken versuchen. Auch arbeitet man im Zen auf kein Einverständnis mit einer Niederlage im Anerkennungskampf hin, Zen strebt eine radikal andere Lösung an: *den vollkommenen Ausstieg aus dem Anerkennungskampf.*

Eine „gewöhnliche Erleuchtung" befriedigt drei fundamentale Bedürfnisse auf eine außergewöhnliche Weise: 1. Das Bedürfnis nach Geborgenheit. Es wird befriedigt durch die Empfindung, mit dem ganzen Universum eins zu sein. 2. Das Bedürfnis nach großer Erkenntnis. Es wird befriedigt durch die Einbildung, die wahre Struktur und den wirklichen Sinn und Zweck des Universums zu verstehen. 3. Das Bedürfnis nach Anerkennung, nach der Bestätigung, etwas ganz besonderes zu sein. Es wird befriedigt durch die Einbildung, zu den Auserwählten zu gehören, denen die Erleuchtung zuteil wurde, und natürlich erst recht durch die Einbildung, dass man selbst das ganze Universum ist. Dagegen ist nach der Zen-Lehrerin Joko Beck die Erleuchtung „die Abwesenheit von 'Etwas'. Ihr ganzes Leben lang sind Sie hinter etwas hergewesen, haben nur ein Ziel verfolgt. Erleuchtung bedeutet, all das aufzugeben."[384] Das „Etwas", hinter dem man sein ganzes Leben her war, kann nach dem Gesagten nur das Begehren sein, etwas sein zu müssen. Das Abfallen dieses „Etwas" ist die Erleuchtung, die Erlösung vom unaufhörlichen Kampf mit uns und gegen die Anderen.

Ein spanischer Mystiker behauptete, *ohne Bild bist du unbesiegbar*. Dieses Wort ist zwar noch im Anerkennungskampf gefangen, aber die Kernaussage ist ganz im Sinne unseres Zen-Verständnis: Ohne (Ideal-)Bild bist du unbesiegbar, weil du nicht mehr in den Anerkennungs-Kampf verwickelt bist. Wer diesen Kampf hinter sich gelassen hat, ist der „Mensch ohne Rang", der „Niemand", der Basshos Weg am Herbstabend geht.

Man kann also auch sagen: Dass große Ziel des Zen besteht darin, ein Niemand zu werden. Zumindest müsste es das Ziel eines Zen sein, welches auf metaphysische Behauptungen und Erkenntnisse soweit wie möglich verzichtet.

Manche Psychologen meinen, das Idealbild, welchem zu entsprechen wir uns unser Leben lang bemühen, weil es die Erfüllung unseres Anerkennungsbegehren verspricht, entwickelt sich schon zwischen dem zweiten und dritten Lebensjahr. Auch unabhängig davon lässt sich leicht erklären, warum wir ein solches Bild verinnerlicht haben: Unsere Kultur sendet permanent Idealbild-Botschaften aus, jede Produktwerbung arbeitet mit Idealbildern, jede Art von Bestsellerliste sagt uns, worauf es ankommt: Ideal = ganz oben sein. Schon diese zwei Quellen des Idealbildes, der frühkindliche Erwerb und die unablässige kulturelle Suggestion, erklären die unendlichen Mühen, welche die Loslösung von ihm bereitet.

Was bedeutet das *Jenseits der Anerkennung*?

Die folgenden Ausführungen entwerfen das Ideal-Bild eines Zen-Meister, cincs vom Ancrkcnnungskampf befreiten Menschen. Ob es einen solchen

---

[384] Beck, Charlotte Joko: Zen im Alltag. München 1990, S. 20.

Meister je gegeben hat, ob es einen solchen überhaupt geben kann, wissen wir nicht. Das Bild macht aber deutlich, welchen Sinn und Zweck Zen einmal gehabt hat und haben könnte, und wie es sich sinnvollerweise verstehen sollte. Wir können das Bild als regulative Idee verstehen, als eine nie ganz erreichbare Utopie, die aber orientiert. Das Bild macht auch deutlich, dass Zen tatsächlich keine religiöse metaphysische Unterfütterung benötigt und erst recht nicht die mit einer solchen Unterfütterung verbundenen entwürdigenden Praktiken der Nieder- und Unterwerfungen.

Das Idealbild nach größtmöglicher Anerkennung, in welcher Form auch immer, zu überwinden, bedeutet nicht, dass das Selbstbild, im Sinne einer persönlichen Zuschreibung von Eigenschaften, zerstört werden müsste. Auch ein Selbstgefühl, was immer man darunter verstehen mag, müsste nicht vernichtet werden, sondern sozusagen nur der W*ert* im Selbst*wert*gefühl. Ein Selbstbild, im Sinne einer realistischen Einschätzung der eigenen Fähigkeiten, ist wichtig und unproblematisch. Die Fähigkeiten sind beim „Niemand" nur nicht mit einem Wert- oder Statusgefühl gekoppelt. So wie einen Schreiner seine Unfähigkeit, ein Auto zu reparieren, nicht kratzen muss, er ist ja kein Autoschlosser, so würde den „Menschen ohne Rang" keine seiner Unfähigkeiten kratzen; und selbstverständlich keine seiner Fähigkeiten, er fühlte sich durch sie weder auf- noch abgewertet.

Nach dem Palikanon ist der „Ich-bin-Dünkel" aufzugeben. Jede Art von Dünkel, Pali: *mana*, ist zu überwinden, wobei *mana,* neben Stolz und Selbstgefälligkeit auch „Selbst-Einschätzung" bedeutet, und womit nach Scheel, „jegliche Selbst-Bewertung im Verhältnis zu anderen Wesen"[385] gemeint ist. Ein „Niemand" könnte sich alle möglichen Eigenschaften zuschreiben, etwa groß, klein, dick, dünn, dumm, intelligent etc. zu sein. Was er verloren hätte, wäre der Zwang, sich mit diesen Eigenschaften wertend „im Verhältnis zu anderen Wesen" zu setzen, sich mittels der Unterscheidungen Anerkennung – Erniedrigung, Aufwertung – Abwertung, Ansehensgewinn – Ansehensverlust etc. taxieren zu müssen. Der Befreite hätte sich von dem Zwang, diese Unterscheidungspaare gebrauchen zu müssen, befreit – und von sonst keinen. Entscheidend ist: *Er müsste sie nicht mehr gebrauchen, weil er sie nicht mehr empfindet.* Seine Psyche, das Netz seiner Gefühle, müsste nicht mehr alle Vorkommnisse mit der Anerkennungs-Abwertungs-Unterscheidung abtasten. Der Befreite (womit immer der vom Anerkennungszwang Befreite gemeint ist) würde also nicht behaupten, alle Unterschiede seien Lug und Trug, beruhten nur auf einer verschleiernden Sichtweise. Die Befreiung von der Anerkennungs-Aberwertungs-Unter-

---

[385] Scheel, Theodor: Das Nicht-Selbst, S. 83.

scheidung würde jedoch auf viele andere Unterscheidungen ausstrahlen. Sie würden nicht mehr in demselben Maße und auf dieselbe Weise zum Zug kommen, und deshalb würde der vom Anerkennungszwang Befreite, von vielen Situationen, die früher negative Gefühle auslösten, nicht mehr berührt. Beleidigungsresistent geworden, wäre sein Geist offen für die „Fülle des Nichts". *Nichts* sind die Dinge und Geschehnisse in der Welt in dem Sinne, dass sie von den Bedeutungen entleert wurden, welche vorher die Psyche negativ affizierten.

Ein Niemand, ein Mensch ohne Rang, ein Befreiter, wie immer wir ihn nennen wollen, könnte sich sogar irgendwo in der Anerkennungshierarchie eingereiht sehen, von den anderen würde er unweigerlich eingereiht, aber es kümmerte ihn nicht. Er wäre ans „andere Ufer gelangt", wie ein beliebtes buddhistisches Bild heißt. Dieses Ufer wäre aber keines der Leidfreiheit, ein solches ist für ein menschliches Wesen nicht erreichbar; aber jenseits des Anerkennungskampfes zu gelangen, bedeutete eine der größten Leidensursachen dieses Daseins überwunden zu haben und wohl in den für Menschen größtmöglichen Freiheitsraum eingetreten zu sein.

Man kann auch sagen, die Befreiung vom Anerkennungsbegehren bedeutet eine Befreiung von der leidvollen Seite der Selbstbezogenheit, der Egozentrizität. Aber um einem eventuellen Missverständnis vorzubeugen: Der Kampf um Anerkennung des „gewöhnlichen" Menschen ist kein verwerfliches Verhalten, etwa weil es egoistisch ist, im Gegenteil, da, wo wechselseitige, horizontale Anerkennung angestrebt wird, ist dieser Kampf auch ein ethischer, er soll ja Menschenwürde und Gerechtigkeit herstellen.

Loslassen

> „Yün-men sagt: 'Von alters her bis heute handelt
> es sich immer nur um einen einzigen kleinen Ruck.
> Es geht nicht um Ja und Nein, nicht um Gewinn
> oder Verlust, nicht darum, etwas hervorzubringen
> oder nicht hervorzubringen.'"[386]

Meister Eckart meinte, man kann nie genug loslassen. Von unserem Zen-Verständnis aus betrachtet, haben wir genug losgelassen, wenn wir das Begehren, etwas zu sein, losgelassen haben, wenn wir ein Niemand geworden sind. Offenkundig müssen wir nicht von der Logik oder von irgendwelchen Konzepten und Weltbildern loslassen. An ihnen muss nur verabschiedet

---

[386] Yüan-wu: Bi-yän-lu. 3 Bd. Frankfurt/Berlin/Wien 1983, Bd.1, S. 373.

werden, was das Begehren, etwas zu sein, nährt oder was wir nur vertreten, weil wir glauben, dass wir dadurch etwas sind.

Schwieriger als die Frage, von was wir loslassen sollen, ist die, wie wir loslassen sollen. Das Anerkennungsbegehren kann sicher nicht direkt losgelassen werden, wie überhaupt die Rede vom Loslassen so wenig hilfreich ist wie die vom Egoismus. Schmerzen und die dahinterstehenden Probleme lässt man nicht eigentlich los, man löst sie, und wenn man sie gelöst hat, hat man sie los. Das Anerkennungsproblem kann wohl nur über den Umweg gelöst werden, dass alle größeren psychischen Probleme gelöst werden, weil es in den allermeisten eingeschlossen ist. Deshalb müssen die Probleme im Zen, Schritt für Schritt, und schließlich mit einem Ruck, gelöst werden. Es ist hier nicht der Ort, die therapeutischen Methoden und Möglichkeiten des Zen im Einzelnen zu diskutieren. Nur ein paar skizzenhafte Bemerkungen.

Therapeutisch betrachtet, bedeutet jede Meditation den Versuch, die Erlebensweise der Psyche umzuprogrammieren. Alte Erfahrungen können zwar nicht gelöscht, aber neue Erlebensweisen vergangener und zukünftiger Erfahrungen gelernt werden.

Bei den meisten Methoden der Loslösung besteht der erste Schritt in einer genauen Bewusstmachung des Leidens. Der nächste Schritt ist das Annehmen des Leidens. Annehmen heißt nichts weiter, als das Leiden nicht wegzuschieben, sondern es zu betrachten, bis es von selbst geht.[387] Deshalb ist das Annehmen auch der letzte bewusste Schritt, der nächste, das Loslassen, geschieht absichtslos. Wir finden diese Vorstellungen in der grundlegenden Meditationsanweisung des Soto, auf den Atem und die Haltung zu achten, die aufkommenden Gedanken weder wegzuschieben noch zu verfolgen, sondern sie kommen und gehen zu lassen, wie sie kommen und gehen. Man kann hinzufügen, sie so lange kommen und gehen lassen, bis sie endgültig gegangen sind.

Nach dieser therapeutischen Vorstellung lässt man im Soto die psychischen Probleme auslaufen oder austropfen. Jochen Adam gebraucht dafür das Bild eines Fasses mit einem kleinen Loch: Wie aus ihm der Inhalt tropft, so sollen unsere Probleme beim Sitzen aus unserer Psyche tropfen. Ein Prozess, der so viele Jahre in Anspruch nehmen kann wie eine Psycho-

---

[387] Das wiederholte Betrachten empfiehlt sich nicht für traumatische Erlebnisse, sie können dadurch verstärkt werden. Auf die Gefahren, welche Meditation birgt, wenn sie alleine und als angestrengte Selbsttherapie betrieben wird, weisen wir im nächsten Kapitel hin.

analyse, und bei der nach Adam im Grunde dasselbe geschehen soll, ein Austropfen der Probleme aus dem Unbewussten.[388]

Bei der Koan-Methode werden, wie schon dargestellt, die Probleme gestaut, sozusagen bewusst verdrängt, und zwar so intensiv und so lange, bis das Fass überläuft. Das Fass wird nicht Tropfen für Tropfen, sondern mit einem „Großen Durchbruch", entleert. Besser wäre wohl das Bild einer teilweisen Entleerung des Fasses durch Kippen, denn die meisten Übenden müssen Hunderte von Koans lösen, bis ihr Fass leer ist.

Nicht-Denken als therapeutische Methode

> „'Nicht-Denken' muss das Auge werden, durch welches du die Erscheinungen siehst. Das Tun eines jeden Buddha ist auf 'Nicht-Denken' „ gegründet. Wenn wir ununterbrochen 'Nicht-Denken' üben, wird die Erleuchtung von selber wachsen."[389]
>
> Dogen

Warum soll, wie Dogen behauptet, die Erleuchtung von selber wachsen, wenn wir ununterbrochen Nicht-Denken üben? Wenn Erleuchtung letztlich in dem Wegbrechen der Anerkennungs-Abwertungs-Unterscheidung besteht, warum soll unter den unendlich vielen Unterscheidungen gerade diese verlorengehen, durch Nicht-Denken wird ja wahllos nicht unterschieden?

Nach dem dargelegten Zen-Verständnis ist es nicht Sinn und Zweck des Nicht-Denkens, die Welt zu sehen, wie sie „an sich" oder „wirklich", sondern wie sie ohne den „Schleier" der Anerkennungs-Demütigungs-Matrix ist. Das kann man als eine Neuprogrammierung der Wahrnehmung bezeichnen, die sich mit dem schon angeführten Entkoppelungsmechanismus erklärt: Erinnerungsbilder, die mit schmerzlichen Gedanken und Gefühlen verbunden sind, werden durch Nicht-Denken, durch kommentarlose Betrachtung, von den schmerzlichen Gedanken und Gefühlen entkoppelt. Ob die gedanklichen Kommentare und Bewertungen zu den Erinnerungen richtig oder falsch waren, spielt dabei keine Rolle. In Meditationsanweisungen wird fälschlicherweise oft geraten, man solle sich bewusst machen, dass die Gedanken, besonders schmerzhafte, falsch seien, oder, genau so

---

[388] Siehe Adam, Jochen: Ich und das Begehren in den Fluchten des Signifikanten.
[389] Dogen, Eihei: Shobogenzo I, S. 33.

einfältig, nur Konzepte wären, welche die Wirklichkeit nicht treffen würden. Gedanken können falsch, aber sie können genauso gut richtig sein und dasselbe gilt für so genannte Konzepte. Noch einmal: Beim meditativ-therapeutischen Nicht-Denken geht es um die Entkoppelung von Bildern, Gefühlen und den sie bewertenden Gedanken und dabei spielt ihr Wahrheitsgehalt keine Rolle.

Letztlich zielt ein metaphysikfreies Zen auf die Befreiung von jeder *unnötigen* Angst, nicht auf die Abschaffung aller Ängste und Leiden, das wäre illusorisch. Stephen Batchelor meint, die treffendere Übersetzung des Sanskritwortes *dukkha,* ein Grundbegriff des Buddhismus, sei Angst, und nicht wie üblich, Leiden.[390]

Die Antwort auf die Frage, wie gerade die Anerkennungsunterscheidung gelöscht werden soll, lautet also, indem alle Ängste, die durch diese Unterscheidung entstanden sind, aufgelöst werden. Der „Weg der Übung" ist deshalb ein langer Weg der Nicht-Verdrängung, der manchmal über den Seitenweg Über-Verdrängung verläuft. Er kann sich als Abkürzung oder als Umweg erweisen. Letztlich soll das Ich-Ideal aufgelöst werden, das Ideal, welches unaufhörlich predigt: es ist noch nicht genug.

Zen – anders gelesen

> „Werft zuallererst in jeder beliebigen Situation den Wunsch nach Ruhm und die Verhaftung am Ich weg."[391]
>
> Dogen

Es geht uns bei unserem Vorschlag, Zen als eine ganz und gar metaphysikfreie therapeutische Methode und Lebensform zu betrachten, nicht darum, eine verschüttete Tradition auszugraben und ein ursprüngliches wahres Zen aufzudecken. Tradition ist zwar nicht grundsätzlich idiotisch, wie Lacan meinte, aber über die Güte einer Praxis oder Lehre anhand des Kriteriums zu entscheiden, ob sie Teil einer Tradition ist, ist sicher falsch, entscheidend darf allein sein, ob sie richtig ist.

Dass ein metaphysikfreies Verständnis kein Hineinprojizieren „unseres Themas" in eine ganz anders gelagerte Tradition bedeutet, sondern dass dieses Verständnis schon immer, wenn auch meist dunkel, vorhanden war, wird durch zahlreiche Bemerkungen in der Zen-Literatur bestätigt. Es wäre

---

[390] Siehe Batchelor, Stephen: Buddhismus für Ungläubige. Frankfurt 2006, S. 15.
[391] Dogen, Eihei: Shobogenzo Zuimonki, S. 63.

auch verwunderlich, wenn eine solch psychologische Religion wie der Buddhismus den Anerkennungsaspekt nicht thematisiert hätte. Der Ausdruck *Mensch ohne Rang* bei dem chinesischen Meister Lin Chi (jap. Rinzai, 800-866) ist ein besonders starkes Indiz für das Gespür der Anerkennungsproblematik. Der zeitgenössische Zen-Philosoph Kogaku Arifuku benutzt ihn in einer Charakterisierung des „Erwachten", der für Arifuku allerdings einem übermenschlichen Anforderungsprofil entsprechen muss. So „muss [der Erwachte] in allen Punkten selbständig und unabhängig von jedem Gedanken, jeder Gesellschaft, jeder Kultur, jeder Geschichte, jeder Religion und jedem Gott sein, auf eigenen Füßen stehen und sich selbst vertrauen können. ... Der Mensch ohne Rang ist der höchste Mensch, der nirgendwo mehr abgestuft werden kann, nämlich seinen Leib und Geist immer am freiesten betätigen kann, ohne sie irgendwo anhaften zu lassen."[392] Selbstverständlich, wie könnte es anders sein, ist Arifukus „Mensch ohne Rang" der „höchste Mensch".

Unter einem sozialpsychologischen Blickwinkel lassen sich viele Worte und Theoriefragmente der Zen-Tradition verständlicher und erhellender lesen; sie bekommen nicht immer einen neuen, aber oft einen deutlicheren und umfassenderen Sinn. Sehen wir uns die wichtigsten Begriffe an.

Nondualität

Wie können wir die grundlegende mystische Behauptung, die von der Non-Dualität, der Nicht-Unterschiedenheit der Dinge in der Welt, unter einem sozial-psychologischen Blickwinkel erklären? Verschmelzungserlebnisse suggerieren nicht nur die Aufhebung von Raum und Zeit, sondern auch Sicherheit und Geborgenheit. Der Wunsch, die Welt möge eigentlich so eingerichtet sein, dass sich die harten verletzenden Unterschiede, auch die sozialen, als Illusion erweisen, ist mehr als verständlich. Die realitätsfremde Grundlehre des metaphysischen Zen-Buddhismus, es gibt in Wirklichkeit keine Unterschiede, der ganze pompöse, ins ontologische gesteigerte Nondualismus, spiegelt wider, dass die beim Verschmelzungserleben tatsächlich noch wahrgenommenen Unterschiede die Psyche nicht mehr oder nur noch schwach affizieren, auf jeden Fall nicht mehr negativ.

Als den grundlegenden Fehler des Nondualismus bezeichneten wir den Schluss vom beglückenden Verschmelzungszustand auf den Zustand des Universums. Aus diesem Fehlschluss rühren die Schwierigkeiten, die unbestreitbare Existenz der alltäglichen Welt der Unterschiede mit einer angeblich unterschiedslosen Welt in Einklang zu bringen. Ein Erwachen

---

[392] Arifuku, Kogaku: Deutsche Philosophie und Zen-Buddhismus, S. 120.

in unserem Sinne erklärt mühelos die schon zitierten Worte aus der Erzählung vom Ochs und seinen Hirten, dass „das vollendete Erwachen ... gleich dem Noch-nicht-Erwachen [ist], trotz des großen Wesensunterschiedes beider". Der Erwachte sieht dieselben Dinge in derselben Weise wie der Nichterwachte, weil jener aber von seinen schwerwiegendsten psychischen Leiden befreit ist, erscheinen ihm die Dinge, als besäßen sie ein anderes Wesen.

Leerheit

Die Lehre von der Leerheit ist vermutlich richtig. Tatsächlich erscheint es höchst unwahrscheinlich, dass es so etwas wie ewige unzerstörbare Dinge gibt, ob materieller oder geistiger Art. Fraglich ist, ob diese Leerheit Bedingung der Erlösung ist, wie der Buddhismus behauptet, denn sie lässt nichts übrig, was erlöst werden könnte oder müsste.

Unabhängig von diesen Bedenken können wir aus einer psychologisch verstandenen Leerheit therapeutischen Nutzen ziehen. Mit ihr ist die Trivialität gemeint, dass Dinge und Ereignisse in dem Sinne leer sind, dass ihnen an sich keine Bedeutung zukommt, dass sie diese erst durch das Auge des Betrachters erhalten, durch bedeutungsstiftende Wesen wie uns.

Ein Porsche hat keine Bedeutung, wenn wir ihm keine Bedeutung zuschreiben, ihn nicht als etwas Besonderes, etwa als ein elegantes, schnelles, prestigesteigerndes Auto betrachten. In diesem Sinne ist ein Porsche leer. Leer sind alle Dinge, alles Existierende in dem Sinne, dass sie keine Bedeutung an und für sich haben, sondern immer nur für jemanden. Wer aufhört, Dingen eine Bedeutung zu geben, lebt in einer bedeutungslosen Welt, aber nicht in einer unterschiedslosen: Groß-klein, hell-dunkel, fest-weich, stark-schwach usw. usf. gibt es immer noch, ob wir dies feststellen oder nicht.

Ein Niemand wäre frei davon eine Anerkennungs-Erniedrigungs-Zuschreibung gebrauchen zu müssen, in dieser Hinsicht wären ihm Dinge oder Ereignisse bedeutungslos bzw. leer.

Weil die Dinge nur in diesem Sinne an Bedeutung verlieren, gäbe es für den Befreiten, genauso wie für den Rest der Menschen, noch immer unendlich viel bedeutsames, empfände er Dinge als schön, hässlich, angenehm, unangenehm etc. Im Gegensatz zum „gewöhnlichen" Menschen würde aber der Befreite, von den „zehntausend Dingen" nicht mehr aus der Ruhe gebracht, ärgerte er sich nicht mehr über etwas Hässliches oder Unangenehmes.

Nicht-Denken

Nicht-Denken bedeutet zuerst einmal, das Wahrgenommene nicht mit Bedeutung zu versehen. Nach der Zeichentheorie der Wahrnehmung ist völliger Bedeutungsverzicht unmöglich, würde es uns nämlich gelingen, bei
der Wahrnehmung alle Zeichen zu unterbinden, wären wir uns dessen, was
wir wahrnehmen, gar nicht bewusst. Verstehen wir jedoch das zen-buddhistische Nicht-Denken als die Aufforderung, uns bestimmter psychischer
Bedeutungszuschreibungen so weit wie möglich zu enthalten, ergibt sich
kein Widerspruch zu der Zeichentheorie der Wahrnehmung und der Zen-
Buddhist kommt nicht in die Verlegenheit, zu erklären, wie er ohne Sprache
oder sonstige Zeichen von seinen meditativen Erlebnissen wissen kann.

Man kann mit dem Doppelsinn von Bedeutung spielen und zu Recht
sagen, wer weitgehend auf psychische Bedeutungszuschreibungen verzichtet, vor allem auf die von uns ausdrücklich genannte Zuschreibung,
verzichtet auch auf den Anspruch, bedeutend zu sein, dieser Anspruch bedeutet ihm nichts mehr. Eine metaphysikfreie Erleuchtung wäre die Befreiung von schmerzlichen Bedeutungszuschreibungen, sie erleuchtet die Welt
im Sinne eines frischen unbeschwerten Erlebens der „zehntausend Dinge"
– und in sonst keinem.

Sich selbst vergessen

> „Den Buddha-Weg zu erfahren, bedeutet, sich
> selbst erfahren. Sich selbst erfahren heißt sich
> selbst vergessen. Sich selbst vergessen heißt,
> sich selbst wahrnehmen – in allen Dingen. Dies
> erkennen, ist das Abfallen von Körper und Geist,
> von sich selbst und anderen."[393]
>
>   Dogen

Diese wohl am meisten zitierten Worte Dogens lassen sich als eine radikale
Absage an jede Form von Egoismus oder Egozentrizität und als Beschwörung einer totalen *unio mystica* verstehen. Vielleicht waren diese Worte
auch so gemeint, sie können aber auch anders verstanden werden.

Nicht-Denken schließt ein, sich selbst zu vergessen, denn wer nicht
denkt, denkt (logischerweise) auch nicht an sich. Sich selbst vergisst man
schon, wenn man sich auf etwas konzentriert, was nicht mit der eigenen
Person in unmittelbarem Zusammenhang steht. Während der Meditation

---

[393] Dogen, Eihei: Shobogenzo I, S 24.

sollte man sich vorzugsweise auf die Gegenwart konzentrieren, sollte mit dem Bewusstsein ganz da sein, wo man mit dem Körper ist. In solchen Momenten der Gegenwärtigkeit kann sich das häufig zitierte Phänomen der Grenzenlosigkeit einstellen, in denen man „sich selbst in allen Dingen wahrnimmt". Wer sich selbst beständig vergisst, verlässt die Struktur Ist-Soll, hört auf, sich als der Mittelpunkt der Welt zu koordinieren, und erfährt sich dadurch, ob er will oder nicht, in der Welt.

Das „sich selbst Wahrnehmen in allen Dingen" brauchen wir nicht in einem mystisch-ontologischen Sinne zu verstehen, so, als wären wir tatsächlich in allen Dingen. Die vollständige Aufgabe der Sorgen und Ängste, welche in ganz sich selbst vergessenden Momenten geschieht, „lässt uns in allen Dingen sein". Der Dichter Phillippe Jaccottet formulierte diese Erfahrung so: „Das Haften am eigenen Ich macht das Leben undurchsichtiger. Ein Augenblick wahrer Selbstvergessenheit, und alle Trennwände werden eine nach der andern transparent, so dass der Blick in der Klarheit des Raumes vordringt, so weit das Auge reicht; und gleichzeitig gibt es nichts Lastendes mehr. Die Seele verwandelt sich dann wirklich in einen Vogel."[394]

Obwohl der letzte Satz mit einer magischen Verwandlung kokettiert, ist nichts Magisch-Mysteriöses in diesem Erleben, es ist die Erfahrung der Welt ohne unser berechnendes Bewusstsein, ohne die Beimischung unserer Hoffnungen und Ängste. Es ist jedoch nicht die Erfüllung des Traumes der Mystiker, das Erleben der Welt, wie sie „an sich" ist, ohne jegliche Bedeutung, ohne jegliche Zeichenverwendung, das geht einfach nicht.

Buddhanatur und das Gesicht vor Vater und Mutter

Zen aus der Anerkennungs-Geborgenheits-Perspektive gelesen, erklärt auch die ominöse Buddhanatur auf die einfachste und plausibelste Weise: Wenn es ein Erleben gibt, welches als die Erfahrung der Buddhanatur verstanden werden kann, dann, so meinen wir, ist es das Erleben der Leere. Pathetischer formuliert: Buddhanatur ist die Seinsweise der Leere; was wiederum nichts anderes meint, als dass uns innere oder äußere Ereignisse weder negativ noch positiv berühren, sondern uns in dem vielleicht schönsten Zustand belassen, dem indifferenten, gleich-gültigen; wir könnten auch sagen, dem Zustand des mittleren Weges.

Die beliebte Aufforderung der Zen-Meister an ihre Schüler, sie sollen ihnen „das Gesicht vor Vater und Mutter" zeigen, verlangt, die Erlebensweise der Leere zu verwirklichen. Das kann nach all dem Gesagten nur das Gesicht vor den psychischen Verunstaltungen durch die Sozialisation sein,

---

[394] Jaccottet, Philippe: Fliegende Saat. München 1995, S. 7.

in diesem Sinne das *ursprüngliche* Gesicht. Der kann das ursprüngliche Gesicht zeigen, der sich von diesen Verunstaltungen entleert hat.

Die Psyche eines „Erleuchteten" kann keine von allen negativen Erfahrungen gereinigtes Blatt sein, wie man das Gesichts-Wort missverstehen könnte. „Gereinigt" werden die Wörter, die das Selbstbild bzw. Selbstwertgefühl affizieren, von ihren psychischen Aufladungen. Diese Wörter verlieren ihre „Bedeutung", ihre schmerzhafte oder euphorisierende Wirkung, und deshalb kann ein solcher Mensch „durch den Regen wandeln, ohne nass zu werden".

Dass die „Große Befreiung" eine Befreiung von sozial-konditionierten Ängsten bedeutet, bezeugen auch die Geschichten, welche von der Respektlosigkeit erzählen, mit denen die „Erwachten" ihren alten Meistern oder sonstigen Autoritäten gegenübertraten. Die Behauptung, der „Erwachte" sei gestalt- oder formlos, können wir in diesem antiautoritären Sinne verstehen: Die Reaktionen eines Befreiten sind nicht vorhersehbar, da er sich nicht mehr an soziale Normen und Konventionen gebunden fühlt, aber auch nicht daran, sie zu missachten.

Reiner Geist

Nach dem Meditationslehrer Anthony Matthew bedeutet Meditation zuerst einmal Selbsterforschung. Sie bedeutet, den „Nebel der Blindheit gegenüber sich selbst aufzulösen", durch die Ausbildung eines „reflexiven Bewusstseins oder Gewahrseins", das heißt eines Zustandes, „in dem man sich dessen bewusst ist, dass man bewusst ist, oder weiß, dass man weiß".[395] Das Bewusstsein des Gewahrseins steht im Gegensatz zum „einfachen Bewusstsein", in dem sich der Mensch „ganz in Gedanken und Sinneseindrücken verloren [hat] – ohne jedes Gewahrsein von irgendetwas oder jemand anderem".[396] Ein im Zen häufig gebrauchtes Bild vergleicht den Geist mit dem blauen Himmel, der unbeeindruckt die vorbeiziehenden Wolken betrachtet. Oft ist auch vom reinen Geist die Rede, wobei *rein* den nicht durch Gedanken und Gefühle „verschmutzten" Geist meint.

Diesen Geist können wir schlicht als die Fähigkeit unseres Bewusstseins bezeichnen, um unsere Empfindungen zu wissen und sich von ihnen nicht affizieren (berühren) zu lassen. Den *reinen Geist* kann man auch einen Beobachter zweiter Stufe nennen, vergleichbar einem unbeteiligten Zuschauer, der von einem Hügel aus eine Schlacht verfolgt. Die Kämpfenden sind seine eigenen Gedanken und Gefühle. Lässt sich der Zuschauer

---

395 Matthews, Anthony: Buddhistische Meditation. Bd. 1. Berlin 2005, S. 14.
396 Ebenda, S. 15.

in den Kampf hineinziehen, kann man das als eine Verunreinigung oder als eine Verdeckung des reinen Geistes betrachten.

Mit dem Erwerb eines relativ dauerhaften Distanzierungsvermögens ist die erste Stufe des Zen erreicht, die zu halten allerdings andauernde Übung erfordert. In der zweiten und letzten Stufe der Meditation verschwindet diese Distanzierung, der Beobachter und das Beobachtete, ob innen oder außen, werden „eins". Sie werden eins im Sinne eines dynamischen Fließgleichgewichts des Denkens oder Handelns. Diese Einswerdung, die auch jeder Sportler und Künstler kennt und sicher nicht nur sie, kann als ein episodisches Glück erlebt werden, sie kann auch längere Zeit andauern und wird dann als eine mühelose Gelassenheit und Achtsamkeit und als ein müheloses Ineinandergreifen von dem was geschieht, erfahren.

Ein Befreiter, so unsere Vermutung, würde zwischen der ersten, der distanzierenden Stufe und der zweiten, der eines dynamischen Fließgleichgewichts, pendeln, aber nicht mehr auf die Stufe des Verstricktseins des gewöhnlichen Menschen zurückfallen. Das im Moralkapitel geschilderte Verhalten so genannter Erleuchteter bedeutet allerdings genau dies, das Zurückfallen auf die Stufe eines distanzlosen Verstricktseins.

Jenseits von Gut und Böse

> „Gewinn und Verlust, Recht und Unrecht – weg mit ihnen ein für alle Mal."[397]
>
> Sosan Ganchi Zenji

Dieses Wort sei, so die Psychotherapeutin Brenda Shoshanna, „entschieden missverstanden worden". Es sei keine Aufforderung, die Moral, den „Unterschied zwischen Recht und Unrecht über Bord" zu werfen, vielmehr sei „eher das Gegenteil der Fall". Diese Anweisung erinnere uns, „von unserem kindlichen Geist Gebrauch zu machen und uns dessen bewusst zu sein, dass alles zugleich ‘gut und böse’ ist und Augenblicke der Klarheit wie Augenblicke der Verwirrung aufweist. Ein Mensch, der vielleicht etwas sehr ‘Böses’ getan hat, ist auch zu etwas höchst ‘Gutem’ fähig."[398]

Das scheint uns eine sehr merkwürdige Interpretation der doch eindeutigen Worte, „Recht und Unrecht – weg mit ihnen ein für alle Mal", zu sein. Wenn diese Aussage tatsächlich falsch verstanden wurde, wenn sie kein Über-Bord-Werfen der Moral meinte, dann kann man dieses Missver-

---

[397] Zit. nach Shoshanna, Brenda: Zen und die Kunst sich zu verlieben, S. 116.
[398] Ebenda.

ständnis nicht den Hörern und Lesern anlasten. Es wäre doch ein Leichtes gewesen, sich so unmissverständlich auszudrücken, dass eine Negation der Moral ausgeschlossen ist. Wir glauben, die Autoren solcher Aussagen formulierten an konkreten, vielleicht selbst erlebten, Beispielen die gängige Lehre, dass alle Unterschiede leidvoll sind; das musste logischerweise dann auch für die moralischen gelten.

Sosan Ganchi hatte bei seinem Wort vermutlich die schon erläuterte Erfahrung der Gleich-Gültigkeit im Blick, die sich bei dem Ausfall aller *Selbstwertansprüche* einstellt. Sie kann jemand zu dem Ausruf veranlassen: Ob *ich* gewinne oder verliere, ob *mir* Recht oder Unrecht geschieht, das interessiert mich nicht mehr, das erscheint mir nur noch lächerlich, weg damit – ein für alle Mal!

Ein Befreiter muss sicher nicht mehr darüber jammern, dass *er* belogen oder betrogen wurde, dass *er* im Widerspruch zu den moralischen Prinzipien behandelt wurde, er könnte aber durchaus der Meinung sein, dass wir nicht lügen oder betrügen sollen. Allgemeiner gesagt, das Wort „jenseits von Gut und Böse" muss nicht bedeuten, keine moralischen Prinzipien zu haben, sondern keine Wertungen abgeben zu müssen, deren Dreh- und Angelpunkt das eigene Selbstwertgefühl ist.

Niemand stirbt. Noch einmal: Zen und Tod

Wie wir schon darlegten, verfügt auch Zen über keine eindeutigen Antworten auf das Grundproblem des Buddhismus, der genauen Bedeutung von Tod und Nirwana. Es würde Zen gut anstehen, würde es seine diesbezügliche Unwissenheit offen eingestehen. Ein ehrlicher Agnostizismus wäre allemal redlicher als diesbezügliche mystifizierende Reden.

Unter einem metaphysikfreien Blickwinkel gibt es zwei grundlegende „Lösungen" des mit dem Anerkennungsbegehren verwobenen Todesproblems: 1. Entlastung vom Todeswissen durch Steigerung des Selbstwertgefühls, oder 2. durch die Befeiung von jeglichem Anerkennungsbegehren, von jeder diesbezüglichen Egozentrizität.

Tatsächlich findet sich ein Zen-Autor, nämlich Byung Chul Han, der die zweite Möglichkeit formuliert, ohne allerdings den Anerkennungsbegriff ausdrücklich zu verwenden. Er ist der einzige uns bekannte Zen-Autor, der eine eindeutige Stellung zum Todesproblem bezieht. Verstehen wir Han richtig, wird im Zen nicht mit einem Überleben des Todes gerechnet, Zen biete aber trotzdem „eine andere Möglichkeit, der Katastrophe zu entkommen".[399]

Nach Han wird im „großen Tod", einer großen Erleuchtungserfahrung, der „Widerstand gegen die Vergänglichkeit" ausgelöscht, man erwacht zur Vergänglichkeit, „in dem man *sich* vergehen lässt". Es entleeren sich alle egozentrischen Begierden, einschließlich des Begehrens, gegen die Vergänglichkeit anzukämpfen. „Wo sich ein Widerstand gegen die Vergänglichkeit regt, bildet sich ein emphatisches Selbst. Man vergrößert *sich,* man lässt das Ich gleichsam wachsen gegen den Tod, der *mein* Tod ist, der das Ich beendet."[400] „Die zen-buddhistische Freiheit zum Tode entspringt ... einem gewissen *Ich-bin-nicht.* Verabschiedet wird dabei nicht bloß das 'egoistische' Selbst, sondern die ich- und seelenhafte Innerlichkeit."[401] Dann ist der Tod „keine Katastrophe mehr, denn man hat schon die *Katastrophe* des großen Todes hinter sich. *Niemand stirbt.*"[402]

Wenn das „Ich", hier in der Form eines unbändigen Verlangens (etwas) zu sein, gestorben ist, gibt es keine *psychische* Entität mehr, die sterben kann, und deshalb kann ein solcher Mensch im Einklang mit der Vergänglichkeit leben.

Dogen meinte noch, von der egoistischen Selbstbezogenheit „kann man erst Abstand nehmen, wenn man die Vergänglichkeit sieht".[403] Aber „nicht die Wahrnehmung der Vergänglichkeit führt zur Selbstlosigkeit", wie Han richtig bemerkt, sondern die Entleerung von dem Begehren „etwas" zu sein. Man darf vermuten, der Einklang mit der Vergänglichkeit stellt sich ein, wenn der „Egoismus" nach größtmöglicher vertikaler Anerkennung geschmolzen ist, denn damit schmilzt auch das Ich als Kämpfer gegen den Tod.

Genau genommen kann das Ich nicht getötet werden, es existiert ja kein Ich als eine Entität, ein Ding. „Nur" Begierden können abgetötet, Wünsche fallen gelassen und Ängste überwunden werden, und genau darin besteht konkret die Tötung des Ichs, die Auflösung der Egozentrizität.

Der zen-buddhistische Tod, so Han, unterscheide sich von der Todesvorstellung eines Mystikers wie Meister Eckhart. Dieser lehre zwar, dass „im Tod 'alles Begehren' der Seele verschwinde, aber auf einer höheren Ebene wiederhole sich dieses Begehren. Das 'Sterben in Gott' ist *beseelt*

---

[399] Han, Byung-Chul: Philosophie des Zen-Buddhismus, S. 113.
[400] Ebenda, S. 107.
[401] Ebenda, S. 108.
[402] Ebenda, S. 113.
[403] Zit. nach ebenda, S. 107.

vom Streben nach einer Unendlichkeit. Im 'göttlichen Tod' verschmilzt die Seele mit Gott ganz, dem 'nichts stirbt'."[404] Im Zen-Buddhismus hingegen wird das Vergängliche „nicht aufs Unendliche hin transzendiert. Man begibt sich nicht *anderswo*. Vielmehr vertieft man sich ins Vergängliche."[405] Der Mensch des Zen „wandert durchs Vergängliche, wobei er Schritt hält mit den Dingen, die vergehen.. ... Er vergeht mit, er lässt auch *sich* vergehen."[406]

Wer vor seiner Endlichkeit und Bedeutungslosigkeit nicht in den Glauben an eine transzendente Sphäre flieht, wer sich mit keinem metaphysischen Opium betäubt, der kann ein solch selbstverständliches Einverstandensein und Im-Gleichschritt-Gehen mit seiner Vergänglichkeit, wie es Han beschreibt, wohl nur erreichen, wenn er jedes Anerkennungsbegehren fallengelassen, „in jeder beliebigen Situation den Wunsch nach Ruhm und die Verhaftung am Ich"[407] weggeworfen hat.

Das Einverstandenseinkönnen, welches durch den „großen Tod" ermöglicht wird, bedeutet natürlich auch, ganz in der Gegenwart weilen zu können. „Diese erfüllte, gelassene Gegenwart ist nicht ins Vorher und Nachher *zerstreut*. Sie blickt nicht über sich hinaus. Sie ruht vielmehr in sich. Diese gelassene Zeit lässt die Zeit der Sorge hinter sich."[408]

„Erst nach dem Töten des 'Todes' ist man ganz lebendig. ... *Ganz lebendig* misst sich nicht an 'ewig' oder 'unsterblich'. Es fällt vielmehr mit *ganz sterblich* zusammen."[409]

---

[404] Ebenda, S. 109.
[405] Ebenda, S. 110.
[406] Ebenda, S. 106.
[407] Dogen, Eihei: Shobogenzo Zuimonki, S. 63.
[408] Han, Byung-Chul: Philosophie des Zen-Buddhismus, S. 112.
[409] Ebenda, S. 113.

VII. Die Praxis

Lebensformen des Zen

Wir haben den Zen-Buddhismus bisher unter erkenntnistheoretischen, historischen und psychologischen Aspekten betrachtet. Den für den Suchenden vielleicht wichtigsten Aspekt, den der Lebensform, haben wir bisher ausgeklammert. Jetzt wollen wir uns der Frage zuwenden, was es bedeutet, ein Leben mit oder aus Zen zu führen.

Im ersten Kapitel meinten wir, die Behauptung des Zen-Meisters Dogen habe eine gewisse Logik für sich: Um dauerhaft losgelöst zu sein, müssen wir das Ganze, zumindest in seinen Grundzügen, verstehen. Im Laufe unserer Untersuchung wurde aber deutlich, dass das mittels Zen unmöglich ist. Schlimmer noch, mit keiner Methode, keiner Wissenschaft scheint es aussichtsreich, über den Status von Vermutungen über die „letztgültige Realitätsstruktur" hinauszugelangen. Der Weg, über eine Antwort auf die Frage *was ist?* zu einer Antwort auf die Frage *was tun?* oder *wie leben?* zu gelangen, scheint nicht gehbar. Trotzdem bleibt uns nur ein Hin und Her von *was ist?* und *was tun?*, von Theorie und Praxis. Theorie führt zu Praxis, Praxis zu Erkenntnis, Erkenntnis zu neuer Praxis usw. usf. Vielleicht werden wir aber das Maß an Erkenntnis, welches wir uns wünschen, nie erreichen.

Weil wir mit Zen die Welt nicht verstehen können, muss Zazen natürlich nicht völlig sinnlos sein. Die Frage nach der *Lebensform Zen* meint letztlich: Bedeutet ein Leben mit oder aus Zen ein gutes, empfehlenswertes, ein glücklich machendes Leben? Nun gibt es nicht *die* Lebensform Zen, sondern Lebensformen des Zen, die natürlich unterschiedliche Qualitäten besitzen. Wir wollen die verschiedenen Lebensformen mit den zwei Größen ermitteln, die uns für diese Frage am wichtigsten erscheinen: die Intensität der Praxis und das Weltbild eines Praktizierenden, insbesondere sein Verständnis der Sache Zen. Zwei grundlegende Verständnismöglichkeiten bieten sich an: Ein religiöses und ein nicht-religiöses, säkulares. Bei der Praxis wollen wir zwischen einer harten und einer weichen unterscheiden. Aus diesen Merkmalen ergeben sich vier mögliche Lebensformen des Zen:

(1) Ein religiös verstandenes Zen mit einer harten Praxis.

(2) Ein nicht-religiös verstandenes Zen mit einer harten Praxis.

(3) Ein religiös verstandenes Zen mit einer weichen Praxis.

(4) Ein nicht-religiöses verstandenes Zen mit einer weichen Praxis.

Zu (1): Das religiös verstandene Zen fällt mit der Zen-Philosophie zusammen, die wir im II. Kapitel darstellten. Es bedeutet, Zen als einen oder sogar den einzigen Weg zu wahrer und umfassender Erkenntnis und Erfüllung zu verstehen. Dieser Weg erfordert unbedingte und lebenslängliche Hingabe.

Sein Leben ganz auf Zen zu konzentrieren, ganz aus Zen zu leben, kann am besten und vielleicht nur, wer in einer Institution des Zen lebt, also in einem Kloster oder in einem Tempel. Unabhängig davon bedeutet eine traditionelle Zen-Lebensform – ob in einer Institution oder außerhalb – ein Leben der größten Selbstdisziplinierung. In einer Institution erfordert schon die Einhaltung der minutiös durchstrukturierten Tageordnung große Disziplin. Disziplin erfordert weiterhin das lange Sitzen, das mitmenschliche Verhalten und alle körperlichen Tätigkeiten, da sie, wenn ihre Ausübung nicht sowieso vorgeschriebenen Abläufen folgt, zumindest schweigend und achtsam begangen werden sollten.

Der bekannteste Vertreter einer solchen Lebensform war Dogen. Für ihn gab es nur *einen* wahren Weg, wie es für ihn auch, zumindest nach Aumann, nur *einen* wahren Buddhismus gab. Die Existenz verschiedener buddhistischer Schulen soll Dogen für ein Zeichen der Verwirrung gehalten haben. Dogens Zen-Verständnis kann folgendermaßen auf den Punkt gebracht werden: Ernsthaft sein Leben aus Zen zu leben bedeutet, sein Leben ganz auf Zazen zu gründen. Konkret heißt das, sich zu täglichem Sitzen zu verpflichten, und dies mit dem Bewusstsein, dass es das wichtigste ist, was es an diesem Tag und in diesem Leben zu tun gibt. Dogens Verständnis schließt den beglückenden Glauben mit ein, dass man auf Zazen vollständig vertrauen kann, dass es die zuverlässigste Hilfe im Universum ist. Die kürzestmögliche Formulierung seines Weltbildes lautet: „Vertraut also

einfach dem Buddha-WEG und sucht die wahre Freude des Nirwana."[410]
Buddha-WEG und Zazen fallen für Dogen selbstverständlich in eins.
Für Dogen konnten nur Mönche den Buddha-Weg wirklich gehen, da er
die völlige Aufgabe weltlicher Gesinnung und Angelegenheiten erforderte.
„Jede noch so kleine alltägliche Handlung" war für Dogen „eine Manifestation des wahren *dharma* ... und deshalb von besonderem Gewicht". Das
erklärt, warum er gegenüber dem Laien-Zen der „ritualisierten Lebensform
im Zen-Tempel, wo jede Alltagshandlung einer genau festgelegten Regel
folgt, den Vorzug gegeben hat".[411] In sechs Büchern legte er alle Einzel-
heiten des mönchischen Lebens fest. Heinrich Dumoulin kommentiert die
Vorschriften für die Mahlzeiten wie folgt: „Für Dogen gibt es keine Kleinigkeiten. Alle Details, aus denen sich das Mönchsleben zusammensetzt,
sind ihm wichtig, weil in jedem Detail das Ganze ist. Das Buch über die
Ess-Sitten *Fukushuhanpo* reiht viele Einzelvorschriften auf, deren Beobachtung zusammen ein geistliches Schauspiel ausmacht."[412] Im Leben
des Übenden gibt es keine Kleinigkeiten, jedes alltägliche Handeln ist die
Manifestation des *dharma*. „Die Regeln erstrecken sich folglich auch auf
alle Aspekte des Lebens, wie zum Beispiel Körperpflege, Kleidung, die
Durchführung der religiösen Zeremonien, usw."[413] Diese Totalverregelung
des Alltags kann man, wie Aumann, als eine „Sakramentalisierung des
Alltags"[414], also als seine Verheiligung, verstehen. Sie scheint uns die logische Konsequenz eines archaischen Verständnisses des Seienden, nachdem
es eine von größeren Mächten festgelegte Ordnung gibt, die zu missachten
in irgendeiner Form Leid nach sich zieht. Das Prinzip dieser Ordnung heißt
wie im Kleinen so im Großen, der mystifizierende Ausdruck, alles Seiende
sei eine Manifestation des *dharma*, meint genau dies.

Die Ethnologin Katja Werthman bemerkt in ihrer Untersuchung westlicher Zen-Praktizierender, Zazen komme ihr wie ein permanenter Initia-
tionsritus vor, also wie ein Ritus, der ununterbrochen in ein neues Leben,
oder eine neue Wirklichkeit, einführen soll.[415] Die Betonung möchten wir
hier auf Ritus bzw. Ritual legen. Sakramentalisierung des Alltags bedeutet

---

[410] Dogen, Eihei: Shobogenzo Zuimonki, S. 87.

[411] Aumann, Oliver: Die Frage nach dem Selbst im Amida-Buddhismus bei Shin-
       ran und im Zen-Buddhismus bei Dogen. Frankfurt 2000, S. 100.

[412] Zit. nach ebenda, S. 100.

[413] Ebenda.

[414] Ebenda, S. 101.

[415] Siehe Werthmann, Katja: Zen und Sinn: westliche Aneignung und Praxis einer
       buddhistischen Meditation. Frankfurt 1992.

notwendigerweise auch Ritualisierung des Alltags. Obwohl zumindest für den frühen Dogen Rituale sekundär waren, nehmen sie im alltäglichen Leben einen breiten Raum ein. Versteht man das Alpha und Omega des Zen, nämlich Zazen, selbst als ein Ritual, beziehungsweise als ein Sakrament, dann muss man beim Dogen-Zen von einer totalritualisierten und total-sakramentalisierten Lebensform sprechen.

Der totalritualisierten Lebensform korrespondiert die Dienerideologie, die des absoluten Gehorsams. Sie war für das Zen-Verständnis Dogens fundamental und dem antiautoritären Geist der ersten Patriarchen, die noch Wandermönche waren, diametral entgegengesetzt. Für Dogen ist der Buddha- oder Dharma-Weg einer des absoluten Gehorsams. Absoluter Gehorsam des Schülers gegenüber dem jeweiligen Lehrer oder sonstigen Vorgesetzten steht ihm selbst über der Autorität der buddhistischen Schriften. Die Lektüre buddhistischer Schriften hält Dogen sowieso nicht für besonders sinnvoll und die nicht-buddhistischer für völlige Zeitverschwendung.[416] Ein „WEG-Übender" negiert im Grunde alle kulturellen Errungenschaften, sein ganzes Streben und Tun gilt nur der „Großen Sache", der Befreiung aus der leidvollen Welt der Wiedergeburten. Dies erreicht er, indem er jede egoistische Regung, jede, die nur dem eigenen Vergnügen dient, negiert, sich selbst vollkommen vergisst und „Leib und Geist fallen lässt". Die Rigorosität seines Gehorsams- und Weg-Verständnisses ist ein Grund seiner Faszination. Den „WEG" zu gehen ist für Dogen sogar wichtiger als die Gesundheit, so dass der Übende auch dann Schmerzen ertragen soll, wenn sie Zeichen einer Krankheit sind. Was er selbst mit einem frühen Tod bezahlte, er starb mit 53 Jahren an einer verschleppten Lungenentzündung.

Sich selbst vergessen bedeutet für Dogen absolute Willenlosigkeit. Eine Ausnahme gibt es: Der Schüler benötigt den unbedingten Willen, den Weg zu gehen. Da der Weg der des absoluten Gehorsams ist, fällt der Wille zum Weg mit dem Willen zum absoluten Gehorsam gegenüber dem Meister zusammen. Es findet sich also auch bei Dogen der Keim des späteren faschistoiden Samurai-Zen, der Meister muss nur durch den Fürsten ausgetauscht werden.[417] Dogens Buddhismus ist keiner des mittleren Weges. Als

---

[416] Vgl. z.B. Dogen, Eihei: Shobogenzo Zuimonki. Zürich 1992, S. 46.

[417] Anmerkung: Die Verbindung von Zen und Schwertadel stellte der Begründer der japanischen Rinzai-Tradion Eisai (1141-1215) her. Grund war nicht die besondere Eignung der Zen-Meditation für die Kampfkünste, sondern die Sicherung des politischen Einflusses und des Wohlwollens des an die Macht gekommenen Schwertadels, den Samurai. Das Sumarai-Zen fand wohl im Hagakure (1710-1716) seine prägnanteste Formulierung. Nach dem Hagakure lautete das

Erklärung seines eindimensionalen und rigorosen Buddhismusverständnis bietet sich als Erstes der „Zeitgeist" an. Absoluter Gehorsam der Untergegebenen war im feudalen Japan eine selbstverständliche Forderung der Oberen. Die Gründe, warum ein Mensch von einer unbedingten Gehorsamsphilosophie angezogen wird, werden in der kindlichen Erfahrung zu suchen sein, dass ungehorsames Verhalten grausamst bestraft, gehorsames Verhalten dagegen belohnt wird. Übernehmen solche Menschen Lehr- oder Erziehungsfunktionen, müssen sie unermüdlich auf die Notwendigkeit der Regelbefolgung verweisen, so wie Dogen unermüdlich die Wichtigkeit der Einhaltung der Silas (der buddhistischen Regeln) betonte. Aus psychoanalytischer Sicht muss sich das Ich, das seinen Narzissmus nicht überwunden hat, zwangsläufig zur Kopie der Autorität machen, mit der es sich ursprünglich identifizierte, und in die es sich verwandeln will. „Es kann sich aus unbewusstem Zwang eben nur in der Dimension verwirklichen, die es zuvor im Blick von unten wahrgenommen hatte."[418]

Bei seinem Ziehvater, einem dem Hochadel angehörigen Onkel, wird der kleine Dogen das System des unbedingten Gehorsams im Blick von unten wahrgenommen haben. Es als den ausgezeichneten Weg zur Befreiung zu verstehen, kann durch die manchmal beglückenden Erfahrungen unterstützt worden sein, welche die völlige Unterwerfung, die völlige Aufgabe des eigenen Willens, auslöst. „Leib und Geist fallen lassen", heißt dann, christlich und psychoanalytisch gesprochen: Den geringsten Widerstand gegen den Willen des Vaters (oder sonstigen Herrn) aufzugeben, mit vollem Herzen sagen zu können: Dein Wille geschehe. Nicht zufällig ist auch das Christentum eine Religion des feudalen Gehorsams, welche die sozialen Rollen, so die von Eltern und Kind, in den Himmel projizierte.

Die ritualisierte und sakramentalisierte Lebensform des Dogen-Zen deckt sich natürlich nicht mit derjenigen, die sich aus dem psychodynamischen Zen-Verständnis Kellerers oder unserem sozialpsychologischem ergeben würde. Die Vorstellungen Dogens entsprechen eher extremen Lebensformen christlicher Orden, und wie diese bergen sie die Gefahr, neurotische oder psychotische Störungen hervorzurufen. Unversehens können

---

oberste Gebot des Samurai-Codex, dass das eigene Leben ganz und gar den Zwecken des jeweiligen Fürsten dienen soll. Der Samurai musste lernen, jeden Augenblick ohne Bedauern sterben zu können, um sein Leben, wenn erforderlich, ohne Zögern für den Fürsten hinzugeben. Auf einer Liste der Bücher, welche den Forderungen der Nächstenliebe und des Mitgefühls diametral entgegengesetzt sind, würde das Hagakure sicher einen der ersten Plätze einnehmen.

[418] Richter, Horst-Eberhard: Der Gotteskomplex, S. 37.

Rituale den Charakter von Zwangshandlungen annehmen, so dass, wer
den Ritus unterlässt, mit schlechtem Gewissen bestraft wird, bis hin zu der
Angst, sein Leben sei in Gefahr.

  , Ein vollkommen ritualisierter Alltag kann als ein stützendes, jedoch
auch als ein einengendes Korsett empfunden werden, aber immer ist er ein
Korsett. Wie selbst Meister von ritualisierten Verhaltensmustern abhängig
sind, schildert Janwillem van de Wetering, wenn er erstaunt ihre Hilflosigkeit außerhalb der klösterlichen Umgebung feststellt.[419] Es lässt sich wohl
schwer sagen, wo die Grenze zwischen sinnvollen Regeln, erfüllenden Ri-
tualen, Überreglementierung und krankmachender Selbstdisziplinierung
verläuft. Eine Korrektur solcher Reglementierungen wird natürlich nicht
gerade durch eine Institution gefördert, welche unbedingten Gehorsam
verlangt.[420]Die Tendenz zur Überreglementierung und Verhaltensnormie-
rung scheint in keiner Kultur so ausgeprägt wie in der japanischen, deshalb
sind auch sado-masochistische Exzesse in Klöstern und Selbstmorde von
Meistern nicht verwunderlich.[421] Eine relativierende Bemerkung ist hier

---

[419] Siehe Wetering, Janwillem van de: Reine Leere. Hamburg 2001, und zu Ritu-
       al unter neurotischem Aspekt Freuds kleine Schrift „Zwangshandlungen und
       Religionsausübungen" von 1907 in Freud, Sigmund: Der Mann Moses und die
       monotheistische Religion. Frankfurt 1999.

[420] Siehe zur Problematik von Gurus und „Ich" Kramer J. / Alstad D.: Die Guru
       Papers – Masken der Macht. Frankfurt 1995.

[421] Anmerkung: Wir wollen nicht behaupten, dass es in den japanischen Zen-Klös-
       tern wie in den japanischen Gefängnissen zugeht, aber in beiden scheint der-
       selbe Geist der Überreglementierung, Verhaltensnormierung und der absoluten
       Unterwerfung zu Hause zu sein. Hier ein Bericht über die Zustände in einem
       japanischen Gefängnis von dem Belgier Jan De Cock, der in 66 Gefängnissen
       auf allen Kontinenten hinter Gittern gelebt hat, um die Gefängnissysteme mit
       einander zu vergleichen. „Einsamkeit sei das Schlimmste, Isolation. So wie in
       den Haftanstalten der USA oder wie in japanischen Gefängnissen. Im Fuchu-
       Gefängnis südwestlich von Tokio erlebt De Cock die perfekte Überwachung.
       2000 Häftlinge sitzen dort ein. Es ist totenstill. Peinlich sauber sind Gänge und
       Zellen. De Cock sagt: 'Das war einer der schlimmsten Knäste weltweit.' Denn
       endlos ist die Liste der Vorschriften, die den Gefangenen jeden Rest von Indi-
       vidualität nehmen. Trifft ein Häftling einen Wärter, muss er den Blick senken.
       Sonst muss er, einen Arm vor der Brust, den anderen auf dem Rücken, stunden-
       lang eine Wand anstarren. Sprechen ist nur eine Stunde nach dem Abendbrot
       erlaubt. Schilder schreiben vor, in welcher Haltung man zu schlafen hat und
       wie man sich hinhockt beim Warten auf die Dusche. Der Hofgang erfolgt im
       Stechschritt. An einem Tag darf man sich das Gesicht waschen, am anderen
       die Haare. Nicht umgekehrt. Wer bei der Arbeit ungewöhnliche Bewegungen

nötig. Die Zen-Klöster sind seit der Meji-Reform, die 1868 begann, relativ autonom, und das nicht nur von staatlichen Behörden, sondern auch von buddhistischen Dachorganisationen. Das bedeutet, dass in den einzelnen Klöstern, je nach Führung, unterschiedliche Regeln und Sitten herrschen, auch in Bezug auf Strenge und Härte. Die Rinzai-Klöster scheinen die Soto-Klöster in letzterer Hinsicht weit zu übertreffen.

Gelingt eine strenge, disziplinierte Lebensform ohne psychische Deformationen, wird der Alltag unweigerlich eine erfüllendere Grundfärbung erhalten. Die Vermutung liegt allerdings nahe, dass in einem solchen Fall die Besänftigung einer übergroßen Kindheitsangst vorliegt, der Angst, wegen Ungehorsams bestraft zu werden. Der Grundbass eines „erfüllten" disziplinierten Lebens wird wohl in der Genugtuung liegen, ein perfekter Diener zu sein, einer, der von seinem Herrn, bzw. seinem Über-Ich, keine Strafe mehr zu befürchten hat.

Versucht jemand den harten religiösen Weg zu gehen ohne Anbindung an eine Institution, Gruppe und/oder Meister, ist die Gefahr besonders groß, dass Zazen nicht zu einem heilen, weil „geheiligten" Alltag führt, sondern sich zu einer beschwerlichen Pflicht entwickelt, die bei Unterlassung Gewissensbisse und Versagensängste auslöst. Zen kann zwar immer noch als die Wahrheit schlechthin und Zazen als der einzige wahre Weg verstanden werden, trotzdem gelingt es den Übenden nicht, ihn wirklich zu gehen. Weder gelingt es ihm, sich von Zen zu verabschieden, noch den Anforderungen gemäß zu leben.

Der grundsätzlichen Schwierigkeit bewusst, Lebensformen auf ihre Güte hin zu beurteilen, sind wir überzeugt, dass ein so unnatürliches Leben, wie es das religiöse, stark ritualisierte, strenge Zen letztlich darstellt, schwerlich als eine gute Lebensform bezeichnet werden kann. Selbst bei den Menschen, die es als befriedigend empfinden, vermuten wir, dass sich diese Empfindung vor allem aus einer Abwehr psychischer Probleme speist. Sie könnten sicher ein besseres Leben führen, wenn sie ihren Problemen nicht mittels einer rigiden Lebensform ausweichen würden.

Zu (2): Ein nicht-religiös verstandenes Zen mit einer harten Praxis. Nicht-religiöse, säkulare Formen des Zen sind so etwas wie Stilrichtungen der Lebenskunst. Sie sollen in erster Linie durch ihre therapeutische Wirkung das alltägliche Leben verwandeln. Zazen wird dabei als psychosomatische Methode zur Befreiung von sozial konditionierten Ängsten und sonstigen psychischen Konflikten verstanden.

---

macht, kann in der Isolierzelle landen. Sich an den Füßen kratzen reicht schon." Frankfurter Rundschau, 29.3.2005.

Das nicht-religiöse Zen mit einer harten Praxis verlangt dieselbe Hingabe und vielleicht noch mehr Selbstdisziplinierung als das religiöse mit einer harten Praxis, kommt aber ohne dessen metaphysische Untermauerungen aus und ist deshalb relativ weltbildneutral. Es ist im Grunde Rinzai ohne Metaphysik. Genaugenommen sprechen wir hier von einer nicht existierenden Lebensform, weil es, soweit uns bekannt, noch keine nicht-religiösen, metaphysikfreien Zen-Institutionen gibt.

Bei dieser Lebensform wird der Unterschied zwischen Weg und Ziel stark betont, wie dies auch in der relativ neuen Zen-Schule Sanbo-kyodan, einer Mischung aus Soto und Rinzai, der Fall ist. Auch für sie, ebenso wie für Rinzai, aber im Gegensatz zu Soto, ist die „Erleuchtung" zentral, erst durch diese soll das Leben wirklich gewendet werden. Das 1954 entstandene Sanbo-kyodan ist jedoch auch ein religiöses Zen, welches im Westen vorwiegend in christlichen Kreisen praktiziert wird.

Die Lebensweise eines durch die „Erleuchtung" Befreiten würde sich äußerlich nicht von der eines gewöhnlichen Menschen unterscheiden. Jener müsste keine speziellen Rituale ausführen, keinen speziellen Berufen oder Freizeitbeschäftigungen nachgehen. Wie wir schon im vorherigen Kapitel feststellten, würde ein Befreiter über keine besonderen Eigenschaften verfügen, außer, grob gesprochen, dass er nicht beleidigt werden kann.

Wir bezweifeln jedoch, dass eine „Total-Befreiung" (Kellerer) von der Anerkennungs-Erniedrigungs-Kategorie, wenn eine solche überhaupt möglich sein sollte, allein mit Meditation möglich ist. Nur mit überkreuzten Beinen auf einem Kissen zu sitzen ist ein blindes und damit riskantes therapeutisches Verfahren. Die Therapeutin Charlotte Kasl betont vor allem, dass Meditation für traumatisierte Menschen gefährlich sein kann, statt das Trauma aufzulösen kann es dieses noch verstärken.[422] Sogar der östlichen Methoden nicht abgeneigte C.G. Jung warnte die Abendländer vor der Illusion, sich durch solche eine verbale Therapie ersparen zu können. Statt die Symptome zu heilen, kann sie diese verschärfen.

Gregor Paul meint, „die Tatsache, dass so manche Meditation krankhafter, psychotischer Selbsttherapie gleicht und/oder auf eine unio mystica zielt, ist mit der Idee des Mittleren Weges unvereinbar".[423] Ob eine Meditation, die auf eine *unio mystica*, eine mystische Vereinigung, zielt, mit der Idee des Mittleren Weges unvereinbar ist, sei dahingestellt, aber bei beiden strengen Wegen kann Meditation zweifellos Züge *krankhafter* Selbsttherapie annehmen, vor allem bei Menschen, die schon größere psychische

---

[422]   Siehe Kasl, Charlotte: Das Zen der guten Ehe. München 2002, S. 118.

[423]   Paul, Gregor: Philosophie in Japan, S. 74.

Schwierigkeiten mitbringen. Meditation kann kein Therapie-Ersatz sein, sie kann eine solche unterstützen und deren Wirkung stabilisieren. Intensive Meditation, mit größerer therapeutischer Zielsetzung, gar die der „Total-Befreiung", braucht die Begleitung eines Therapeuten.

Für den strengen säkularen Weg bis zur Erleuchtung gilt in Bezug auf die Qualität dieser Lebensform das gleiche wie für den strengen religiösen Weg, bei beiden stellt sich die Frage nach der Grenze zwischen sinnvoller Disziplin und zwangsneurotischer Abhängigkeit. Der strenge säkulare Weg ähnelt auf keinem Fall einer Wellnesskur, eher einer Hochgebirgskletterpartie mit unabsehbarem Ausgang.

Zu (3): Ein religiös verstandenes Zen mit einer weichen Praxis. Ein religiös verstandenes Zen, gekoppelt mit einer weichen Praxis, werden vor allem Menschen praktizieren, die nicht in einer Zen-Institution leben, sondern zu Hause versuchen, ein Leben aus Zen zu führen.

Weiche Praxis meint keine lasche Praxis, sondern mäßiges, aber regelmäßiges Sitzen, das Bemühen um ein achtsames Alltagsleben und die Befolgung der ethischen Gebote des Buddhismus.

Der buddhistische Glaube an die Wiedergeburt, so nebulös er im Detail ist, kann eine der wichtigsten Funktionen des religiösen Glaubens erfüllen, nämlich die mit dem Todeswissen verbundenen Ängste mildern. Er kann sogar die Niederlagen im Anerkennungskampf mildern, da sich nach diesem Glauben noch zahllose Gelegenheiten bieten werden, die Niederlagen wettzumachen. Allerdings kann der Wiedergeburtsglaube genauso gut das Gegenteil bewirken, statt Ängste zu mildern, kann er sie schüren, Ängste vor grausamen Jenseitssphären und schlechten Wiedergeburten. Umso mehr, wenn es dem Übendem nicht gelingt, den buddhistischen Anforderungen entsprechend zu leben. Wenn er, statt überwiegend von Verständnis und Mitgefühl gegenüber seinen Mitmenschen erfüllt zu sein und achtsam und gelassen durch den Tag zu gehen, stattdessen feststellen muss, dass er meist von den „Geistesgiften" Gier, Zorn und Neid beherrscht wird.

Wer aber über Jahre hinweg regelmäßig praktiziert, die ethischen Anforderungen annähernd erfüllt und wessen sozialer Rahmen einigermaßen gesund ist, bei dem stellen sich sicher eine gelassenere Grundstimmung und eine aufrechtere Haltung ein. Die weiche religiöse Lebensform ist wahrscheinlich nicht die schlechteste Möglichkeit, um über „die kleine Runde unseres Daseins" zu kommen, sie kann mit dem Glück bescheren, welches manchmal aus Missverständnissen erwächst.

Zu (4): Ein nicht-religiöses verstandenes Zen mit einer weichen Praxis. Eine metaphysikfreie, nicht-religiöse Zen-Praxis, auch eine ohne die Härte und den Untertanengeist des japanischen Stils, könnte man ein daoistisches Zen nennen. Mit Daoismus meinen wir den so genannten philosophischen Daoismus, der vor allem mit den Namen Laozi und Zuangzhi verbunden ist und den man als eine weiche Lebenskunst-Philosophie verstehen kann. Nach Francois Jullien zielt der Daoismus nicht auf eine Offenbarung, keinen Großen Durchbruch, hat weder „absolute[s] Wissen, noch das Heil im Blick" und kann deshalb nicht zur Mystik gerechnet werden. Der daoistische Weg verfolge „kein anderes Ziel ... als seine eigene Erneuerung".[424] Die Eigenart dieses Weges lässt sich, für Jullien, mit Begriffen wie *Regulierung* und *Gleichgewicht* charakterisieren, auch mit *Harmonie in stetiger Bewegung*, welche die Extreme nicht grundsätzlich vermeidet, nach dem Motto, in der Not bringt der Mittelweg den Tod.[425] Daoistisches Zen[426] bedeutet: Aus einer täglichen, über Jahre hinweg geübten Praxis entwickelt sich eine gelassene Grundstimmung, ein dynamisches Fließgleichgewicht und ein, wo nötig, aus der Intuition gespeistes Handeln.

Die daoistischen Kampfkünste, so die verschiedenen Formen des Tai Chi und Kung fu, werden ausdrücklich nicht als Sport verstanden, sondern eben als Künste. Aus der Kunstperspektive betrachtet, arbeitet derjenige, der in Zazen sitzt, an der Form seines Körpers wie ein Bildhauer an einer

---

[424]   Jullien, Francois: Der Weise hängt an keiner Idee, S. 108.

[425]   Siehe ebenda.

[426]   Anmerkung: Für manche Autoren ist der Daoismus eine Erfindung des 20. Jahrhunderts. „Dao" bedeute einfach Weg, und die chinesische Kultur war, wie später die japanische, eine Kultur der Wege. Jede religiöse Richtung, jede Kunst, und jedes Handwerk wurde im Osten als Weg bezeichnet. „Daoistisch" kann man als einen Sammelnamen für Ritualtraditionen verstehen, deren Aufgabe es war, die himmlisch gewollte Ordnung aufrechtzuerhalten. Im Westen und im China des 20. Jahrhunderts entstand die Auffassung, es hätte so etwas wie einen philosophischen Daoismus gegeben, der sich auf das *Tao-te-king* des Laozi, *Das Buch vom südlichen Blütenland* Zuangzhis und *Das Buch der Wandlungen* (I Ging) stützt. Diese Bücher seien aber im alten China von den verschiedensten gesellschaftlichen Gruppen für ihre je eigenen Anschauungen und Interessen benutzt worden. Siehe näheres im Artikel von Haar in Thesing J. / Awe T. (Hrsg.): Dao in China und im Westen. Bonn 1999. Manche verstehen den philosophischen Daoismus als eine Form der Mystik, so E. Tugendhat in: Egozentrizität und Mystik. München 2003, für andere, wie F. Jullien, ist er gerade keine Mystik. Der Begriff Weg kann auch als ein Synonym für Lebensform verstanden werden, auf den es uns hier ja ankommt.

Plastik, um durch die „Vervollkommnung der Gestalt"[427] den Geist, genauer gesagt, die Psyche, zu vervollkommnen. Zazen bildet die Grundform, das Fundament, entsprechend den Grundstellungen in den Kampfkünsten, aus dem heraus alle anderen Formen kreiert werden. Auf die Psyche bezogen, bedeutet Form die Weise des Erlebens und die Weise der Reaktion auf Erlebtes. Mit Weisen des Erlebens sind positive und negative Emotionen gemeint, zu denen wir hier neben den klassischen Emotionen wie Freude, Liebe, Gier, Hass etc. auch so sanfte zählen wie Gelassenheit, Achtsamkeit und sogar Weisheit, sie vor allem im Sinne von Bedachtsamkeit. Aus diesen und anderen Formen des Erlebens entwickeln sich ein Formenrepertoire und daraus der Stil, die Handschrift des Künstlers. Um seinen persönlichen Stil zu entwickeln, muss ein Künstler täglich an ihm arbeiten, ebenso derjenige, der an der Plastik „eigener Körper" arbeitet. Ein Meister ist derjenige, dessen äußere Form mit der inneren vollkommen korrespondiert und der in seinem Leben zu „Frieden und ruhiger Festigkeit"[428] gefunden hat.

Ein so verstandenes daoistisches Zen, eines ohne irgendeine Art von Absolutheitsanspruch, bedeutet sicher eine ausgezeichnete Lebensform, aber so locker und leicht sie klingt, ihre Realisierung verlangt die beharrliche Mühe und Hingabe, die jeder künstlerische Weg verlangt. Und wie für jeden künstlerischen Weg gilt auch für ihn: nur wenige erreichen die Meisterschaft.

Zu (5): Die vielleicht am häufigsten praktizierte Form des Zen taucht in unserer Liste nicht auf: Zen als eine Methode zur Entstressung, zur Gewinnung psychischer Fitness, ohne Ausrichtung auf einen „Großen Durchbruch" und mit so wenig weltanschaulich Konnotationen wie Joggen.[429] Gegen diese Light-Version ist nichts einzuwenden, jedoch lässt sich nicht mehr von einer Lebensform des Zen sprechen, so wenig wie man von einer Lebensform des gelegentlichen Joggens sprechen kann.

---

[427] Arifuku, Kogaku: Deutsche Philosophie und Zen-Buddhismus, S. 140.

[428] Yüan-wu: Bi-yän-lu. 3 Bd. Frankfurt/Berlin/Wien 1983, Bd. 1, S. 82.

[429] Zu diesem sog. Relaxationsmodell siehe auch Engel, Klaus: Meditation. Frankfurt 1999, S. 367f. Dort auch die verschiedenen Untersuchungen über die Erfolge verschiedener Meditationsformen im klinischen Anwendungsbereich.

Über die Erfolglosigkeit des Zen

Nur zwei von Tausenden

Auf die Klage eines Schülers, dass er noch immer nicht erwacht sei, obwohl er schon viele, viele Jahre übe und der Weg doch auch keine Frage
des Verstandes oder der Klugheit sei, antwortete Dogen: „Die echte WEG-
Übung muss einfach sein. Dennoch gibt es selbst in den Klöstern des großen chinesischen Song-Reiches unter Hunderten oder Tausenden Übender
immer nur ein oder zwei Personen der Schülerschaft eines Lehrers, die das
Dharma verwirklichen und den WEG erreichen. ... Ich glaube folgendes:
es hängt einzig und allein davon ab, ob die eigene Entschlossenheit wirklich reif ist oder nicht. Menschen, die sich wahrhaft entschließen und so
ausdauernd üben, wie es ihre Fähigkeiten erlauben, schaffen es ohne eine
einzige Ausnahme."[430] Wenn wir Zen daran messen, wie viele Übende die
große Befreiung erreichen, dann gehört Zazen wohl zu den erfolglosesten
Praktiken der Menschheitsgeschichte.

Warum ist dem so, warum erreichen so wenige das letzte Ziel? Warum
gelang das selbst „in den Klöstern des großen chinesischen Song-Reiches
unter Hunderten oder Tausenden Übender immer nur ein oder zwei Personen"? Und warum geben Menschen, die Jahrzehnte praktizierten, die
Übung auf? Der Bekannteste dürfte der Schriftsteller Janwillem van de
Wetering sein.

Der Rinzai Abt Zenkei Shibayama (20. Jahrhundert) betonte immer wieder die Härte der Schulung, die verlangt, „das Leben aufs Spiel zu setzen,
und selbst dann noch kann man *satori* verfehlen. Zen wurde aus diesem
Grund seit alters her als Weg für nur eine Handvoll genialer Menschen
beschrieben."[431] Zur Klarstellung: Erleuchtung ist keine Seltenheit, nur der
sogenannte Große Durchbruch, wie ihn natürlich auch Buddha erfahren haben soll, gelingt wenigen. Die Lösung eines Koans ist zwar oftmals mit
einem *satori* verbunden, aber es bedeutet in der Regel nicht den „Großen
Durchbruch". Im Rinzai gibt es Hunderte von Koans (angeblich 1700), von
denen die Mehrzahl gelöst werden sollen. Durchschnittliche Erleuchtungserfahrungen verlieren sich auf jeden Fall, wenn die Übung nicht weiter fortgesetzt wird.

---

[430] Dogen, Eihei: Shobogenzo Zuimonki, S. 86.
[431] Shibayama, Zenkei Roshi: Zen in Gleichnis und Bild. Bern/München/Wien
        2000, S. 38; siehe auch S. 43.

Wenn unsere Behauptung richtig ist, dass es sich beim „Großen Durchbruch" um einen absoluten Verlust des Anerkennungsbegehrens handelt, dann ist allerdings seine Seltenheit verständlich. Da dieses Begehren zur menschlichen Grundverfassung gehört, erfordert seine Überwindung eine übermenschliche Leistung. Vielleicht erfordert sie, wie ein großes Kunstwerk, tatsächlich einen genialen Menschen, und so wie große Künstler ihre Energie oft einer besonders starken psychischen Störung verdanken, so auch die Menschen, denen der „Große Durchbruch" gelingt. Dass Menschen nach Jahrzehnten der Übung Zazen aufgeben, bedeutet auf jeden Fall, dass diese Praxis nicht die in sie gesetzten Hoffnungen erfüllte, dass sie keine grundlegende Veränderung des Lebensgefühls bewirkte, nicht vom Ufer des relativen Unglücklichseins zu dem des relativen Glücklichseins führte, wie die Zen-Lehrerin Joko Beck ihr Ziel des Zen formulierte.[432] Schlimmer noch: Selbst bei Menschen, die ihr Leben ganz Zen verpflichteten, bei Zen-Mönchen und Meistern, bewirkt diese Praxis anscheinend selten auch nur eine Minderung der „Untugenden" des gewöhnlichen Menschen, der „Geistesgifte" Ärger, Zorn, Neid, Gier und der übrigen alltäglichen Manifestationen der im Buddhismus für falsch erachteten Selbstbezogenheit. Viele Beispiele für ein diesbezügliches Verhalten von so genannten Meistern liefert der schon erwähnte deutsche Abt Muho des japanischen Zen-Klosters Antaiji. Sein Buch offenbart, mehr unfreiwillig, sowohl ihre praktische wie ihre theoretische Hilflosigkeit. Es bietet nicht nur einen kleinen desillusionierenden Blick hinter die Kulissen der heutigen Zen-Institutionen, es demontiert auch den Glauben an eine besondere Zen-Weisheit, an ein Wissen, „das aus der meditativen Versenkung erwächst" und „die Möglichkeiten der Sprache"[433] übersteigt. Muhos Buch zeigt auch, dass ein gewöhnlicher Zen-Meister über keine besonders pädagogischen und therapeutischen Kenntnisse und Fähigkeiten verfügt. Er weiß nicht mehr über Gott und die Welt, als in den allen zugänglichen buddhistischen Schriften zu finden ist, vor allem aber verfügt er über kein besonderes psychologisches Wissen. Die psychologischen Kenntnisse dieser Meister scheinen uns, nach Muho zu urteilen, eher dürftiger und zufälliger Natur. Über ihr ungeschicktes Verhalten im zwischenmenschlichen Umgang kann man oft nur staunen. Der Mangel an solchem Wissen ist sicher ein wesentlicher Grund für die Erfolglosigkeit der Zen-Schulung.

---

[432] Siehe Beck, Charlotte Joko: Zen im Alltag. München 1990.

[433] Hoover, Thomas.: Die Kultur des Zen, S. 52.

Autoritäre Strukturen

> „Den WEG wahrhaft zu erreichen heißt, Leib und
> Seele abwerfen und auf der Stelle dem eigenen
> Lehrer folgen. Dadurch wird man zu einem
> wahren Menschen des WEGES. Das ist ein tiefes
> Geheimnis."[434]
>
> Eihei Dogen

Für Jochen Adam soll Zen ausdrücklich „nicht humanistisch" sein, was er als eine Auszeichnung versteht. Wie schon erwähnt, soll der zeitgenössische Zen-Meister Lutger Tenbreul ihm gegenüber geäußert haben, die Zen-Praxis würde, auf das Politische übertragen, zum Faschismus führen.

Das Anerkennungsbedürfnis gehört zweifellos zur Grundausstattung der menschlichen Spezies, ist allein schon in diesem Sinn human und, wie wir bereits betonten, nicht an sich verwerflich. Da Zen eine Emanzipation vom Anerkennungsbedürfnis anstrebt, kann man es in einem positiven Sinn inhuman nennen, nämlich als den Versuch, menschliche, aber Leid bringende Konditionierungen zu überwinden. Aber muss es deswegen hierarchisch und autoritär, muss seine Praxis latent faschistisch, sein? Das bei Adam nicht näher erläuterte Wort von Lutger Tenbreul verstehen wir nämlich folgendermaßen: Die Beziehungen innerhalb einer Zen-Gemeinschaft sind auf eine so außerordentliche Weise hierarchisch und autoritär geprägt, die Praxis so unmenschlich hart, dass sie, auf größere soziale Gebilde übertragen, extrem knechtende und menschenverachtende Zustände bedeuten würden.

Mit welchen Gründen könnte man solche Beziehungen und eine solche Praxis rechtfertigen? Vor allem in einer Zeit, in der der Glaube an die Gottgegebenheit sozialer Hierarchien nicht mehr möglich ist, auch nicht der, dass sie einer höheren Ordnung entsprechen, wie Dogen glaubte.[435] Man kann versuchen, Hierarchien mit den unterschiedlichen Fähigkeiten der Einzelnen und mit organisatorischen Notwendigkeiten, etwa effizienteren Abläufen, zu rechtfertigen. Kurz: Man kann, im Gegensatz etwa zu Anarchisten, der Meinung sein, wo viele Menschen zusammenleben braucht es Hierarchie, Disziplin und Autorität. Ähnlich ließe sich das auf unbedingten Gehorsam beruhende Meister-Schüler-Verhältnis legitimieren, wie es in dem Wort „Lehrjahre sind keine Herrenjahre" anklingt. Will man mit die-

---

[434] Dogen, Eihei: Shobogenzo Zuimonki. Zürich 1992, S. 190f.
[435] Siehe ebenda, S. 96f.

sem Wort mehr als die bloße Feststellung ausdrücken, Lehrlinge sind nicht die Chefs, fordert man mit ihm, angeblich aus pädagogischen Gründen, bedingungslosen Gehorsam, dann war dieses Wort schon immer fragwürdig. Ein guter Lehrer benötigt von Seiten der Schüler für die Wissensvermittlung weder blinden Glauben noch blinden Gehorsam. Ein guter Lehrer muss seinen Schülern einsichtig machen können, warum sie etwas glauben oder tun sollen.

Wenn es im Zen eigentlich um eine radikale Befreiung von den Leiden geht, welche Herr und Knecht Verhältnisse verursachen, stellt sich die Frage, ob Herr-und-Knecht-Verhältnisse in der Institution, die einem lehren soll, wie man jenseits von ihnen gelangt, nicht zutiefst kontraproduktiv wirken? Ähnelt das nicht dem Versuch, Alkoholismus mit Schnaps zu bekämpfen?

Versuchen wir es einmal mit der entgegengesetzten psychologischen Spekulation: Weil im Zen das Begehren bearbeitet wird, so viel Anerkennung wie möglich zu erhalten, sind absolutistische, auf unbedingten Gehorsam beruhende Herr-und-Knecht-Verhältnisse besonders produktiv. Wer glaubt, klüger als der Meister zu sein, die eigene Meinung unbedingt bestätigt haben will, wer sich über seine Knecht-Rolle empört, sich darüber aufregt, dass er ungerecht behandelt wird, zeigt, dass er noch völlig in der Anerkennungs-Abwertungs-Struktur gefangen ist. Gerade das Herr-und-Knecht-Verhältnis in einer Meister-Schüler-Situation gibt einem Lernenden die Möglichkeit, sich von diesem Verhältnis zu befreien. Ein Zen-Jünger nutzt es zur ständigen Übung dessen, was man im christlichen Kontext die Überwindung des Hochmuts nennt, er lernt ganz und gar Diener, ganz und gar ein Nichts und Niemand zu werden. Das ist der Sinn der Worte Dogens: „ Den WEG wahrhaft zu erreichen heißt, Leib und Seele abwerfen und auf der Stelle dem eigenen Lehrer folgen. Dadurch wird man zu einem wahren Menschen des WEGES. Das ist ein tiefes Geheimnis." Das ist der wirkliche Sinn der Worte Soson Ganchi Zenj: „Gewinn und Verlust, Recht und Unrecht – weg mit ihnen ein für alle Mal."

Es mag psychische Naturen geben, bei denen knechtende Verhältnisse befreiend wirken, viel öfter wird ein solcher Weg aber zur Identitätsauslöschung, zur völligen Zerstörung des Selbstbewusstseins, führen. Dieser Weg ist sicher nicht der Königsweg zur Befreiung, und er war sicher auch nicht im Sinne Buddhas, dessen Zuhörerschaft sich vor allem aus relativ freien Händlern und Kaufleuten zusammensetzte. Viel wahrscheinlicher ist, dass ein Herr-Knecht-Verhältnis die Befreiung von diesem zusätzlich erschwert, dafür spricht schon die geringe Zahl der Befreiten.

Wie wir bei den christlichen MystikerInnen gesehen haben, kann An-
erkennungsmangel in Verbindung mit starken Formen der Isolation zu
schweren psychischen Erkrankungen führen. Psychische Erkrankungen
beruhen ja meist auf mehr oder minder extremen Formen von Isolation
oder identitätszerstörerischer Kommunikation. Isolation verursacht und
verstärkt Erkrankungen und verhindert ihre Heilung. Isolation heißt, aus
irgendwelchen Gründen ist eine vertrauensvolle Kommunikation über ein
Problem unmöglich, mangelt es an anerkennungsbasierten Begegnungen.
Spärliche Kommunikation ist ein Merkmal der Institution Zen-Kloster,
im Verein mit strenger Disziplin und starker Hierarchie sind psychische
Deformationen, wenn zwar nicht vorprogrammiert, so doch nicht unwahrscheinlich. Das ursprüngliche absolute Schweigegebot bei den Kartäusern,
dem strengsten christlichen Schweigeorden, musste nach wenigen Jahren
gemildert werden, weil bei zu vielen Mönchen schwere psychische Störungen auftraten.[436] Mangelnde Kommunikation und die Un-Tugend, nicht
klar und direkt zu sagen, was man will, gehört zu den Grundzügen der
japanischen Gesellschaft.

Ist der Alltag, einschließlich der Zen-Praxis, in einem Kloster so beschaffen, dass es nur die Hoffnung gibt, psychische Frustrationen und Deformationen durch eine große Erleuchtung zu heilen, wie es nach der Philosophie des Rinzai der Fall ist, muss bei vielen die psychische Gesundheit
auf der Strecke bleiben, denn eine befreiende Erleuchtung wird ja nur ganz
wenigen zuteil. Die Vermutung ist plausibel: Herr-und-Knecht-Strukturen
in Verbund mit dem Kommunikationsdefizit in Zen-Institutionen sind ein
wichtiger Grund dafür, dass so wenige Übende den so genannten Großen
Durchbruch erreichen.

Es ist kein Naturgesetz, dass das Verhältnis zwischen Lehrer und Schüler auf unbedingtem Gehorsam beruhen muss. In der buddhistischen Tradition soll der Unterwerfungsbeziehung, welche dem Guru-Schüler-Modell
nicht-buddhistischer indischer Religionen entstammen soll, Jahrhunderte
lang die Gefährtenbeziehung vorausgegangen sein; so jedenfalls Stephen
Batchelor.[437] Die Sanghas der Frühzeit des Buddhismus sollen „brüderliche
und schwesterliche Gemeinschaften unter Führung einer väterlichen oder
mütterlichen Lehrergestalt" gewesen sein. Ihre Hierarchie war der indischen Großfamilie nachgebildet, „in der man sich den Älteren unterordnet,

---

[436] Siehe Luhmann, Niklas / Fuchs, Peter: Reden und Schweigen. Frankfurt 1989,
      Kap.: Die Weltflucht der Mönche. Anmerkungen zur Funktion des monastisch-
      aszetischen Schweigens.

[437] Batchelor, Stephen: Buddhismus für Ungläubige, Kap.: Freundschaft.

aber die letzte Autorität lag nicht bei der Position, die man in der Hierarchie innehatte, sondern bei den Regeln der Disziplin".[438].

Im Guru-Schüler-Modell, welches ca. 500 Jahre später in buddhistische Schulen Einzug gehalten haben soll, „wird der Lehrer eine heroische Gestalt, deren Willen der Schüler sich unterwirft, um den Prozeß des Erwachens zu beschleunigen". Dieses Modell wird also mit einem effizienteren Ablauf begründet. Die „Beziehung ist der zwischen Herr und Knecht oder zwischen Landesherr und Untertan nachempfunden". Batchelor versucht sie positiv zu formulieren, wenn er anschließend unterstellt, „der Unterschied der Machtfülle zwischen Guru und Schüler wurde als treibende Kraft der persönlichen Wandlung genutzt". Vorsichtig wendet er ein, „in die Vorstellung von wahrer Freundschaft flossen also Elemente von Herrschaft und Unterwerfung (und damit die Gefahr des Zwanges) ein".[439]

Wenn die Machtfülle des Meisters als treibende Kraft genutzt wurde, wieso erlangten nur so wenige Schüler die „Große Befreiung"? Die Machtfülle der chinesischen Zen-Meister war sicher nicht geringer als die der indischen Gurus, so gehörte die Prügelstrafe in den chinesischen und japanischen Klöstern zur gängigen Disziplinierungspraxis, wie aus den Bemerkungen Dogens im *Zuimonki* zu entnehmen ist.[440]

Unabhängig von Zeit, Ort, Institution und Kultur sind Herr-Knecht-Verhältnisse demütigend, vor allem natürlich für den Knecht. Sie sind tatsächlich menschenunwürdig, weil der Mensch aufgrund seiner anthropologischen Konstitution Anerkennung statt Demütigung sucht und aufgrund seiner Bewusstheit die Demütigung eines Herr und Knecht-Verhältnisses durchschaut, auf jeden Fall aber fühlt.

Wer sich dem Anspruch verpflichtet weiß, wie beispielsweise ein Buddhist, das Leiden in der Welt zu lindern, muss also, ganz grob gesprochen, auch für demokratische Verhältnisse eintreten und sich für Verhältnisse engagieren, in denen alle Arten von Gütern so gerecht wie möglich verteilt werden. Wer eine der größten Leidensursachen mindern will, muss sich für

---

[438] Ebenda, S. 65.

[439] Ebenda, S. 66.

[440] Anmerkung: Wir vermuten allerdings, dass sich die autoritären Strukturen in den japanischen Klöstern immer mehr aufweichen werden. Aus dem einfachen Grund, weil es immer weniger Menschen gibt, vor allem immer weniger Japaner, welche die Torturen eines mittelalterlichen Klosterlebens über sich ergehen lassen wollen. Ohne ausländische Erleuchtungssuchende müssten viele Klöster schließen.

die Auflösung der Herr-und-Knecht-Verhältnisse, der Verringerung aller autoritären und hierarchischen Strukturen, einsetzen.

Sich vom vertikalen Anerkennungsbedürfnis zu befreien, nicht mehr etwas Besseres als andere sein zu müssen, ist sicher eine der schwierigsten psychischen Aufgaben die sich der Mensch stellen kann, und sie ist höchstwahrscheinlich nicht vollkommen zu meistern. Den Zen-Meistern, welche für den Sieg der faschistischen japanischen Armee kämpften, ist diese Aufgabe auf erschreckende Weise misslungen. Zumindest haben sie damit deutlich auf die Defizite einer der so genannten spirituellen Traditionen aufmerksam gemacht.

Die übergroße Mehrzahl der Menschen benötigen die Salben „Liebe, Recht und Solidarität", um die Leiden, welche der Anerkennungskampf verursacht, zu lindern. Der „Grad der positiven Selbstbeziehung wächst mit jeder neuen Form von Anerkennung, ...: so ist in der Erfahrung von Liebe die Chance des Selbstvertrauens, in der Erfahrung von rechtlicher Anerkennung die der Selbstachtung und in der Erfahrung von Solidarität schließlich die der Selbstschätzung angelegt".[441]

Damit kommen wir zu dem wichtigsten Grund für die Erfolglosigkeit des Zen: Es gibt für fehlende Anerkennung und Geborgenheit keinen guten Ersatz.

Ein Mensch, der überwiegend Erniedrigung und Isolation erfährt, wird unweigerlich psychisch erkranken. Keine Meditation und keine Psychotherapie können den realen Mangel an Anerkennung und Geborgenheit ausgleichen, jene können nur helfen, Wege zu beschreiten, die eine Befriedigung dieser Bedürfnisse ermöglichen. So gesehen kann man Zazen und ähnliche Praktiken mit den Lockerungsübungen vor einem Marathonlauf vergleichen: Sie senken das Risiko von Verkrampfungen und Verletzungen, ersparen aber mitnichten das Laufen.

Ob jemand ein Leben mit oder ohne Zen führt, er sollte fähig sein, Unvollkommenheit, Unsicherheit und Zwiespalt zu ertragen. Die Wirklichkeit erfordert das, was in der Psychologie „Ambivalenztoleranz" genannt wird, Toleranz gegenüber den *Dualitäten* des Lebens. Die Wirklichkeit erfordert nicht die Einbildung, Dualitäten seien Illusion. Ambivalenztoleranz ist das, was den christlichen MystikerInnen fehlte und wohl den meisten Menschen, welche den mystischen Weg gingen. „Ambivalenztoleranz ermöglicht ein stabiles Bild der Realität unseres Lebens und unserer Gefühlsbeziehungen, in denen sich Süßes und Bitteres immer mischen. Wer gelernt hat, Ambivalenzen zu ertragen, kann sich nicht nur geistig, sondern auch

---

[441] Honneth, Axel: Kampf um Anerkennung. Frankfurt 2003, S. 278.

emotional damit abfinden, dass das Leben und die Liebe endlich sind. Er kann mit Humor – das heißt ruhigem Abstand – erkennen, dass der Mensch Lust empfinden darf, aber auch Schmerzen leiden muss, dass Reichtum, Sicherheit und die Liebe unserer Mitmenschen prekäre Situationen sind, die jederzeit zerfallen können."[442]

Resümee

Keine Religion, keine Philosophie, keine Wissenschaft ist vom Himmel gefallen, alle entwickelten sich, parallel zu den gesellschaftlichen Veränderungen, aus dem Ideenreservoir vorangegangener Generationen. Religiöse Glaubenssysteme und sonstige Theorien bauen meist auf Bekanntem auf und scheinen es nur folgerichtig und korrigierend fortzusetzen. Die Widersinnigkeiten und Unwahrscheinlichkeiten eines religiösen Glaubens oder irgendeiner anderen Theorie werden in der Regel den Zeitgenossen am wenigsten bewusst. Um das Ungenügen, die Ungereimtheiten und Kuriosa einer Erklärung zu erkennen, sind deshalb oft sehr große zeitliche, räumliche und soziale Abstände nötig.

Die Zen-Mystik, wie jede Mystik, ist ein historisch gewachsenes und deshalb heterogenes Gewebe aus Vermutungen, Spekulationen, verschwommenen Theorieansätzen und unzureichend interpretierten Erfahrungen, die wahrscheinlich alle von dem verständlichen Wunsch geprägt waren, die „Elementarängste" Schutzlosigkeit, Bedeutungslosigkeit und Tod zu verringern.

Der Grundirrtum der Zen-Mystik, wie aller anderen Apologeten des „Alles ist Eins", besteht in der Gleichsetzung der Wirklichkeit mit psychischen Zuständen, welche noch dazu maßlos überinterpretiert werden. Der Grundirrtum besteht in dem archaischen Schluss, die Struktur der psychischen Zustände falle mit der Struktur des Universums zusammen. Dieser Fehlschluss war wohl in den Anfängen der Mystik unvermeidlich. Verständliche menschliche Wünsche, Erwartungen, Hoffnungen verführten im Zusammenspiel mit religiös-philosophischen Lehren zu solchen Gleichsetzungen und überhöhten Deutungen. Die mystische Erfahrung ist, obwohl sie gerade das Gegenteil sein will, eine schwer theoriebeladene und in diesem Sinn eine Erfahrung wie jede andere auch.

Eines der Ergebnisse unserer Untersuchung war die für einige Leser sicher triviale Einsicht, dass Mystik eine Glaubenssache ist. Viele Menschen

---

[442] Schmidbauer, Wolfgang: Die Rache der Liebenden, S. 177.

meinen aber, mystische Erfahrungen beweisen religiöse Überzeugungen, überführen sie vom Status des Glaubens in den des Wissens. Dass dem nicht so ist und dass weder sprach- noch theoriefreie Erfahrungen möglich sind, haben wir hoffentlich einsichtig dargelegt.

Wir hoffen auch gezeigt zu haben, dass sich das mystische Gebilde, welches der Zen-Buddhismus in seiner Nondualitäts-Philosophie, im Rückgriff auf indische und chinesische Vorstellungen entwarf, einer unsauberen Vermischung von psychischen, epistemischen und ontologischen Sachverhalten verdankt. Mit den *psychischen Sachverhalten* meinten wir die Erlebnisse im Laufe eines Übungs-Weges. Mit den *epistemischen Sachverhalten* meinten wir die Erkenntnistheorien, die sich aus unklaren Wahrnehmungstheorien und dem Mythos einer zeichenfreien Erkenntnis zusammensetzten. Mit den *ontologischen Sachverhalten* meinten wir die zum Teil unverständlichen, zum Teil geradewegs unsinnigen Behauptungen über angeblich nicht existierende Unterschiede und die idealistische Behauptung, alles sei Geist. Der Inhalt der Zen-Mystik besteht genau aus dieser angeführten Mischung psychischer, epistemischer (erkenntnistheoretischer) und ontologischer Überzeugungen.

Wir untersuchten ferner, was Zen unter einer psychischen, sozialen und politischen Perspektive bedeutet und überlegten, was es als Lebensform bedeuten könnte. Die *psychische Perspektive* meint etwas anderes als die psychischen Erfahrungen während des Übungs-Weges. Mit der psychischen Perspektive fragten wir nach den möglichen psychischen Wirkungsmechanismen des Zazen, den psychischen Wirkungen der institutionellen Vermittlung des Zen und den unbewussten Motiven und Zielen der Übenden. Bei der Erklärung der möglichen psychischen Wirkungsmechanismen bewegten wir uns auf einem besonders spekulativen Feld, trotzdem lässt sich sagen: Ungeachtet der genauen Wirkungsweise kommentarlosen Betrachtens und aufrechten Sitzens, gewisse positive psychische Resultate, wenn auch nicht die großen, welche die Zen-Literatur suggeriert, werden durch Zazen erzielt.

Unsere These, Zen drehe sich in seinem unbewussten Zentrum um das Anerkennungsproblem – nicht etwa um die Erfahrung der Leerheit oder der Nur-Bewusstheit –, ist im Grunde nicht überraschend, denn es gibt wohl wenige soziale Lebensbereiche, in denen das Anerkennungsproblem nicht im Zentrum steht. Wesentlich bemerkenswerter scheint uns der zen-buddhistische Lösungsvorschlag, jenseits des Anerkennungskampfes zu gelangen und ein „Niemand" zu werden. „Gewinn und Verlust, Recht und Unrecht – weg damit! Ein für alle Mal!" Diese Losung ist wahrhaft menschlich und „übermenschlich" zugleich. Auch ein *Mensch ohne Rang* würde unsere Eingangsfrage, *was ist?*, nicht irrtumsresistent beantworten können. Aber weil wir die meisten Entscheidungen in unserem Leben fällen können, ohne alles verstehen, ohne den absoluten Durchblick haben zu müssen, ist es nicht wirklich tragisch, dass wir diese so schwerwiegend scheinende Frage nicht beantworten können. Wir wissen viel über die Ursachen von Leid und einiges über dessen Heilung, wenn auch über beides noch nicht genug. Im Gegensatz zum vormodernen Menschen müssen wir uns aber nicht mehr vor Geistern, Unterwelten und ewiger Verdammnis fürchten, unter anderem deswegen, weil wir sie als Produkte unsere eigenen Projektionen erkannt haben.

Aber *was* sollen wir *tun?* Dass die Menschen des Zen „ohne objektiv überzeugende absolute Werte zu leben" verstanden, „seit Jahrhunderten ihren Aufenthalt in der Leere genommen haben, sich darin zu Hause fühlen und ihre Freude darin finden lernten",[443] muss man als eine romantische Idee bezeichnen. Wir können keine Werte, keine Lebenshaltungen, keine Tugenden, keine Verhaltensratschläge genügend genau bestimmen und schon gar nicht zwingend begründen, gleichgültig ob mit oder ohne Methoden wie Zazen. Letztendlich bleibt immer ein Rest Ungewissheit. Dass uns Eindeutigkeit und Sicherheit in vielen Fällen verwehrt sind, kann man als eine philosophische Begründung für die Notwendigkeit von Ambivalenztoleranz verstehen.

Der Skeptizismus gegenüber absoluten Wissensansprüchen bedeutet leider nicht, dass wir die Freiheit haben aufzustehen, wenn der Wecker klingelt, wie der Zen-Meister Robert Aitken meinte. Vielmehr bedeutet diese Einsicht, dass es keine Sicherheit, keinen Schutz vor dem allergrößten nur denkbaren Leid und den allergrößten nur denkbaren Schmerzen gibt.

Mit diesen Überlegungen haben wir auch auf eine unserer zwei großen Fragen am Beginn dieser Untersuchung, auf die *Was-tun*-Frage, eine zumindest allgemeine Antwort gefunden. Unter der Perspektive eines guten Lebens sollten wir tun, was die Art von Anerkennung und Geborgenheit verspricht, die jemand für sich als notwendig erachtet und sich in einem für ihn erreichbaren Zielrahmen bewegt.

Die Zeiten, in denen man guten Gewissens einen bestimmten Weg als die alleinseligmachende Wahrheit anpreisen kann, sind endgültig vorbei. Mit Ernst Tugendhat meinen wir, dass man „sich damit nur eine unnötige

---

[443] So der bereits zitierte Huston Smith in Kapleau, Philip: Die drei Pfeiler des Zen, S. 16.

Beweislast" auflädt und die Haltung der Religionen einnimmt, „die ... mit der intellektuellen Redlichkeit heute nicht mehr vereinbar" [444] ist. In einem mit Anerkennung und Geborgenheit reichen Leben stellt sich die Sinnfrage nicht; mit Wittgenstein gesagt ist ein solches Leben die Antwort. Die Verteufelung der Unterschiede und Trennungen, welche den Theorierahmen aller mystischen Philosophien bildet, ist letztlich nur der aus der seelischen Not geborene Ausdruck des vor allem frühkindlichen Mangels an Anerkennung und Geborgenheit.

Auf die wichtigste Bedingung eines erfüllten Lebens wollen wir der Deutlichkeit halber noch einmal hinweisen: eine Gemeinschaft, deren Mitglieder sich wechselseitig anerkennen und dem Einzelnen Selbstakzeptanz, Selbstwertschätzung und Selbstvertrauen ermöglichen.

---

[444] Tugendhat, Ernst: Die anthropologischen Wurzeln der Mystik. In: Information Philosophie. Lörrach 5/2006, S. 12.

Literatur

Abel, Günter: Zeichen der Wirklichkeit. Frankfurt 2004.

Abt Muho: Zazen oder der Weg zum Glück. Reinbeck 2007.

Adam, Jochen: Ich und das Begehren in den Fluchten der Signifikanten. Oldenburg 2006.

Aitken, Robert: Zen als Lebenspraxis. München 1988.

App, Urs: Zen-Worte vom Wolkentorberg. Bern 1994.

Arifuku, Kogaku: Deutsche Philosophie und Zen-Buddhismus: komparative Studien. Berlin 1999.

Aumann, Oliver: Die Frage nach dem Selbst im Amida-Buddhismus bei Shinran und im Zen-Buddhismus bei Dogen. Frankfurt 2000.

Baatz, Ursula: Zen-Buddhismus im Westen. Samurai-Zen oder Graswurzel-Zen? In: Hutter, Manfred (Hrsg.): Buddhisten und Hindus im deutschsprachigen Raum. Frankfurt 2001.

Batchelor, Stephen: Buddhismus für Ungläubige. Frankfurt 2006.

Baumann, Peter: Erkenntnistheorie. Stuttgart 2002.

Beck, Charlotte Joko: Zen im Alltag. München 1990.

Becker, Werner: Das Dilemma der menschlichen Existenz. Stuttgart 2000.

Bischof, Norbert: Das Kraftfeld der Mythen. München 1988.

Branden, Nathaniel: Die 6 Säulen des Selbstwertgefühls. München 2007.

Brandom, Robert: Expressive Vernunft. Frankfurt 2000.

Brandom, Robert: Begründen und Begreifen. Frankfurt 2001.

Chen, Yu-hui: Absolutes Nichts und rhythmisches Sein: chinesischer Zen-Buddhismus und Hegelsche Dialektik als Momente eines interkulturellen Diskurses. Frankfurt 1999.

Chatwin, Bruce: Was mache ich hier. Frankfurt 1993.

Conze, Edward: Eine kurze Geschichte des Buddhismus. Frankfurt 1984.

Danto, Arthur C.: Mystik und Moral. München 1999.

Danto, Arthur C.: Wege zur Welt: Grundbegriffe der Philosophie. München 1999.

Deshimaru, Taisen: Die Praxis der Konzentration. Freiburg 1986.

Deshimaru, Taisen: Die Lehren des Meister Dogen. München 1991.

Dogen, Eihei: Shobogenzo I. Berlin 1989.

Dogen, Eihei: Shobogenzo Zuimonki. Zürich 1992.

Drever, James / Fröhlich W.D.: Wörterbuch der Psychologie. München 1975.

Engel, Klaus: Meditation. Frankfurt 1999.

Essler, Wilhelm K. / Mamat, Ulrich: Die Philosophie des Buddhismus. Darmstadt 2006.

Fehr, Theo: Yoga Meditation Samadhi Therapie aus Sicht des Advaita/ Vedanta. Frankfurt 2003.

Fischer, Peter: Philosophie der Religion. Göttingen 2007.

Frenken, Ralph: Kindheit und Mystik im Mittelalter. Frankfurt 2002.

Freud, Sigmund: Der Mann Moses und die monotheistische Religion. Frankfurt 1999.

Fries, Heinrich (Hrsg.): Handbuch theologischer Grundbegriffe. Bd. 3. München 1970.

Fritz, Claudia: Die Verwaltungsstruktur der Chan-Klöster in der späten Yuan-Zeit. Bern 1994.

Geier, Manfred: Das Sprachspiel der Philosophen. Reinbeck 1993.

Goldner, Colin: Dalai Lama – Fall eines Gottkönigs. Aschaffenburg 2008.

Han, Byung-Chul: Philosophie des Zen-Buddhismus. Stuttgart 2002.

Heidenreich, Thomas / Michalak, Johannes: Achtsamkeit und Akzeptanz in der Psychotherapie. Tübingen 2006.

Herrigel, Eugen: Zen in der Kunst des Bogenschießens. München 1983.

Honneth, Axel: Kampf um Anerkennung. Frankfurt 2003.

Hoover, Thomas.: Die Kultur des Zen. Köln 1978.

Information Philosophie. Heft 4/2007. Lörrach 2007.

Izutsu, Toshihiko: Philosophie des Zen-Buddhismus. Reinbeck 1979.

Jaccottet, Philippe: Fliegende Saat. München 1995.

Janich, Peter: Was ist Erkenntnis. München 2000.

Jullien, Francois: Der Weise hängt an keiner Idee. München 2001.

Kasl, Charlotte: Das Zen der guten Ehe. München 2002.

Kapleau, Philip: Die drei Pfeiler des Zen. Bern/München 1984.

Kraft, Victor: Erkenntnislehre. Wien 1960.

Kramer, Joel / Alstad, Diana: Die Guru Papers – Masken der Macht. Frankfurt 1995.

Kellerer, Christian: Die Befreiung des abendländischen Denkens. Frankfurt 1996.

Klaus, Georg / Buhr, Manfred (Hrsg.): Philosophisches Wörterbuch. Leipzig 1975.

Kutschera, Franz von: Vernunft und Glaube. Berlin 1990.

Lindgaard, Jakob / Mc Dowell, John: Erfahrung und Natur. In: Deutsche Zeitschrift für Philosophie. Berlin 5/2005.

Loori, John Daido: Hat ein Hund Buddha-Natur? Frankfurt 1996.

Loy, David: Nondualität. Frankfurt 1988.

Luhmann, Niklas / Fuchs, Peter.: Reden und Schweigen. Frankfurt 1989.

Maezumi Taizan / Glassman Bernard T.: Der verschleierte Mond der Erleuchtung. Bern/München1981.

Margreiter, Reinhard: Erfahrung und Mystik. Berlin 1997.

Marx, Karl: Deutsche Ideologie. MEW 3. Berlin 1973.

Matthews, Anthony: Buddhistische Meditation. Bd. 1. Berlin 2005.

Menzan Zuiho: Das Leben des Zen-Bettlers Tosui. Frankfurt 2005.

Metzeler – Philosophie Lexikon. Stuttgart/Weimar 1996.

Merzel, Dennis Genpo: Durchbruch zum Herzen des Zen. München 1994.

Oshima, Yoshiko: Zen – anders denken. Heidelberg 1985.

Paul, Gregor: Der Kulturstreit um die Universalität Aristotelischer Logik. In: Öffenberger, Niels (Hrsg.): Zur modernen Deutung der Aristotelischen Logik VIII. Hildesheim 2000.

Paul, Gregor: Philosophie in Japan. München 1993.

Prechtl, Peter: Sprachphilosophie. Stuttgart 1999.

Reps, Otto: Ohne Worte – Ohne Schweigen. Frankfurt 1976/2008.

Richter, Horst / Eberhard: Der Gotteskomplex. Reinbeck 1979.

Ros, Arno: Materie und Geist. Paderborn 2005.

Roth, Gerhard: Persönlichkeit, Entscheidung und Verhalten. Stuttgart 2007.

Saint-Mont, Uwe: Das Gehirn und sein Ich: über die Evolution und Konstruktion des Bewusstseins. Berlin 2002.

Sandkühler, Hans Jörg (Hrsg.): Enzyklopädie Philosophie. 2 Bd. Hamburg 1999.

Sargent, Jiho: Zen – Was ist das? Frankfurt 2004.

Scheel, Theodor: Das Nicht-Selbst. Stammbach/Herrnschrot o.J.

Schmidbauer, Wolfgang: Die Rache der Liebenden. Reinbeck 2007.

Schnädelbach, Herbert: Erkenntnistheorie zur Einführung. Hamburg 2002.

Schnädelbach, Herbert: Analytische und postanalytische Philosophie. Frankfurt 2004.

Schnädelbach, Herbert: Aufklärung und Religionskritik. In: Deutsche Zeitschrift für Philosophie. Berlin 3/2006.

Schürmann, Volker: Sport als Inszenierung des Citoyen. In: Deutsche Zeitschrift für Philosophie. Berlin 3/2006.

Schumacher, Stephen: Zen. München 2001.

Schumann, Hans Wolfgang: Der historische Buddha. München 1995.

Schumann, Hans Wolfgang: Handbuch Buddhismus. Kreuzlingen/ München 2000

Sellars, Wilfried: Der Empirismus und die Philosophie des Geistes. Paderborn 1999.

Shibayama, Zenkei Roshi: Zen in Gleichnis und Bild. Bern/München/ Wien 2000.

Shoshanna, Brenda: Zen und die Kunst sich zu verlieben. Frankfurt 2005.

Steinfath, Holmer (Hrsg): Was ist ein gutes Leben? Frankfurt 1998.

Suzuki, Daisetz Teitaro: Die große Befreiung. Frankfurt 1980.

Suzuki, Daisetz Teitaro: Wesen und Sinn des Buddhismus. Freiburg 1993.

Thesing J. / Awe T. (Hrsg.): Dao in China und im Westen. Bonn 1999.

Tugendhat, Ernst: Egozentrität und Mystik. München 2003.

Tugendhat, Ernst: Die anthropologischen Wurzeln der Mystik. In: Information Philosophie. Lörrach 5/2006.

Tugendhat Ernst / Wolf, Ursula: Logisch-semantische Propädeutik. Stuttgart 2001.

Victoria, Brian A.: Zen, Nationalismus und Krieg: eine unheimliche Allianz. Berlin 1999.

Willaschek, Marcus: Der mentale Zugang zur Welt. Frankfurt 2003.

Weich, Thilo: Magier, Medien, Scharlatane: Voraussetzungen, Methoden und Analysen von Täuschungsvorgängen in Parapsychologie und Zauberkunst. Sindelfingen 1995.

Wetering, Janwillem van de: Reine Leere. Reinbeck 2001.

Werthmann, Katja: Zen und Sinn: westliche Aneignung und Praxis einer buddhistischen Meditation. Frankfurt 1992.

Yamamoto, Tsunetomo: Hagakure. München 2005.

Yüan-wu: Bi-yän-lu: Meister Yüan-wu's Niederschrift von der Smaragdenen Felswand. 3. Bd. Frankfurt/Berlin/Wien 1983.

Zen-Informationen 60/61. Zeitschrift der Zen-Vereinigung Deutschland e.V. Berlin 1999.

Zotz, Volker: Geschichte der buddhistischen Philosophie. Reinbeck 1996.

Register

Colin Goldner

Dalai Lama – Fall eines Gottkönigs

Zweite, überarbeitete und erweiterte Auflage
ISBN 3-86569-021-1, 735 Seiten, Fotos, kartoniert, Euro 34.-

Der Dalai Lama genießt weltweit hohes Ansehen, wird (wie auch der von ihm vertretene Buddhismus) mit Gewaltfreiheit, Tierliebe, ökologischem Bewusstsein und auf unendlicher Gelassenheit gründender tieferer Erkenntnis in Verbindung gebracht. Colin Goldner wirft einen Blick hinter diese Fassade. Er zeichnet das Leben des 14. Dalai Lama seit dessen Geburt (1935) und „Entdeckung" nach. Chronologisch stellt der Autor die verschiedenen Stationen des geistliche und politische Führung in sich vereinenden Gottkönigs dar: seine Erziehung im Kloster, die Zeit nach dem Einmarsch der Chinesen (1949), die Flucht nach Indien (1959), wo noch heute die exiltibetische Regierung ihren Sitz hat (Dharamsala), sein Aufstieg zum Medienstar und zur Kultfigur der Esoterikszene. In einer Reihe von „Exkursen" werden darüber hinaus Hintergrundinformationen geboten zu bestimmten Aspekten der buddhistischen Lehre, der tibetischen Geschichte oder der Biographie des Dalai Lama. Dabei zeigt sich, dass das im Westen vorherrschende Bild von Tibet und dem Buddhismus stark idealisiert ist. Denn die Lebensverhältnisse unter der Diktatur der „Gelbmützen"-Mönche waren erbärmlich, durch die Geschichte des Lamaismus zieht sich eine Blutspur, in den Klöstern werden vierjährige Jungen aberwitzigen Übungen unterzogen, die tantrische Rituale erinnern an sexuellen Missbrauch. Die Doktrin des tibetischen Buddhismus ist geprägt von menschenverachtenden Vorstellungen über „Karma" und eine angeblich höhere „Gerechtigkeit" alles Seienden (wem es heute schlecht geht, wer krank ist, ausgebeutet und gequält wird, habe dies durch seine vorherigen Leben selbst herbeigeführt) und beherrscht von einem abstrusen Dämonenglauben. Die Äußerungen des Dalai Lama zeugen von absolutem Unverständnis für die am Ende des 20. Jahrhunderts anstehenden Fragen, seine „Weisheiten" entpuppen sich als nichtssagende, teilweise sogar peinliche Allgemeinplätze; vielfach sind die Äußerungen „Seiner Heiligkeit" durchzogen von bedenklich rechtslastigem Gedankengut.
Für die Neuauflage wurde das Buch umfassend überarbeitet und erweitert sowie im biographischen Teil um den seit der Erstveröffentlichung 1999 verstrichenen Zeitraum ergänzt. Nach der Lektüre des Buches werden viele Menschen ihr Bild des Dalai Lama und des durch ihn verkörperten Buddhismus revidieren müssen.

Marcus Hammerschmitt

Instant Nirwana

Überarbeitete Neuauflage
ISBN 3-86569-005-X , 110 Seiten, kartoniert, Euro 11,50

Ein Essay über Religion und Esoterik in Zeiten des globalisierten Kapitalismus. Der Autor spürt den Irrationalismus in verschiedenen Bereichen der Gesellschaft und unterschiedlichen Erscheinungsformen auf und reflektiert die Folgen.
Dabei stehen weniger Namen und Organisationen der Eso-Szene als die „Phänomene" im Vordergrund. Entlarvt werden die verqueren Denkweisen der Esoteriker ebenso wie die Muster der Manipulation. „Wahre Geschichten" veranschaulichen die Ausführungen.

Alibri Verlag, Postfach 100 361, 63703 Aschaffenburg
Fon (06021) 581 734, www.alibri.de

Ali Dashti
23 Jahre. Die Karriere des Propheten Muhammad
Übersetzt und herausgegeben von Bahram Choubine und Judith West
Dritte Auflage, ISBN 3-86569-080-7, 344 Seiten, kartoniert, Euro 18,50

23 Jahre dauerte das Prophetentum von Muhammad, dem Begründer des Islam. Ali Dashti (1896-1981) zeichnet die Karriere des Religionsstifters aus einer kritischen Perspektive nach. Er entlarvt die Widersprüchlichkeiten und Ungereimtheiten der muslimischen „Offenbarung" und erklärt religiöse Phänomene auf rationale Art und Weise. Darüber hinaus zeigt er zugleich schonungslos das extremistische Potential des Islam auf, das sich heute politisch im „Fundamentalismus" niederschlägt.

Franz Buggle
Denn sie wissen nicht, was sie glauben
Oder warum man redlicherweise nicht mehr Christ sein kann
Neuauflage 2004, ISBN 3-93271077-0, 446 Seiten, kartoniert, Euro 24.-

Die Brisanz des Buches liegt in der Bestreitung der weitgehend (gerade auch bei „progressiven" Christen) akzeptierten Prämisse heutiger Kirchen- und Christentumskritik, dass zwar die Kirche mangelhaft sein möge, die Bibel aber als ethisches Fundament unverzichtbar sei. Franz Buggle zeigt dagegen, dass die Bibel als unabdingbare Basis aller christlichen Religiosität gravierende ethisch-humanitäre und psychologische Defizite aufweist.

Hans Albert
Joseph Ratzingers Rettung des Christentums
Beschränkungen des Vernunftgebrauchs im Dienste des Glaubens
ISBN 978-3-86569-037-1, 126 Seiten, kartoniert, Euro 10.-

Joseph Ratzinger wird im Feuilleton als kluger Kopf und feinsinniger Denker gehandelt. Hans Albert wirft einen Blick auf einige zentrale Texte und kommt zu dem Ergebnis, dass dem deutschen Papst dieses Etikett zu Unrecht anhaftet. Der Philosoph zeigt, dass der Theologe die historisch-kritische Forschung in seinem eigenen Fach weitgehend ignoriert, dass er mit unklarer Begrifflichkeit arbeitet und grundlegenden Problemen (z.B. der Theodizeefrage) ausweicht.

Esther Vilar
Die Schrecken des Paradieses
Wie lebenswert wäre das ewige Leben?
Neuauflage 2009, ISBN 978-3-86569-046-3, 139 Seiten, kartoniert, Euro 13.-

In ihrem ebenso frechen wie tiefsinnigen Plädoyer fürs Diesseits stellt Esther Vilar die Frage, wie es denn eigentlich wäre, wenn es das Paradies im Jenseits wirklich gäbe? Um eine Antwort zu finden, führt sie uns durch den Himmel, erläutert das Sexualverhalten der Engel, verrät Rezepte aus der paradiesischen Küche, analysiert die jenseitige Medienlandschaft...
Sie gelangt schließlich zu dem Fazit, dass es nicht lohnt, das Abkommen „Gehorsam auf Erden gegen Weiterleben im Himmel" zu unterschreiben. Denn die Versicherung der Religionen gegen die Angst vor dem Abschied verstellt uns letztlich den Blick für die Herrlichkeiten des Hierseins.

Alibri Verlag, Postfach 100 361, 63703 Aschaffenburg
Fon (06021) 581 734, www.alibri.de

Bernulf Kanitscheider

Die Materie und ihre Schatten
Naturalistische Wissenschaftsphilosophie
ISBN 3-86569-015-7, 298 Seiten, kartoniert, Euro 20.-

Im Laufe der Jahrmillionen hat die Natur eigenständige Strukturen und Gebilde hervorgebracht, die den Eindruck erwecken, als habe sie sich ihrer eigenen Stofflichkeit entfremdet. Sind diese „Schatten" der Materie ein Zeichen für die Grenzen einer naturalistischen Verfassung alles Seienden oder nur Ausdruck des schöpferischen Potentials der Natur? Bernulf Kanitscheiders Antwort ist klar: Unser Universum ist eine Welt der Materie und der Stoff, aus dem diese Welt besteht, ist weder träge noch tot, sondern lebendig und kreativ. Deshalb braucht es auch keine übernatürlichen Kräfte, um das Geschehen zu erklären; mit der Idee der „Selbstorganisation" lässt sich ein schlüssiges Bild von der Welt zeichnen

Joachim Wehler

Grundriss eines rationalen Weltbildes
ISBN 3-86569-029-7, 260 Seiten, kartoniert, Euro 18.-

Das Buch kann als elementare und leicht verständliche Einführung in die Philosophie gelesen werden. In kurzen Kapiteln werden Begriffe erklärt, Fragen erörtert, Gedankengänge entwickelt – jeweils mit Blick auf die gestellte Aufgabe, den Grundriss eines rationalen Weltbildes zu entwerfen. Dabei geht es nicht nur um naturwissenschaftliche Erklärungen, sondern auch um grundlegende Fragen der Möglichkeit von Erkenntnis und um „praktische Philosophie".

Michael Schmidt-Salomon

Manifest des evolutionären Humanismus
Plädoyer für eine zeitgemäße Leitkultur
Zweite, erweiterte Auflage, ISBN 3-86569-011-4, 181 Seiten, kartoniert, Euro 10.-

Das *Manifest des Evolutionären Humanismus* liefert eine kompakte Zusammenfassung der Grundpositionen einer „zeitgemäßen Aufklärung" und plädiert für eine „alternative politische Leitkultur", die auf die besten Traditionen von Wissenschaft, Philosophie und Kunst zurückgreift, um das unvollendete Projekt der aufgeklärten Gesellschaft gegen seine Feinde zu verteidigen.

Malte W. Ecker

Kritisch argumentieren
ISBN 3-86569-017-3, 181 Seiten, Grafiken, kartoniert, Euro 16.-

Kritisch Argumentieren erläutert auf verständliche Weise die für das Argumentieren zentralen Begriffe und zeigt, wie sie angewendet werden können. Anhand zahlreicher lebensnaher Beispiele und mit vielen praktischen Tipps leitet der Autor systematisch dazu an, kritisch an Aussagen und Behauptungen heranzugehen, sie auf ihre Schlüssigkeit hin zu überprüfen und die eigene Position mit einer überzeugenden Argumentation zu untermauern. Dabei steht die sachliche, nicht die rhetorische Komponente einer Argumentation im Vordergrund: Es geht nicht um Präsentationstechniken, sondern um Analysemethoden, nicht um Überredungskünste, sondern um Bausteine für ein selbstbestimmtes reflektiertes Denken.

Alibri Verlag, Postfach 100 361, 63703 Aschaffenburg
Fon (06021) 581 734, www.alibri.de